A ERA DOS ASSASSINOS

YURI FELSHTINSKY
e VLADIMIR PRIBILOVSKI

A ERA DOS ASSASSINOS

Tradução de
MARCELO SCHILD

EDITORA RECORD
RIO DE JANEIRO • SÃO PAULO

2008

CIP-Brasil. Catalogação-na-fonte
Sindicato Nacional dos Editores de Livros, RJ.

Felshtinsky, Yuri, 1956-
F373e A era dos assassinos / Yuri Felshtinsky e Vladimir Pribilovski; tradução de Marcelo Schild. – Rio de Janeiro: Record, 2008.

Tradução de: The age of assassins
ISBN 978-85-01-08221-3

1. Putin, Vladimir Vladimirovitch, 1952-. 2. FSB – História. 3. Rússia (Federação) – Política e governo – 2001-. 3. Rússia (Federação) – Política e governo – Século XX. 4. Serviço secreto – Rússia (Federação). 5. Violência política – Rússia (Federação). I. Pribilovski, Vladimir. II. Título.

CDD – 320.947
08-2697 CDU – 32(47)

Título original em inglês:
THE CORPORATION

Publicado nos EUA como *The Corporation: Russia and the KGB in the age of president Putin*

Direitos exclusivos de publicação em língua portuguesa para o Brasil adquiridos pela
EDITORA RECORD LTDA.
Rua Argentina 171 – Rio de Janeiro, RJ – 20921-380 – Tel.: 2585-2000
que se reserva a propriedade literária desta tradução

Impresso no Brasil

ISBN 978-85-01-08221-3

PEDIDOS PELO REEMBOLSO POSTAL
Caixa Postal 23.052
Rio de Janeiro, RJ – 20922-970

SUMÁRIO

NOTA DO AUTOR

Depois que Alexander Litvinenko, meu co-autor de Explosão da Rússia, *foi assassinado em Londres em novembro de 2006, foi doloroso descobrir que, em junho de 2007, o apartamento em Moscou de Vladimir Pribilovski, jornalista, historiador e amigo, foi revistado por agentes do serviço de segurança russo (o Serviço de Segurança Federal, ou FSB — a organização que sucedeu a KGB). Eles procuravam fontes deste livro sobre Vladimir Putin e a FSB e confiscaram seu computador e suas anotações.*

YURI FELSHTINSKY
Boston, 12 de maio de 2008

INTRODUÇÃO

UM PRESENTE PARA O PRESIDENTE

Em outubro de 2006, Anna Politkovskaia foi assassinada no prédio onde morava. Politkovskaia era uma jornalista russa muito conhecida que publicara diversos livros em várias línguas. Ela era uma firme crítica do governo russo, das políticas russas na Tchetchênia, do exército russo na Tchetchênia e do presidente Putin como líder de um governo que permitiu que crimes fossem cometidos na Tchetchênia. Seria natural supor que o assassinato de Politkovskaia tivesse sido executado segundo instruções de algum líder tchetcheno pró-Kremlin, como o atual presidente da Tchetchênia, Ramzan Kadirov, que na época estava apenas negociando com Putin a possibilidade de tornar-se presidente, burlando a constituição da República da Tchetchênia (formalmente, Ramzan Kadirov, nascido em 1976, era jovem demais para o cargo). Seria apropriado oferecer um presente a Putin — fazer algo agradável por ele. No aniversário de Putin, de acordo com as melhores tradições do Oriente, o presente foi dado a ele: a cabeça de um inimigo assassinado. No dia 7 de outubro de 2006, aniversário de Putin, Anna Politkovskaia foi assassinada. Como presente de aniversário.

As pessoas que mataram Politkovskaia tinham uma escolha — ela poderia ter sido morta nos dias 6 ou 8 de outubro. Mas eles sabiam que Putin ficaria satisfeito ao receber um presente deles no dia de seu aniversário. E o presente, aparentemente, agradou o contemplado. No dia 2 de março de 2007, Ramzan Kadirov tornou-se presidente da República da Tchetchênia.

Começamos a escrever este livro em 2003. Não planejávamos concluí-lo em poucos anos. Pretendíamos aguardar até que Putin deixasse o cargo e o período de seu governo pudesse ser considerado encerrado. Mas em junho de 2007 o Serviço de Segurança Federal da Rússia invadiu e realizou buscas no apartamento de Vladimir Pribilovski. Se nosso livro está sendo confiscado e lido pela FSB sem nosso consentimento, será que temos o direito de negar aos leitores comuns a possibilidade de conhecerem seu conteúdo?

O século XX entrou na história como uma era de tiranos. Stálin, Hitler, Mussolini, Mao Tsé-Tung... Grandes e pequenos, extremos e moderados, comunistas e nacionalistas, todos trouxeram um mal indescritível às suas vítimas e deixaram para trás materiais ricos para os historiadores. Como estamos acostumados a pensar em termos de analogias, nossa inclinação é a de traçar paralelos entre novos fenômenos que estamos testemunhando e fenômenos antigos e familiares. Desejamos saber: Putin é ou não um déspota? Será que ele recriará algo parecido com a antiga União Soviética? Será que o mundo verá uma nova guerra fria — ou talvez até mesmo nuclear?

Enquanto isso, estamos lidando na realidade com mais um dos experimentos da Rússia. O experimento não está sendo conduzido pelo partido comunista, mas sim pela FSB. Seu objetivo é obter controle absoluto sobre a Rússia — em prol do poder ilimitado, que oferece acesso a dinheiro ilimitado, que por sua vez cria a possibilidade de poder absoluto.

No governo soviético, todos eram pobres, inclusive os membros da nomenclatura governante. Stálin e Brejnev tinham poder, mas não tinham dinheiro. Seus apartamentos, carros e *datchas* pertenciam ao Estado. Eles não tinham iates nem aviões; tampouco podiam farrear no exterior. Eles não colocavam os filhos nas diretorias das maiores corporações da Rússia. Os membros da nova corporação governante — a FSB — desejam dinheiro e poder para si próprios, para os filhos e para parentes próximos. Não é difícil encontrar exemplos. O filho do ex-primeiro-ministro Fradkov é chefe do quadro de diretores do Banco para Desenvolvimento e Assuntos Econômicos Internacionais (Vnesheconombank), que é administrado pelo Estado. O filho de Nikolai Patrushev, ex-diretor da FSB, é conselheiro do presidente da Rosneft. O filho mais novo do vice-primeiro-ministro Sergei Ivanov é vice-presidente do Gazprombank.

O próprio Putin também representa um fenômeno completamente novo, nunca visto anteriormente pela humanidade. Todos os ditadores que conhecemos tinham motivação própria e foram autonomeados. Todos tomaram o poder arriscando as próprias vidas e mantiveram o poder superando dificuldades ainda maiores. Normalmente, morreram como Trótski, Hitler, Mussolini e Ceausescu. Com menos freqüência, morreram como Franco, Mao, Tito e Pinochet. Em alguns casos, ainda não sabemos com certeza se um ditador morreu de morte natural ou se foi assassinado pelos rivais (Lênin e Stálin).

Putin não lutou para obter o cargo de presidente. Ele foi selecionado pelo Serviço de Segurança Federal da Rússia. Foi precisamente esse sistema — que os próprios agentes da FSB chamam de *"kontora"*, a "organização" — que fez com que o presidente Ieltsin e os oligarcas russos o nomeassem seu sucessor.

Putin parece ser um homem pequeno, não um homem carismático e pitoresco. Ele não tem ego. Não tem sede de poder nem sente prazer com ele. Putin parece mais um brinquedo nas mãos de outras pessoas. Os oligarcas que o ajudaram a se tornar presidente acreditavam que essas mãos eram as deles. No final das contas, no entanto, as mãos que guiavam Putin pertenciam a uma organização completamente diferente — a *kontora*. E essas mãos colocaram Putin no cargo de presidente justamente porque não estavam em busca de uma pessoa pitoresca, carismática e independente — porque uma pessoa extraordinária pode vir a gostar do poder e pode decidir se tornar um ditador. E ditadores sempre matam, como bem se sabe, e sempre começam matando quem está próximo a eles, aqueles que os colocaram no poder, seus camaradas, colegas e companheiros. A experiência de Stálin acabou sendo muito edificante a esse respeito. Um novo Stálin não é desejado nem pelos novos homens de negócios nem pelos antigos agentes de segurança do Estado. O enfadonho e desinteressante Putin agrada a todos.

Durante o regime soviético, o país era governado por um único partido político, armado com uma ideologia comunista. Sob o governo de Putin, os diversos partidos políticos que constituem o parlamento russo (a Duma de Estado) são fracos. Isso não é um acidente. A FSB não necessita de um partido político forte, já que um partido político poderoso iria se tornar, inevitavelmente, um rival na disputa pelo poder, constituindo uma ameaça à FSB. O mesmo pode ser dito sobre a Duma — fraca, dividida e controlada pelo presidente. E a mesma coisa pode ser dita sobre a ausência de ideologia, coisa pela qual a FSB não tem o menor interesse, já que, cedo ou tarde, qualquer ideologia leva à criação de um partido político, e um partido político é chamado de "político" precisamente por desejar o poder (que, no caso da Rússia, precisará ser tirado à força da FSB).

Uma das características distintivas da FSB enquanto sistema é o desejo perpétuo por monitorar e controlar tudo e todos. Controle em nível individual é difícil, para não dizer impossível. É mais fácil controlar grupos. A parte ativa da população adulta do país já está organizada em grupos, de um modo ou de outro, e todos os grupos (negócios, organizações não-governamentais, partidos políticos etc.) têm agentes da FSB infiltrados entre seus membros. Eles informam a organização sobre tudo o que acontece ao seu redor. As coisas são mais difíceis com os jovens. Eles são difíceis de serem organizados em grupos, difíceis de controlar e extremamente difíceis de serem infiltrados, já que os empregados, agentes e informantes da FSB costumam ser indivíduos plenamente maduros. A antiga experiência soviética, obviamente, pode ser útil a esse respeito, e a nova criatividade também ajuda. A FSB é capaz de monitorar os sucessos de pessoas normais dentro de diferentes organizações jovens. Caso sejam bem-sucedidas — como o movimento "Nashi" — elas são dominadas e utilizadas para reforçar o poder da FSB, eliminando a possibilidade de se tornarem organizações rivais.

Em sua encarnação moderna, a FSB adotou o mantra do capitalismo — tão odiado pela ideologia soviética — e pensa como uma corporação. Ela prefere comprar ou subjugar a matar. Apesar disso, a FSB é uma organização de assassinos. E se ela acredita que precisa se proteger de um perigo iminente, um perigo que não pode mais ser controlado, ela mata. Foi por esse motivo que Anna Politkovskaia e Alexander Litvinenko foram assassinados. Ambos representavam um perigo grave para a corporação da FSB e não podiam ser controlados nem comprados.

A título de justiça, deve-se dizer que o sistema de governo corporativo não foi concebido e criado pela FSB, mas sim pelos oligarcas. Em junho de 1996, Ieltsin, que parecia não ter chances de ser reeleito democraticamente, estava inclinado a declarar estado de emergência no país, cancelando as eleições (evitando, com isso, a vitória do candidato do Partido Comunista, Gennadi Ziuganov), e permanecendo refém daqueles que favoreciam uma solução à força — o chefe do Serviço de Segurança Presidencial, Alexander Korjakov, o diretor da segurança do Estado, Mikhail Barsukov, e seu leal colaborador e parceiro no poder, o vice-primeiro-ministro Oleg Soskovets. Essa foi a primeira e desajeitada tentativa de tomar o governo da Rússia. Mas ela fracassou.

Nas horas finais, quando o decreto do presidente cancelando as eleições e declarando estado de emergência no país já havia sido assinado, uma das corporações que governavam a Rússia — a corporação dos oligarcas — ofereceu a Ieltsin dinheiro, jornais, canais de televisão e uma multidão de gerentes de campanha que estavam preparados para organizar a campanha eleitoral de Ieltsin, mas com a condição de que Ieltsin abandonasse a tentação de resolver o problema à força, que anulasse o decreto já assinado que cancelaria a eleição e declararia o estado de emergência, demitisse Korjakov-Barsukov-Soskovets e realizasse uma eleição democrática. Ieltsin deu ouvidos aos membros da corporação dos oligarcas, aceitou a ajuda deles, entrou em uma luta formalmente justa contra Ziuganov, e venceu. Naturalmente, os críticos afirmaram que a vitória de Ieltsin não fora justa, que os jornais e todos os canais de televisão comprados pelos oligarcas tinham apoiado Ieltsin. Mas também ninguém tinha uma simpatia especial pelos comunistas. Os acontecimentos de agosto de 1991 e de outubro de 1993, que foram vistos pela população como tentativas de vingança por parte dos comunistas, ainda estavam muito frescos na memória do povo.

Em julho de 1996, Ieltsin foi reeleito presidente. Mas a vitória teve um preço. A corporação dos oligarcas tornou-se acionista do governo. Durante os quatro anos seguintes, até a eleição de 2000, a corporação dos oligarcas governou o país. O presidente da corporação era Ieltsin. Cercado pelos serviços de segurança, que lutavam entre si, sem experiência em política (assim como todo mundo na Rússia democrática), deplorando o povo e não acreditando na democracia de modo geral e especialmente na democracia russa, a corporação dos oligarcas concluiu que, nas eleições de 2000, um oficial de primeiro escalão dos serviços de segurança precisava ser eleito presidente. Por algum motivo, acreditava-se que esse oficial de primeiro escalão poderia ser comprado e controlado facilmente pelos oligarcas.

> Entre 1999 e 2000, cada oligarca tinha o próprio homem de alto escalão testado e aprovado nos serviços de segurança. E cada um desses homens da segurança do Estado tinha o próprio oligarca testado e aprovado. Roman Abramovitch, Boris Berezovski e Anatoli Tchubais tinham o coronel Vladimir Putin, diretor da FSB. Vladimir Gusinski tinha o general do exército Filipp Bobkov, vice-diretor da KGB da URSS. Iuri Lujkov tinha Ievgeni Primakov, vice-diretor da KGB da URSS, diretor do Serviço Central de Inteligência da URSS e diretor do Serviço de Inteligência Estrangeira da Rússia. Mikhail Khodorkovski tinha o general da KGB Alexei Kandaurov... Os oligarcas e os homens da segurança do Estado próximos de Ieltsin explicaram ao presidente que somente um ex-diretor da FSB seria capaz de assegurar imunidade a ele e a sua família depois que deixasse o cargo. Não importava qual ex-diretor fosse escolhido (Ieltsin pôde escolher), mas era necessário que fosse um ex-diretor da FSB, porque se os comunistas subissem ao poder eles colocariam Ieltsin na cadeia por utilizar tanques para dissolver o parlamento em 1993; se os democratas subissem ao poder eles poderiam facilmente processar Ieltsin por iniciar a primeira e a segunda guerra tchetchenas e pelo genocídio do povo tchetcheno. E qualquer novo presidente poderia questionar a legalidade da privatização da economia russa realizada por Ieltsin.

Ieltsin acreditou neles, e com as próprias mãos — as mesmas que, em agosto de 1991, tiraram dos comunistas o governo do país — deu o governo da Rússia para um oficial do primeiro escalão da FSB, nomeando-o seu sucessor. Em um ano, Ieltsin experimentou três pessoas para o papel de sucessor. O primeiro candidato para a posição de futuro presidente da Rússia foi Ievgeni Primakov. Ele foi nomeado primeiro-ministro em agosto de 1998, mas foi demitido em maio de 1999: Primakov não era adequado para os oligarcas porque prometera abertamente que, depois de vencer, libertaria 90 mil criminosos da prisão e ocuparia suas celas com 90 mil empresários. O candidato seguinte foi Sergei Stepashin, diretor da FSB entre 1994 e 1995. Ele não era adequado para a "família" de Ieltsin — ou, mais precisamente, não era adequado para alguns de seus membros: o oligarca Roman Abramovitch, o conselheiro e futuro genro do presidente, Valentin Iumashev, e o chefe da equipe do presidente, Alexander Voloshin. Parecia-lhes que Stepashin estava passando para o lado do rival de Ieltsin na disputa pelo poder no país — o prefeito de Moscou, Iuri Lujkov. Em agosto de 1999, Stepashin foi demitido. Em seu lugar veio Putin, que até o momento era diretor da FSB. Ieltsin gostava de Putin, e os oligarcas também. Em 31 de dezembro de 1999, Putin foi escolhido para ser o sucessor de Ieltsin na presidência da Rússia.

Os oligarcas (exceto Vladimir Gusinski, que apostara no cavalo errado) acreditavam que sua corporação permanecia no poder. Afinal de contas, tinham sido eles que apoiaram Putin; tinham sido eles que, durante a campanha eleitoral, apoiaram-no utilizando todos os mesmos mecanismos e gerentes que tinham assegurado a vitória de Ieltsin em 1996. Mas havia outra corporação que, sem conhecimento da população, estava apoiando Putin e trabalhava para assegurar sua vitória utilizando os próprios recursos e métodos: a corporação da FSB. E os primeiros passos de Putin como presidente foram marcados por uma lealdade evidente a membros das duas corporações.

No entanto, pouco a pouco, o equilíbrio de poder oscilou a favor da FSB. Primeiro, os impérios de Gusinski e Berezovski — que começaram a se opor a Putin — foram demolidos, e Gusinski e Berezovski acabaram exilados. Então, o império de Mikhail Khodorkovski foi desmantelado, enquanto o próprio Khodorkovski foi preso e condenado. Ao mesmo tempo, várias posições eletivas regionais foram substituídas por posições nomeadas pelo presidente. No contexto da corrupção amplamente difundida na Rússia — que florescia principalmente nas eleições locais — a eliminação das eleições regionais e a criação de posições nomeadas pelo presidente aparentaram, em muitos aspectos, serem coisas boas e aceitáveis. Mas Putin começou a nomear oficiais da KGB-FSB para todas as posições disponíveis — assim como para todas as posições políticas e governamentais importantes.

Nem todos compreenderam o que estava acontecendo, e nem todos compreenderam tudo imediatamente. E quando compreenderam já era tarde demais. Entre 70% e 80% de todas as posições de primeiro escalão do governo haviam sido capturadas pelos serviços de segurança e pelos militares. Pela primeira vez na história, o governo do país fora capturado pela KGB-FSB — por pessoas que tinham passado toda a vida adulta trabalhando no sistema da KGB-FSB, que odiavam os Estados Unidos e a Europa Ocidental, que não tinham nenhum programa positivo e nenhuma experiência em construir coisa alguma. Eles só sabiam destruir, controlar, subjugar e matar. Da mesma forma que não se pode dizer nada de bom em relação ao tabagismo e ao câncer — nem em relação à Gestapo na Alemanha nazista —, nem uma palavra boa pode ser dita em defesa dessa organização, que não foi destruída em agosto de 1991 por um puro mal-entendido histórico.

É irônico como às vezes os líderes políticos são lembrados pela história por eventos que eles próprios certamente considerariam menores e nada memoráveis. O que já sabemos é que o presidente Putin será lembrado na Inglaterra como a pessoa que usou uma bomba nuclear suja para envenenar seu oponente político no centro de Londres. O resto será esquecido.

LISTA DE ABREVIAÇÕES

APR	Partido Agrário da Rússia
ASSR	República Socialista Soviética Autônoma
BKA	Departamento de Polícia Criminal Federal da Alemanha (Bundeskriminalamt)
BND	Departamento Federal de Inteligência da Alemanha (Bundesnachrichtendienst)
CEC	Comissão Central de Eleições
CEER	Comitê Para Relações Econômicas Exteriores
CIS	Comunidade de Estados Independentes
CPRF	Partido Comunista da Federação Russa
CPSU	Partido Comunista da União Soviética
DCR	Escolha Democrática da Rússia (partido)
ESA	Agência Espacial Européia
FAPSI	Agência Federal para Comunicação e Informação do Governo
FESCO	Companhia de Navegação Far Eastern
FOM	Fundação da Opinião Pública
FSB	Serviço de Segurança Federal
FSFO	Serviço Federal para Saúde Econômica e Falências
FSK	Serviço Federal de Contra-inteligência

FSO	Serviço de Proteção Federal
FSU	Antiga União Soviética
GIU	Diretório Principal de Engenharia
GKU	Diretório Principal de Controle
GNI	Inspetoria de Impostos do Estado
GNS	Serviço de Impostos do Estado (GNS)
GPU	Diretório Político do Estado
GRU	Diretório Principal de Inteligência
GUVD	Diretório Municipal de Assuntos Internos
IOC	Comitê Olímpico Internacional
IRC	Comitê de Relações Internacionais
KGB	Comitê de Segurança do Estado
LDPR	Partido Democrata Liberal da Rússia
LSU	Universidade Estatal de Leningrado
MB	Ministério de Segurança
MBVD	Ministério de Segurança e de Assuntos Internos
MGB	Ministério de Segurança do Estado
MGSU	Universidade Social da Cidade de Moscou
MNVK	Corporação Independente de Telecomunicações de Moscou
MSB	Serviço de Segurança Inter-republicano
MSGU	Universidade Social Estatal de Moscou
MSTU	Universidade Técnica Estatal Bauman de Moscou
MVD	Ministério do Interior
NBP	Partido Bolchevique Nacional
NDR	Nosso Lar é a Rússia (partido)
NKGB	Comissariado Estatal de Segurança do Povo
NKVD	Comissariado de Assuntos Internos do Povo
NPRF	Partido do Povo da Federação Russa
NPSR	União Patriótico-popular da Rússia
NTS	Aliança Nacional de Solidaristas da Rússia
NTV	Televisão Independente
OGPU	Diretório Político dos Estados Unidos
OMON	Esquadrão de Forças Especiais da Polícia
ORT	Televisão Pública Russa
OSCE	Organização para a Segurança e Cooperação na Europa

OVR	Bloco da Pátria — Toda a Rússia (partido)
PACE	Assembléia Parlamentar do Conselho Europeu
PGU	Primeiro Diretório Principal
PST	Partido do Trabalho Livre
PTK	Companhia de Combustível de São Petersburgo
RBRT	Mesa-Redonda de Negócios da Rússia
ROIPP	Instituto Público Russo de Lei Eleitoral
ROPP	Partido Industrial Unido da Rússia
RSF	Repórteres Sem Fronteiras
RSFSR	República Federativa Socialista Soviética da Rússia
RUBOP	Diretório Regional de Combate ao Crime Organizado
SBP	Serviço de Segurança Presidencial
SBR	Serviço de Segurança da Rússia
SED	Partido da Unidade Socialista da Alemanha
SPS	União de Forças da Direita
SSR	República Socialista Soviética
SVR	Serviço de Inteligência Internacional
TOTs	Centro Público de Tatar
TsEZh	Centro Para Jornalismo em Situações Extremas
TsOS	Centro de Relações Públicas (KGB)
TsSN	Centro de Operações Especiais
UBEP	Diretório de Luta Contra Crimes Econômicos
UPS	Diretório de Comunicações do Governo
USB	Diretório de Segurança Departamental
VChK	Comissão Extraordinária Exclusivamente Russa
VTsIK	Comitê Executivo Central Exclusivamente Russo
VTsSPS	Conselho Central de Uniões de Comércio de Todas as Uniões
ZGV	Grupo Ocidental do Exército Soviético

Estamos novamente no poder, agora para sempre.

VLADIMIR PUTIN, Primeiro-Ministro
Discursando diante de uma platéia de agentes da FSB
Moscou, 1999

Não rejeitamos nosso passado. Dissemos honestamente: "A história do Lubianka no século XX é a nossa história..."

NIKOLAI PATRUSHEV, Diretor da FSB
de uma entrevista no *Komsomolskaia Pravda*,
20 de dezembro de 2000, dia da FSB

PRIMEIRO PRÓLOGO

A HISTÓRIA DE UM NOME

EM DEZEMBRO DE 1917, o governo bolchevique criou uma organização que nunca proporcionou nenhum bem a pessoa alguma. E porque tal organização era teoricamente útil e necessária, apesar de absolutamente destrutiva na prática, foi continuamente reformada e renomeada, na esperança de que isso causasse uma mudança em sua natureza. Mas sua natureza permaneceu inalterada. Hoje, o nome da organização é FSB — o Serviço de Segurança Federal da Federação Russa. Este livro será mais fácil de ler se o leitor mantiver em mente a breve história dos muitos nomes da FSB, contada a seguir.

Em 20 de dezembro de 1917, o Conselho de Comissários do Povo da República Russa aprovou uma resolução, assinada por Lênin, estabelecendo a Comissão Extraordinária Russa para Combater a Contra-Revolução e Sabotagens (VChK). Em agosto de 1918, a VChK mudou o nome para Comissão Russa para Combater a Contra-Revolução, a Especulação e a Corrupção. O primeiro chefe da VChK foi Felix Dzerjinski.

Em 6 de fevereiro de 1922, o Comitê Executivo Central Russo (VTsIK) da República Federativa Socialista Soviética (RSFSR) aprovou uma resolução abolindo a VChK e fundando o Diretório Político do Estado (GPU) como parte do Comissariado de Assuntos Internos do Povo (NKVD).

Em 2 de novembro de 1923, depois da formação da União das Repúblicas Socialistas Soviéticas (URSS) em dezembro de 1922, o Presidium do Comitê Executivo Central fundou o Diretório Político dos Estados Unidos (OGPU) como parte do Conselho de Comissários do Povo da União Soviética.

Em 10 de julho de 1934, o Comitê Executivo Central aprovou uma resolução tornando o OGPU parte da NKVD.

Em 3 de fevereiro de 1941, a NKVD foi dividida em dois órgãos independentes: a NKVD e o Comissariado Estatal de Segurança do Povo (NKGB). Mas logo em julho do mesmo ano, a NKGB e a NKVD fundiram-se novamente em um único Comissariado do Povo, a NKVD. Em abril de 1943, a NKGB foi criada novamente.

Em 15 de março de 1946, a NKGB foi transformada no Ministério de Segurança do Estado (MGB) da União Soviética. Também nesse período, todos os comissariados do povo começaram a ser chamados de ministérios.

Em 7 de março de 1953, dois dias depois da morte de Stálin, o Ministério do Interior (MVD) da União Soviética e a MGB foram fundidos em uma única MVD da União Soviética.

Em 13 de março de 1954, o Comitê para a Segurança do Estado (KGB) foi fundado como parte do Conselho de Ministros da União Soviética. Em 1978, a referência ao Conselho de Ministros foi eliminada do nome da agência. A partir desse momento, o comitê passou a ser conhecido simplesmente como a KGB da União Soviética.

Em 6 de maio de 1991, o líder do Conselho Supremo da RSFSR, Boris Ieltsin, e o chefe da KGB da União Soviética, Vladimir Kriutchkov, aprovaram a formação do Comitê de Segurança do Estado da RSFSR (a KGB da RSFSR), com status de comitê de Estado republicano nacional.

Em 26 de novembro de 1991, o presidente da URSS, Mikhail Gorbatchev, assinou um decreto "Para a fundação de provisões temporárias para o Serviço Inter-republicano de Segurança (MSB) da URSS".

Em 3 de dezembro de 1991, Mikhail Gorbatchev assinou uma lei "para a reorganização dos órgãos de segurança do Estado". A lei aboliu a KGB da URSS e a substituiu por duas novas agências: o Serviço Inter-republicano de Segurança (MSB) e o Serviço Central de Inteligência Estrangeira da URSS.

Em 19 de dezembro de 1991, o presidente da RSFSR, Boris Ieltsin, assinou um decreto "Para a fundação do Ministério de Segurança e de Assuntos Internos da RSFSR" (MBVD). Com a criação da agência, a MSB foi efetivamente abolida. No entanto, em 14 de janeiro de 1992, a Corte Constitucional da Federação Russa determinou que o decreto de Ieltsin não respeitara a constituição da RSFSR e o revogou.

Durante o período 1992-1993, os órgãos estatais de segurança da Federação Russa foram parte do Ministério de Segurança (MB) da Federação Russa. Em 21 de dezembro de 1993, Ieltsin assinou um decreto abolindo a MB e fundando o Serviço Federal de Contra-inteligência (FSK) da Federação Russa.

Em 3 de abril de 1995, Ieltsin assinou uma lei "para os órgãos do Serviço de Segurança Federal na Federação Russa", que tornou a FSB a sucessora legal da FSK.

Durante todos esses anos, a VChK-FSB esteve instalada no mesmo prédio — no coração de Moscou, na rua Lubianka. Era assim que chamavam o prédio: Lubianka.

SEGUNDO PRÓLOGO

NA ESCOLA, O FUTURO PRESIDENTE da Rússia Vladimir Putin era chamado de "Uti-Puti", talvez pelo caminhar parecido com o de um pato [de *utka*, "pato"], ou por causa da seguinte história...

Aceitando a sugestão de amigos mais velhos e com ajuda da professora favorita, o jovem Volodia Putin e os colegas passaram as férias de verão, certa vez, criando patos — para comê-los no final da estação. Ao chegar a hora de matar um dos patos, todos se recusavam a decepar o pobre pássaro. Para tornar as coisas menos tristes, as crianças decidiram fazer uma brincadeira. Elas submeteram o pato a um julgamento e o condenaram por quebrar as regras da vida: comer mais do que os outros, nadar mais longe do que o permitido, ir dormir mais tarde do que todos os demais. Em seguida, amarraram uma corda no pescoço do pato e arrastaram-no para o cepo, um simples tronco. Alguns dos garotos recusaram o papel de carrasco. Volodia Putin o aceitou. Enrolou-se em um cobertor vermelho, que deveria representar o manto do executor, cobriu a cabeça — porque o rosto do executor deve ficar escondido — e disse: "Tragam a pobre vítima. Pousem sua cabeça de forma que eu a possa cortar com um golpe, sem vê-la."

Das memórias de Vera Gurevich, professora de Vladimir Putin (Vladimir Putin. Parents. Friends. Teachers. *Segunda edição, ampliada. São Petersburgo: Instituto Legal de São Petersburgo, 2004).*

1

A CONSPIRAÇÃO DE KORJAKOV

COMPONENTE NÚMERO UM: O SERVIÇO DE SEGURANÇA PRESIDENCIAL (SBP)

DEPOIS QUE O GOLPE DE ESTADO do Comitê de Emergência do Estado fracassou, a União Soviética entrou em colapso e a KGB foi formalmente desativada. A grande organização que fora a KGB foi dividida em várias agências independentes. Uma das primeiras dessas novas agências — tendo como base os antigos Nono e Décimo Quinto Diretórios da KGB, responsáveis pela segurança de oficiais de alto escalão do governo, de membros da nomenclatura do partido e de suas famílias, além da segurança de propriedades importantes do governo — foi o Serviço de Segurança Presidencial (SBP), criado por Alexander Korjakov, ex-guarda-costas de Iuri Andropov (chefe da KGB e posteriormente chefe do governo soviético) e, mais tarde, guarda-costas de Boris Ieltsin.

Apesar da importância de oferecer segurança para oficiais de alto escalão do governo, a natureza das funções do Nono Diretório a relegou à posição de uma subdivisão subordinada. Em termos de conhecimento e de habilidades, a equipe e os diretores da agência eram inferiores aos oficiais de inteligência estrangeira e de contra-inteligência, já que a tarefa principal do diretório era garantir a segurança física de uma categoria específica de pessoas e de lugares.

Korjakov — homem leal e (como todos acreditavam) devotado a Ieltsin — era membro da equipe no Nono Diretório e sabia perfeitamente bem que qualquer agência responsável até mesmo pela segurança do presidente, ainda mais um presidente tão voluntarioso quanto Ieltsin, deveria, em circunstâncias normais, ser de importância secundária dentro da recém-formada organização que sucedeu a KGB. Mas em 1991-1992, a situação na Rússia não era comum, e Korjakov fez tudo que podia para efetivamente tornar o novo serviço de segurança presidencial uma mini-KGB. No comando da nova agência que assumiu o lugar da extinta KGB — o Serviço Secreto da Rússia (SBR) — Korjakov colocou um de seus homens, um colega do regimento do Kremlin, Mikhail Barsukov, ex-comandante do Kremlin, que afirmou silenciosamente a superioridade de Korjakov sobre si próprio. Depois de implantar com sucesso a idéia de criar um serviço independente de segurança presidencial e de preencher todas as posições importantes com pessoas leais a ele, Korjakov tornou-se efetivamente — sem que ninguém percebesse, e muito menos seu chefe, Ieltsin — o segundo homem na Rússia.

No entanto, um soldado que não sonha em se tornar general é um mau soldado. E na Rússia, o chefe de segurança que não deseja assumir a posição de quem mantém seguro é um mau chefe de segurança. No caso de Korjakov, o lugar era ocupado por Ieltsin. Desde os dias históricos de agosto de 1991 — quando Korjakov, um homem cheio de vigor e ainda desconhecido pela grande nação russa, foi visto em noticiários em todo o mundo de pé atrás de Ieltsin como um cão devoto, pronto para estraçalhar qualquer inimigo ou para proteger Ieltsin de uma bala com o próprio corpo — o chefe de segurança de Ieltsin desejava assumir o posto do presidente. Para que o desejo fosse realizado, diversos componentes precisavam se encaixar.

Korjakov construiu o próprio serviço de segurança, SBP, com forças especiais próprias — chamadas de Centro de Operações Especiais (TsSN) — rapidamente e sem muita dificuldade. O que acabou sendo mais difícil foi moldar a opinião pública do país. Korjakov precisava de emissoras de televisão e de jornais próprios — sobretudo porque não era o único que sonhava em ocupar o lugar de Ieltsin. E o principal rival de Korjakov, Filipp Bobkov, tinha as próprias emissoras de televisão e jornais. Mas quem era esse homem que hoje está quase esquecido?

O RIVAL: FILIPP BOBKOV

No período soviético, a televisão — poderoso instrumento de propaganda e um meio de moldar a opinião pública — sempre esteve sob o controle constante da KGB. A KGB tinha uma subdivisão especial cuja principal missão era lutar contra "digressões ideológicas do inimigo" — o Quinto Diretório da KGB e suas diversas subdivisões espalhadas pela União Soviética. O "inimigo" eram países com uma ideologia diferente — burguesa — e outra moralidade, baseadas na liberdade de empreendimento e nas liberdades civis. Assim, todos os países capitalistas e seus aliados eram considerados "inimigos".

O termo "digressão ideológica" era muito abrangente, podendo ser interpretado com facilidade de diversas formas e utilizado de modo expansivo. Ele incluía conceitos como "orientação ideológica nociva", que podiam ser aplicados a qualquer aspecto das atividades humanas e da criatividade que não se encaixassem nos padrões da estrutura política do país e não correspondessem ao cânone ideológico estabelecido do Estado. Seguindo diretamente o curso político determinado pelo Comitê Central do CPSU — especificamente, pelo Departamento de Agitação e Propaganda —, a KGB lutava uma guerra em grande escala contra todas as expressões de digressão na Rússia. Para atingir o controle total sobre a situação política no país e sobre o modo de pensar dos cidadãos, os órgãos de segurança recrutavam agentes tanto entre soviéticos quanto entre cidadãos estrangeiros, ajudando na conquista de objetivos estratégicos e táticos importantes no processo. Um objetivo estratégico vital era consolidar a influência ideológica do CPSU dentro da União Soviética, dos países do bloco socialista e do mundo como um todo. O objetivo tático era instalar os agentes dos serviços de segurança em todas as posições da sociedade, para agir contra "influências ideológicas nocivas" na população e para realizar programas de contrapropaganda contra países inimigos.

Durante muitos anos, praticamente desde sua formação, o Quinto Diretório da KGB foi chefiado por Bobkov, que se aposentou da KGB no começo de 1991, tendo conquistado o cargo de vice-diretor da KGB e o posto de general do exército. Em pouco tempo, Bobkov tornou-se bastante conhecido como consultor do oligarca Vladimir Gusinski, proprietário da

Corporação Most, que incluía o Banco Most, a companhia Media Most e outras empresas. Na verdade, Bobkov era o chefe do serviço de segurança da corporação. Gusinski estivera no campo de visão de Bobkov por muitos anos, já tendo se tornado conhecido pelo Quinto Diretório durante os preparativos para os jogos olímpicos de 1980, em Moscou.

O vice de Bobkov no Quinto Diretório era o major general Ivan Pavlovich Abramov. Mais tarde, quando Bobkov se tornou vice-diretor da KGB — substituindo Viktor Mikhailovitch Tchebrikov, que foi indicado para chefe da KGB depois que Andropov se tornou secretário geral do GPSU — Abramov tornou-se chefe do Quinto Diretório e tenente-general. Os oficiais que serviam sob o comando de Abramov chamavam-no de Vania Palkin (de *palka*, "vara") por sua tendência à tirania mesquinha e pela atitude rígida e freqüentemente injusta em relação aos subordinados. No final da década de 1980, Abramov, que sonhava em ser vice-diretor da KGB e tivera uma chance real de ver esse sonho tornar-se realidade, foi transferido — inesperadamente para todos, sobretudo para ele próprio — para a promotoria pública geral e nomeado vice-promotor público geral.

O vice de Abramov era Vitali Andreievitch Ponomarev. Veterinário de formação, e posteriormente um operador do partido, Ponomarev foi enviado para trabalhar na KGB no começo da década de 1980. Ele logo se tornou o chefe do escritório geral da KGB na ASSR Tchetchena-Ingush, e pouco depois foi transferido para Moscou e nomeado vice-comandante do Quinto Diretório da KGB, tornando-se, assim, vice de Abramov. Isso aconteceu na véspera do festival internacional da juventude e dos estudantes de Moscou, em 1985, e foi precisamente esse evento politicamente importante que Ponomarev recebeu ordens de supervisionar através das subdivisões do Quinto Diretório. Durante os preparativos para o festival e durante o evento, Ponomarev conheceu o principal diretor da celebração de abertura do festival, Vladimir Gusinski — justamente o mesmo homem que, anos depois, viria a se tornar uma das pessoas mais ricas e influentes da Rússia e também "patrão" de Bobkov.

Assim, enquanto Korjakov criava sua mini-KGB através do Serviço de Segurança Presidencial do presidente Ieltsin, Bobkov estava construindo a própria mini-KGB através do império do antigo conhecido Vladimir Gusinski.

O serviço de segurança da Corporação Most, comandado por Bobkov, consistia predominantemente de antigos subordinados de Bobkov do Quinto Diretório e era o maior e mais poderoso serviço de segurança do país. Sua equipe e seus projetos eram substancialmente maiores do que os da SBP de Korjakov. O serviço de segurança da Corporação Most reuniu informações sobre uma vasta gama de tópicos da vida contemporânea na Rússia. Ela analisou o cenário de forças políticas que competiam entre si dentro do governo e compilou arquivos sobre políticos, homens de negócios, banqueiros e diversas entidades estatais e comerciais proeminentes. Os analistas de Korjakov não eram páreo para os antigos colegas da KGB, que agora trabalhavam no serviço de segurança da Corporação Most não por causa de uma idéia, mas sim pela alta remuneração — paga em dólares, não em rublos —, recebendo um salário muitas vezes maior do que a própria renda nominal do general Korjakov. Os experientes provedores de informação e analistas de Bobkov não deixaram de perceber as medidas que Korjakov estava tomando para aumentar sua influência e criar um grupo influente de apoiadores. Além disso, os empregados de Bobkov mantinham boas relações profissionais com os antigos colegas que permaneceram na FSB.

O CONFLITO DE 1994

No final de 1994, pouco antes da eleição presidencial que estava programada para acontecer em 1996, Korjakov e Bobkov decidiram ver qual dos dois era o mais forte. Gusinski declarara que poderia colocar quem quisesse na presidência. Korjakov respondera que "não é nosso papel escolher o presidente" e, em 2 de dezembro de 1994, entrou abertamente em guerra contra Bobkov. Nesse dia, um destacamento do Centro de Operações Especiais da SPB (TsSN) atacou a comitiva de Vladimir Gusinski. Como Viktor Portov, oficial da TsSN, lembrou mais tarde, "nossa missão era provocar Gusinski a agir para descobrirmos de quem ele obtivera apoio no governo antes de fazer tais declarações".

Na manhã do dia 2 de dezembro, um Mercedes blindado e um jipe transportando os guarda-costas de Gusinski estavam viajando da *datcha* de Gusinski para Moscou na auto-estrada Rubliovsko-Uspenskoie. Em uma curva na estrada, um Volvo com agentes da TsSN enfiou-se entre o jipe e o

Mercedes de Gusinski. Viajando lado a lado a velocidades entre 100 e 110 quilômetros por hora, os dois carros chegaram à esplanada Kutuzovsky, em Moscou, parando entre a prefeitura, onde ficava o escritório de Gusinski, e a Casa Branca.

Enquanto isso, Gusinski telefonara para Ievgeni Savostianov — chefe do diretório da FSB para Moscou e para a região de Moscou — e para o Diretório Municipal de Assuntos Internos (GUVD) e disse a eles que estava sendo atacado por criminosos (ainda não estava claro quem eram as pessoas que o perseguiam — elas poderiam ser simplesmente assassinos de aluguel). Savostianov enviou uma unidade do departamento antiterrorista; o comandante da GUVD enviou uma rápida equipe de emergência. Houve um tiroteio, durante o qual ninguém foi ferido, já que se descobriu que os atacantes eram agentes da SPB de Korjakov. Os homens de Gusinski foram forçados a se render. Os agentes da TsSN arrastaram os passageiros para fora do jipe de Gusinski e os deitaram de barriga para baixo na neve. Isso marcou o final da operação de Korjakov, que entrou para a história com o nome de "Operação de Barriga Para Baixo na Neve". Essa manobra brilhante revelou um dos aliados políticos de Bobkov: o general Savostianov, comandante do diretório da FSB para Moscou e para a região de Moscou. No mesmo dia, a pedido de Korjakov, o general Savostianov foi dispensado de seu posto por Ieltsin. Ele foi substituído por Anatoli Trofimov, protegido de Korjakov, cujo trabalho no período soviético fora monitorar "dissidentes".

COMPONENTE NÚMERO DOIS: CANAL UM

Mas a vitória foi ilusória. A mídia controlada por Gusinski destruiu Korjakov. A partir desse dia, Korjakov estava condenado, apesar de só ter se dado conta disso em 1996, quando já era tarde demais. Apesar disso, em dezembro de 1994, Korjakov aprendeu uma lição fundamental a partir do que ocorrera: na Rússia contemporânea, não basta controlar a própria mini-KGB — é também necessário ter um império da mídia, os próprios meios de comunicação. Para Korjakov, o objeto mais natural e atormentador a devorar parecia ser o Canal Um da Rússia, que alcançava até 180 milhões de telespectadores russos. No entanto, ali a posição de Korjakov também acabou não sendo especialmente forte.

Sob o comando da KGB, o Nono Diretório — base sobre a qual a SBP fora criada — era tradicionalmente isolado dos outros diretórios. A maioria de suas subdivisões estava localizada no território do Kremlin, já que era ali que as pessoas e os locais que precisavam ser protegidos estavam. Os empregados e os diretores do Nono Diretório raramente entravam em contato com membros de outras subdivisões operativas do aparato central da KGB. Conseqüentemente, o Nono Diretório não tinha agentes na mídia de massa (incluindo a televisão) nem entre políticos proeminentes e tampouco nos círculos acadêmicos.

No sentido econômico, o movimento da perestróica iniciado na Rússia constituía, acima de tudo, uma reestruturação sem precedentes do patrimônio do governo. Entre os primeiros a sentir o cheiro de muito dinheiro estavam os funcionários da televisão soviética. Negócios em crescimento precisavam fazer propaganda. As possibilidades da televisão no campo da publicidade eram ilimitadas. Muitas emissoras, competindo entre si, correram para oferecer seus serviços a negócios que buscavam fazer propaganda na emissora central da Rússia. Os anúncios eram pagos principalmente em dólares americanos, e uma parte substancial dos pagamentos acabava nos bolsos de produtores e seus subordinados, que trabalhavam diretamente com os clientes. Quatorze agências de publicidade recém-fundadas operavam na TV central durante o período descrito aqui. Elas compravam tempo de veiculação dos produtores de diversos programas de televisão, dividiam-no como quisessem e vendiam-no para clientes interessados em colocar comerciais na televisão. O tempo de veiculação era comprado a preços de atacado — pois era comprado em lotes que variavam de dezenas de minutos a várias horas por dia e durante períodos que variavam de diversos dias a diversos meses por ano — e depois revendidos em lotes de segundos e minutos a preços consideravelmente mais altos. Os lucros desse tipo de transação eram enormes. O retorno obtido através dessa comercialização não era creditado para as contas da televisão estatal. Em vez disso, era distribuído entre um grupo de pessoas que conseguira contornar o governo e dividira entre seus membros o vasto mercado de publicidade televisiva.

Toda essa atividade — que acontecia no centro televisivo Ostankino, localizado na torre de TV Ostankino, o prédio mais alto de Moscou — foi monitorada por pelo menos trinta agentes da KGB, que relataram cuidadosamente para os superiores tudo sobre o negócio não-declarado de propaganda, já que toda a correspondência séria com agências e organizações era conduzida exclusivamente através do Primeiro Departamento (KGB) dos escritórios televisivos. E todas essas pessoas tinham laços com Bobkov. Portanto, como acabaram no centro televisivo e quem eram elas — pessoas que se conheciam entre si, que se ajudavam mutuamente e que promoviam umas às outras, tanto no período soviético quanto posteriormente?

OFICIAIS DA RESERVA ATIVA

Quando Bobkov, futuro colaborador de Gusinski, tornou-se vice-diretor da KGB, quem o substituiu em seu antigo cargo como comandante do Quinto Diretório foi o major general Ievgeni Fiodorovitch Ivanov (que, depois da dissolução da KGB, tornou-se o chefe do departamento analítico da Corporação Most, de Gusinski).

Além dos agentes oficiais da KGB que supervisionavam a televisão soviética, seus vários departamentos empregavam muitos membros do aparato de segurança estatal que trabalhavam secretamente — residentes e agentes recrutados da equipe da televisão ou oficiais aposentados da KGB infiltrados entre os empregados da televisão. Na terminologia da FSB, essas pessoas eram chamadas de "oficiais da reserva ativa".

As posições e o próprio conceito da "reserva ativa" surgiram durante o mandato de Iuri Andropov como comandante da KGB, entre 1967 e 1982. Eles existiam em muitos ministérios, departamentos e organizações do governo (deve-se ressaltar que, antes de 1991, tudo na URSS pertencia ao governo) e eram instalados em locais de trabalho específicos através de um procedimento burocrático de rotina. A KGB submetia um relatório ao Comitê Central do CPSU, justificando a necessidade de tal posição em alguma estrutura estatal da URSS; o relatório era seguido por uma resolução do Secretariado do Comitê Central, que poderia ser a favor ou contra a proposta da KGB. Depois, se a proposta fosse aprovada, o Politburo ratificava a nova posição e enviava instruções específicas para o governo. Por iniciativa de Bobkov, uma posição de reserva ativa foi criada até mesmo no comitê central do CPSU. Na verdade, o que Bobkov estava tentando fazer era estabelecer o controle da KGB sobre o que era chamado de "dinheiro do partido". No auge da perestróica, esses recursos foram transferidos para o exterior e nunca foram descobertos. Claramente, foram transferidos para o exterior pelos oficiais da reserva ativa que a KGB instalara no Comitê Central do CPSU. Na época, Bobkov era o primeiro vice-comandante da reserva ativa, ou seja, o segundo na linha de comando.

Gradualmente, os oficiais da reserva ativa da KGB-FSB receberam posições em todas as organizações importantes — empresas, agências, institutos e negócios, incluindo a televisão. Os oficiais de segurança do Estado que constituíam a reserva ativa permaneceram nas equipes de suas subdivisões da KGB, mas foram enviados para trabalhar em agências civis ou militares, onde desempenhavam suas funções oficiais, ou seja, trabalhavam nos novos empregos, mas tinham como principal missão a promoção dos interesses da segurança do Estado. Oficiais da FSB que haviam se aposentado oficialmente, mas na verdade tinham sido transferidos da KGB-FSB principalmente para posições civis, permaneciam nos novos empregos como agentes secretos da KGB-FSB. Essa foi uma inovação realmente revolucionária por parte da KGB, que estava protegendo o próprio pescoço, por assim dizer, no caso de acontecimentos imprevistos no país. Foi nesse período que as pessoas começaram a dizer que não existe um ex-agente de segurança do Estado. Na verdade, eles não se tornavam "ex" — tornavam-se oficiais da reserva ativa da KGB-FSB em uma posição militar ou civil.

Ievgeni F. Ivanov tornou-se um oficial da reserva ativa no Comitê Central do CPSU. Ele foi enviado para trabalhar no departamento administrativo, que supervisionava todo o sistema legal da União Soviética: a promotoria pública geral, a suprema corte, a KGB e o Ministério do Interior. Depois de trabalhar ali por dois anos, ele retornou — agora com o posto de tenente-general — à posição de vice-diretor da KGB. O vice-diretor da KGB tinha um poder considerável. Na ausência do diretor da KGB, ele supervisionava a inteligência estrangeira e as atividades dos grupos "A" ("Alfa") — unidades de comando de elite subordinadas diretamente ao comandante da KGB.

Durante os anos da perestróica, Ivanov transformou o Quinto Diretório da KGB no Diretório Para a Defesa da Ordem Constitucional, o diretório "K". A posição de oficial da reserva ativa vagada por Ivanov depois de deixar o Comitê Central do CPSU foi preenchida por outro membro do Quinto Diretório, Alexander Nikolaievitch Karbainov, antigo secretário do comitê regional da Komsomol de Krasnoyarsk. Foi ele quem realmente reorganizou o Quinto Diretório como o Diretório "K". Karbainov logo se tornou o comandante do escritório de imprensa da KGB, que foi transformado, sob sua supervisão, no Centro de Relações Públicas da KGB (TsOS) — o novo meio de transmissão de propaganda do aparato de segurança reestruturado da Rússia. A nomeação seguinte de Karbainov poderia ter sido prevista: ele foi enviado para trabalhar como oficial da reserva ativa sob o comando de outro antigo líder da Komsomol, o oligarca russo Mikhail Khodorkovski. Mais tarde, o vice de Karbainov na TsOS, o general Kondaurov, da KGB, também juntou-se a Khodorkovski como oficial da reserva ativa. Kondaurov tornou-se comandante do departamento analítico da Yuko.

ALEXANDER KOMELKOV

O vice-diretor do departamento do Quinto Diretório que supervisionava a televisão russa era o major Alexander Petrovitch Komelkov, formado pelo Instituto de Cultura de Moscou, que foi apelidado de "Beringela". O apelido fora dado a ele pelos amigos com quem bebia e pelos colegas do diretório por causa da cor de beterraba e do tom azulado de seu rosto. Komelkov foi para o departamento de televisão tendo saído de outra subdivisão — o diretório que supervisionava a Universidade Estatal de Moscou e a Universidade da Amizade do Povo de Lumumba. O pai de Komelkov servira no Primeiro Diretório Principal da KGB (inteligência estrangeira), o que determinara o desenvolvimento da carreira de Komelkov.

Depois de se mudar para o departamento de televisão, Komelkov convocou Valentin Vasilievitch Maligin, um antigo conhecido do Quinto Diretório, para trabalhar ao seu lado. Maligin tornou-se o comandante do Primeiro Departamento (KGB) do centro televisivo. A candidatura de Maligin para a posição foi apoiada pelo comandante do Quinto Diretório, o general I. P. Abramov, e a nomeação foi rápida e facilmente aprovada pela KGB.

O major Vladimir Stepanovich Tsibizov, membro sênior do Primeiro Departamento do Quinto Diretório, foi nomeado oficial da reserva ativa do Quinto Diretório no centro televisivo. Ele respondia diretamente ao comandante do Primeiro Departamento (KGB) do centro televisivo. Tsibizov fora para a KGB — onde seu tio trabalhara durante muitos anos — depois de se graduar no Instituto Estatal de Artes Teatrais. No primeiro departamento do Quinto Diretório, ele supervisionava a agência Goskontsert, que supervisionava as turnês de artistas russos no exterior e organizava turnês de artistas estrangeiros no território da URSS.

O centro televisivo era um "sítio do regime". Passes especiais eram exigidos para que se pudesse entrar no prédio (passes permanentes para empregados, passes de uso único para visitantes). Como comandante do "departamento do regime", o oficial da KGB Tsibizov conhecia bem a lista de pessoas que visitavam Ostankino. Caso fosse necessário, qualquer visitante poderia ter o passe negado segundo ordens de Tsibizov, e qualquer empregado poderia ter os pertences revistados ao entrar ou sair do prédio.

Durante os anos da perestróica, Komelkov e Maligin fizeram um uso habilidoso de seu "recurso administrativo" — o centro televisivo Ostankino — vendendo tempo de veiculação na televisão e em estações de rádio e alugando dependências para empreendimentos televisivos comerciais. Para Komelkov, o resultado dessa atividade foi desastroso: ele foi expulso por ofensa grave por não ter desempenhado seus deveres profissionais.

Depois de deixar o centro televisivo, Komelkov abriu um restaurante na esplanada Kutuzovski, em Moscou, no lado oposto ao Arco do Triunfo. Durante as olimpíadas de Barcelona, estabeleceu um negócio bem-sucedido alugando navios russos próximos à costa espanhola como hotéis para turistas. Mas acima de tudo no mundo, Komelkov — que servira por quinze anos no Quinto Diretório da KGB — desejava trabalhar no Nono Diretório, especificamente na capacidade de oficial "fixo" (oficial responsável pela segurança pessoal de um oficial de primeiro escalão do governo ou do Partido Comunista). No entanto, ele não preenchia certos requisitos exigidos na seleção de candidatos para tais posições. Boa parte dos critérios dizia respeito ao perfil físico do candidato. Antes de tudo, era necessário ter no mínimo um metro e oitenta centímetros de altura e estar em perfeita forma física. A maioria dos oficiais "fixos" do Nono Diretório era de antigos atletas soviéticos que tinham atingido altos graus de sucesso em diversos esportes.

Komelkov, que tinha apenas um metro e setenta de altura e engordara ainda jovem, era objetivamente inadequado para esse tipo de trabalho. Mas o sonho persistia, e acabou virando realidade. Depois que a URSS entrou em colapso e um novo sistema de segurança presidencial foi criado, Korjakov precisava de pessoal. Komelkov foi recomendado a Korjakov — apesar de ter sido demitido da KGB — por Gennadi Zotov, um antigo amigo do Instituto de Cultura que, posteriormente, foi seu colega no Quinto Diretório. Zotov era ex-agente do Quarto Departamento do Quinto Diretório, que supervisionava a religião na URSS e monitorava ativistas políticos. Mais tarde, tornou-se comandante do serviço de segurança departamental da FSB, tenente-general e representante dos serviços de segurança russos na Bulgária.

Korjakov falou pessoalmente com Komelkov e pediu-lhe que reunisse informações sobre tudo que acontecesse no centro televisivo. Acima de tudo, ele estava interessado em pessoas e em grupos que tivessem atitudes negativas em relação ao presidente e à SPB. Komelkov também deveria influenciar políticas editoriais de modo favorável a Korjakov. Finalmente, Korjakov avisou a Komelkov que não deveriam ocorrer vazamentos de informação por parte dele e dos colegas do Quinto Diretório, que estavam trabalhando para Gusinski sob o comando de Bobkov, e que, ao contrário, ele deveria utilizar ao máximo os contatos antigos para reunir informações sobre tudo o que ocorresse na Corporação Most.

Antes de ser demitido da KGB, Komelkov foi um dos comandantes da subdivisão que supervisionava o centro televisivo Ostankino. Como alguém que ainda mantinha um volume considerável de informações valiosas sobre funcionários da TV e era capaz de renovar os antigos contatos com eles, Komelkov era o homem ideal da SPB para trabalhar entre os empregados da televisão. Korjakov também levou em consideração o fato de que Komelkov fora considerado culpado de corrupção, demitido da KGB e estava com raiva dos antigos colegas — especialmente do antigo patrão, Bobkov. Portanto, Korjakov tinha motivos para esperar que Komelkov fosse capaz e concordasse em trabalhar contra os antigos colegas do Quinto Diretório, que constituíam o núcleo da equipe do Banco Most, de Bobkov.

Além disso, depois de ser demitido da KGB, Komelkov tivera tempo de trabalhar no setor privado e de estabelecer contatos com os círculos de negócios e de criminosos de Moscou. Os chefes dos grupos do crime organizado de Moscou — especialmente os bandidos de Solntsevo — tinham sido clientes regulares de seu restaurante na esplanada Kutuzovski. A esplanada Kutuzovski era uma das rotas do governo monitoradas pelo Nono Diretório e, mais tarde, pela SPB de Korjakov. Conseqüentemente, Korjakov sabia tudo sobre o restaurante de Komelkov, assim como sabia a respeito dos navios russos que haviam sido enviados para os jogos olímpicos na Espanha (e também sobre as contas no exterior onde Komelkov depositara o dinheiro que ganhara lá). Em outras palavras, Korjakov sabia o suficiente a respeito de Komelkov para torná-lo um subordinado fiel e para destruí-lo caso fosse necessário.

Komelkov começou a trabalhar. Durante muitos anos, relacionara-se com Iuri Balev, que se aposentara da KGB como comandante do segundo departamento do Diretório para a Defesa da Ordem Constitucional, organização que sucedeu o Quinto Diretório da KGB. Apesar da mudança no nome oficial, o número do departamento não se alterou e os diretores e membros da equipe permaneceram nos postos antigos. O Segundo Departamento era uma das subdivisões mais importantes do diretório em termos dos problemas com os quais tinha que lidar, especialmente durante os anos da perestróica. Em todo o país, tendências descentralizadoras estavam em ascensão: muitas repúblicas, do Báltico ao Cáucaso e também na Ásia Central, começavam a pensar em independência e na possibilidade de abandonar a URSS, resultando em uma ameaça à integridade da União Soviética. O departamento de Balev fora delegado para lutar contra esses numerosos movimentos nacionalistas.

Depois do colapso da URSS, Bobkov, que fora para a Corporação Most, de Gusinski, convidou o antigo subordinado Balev a juntar-se a ele na nova organização. Balev juntou-se a Bobkov e tornou-se um dos principais analistas de Gusinski no serviço de segurança do Banco Most. Balev permaneceu em termos amigáveis com Komelkov, possivelmente visando obter informações sobre a agência de Korjakov através dele. Komelkov, por sua vez, tentava obter informações sobre a agência de Bobkov através de Balev, chegando num dado momento a fazer uma oferta aberta a Balev para espionar para Korjakov. Balev não recusou simplesmente a oferta de Komelkov — declarou que estava cortando todos os laços com ele. Vários dias depois, próximo de sua casa, Balev foi espancado cruelmente por indivíduos desconhecidos.

Obter informações sobre o que acontecia no centro televisivo foi muito mais fácil para Komelkov. Os antigos contatos e conexões permaneciam intactos. Com o suporte poderoso de Korjakov, ele conseguiu rapidamente se tornar uma pessoa suficientemente influente no Ostankino. Suas opiniões eram levadas a sério. Poucas pessoas estavam dispostas a se opor a ele. A maioria das nomeações na equipe passou a ser coordenada por Komelkov.

Durante todo esse período, a comercialização da televisão estatal prosseguiu no mesmo ritmo. Aqueles que tinham tido tempo de privatizar canais de TV individuais obtinham lucros privados enormes. Komelkov monitorou cuidadosamente esses processos e possuía informações confiáveis sobre quem recebera quanto de quem. Quando retornou ao centro televisivo, ele reparou, não sem lamentar, que já tinha deixado passar muitas oportunidades. Os grupos financeiros que haviam se formado no centro televisivo não tinham pressa em admitir nenhum novato aos procedimentos realizados a portas fechadas estabelecidos para a distribuição de tempo de veiculação e, conseqüentemente, à divisão da vasta renda monetária, que estava na casa dos milhões de dólares.

No final da década de 1980, Sergei Lisovski, ex-funcionário da Komsomol, apareceu no centro televisivo. Antes de sua chegada, ele se tornara muito conhecido em Moscou por organizar discotecas gigantescas no complexo esportivo Olimpiysky. Em 1991, ele organizou duas agências de publicidade televisiva: LIS'S e Premier SV. Até 1998, a Premier controlava 65% do mercado de publicidade televisiva. Foi através dele que Korjakov decidiu entrar no ramo de publicidade televisiva. Em 1995, agindo através de Komelkov, que sabia precisamente o tipo de lucro que Lisovski estava obtendo através do negócio publicitário, Korjakov enviou um de seus homens para ver Lisovski. O homem, que se apresentou como coronel da SBP, chegou ao escritório de Lisovski em uma Mercedes, conduziu-o até o próprio escritório no Kremlin e exigiu um pagamento mensal de 100 mil dólares. Lisovski recusou. No dia seguinte, sua empresa foi destruída por membros do Serviço de Segurança Presidencial.

VLADISLAV LISTIEV

No final de 1987, um repórter chamado Vladislav Listiev foi trabalhar na televisão. Em poucos anos, ele se tornou o repórter mais proeminente da TV — o favorito de todos. Listiev crescera em uma família simples, perdeu o pai bem cedo e estudou na melhor instituição educacional do país, a Universidade Estatal de Moscou. Ele fez faculdade de jornalismo e, depois de vários anos, transferiu-se para a faculdade de jornalismo internacional.

Havia muitos estudantes estrangeiros na Universidade Estatal de Moscou. Eles vinham de todas as partes do mundo para estudar lá. Todos eram monitorados minuciosamente pela KGB. A Universidade Estatal de Moscou e a Universidade da Amizade do Povo de Lumumba estavam sob o controle operacional do terceiro departamento do Quinto Diretório.

Para realizar uma vigilância mais completa dos estudantes estrangeiros e para obter uma melhor compreensão de suas visões e orientações políticas, além de suas personalidades e características psicológicas, professores e estudantes da universidade — tanto cidadãos soviéticos quanto estrangeiros — eram recrutados em massa pela KGB. Agentes recrutados entre os estudantes estrangeiros recebiam atenção considerável, visto que estavam destinados a se tornar o que a KGB chamava de "agentes de subsidência". No Ocidente, esse tipo de agente é chamado de "agente infiltrado". A missão principal deles era estabelecer a presença da KGB em qualquer país que fosse do interesse da KGB e ocupar uma posição na sociedade que lhes desse acesso a informações que fossem do interesse dos órgãos de segurança da União Soviética.

Muitos dos estrangeiros que se formaram nas universidades citadas conquistaram posições profissionais avançadas e alto status social ao retornar aos próprios países. Entre eles estavam membros de gabinetes ministeriais, ativistas políticos e sociais proeminentes, diplomatas e jornalistas famosos. Além do alto nível de educação, o que facilitou seu sucesso na vida foi o fato de que muitos deles possuíam parentes influentes nos países de origem. Os estudantes estrangeiros que não tinham parentes influentes e iam estudar na URSS por recomendação de partidos comunistas estrangeiros estavam destinados a se tornar agentes ilegais: iam trabalhar em diversas partes do mundo com nomes falsos e identidades forjadas.

O recrutamento de estudantes estrangeiros de graduação e de pós-graduação para a rede de agentes da KGB exigia o envolvimento de cidadãos soviéticos. Foi assim que, no começo da década de 1980, o caminho do futuro repórter de TV Vladislav Listiev cruzou com o do tenente sênior da KGB Alexander Komelkov, membro da equipe do terceiro departamento do Quinto Diretório.

As faculdades de prestígio de Moscou eram freqüentadas pelos filhos da elite soviética e do Partido Comunista e pelos filhos da comunidade artística. Para o pequeno número de estudantes que vinham de famílias soviéticas simples, era óbvio que suas oportunidades após a graduação seriam gravemente limitadas em comparação às dos colegas bem-relacionados. Os filhos da elite recebiam os estágios mais interessantes e promissores durante a formação e depois da graduação. Conseqüentemente, suas carreiras futuras desenrolavam-se com facilidade e sucesso. Por outro lado, os que careciam desse tipo de apoio tinham que contar com as próprias forças e habilidades, ou então precisavam buscar tal apoio casando-se com alguém da elite. Havia também outro caminho: eles podiam obter apoio da KGB juntando-se à classe numerosa de agentes e membros da organização.

O processo de escolha de candidatos para futuro recrutamento pela KGB era uma espécie de seleção social. Segundo instruções da KGB, membros do alto escalão da nomenclatura do Partido Comunista e membros de suas famílias não podiam ser recrutados para a rede de agentes da KGB. As mesmas restrições aplicavam-se aos parentes de oficiais empregados no momento pela KGB. Quanto aos membros da elite artística soviética, não havia restrições em relação ao envolvimento em atividades secretas em prol dos interesses da segurança do Estado.

Como resultado, os agentes recrutados entre os estudantes universitários vinham na maioria da classe média e das classes mais baixas da sociedade soviética. Um número considerável desses agentes era de filhos de famílias simples de trabalhadores que pensavam que, ajudando a KGB, estariam demonstrando lealdade ao regime soviético e poderiam, posteriormente, contar com assistência em suas vidas e carreiras. E realmente, a KGB promovia ativamente seus agentes, criando assim "agentes de influência" que ocupavam posições proeminentes na vida política e social do país enquanto fortaleciam os interesses da segurança do Estado.

Vladislav Listiev, um estudante sociável e atlético da faculdade de jornalismo da Universidade Estatal de Moscou, não poderia deixar de chamar a atenção dos supervisores do terceiro departamento do Quinto Diretório. Com a ajuda do supervisor da KGB da faculdade, ele foi capaz de unir-se a um grupo de estudantes que estava engajado no estudo intensivo de línguas estrangeiras. Dois anos depois, conseguiu ser transferido para a recém-criada faculdade de jornalismo internacional — na qual muitos estudantes desejavam estudar, incluindo os que tinham parentes muito influentes. Os telefonemas em prol de Listiev foram feitos até para o reitor da universidade e para o decano da faculdade. Era óbvio para todos que os futuros formandos da nova faculdade teriam prospectos excelentes de trabalhar no exterior — o maior sonho de boa parte do povo soviético. Mas quem tinha a última palavra na seleção de estudantes para a faculdade era a KGB.

Listiev foi admitido para a faculdade de jornalismo internacional. Pouco depois, foi incluído em um grupo de estudantes selecionados para estágios de pré-graduação no exterior. Os documentos exigidos para que deixasse o país precisavam ser arquivados pelos órgãos de segurança do Estado. Candidatos a viagens ao exterior eram submetidos a investigações detalhadas conduzidas pelas diversas subdivisões da KGB, que incluíam o que se chamava de "avaliação de casa", que envolvia o recolhimento de informações sobre o estilo de vida do candidato e sobre seus parentes. Tais projetos de "avaliação" eram implantados pelo sétimo departamento do diretório da KGB para Moscou e para a região de Moscou. O departamento estava a cargo da organização da vigilância de "objetos de interesse operacional" e de "avaliações de casa" para todos os departamentos de equipes do aparato central da KGB e sua filial de Moscou. "Avaliações" também eram conduzidas a pedido de departamentos responsáveis pela conferência do passado de cidadãos soviéticos que apresentavam documentos para viajar ao exterior — em missões de trabalho, por razões pessoais ou como turistas. Essas conferências do passado dos cidadãos eram chamadas de "conferências especiais do passado", e as subdivisões responsáveis por elas eram conseqüentemente conhecidas como "subdivisões de conferências especiais do passado".

A "avaliação de casa" de Listiev resultou em uma caracterização negativa dele e dos parentes próximos. Sua pasta de conferência especial do passado (todos os cidadãos soviéticos que apresentavam documentos para viajar ao exterior tinham essas pastas) continha a seguinte observação: "Conhecido pelo terceiro departamento do Quinto Diretório da KGB." Isso significava ou que era parte da rede de agentes da KGB ou que estava sendo examinado como candidato em potencial ao recrutamento. Naturalmente, devido à informação negativa reunida sobre Listiev e sua família, negaram a Listiev o direito de deixar o país, apesar do endosso do Quinto Diretório. Listiev também foi excluído do grupo de estudantes selecionados para estágios de pré-graduação no exterior.

Quando candidatos foram selecionados para trabalhar na mídia soviética — especialmente no rádio e na televisão — as candidaturas foram invariavelmente coordenadas com a KGB. Promoções para posições mais altas, assim como transferências para outras formas de mídia, também eram controladas pela segurança do Estado. Os supervisores do Quinto Diretório não se esqueceram de Vladislav Listiev. Com a ajuda deles, apesar de sérios problemas pessoais, Listiev foi contratado para trabalhar em uma rádio nacional soviética, no departamento de transmissões estrangeiras. Pouco depois, encontrou um oficial da KGB que conhecera quando era estudante universitário — Alexander Komelkov, antigo supervisor da KGB de uma série de faculdades universitárias, que fora transferido na metade da década de 1980 para o décimo quarto departamento do Quinto Diretório e fora nomeado vice-diretor do departamento. Com o apoio de Komelkov (e da KGB), Listiev, apesar da biografia nada impecável, foi capaz, em 1987, de juntar-se a um grupo de elite de jovens repórteres que haviam sido convidados para trabalhar na televisão no novo programa *Vzglyad*, voltado para o público jovem. E apesar de Listiev chegar bêbado à emissora diversas vezes, faltar ao trabalho e até perder as próprias transmissões, o princípio de perdão total permanecia funcionando em relação a ele. Ninguém o tocava.

Com o passar dos anos, o *Vzglyad* tornou-se um dos programas mais populares da televisão, e seus apresentadores, favoritos nacionais — incluindo Vladislav Listiev. A cada ano, ele tornava-se mais e mais popular. Suas habilidades profissionais se desenvolveram, assim como a autoridade entre os colegas. Em 1990, Listiev passou a ser diretor artístico do programa extremamente popular *Pole Chudes*, além dos programas *Tema* e *Chas Pik*. Depois do fracasso do golpe de agosto, foi nomeado produtor geral da companhia de televisão.

COMPONENTE NÚMERO TRÊS: OLEG SOSKOVETS

Durante esses anos, de olho no futuro, Alexander Korjakov estava jogando um jogo político complicado. Tendo subido ao poder ainda relativamente jovem e — pelo que lhe parecia — destinado a permanecer no poder durante muito tempo, Korjakov nem mesmo imaginava admitir a possibilidade de que poderia perdê-lo. Ele estava pronto para lutar pelo poder que tinha através dos meios necessários e encorajou deliberadamente o alcoolismo do presidente Ieltsin com o objetivo de incapacitá-lo. Para o papel de sucessor de Ieltsin, Korjakov escolhera o vice-primeiro-ministro do governo russo, Oleg Soskovets, ex-diretor da União Metalúrgica de Karaganda. Fiel ao princípio de promover e empregar somente pessoas com históricos incriminatórios, Korjakov escolheu Soskovets porque sabia que um processo criminal havia sido instaurado contra ele por roubos em grande escala na União Metalúrgica de Karaganda. Em outras palavras, Korjakov já tinha as provas incriminatórias que precisava contra Soskovets.

O plano de Korjakov era relativamente simples. Todo o poder do governo deveria estar efetivamente concentrado em suas mãos, como comandante da SBP que era, de Barsukov, como diretor da segurança do estado, e de Soskovets, como vice-primeiro-ministro (cargo mais ou menos análogo ao de vice-presidente). Eles deteriam controle sobre todas as agências de segurança pública do país, do complexo militar-industrial e do comércio de armas na Rússia e além das fronteiras do país. A Duma russa precisava ser transformada a qualquer custo em um instrumento administrável. Ieltsin precisava permanecer bêbado e eternamente incapacitado ou deveria finalmente morrer de envenenamento alcoólico. Nessa altura, seria desejável a declaração de Estado de emergência no país, sob algum pretexto qualquer, o que eliminaria a necessidade da realização das eleições presidenciais já agendadas ou de antecipá-las. O Estado de emergência tornaria possível a nomeação de Soskovets como sucessor de Ieltsin ou presidente interino. Em algum momento, seria obtido o controle sobre o Canal Um, o principal canal de televisão da Rússia, o que tornaria possível a condução do tipo certo de campanha eleitoral, a realização de eleições "democráticas" em um momento de vantagem para Soskovets, fazendo dele o presidente oficial. O prazo limite para a operação planejada por Korjakov, que poderia ser descrita mais apuradamente como um golpe de Estado, já era conhecido: ela precisava acontecer antes da eleição presidencial agendada legalmente para o dia 16 de junho de 1996.

COMPONENTE NÚMERO QUATRO: DINHEIRO

Entre os amigos mais próximos, Korjakov às vezes cometia o deslize acidental de perguntar algo como "O que você acha? Eu não seria capaz de governar um país como a Rússia?". Para Korjakov, Soskovets era meramente um instrumento político temporário a ser utilizado para a conquista do objetivo final: poder absoluto. Mas ele precisava de dinheiro, muito dinheiro para comprar os principais políticos, a Duma e os eleitores. A questão era onde o conseguir.

Utilizando a SBP para extorquir dinheiro de negócios, homens de negócios e oficiais do governo, Korjakov dispunha de recursos financeiros consideráveis, inclusive em moedas estrangeiras em dinheiro vivo. Os recursos foram gastos com o objetivo de preparar uma tomada do governo que avançaria lentamente. A SBP gastou mais de 50 milhões de dólares para comprar equipamentos sofisticados de escuta no exterior, dos quais boa parte foi instalada dentro do Kremlin. A monitoração cobria todos. Os escritórios do Kremlin estavam repletos de mecanismos de escuta complexos feitos na Alemanha, e apesar de os oficiais de alto escalão que ocupavam esses escritórios geralmente suspeitarem de que suas dependências tinham sido grampeadas, não havia nada que pudessem fazer para lutar contra o sistema de vigilância total de Korjakov e Barsukov. Sergei Filatov, que na época era chefe da equipe do presidente Ieltsin, reclamava constantemente com repórteres que era forçado a se comunicar com visitantes no próprio escritório através de notas escritas à mão e que as negociações mais importantes precisavam ser conduzidas nos corredores. Segundo estimativas de várias organizações analíticas, em 1995 o serviço de segurança de Korjakov contava com mais de 40 mil pessoas (sob o comando de Andropov, a KGB e o Diretório de Inteligência Internacional, juntos, tinham cerca de 37 mil empregados).

Quando nomeou Komelkov para "tomar conta" de Ostankino, Korjakov não tinha idéia dos montantes de dinheiro que circulavam no centro televisivo. Mais tarde, quando finalmente se deu conta do nível aproximado de lucros oriundos da publicidade, Korjakov abraçou a tarefa de controlar essas correntes monetárias — que escapavam à percepção das agências de impostos e do orçamento do governo. No entanto, o que Korjakov precisava era de um homem que estivesse completamente alheio aos objetivos finais de sua operação de assumir o controle do governo, que não tivesse experiência alguma no mundo da política de alto nível, que não tivesse contatos no Kremlin e que, ao mesmo tempo, fosse amplamente respeitado no mundo da televisão. Esse homem precisaria ser convencido de que tudo o que viesse a fazer seria pelo bem do país, já que para o exterior deveria parecer que a ordem monetária estava sendo estabelecida na televisão visando aos interesses do Estado. Segundo a recomendação firme de Komelkov, Vladislav Listiev foi escolhido para a tarefa.

E Korjakov, que mantia uma relação próxima com a família do presidente Ieltsin, começou a vender a Ieltsin a idéia de que Listiev era o homem que representava o futuro da televisão russa. Em setembro de 1994, Korjakov fez com que Listiev fosse nomeado vice-presidente da Academia Russa de Televisão. E, em janeiro de 1995, Listiev tornou-se gerente geral da ORT, canal de televisão criado em 30 de novembro de 1994, depois da privatização do Canal Um, que era estatal, de acordo com um decreto emitido pelo presidente Ieltsin seguindo recomendações de Korjakov.

Para Korjakov, Listiev era uma figura idealmente inocente. Ele desejava ser produtor de programas de entretenimento na ORT e não se via em nenhuma posição mais elevada. Contudo, o que Korjakov e Komelkov exigiam de Listiev era algo completamente diferente: sua missão era facilitar a tomada de todo o mercado publicitário da ORT e redirecionar todo o faturamento das vendas de tempo de veiculação para contas controladas pela SBP de Korjakov.

Alguns dias depois de sua indicação em janeiro de 1995, Listiev fez um anúncio público: a partir daquele momento, toda publicidade veiculada na ORT seria consignada a um pequeno número de companhias sob seu controle pessoal. Os funcionários da televisão entraram literalmente em pânico. O jornal *Vecherny Klub* comentou: "Isso é compreensível. Publicidade significa dinheiro. Ela é a renda das companhias de televisão e a renda de indivíduos particulares — tanto legais quanto ilegais. Os funcionários da televisão até possuem um nome especial — *dzhinsa* — para programas, clipes e programas informativos que são produzidos extra-oficialmente. O pagamento por essa programação vai direto para os produtores, sem constar nas contas oficiais. Agora, Ostankino não terá mais esse tipo de manjedoura de onde poderá se alimentar (segundo estimativas, a redução mensal no faturamento será de 30 milhões de rublos). Tal mudança está destinada a ter conseqüências graves." Cerca de metade dos negócios de publicidade televisiva da Rússia era controlada pela companhia de Lisovski, a Premier SV.

Uma das pessoas que tiveram a idéia de reformular e privatizar o Canal Um foi Boris Berezovski. Berezovski propôs a criação de uma companhia baseada em capital social: o governo manteria controle sobre 51% das ações e os 49% restantes iriam para investidores privados leais ao presidente Ieltsin, o que daria ao presidente o controle efetivo sobre a ORT e, ainda mais importante, permitiria a ele utilizá-la como recurso na campanha presidencial de 1996. O plano satisfez Ieltsin, e também Korjakov, que apoiava Ieltsin e a quem Berezovski considerava um aliado óbvio naquele momento. Graças ao fato de ter tal aliado, a influência política de Berezovski no Kremlin aumentou sem dúvida alguma, e sua companhia LogoVAZ obteve acesso ao mercado de publicidade do Canal Um e assinou o contrato correspondente com o magnata da publicidade Sergei Lisovski. Além disso, 49% das ações da ORT foram retidas por um grupo de indivíduos escolhidos por Berezovski, principalmente por ele próprio.

Depois da privatização do Canal Um, segundo instruções de Korjakov-Komelkov, Listiev decidiu concentrar a atenção na venda de tempo de veiculação. A venda extra-oficial de tempo de veiculação para publicidade reduziu os lucros do canal em milhões de dólares. O supervisor de Listiev, Komelkov, oficial da SBP, estava suficientemente familiarizado com os planos de negócios dos principais anunciantes. Graças aos colegas — Tsibizov, chefe do "departamento do regime" de Ostankino e tenente coronel da FSB, e V. V. Maligin, chefe do Primeiro Departamento da ORT e residente da FSB —, Komelkov possuía informações sobre todas as conexões dos anunciantes e as organizações que proviam apoio financeiro e segurança a eles. Os nomes dos indivíduos que freqüentavam os diversos escritórios da televisão eram conhecidos por ele através do departamento que emitia os passes para a torre de Ostankino. E os registros da FSB e do Ministério do Interior podiam ser usados para identificar quais deles tinham ligações com vários grupos do crime organizado em Moscou.

Korjakov e Komelkov sabiam tudo sobre o negócio de publicidade da ORT. Listiev abriu as negociações inicialmente com Lisovski. Este estava disposto a oferecer compensação à ORT em troca do direito de supervisionar a publicidade feita no canal e, dessa forma, manter seu controle. Ao mesmo tempo, Listiev iniciou negociações com outro empresário do ramo de publicidade, Gleb Bokii, que representava o Grupo Industrial de Negócios BSG. As negociações se arrastaram. Em 20 de fevereiro de 1995, Listiev — que nesse meio-tempo fundara a própria agência de publicidade, Intervid — anunciou uma moratória temporária para todo tipo de publicidade até que a ORT desenvolvesse novos padrões éticos. Estava claro que era uma tentativa de Korjakov de administrar um golpe contra Lisovski e Bokii, talvez até mesmo de excluí-los completamente do ramo de publicidade ao transferir todos os clientes para a Intervid.

Em 30 de março de 1994, houve uma reunião entre Listiev, Lisovski e Bokii em um pequeno restaurante na rua Kropotkinskaia, em Moscou. Lisovski e Bokii exigiram que Listiev compartilhasse o tempo de veiculação com eles, e o inexperiente Listiev cedeu, cometendo um erro óbvio. No dia seguinte, o erro foi corrigido: na rua Spartanskaia, o Cadillac de Bokii foi alvejado por seis balas de uma pistola TT. Apenas para garantir, uma granada também foi jogada dentro do veículo. Bokii morreu na hora.

Em 9 de abril de 1994, o chefe da Vargus-Video, G. Topadze, proprietário de 6,5% do negócio de publicidade da ORT, recebeu um tiro. Em junho, houve um atentado contra a vida de Berezovski. Berezovski ficou ferido, e seu motorista foi morto. Para evitar outro atentado, Gusinski enviou Berezovski imediatamente para fora da Rússia em seu avião particular. Tal intervenção aberta por parte de Gusinski-Bobkov em prol de Berezovski deveria demonstrar a quem interessasse que os assassinatos e atentados recentes haviam sido executados pelo rival mais óbvio da Corporação Most.

Em seguida, foi a vez de Lisovski. Acreditava-se que ele estivesse sob proteção do líder da gangue criminosa Orekhovo, Sergei Timofeiev ("Silvestr"). Em setembro de 1994, "Silvestr" morreu junto com seu motorista quando explodiram sua Mercedes. Alguém estava eliminando fria e metodicamente os rivais de Listiev. Esse "alguém" era o general Korjakov, que era todo-poderoso durante esses anos. Ele estava lutando pelo controle total da ORT na expectativa das eleições presidenciais de 1996.

Korjakov apressou Listiev. Ele precisava de dinheiro para preparar a opinião pública para a substituição de Ieltsin — cujo alcoolismo Korjakov continuava a estimular — pelo jovem e enérgico vice-primeiro-ministro Soskovets. Ele precisava de controle total sobre a ORT. O tempo se esgotava: a eleição presidencial russa aproximava-se, e Korjakov e sua equipe tinham pouca confiança de que o presidente, cuja popularidade estava extremamente baixa, pudesse vencer. Korjakov determinou que as despesas necessárias ficariam entre 50 e 60 milhões de dólares. Listiev não foi capaz de obter esse montante para Korjakov. Conseqüentemente, Korjakov precisava se livrar imediatamente de Listiev e tomar o controle da ORT para as próprias mãos.

É difícil determinar o ponto exato em que o plano de assassinar Listiev tomou forma. Mas é evidente que a operação tinha o objetivo de preencher várias metas. Primeiro, Listiev seria eliminado. Segundo, a culpa pela organização do assassinato de Listiev cairia sobre Boris Berezovski — que era uma presença influente na Rússia e na ORT, e que naquele momento também influenciava Ieltsin — e sobre o principal concorrente de Listiev no mercado publicitário, Lisovski. Terceiro, Berezovski seria preso, e Ieltsin — decepcionado com Berezovski, Lisovski e Anatoli Tchubais, político influente pró-reforma que mantinha laços com ambos — entregaria o controle da ORT para uma nova pessoa indicada por Korjakov, enquanto Korjakov e seu pessoal obteriam os 49% das ações não governamentais da ORT. Lisovski, considerado suspeito, também estaria incapacitado de dar continuidade aos negócios que mantinha com a ORT.

Nesse período, Listiev esperava uma visita do grupo criminoso Solntsevo. Ele negara um projeto no qual o grupo estava interessado e esperava que viessem a ele pedir uma compensação no valor de vários milhões de dólares. Listiev pedira a Komelkov para intervir e protegê-lo das exigências extorsivas do grupo. A forma mais simples de proteção, supunha Listiev, seria negar-lhes os passes de admissão ao prédio Ostankino. O fato de que membros da gangue Solntsevo tinham tido permissão de entrar no prédio indicou a Listiev que Komelkov e seus supervisores da SBP tinham-no abandonado. O provável é que tenham sido precisamente os gângsteres da Solntsevo que receberam de Komelkov a ordem de eliminar Listiev. De todo modo, em 1º de março de 1995, a vida de Listiev chegou ao fim. Ele foi assassinado dentro do prédio onde morava. É inconcebível que Komelkov tivesse executado tal operação sem instruções expressas de Korjakov.

Justamente como Korjakov planejara, as suspeitas recaíram principalmente sobre Berezovski e Lisovski. No entanto, a tentativa da SPB de prender Berezovski no escritório da LogoVAZ na rua Novokuznetskaia em Moscou foi frustrada. Berezovski tivera tempo de entrar em contato com o primeiro-ministro Viktor Tchernomirdin, que evitou a prisão. Através da mídia controlada por Gusinski, houve vazamento de materiais que incriminavam Korjakov e Barsukov. Tchubais, que era respeitado por Ieltsin, manifestou apoio a Berezovski e a Gusinski. A ORT permaneceu nas mãos de Berezovski, e Korjakov acabou não recebendo o dinheiro de publicidade nem os 50-60 milhões de dólares de que precisava para reformular a opinião pública. Foi aí que ele decidiu optar pela estratégia mais barata de todas, que não exigia uma campanha de relações públicas na televisão.

COMPONENTE NÚMERO CINCO: UMA PEQUENA GUERRA — MAS DE FORMA ALGUMA VITORIOSA

A Tchetchênia tornara-se o elo mais fraco no mosaico multinacional da Rússia, mas a KGB não fez objeções quando Djokhar Dudaiev ascendeu ao poder naquela república porque o viam como membro da organização. O general Dudaiev, membro do CPSU desde 1968, foi transferido da Estônia para sua cidade natal, Grozni, como se tivesse o propósito deliberado de fazer oposição aos comunistas locais, para ser eleito presidente da República da Tchetchênia e proclamar a independência do país (Ichkeria) em novembro de 1991, como se quisesse mostrar à elite política russa o tipo de desintegração que aguardava a Rússia sob o regime liberal de Ieltsin. É provável que não tenha sido por acidente que outro tchetcheno próximo de Ieltsin, Ruslan Khasbulatov, também viesse a infligir danos fatais ao regime de Ieltsin. Khasbulatov, ex-funcionário do comitê central da Komsomol e membro do Partido Comunista desde 1966, tornara-se orador do parlamento russo em setembro de 1991. Seria precisamente o parlamento liderado por Khasbulatov que Ieltsin dissolveria à força — usando tanques — em outubro de 1993.

Em 1994, a liderança política da Rússia já estava consciente de que não poderia se permitir conceder a independência à Tchetchênia. Conceder a soberania à Tchetchênia tornaria a desintegração da Rússia uma possibilidade genuína. Mas será que teriam condições de iniciar uma guerra civil no norte do Cáucaso? O "partido da guerra", que contava com os ministérios militares e os órgãos de segurança pública, acreditava que sim, desde que o público estivesse preparado, e que seria muito fácil influenciar a opinião pública caso os tchetchenos fossem levados a recorrer a táticas terroristas na luta pela independência. Tudo o que se precisava era organizar ataques terroristas em Moscou e deixar uma trilha que apontasse para a Tchetchênia.

Em 18 de novembro de 1994, a FSB fez a primeira tentativa registrada de incitar sentimentos antitchetchenos por meio da execução de um ato de terrorismo, responsabilizando os separatistas tchetchenos por ele. Houve uma explosão em uma linha férrea que cruzava o rio Yauza em Moscou. Segundo especialistas, a explosão foi causada por duas cargas poderosas de aproximadamente 1,5 quilo de TNT. Cerca de vinte metros da estrada de ferro foram arrancados e a ponte quase desabou. Estava bastante claro, no entanto, que a explosão ocorrera prematuramente, antes da hora prevista para o trem que passaria em seguida pela ponte. Os fragmentos do corpo do bombardeador foram descobertos a cerca de cem metros do local da explosão. Ele era o capitão Andrei Schelenkov, empregado da companhia petrolífera Lanako. Ele fora morto pela explosão da própria bomba quando a colocava na ponte.

Foi somente graças a essa falha grave do operador que executaria a explosão que os organizadores imediatos do ataque terrorista ficaram conhecidos. O chefe da Lanako, que dera à firma um nome que começava com as duas primeiras letras do próprio nome, era Maksim Lazovski, de 35 anos, agente altamente valorizado do diretório da FSB para Moscou e para a região de Moscou, também conhecido simplesmente como "Max". Mais tarde, seria descoberto que cada um dos empregados da Lanako era um agente em tempo integral ou *freelancer* dos serviços de segurança russos e que todos os ataques terroristas posteriores em Moscou no período entre 1994 e 1995 também foram organizados pelo grupo de Lazovski. Em 1996, os terroristas da FSB foram presos e condenados em uma corte de Moscou. Mas, àquela altura, a primeira guerra da Tchetchênia já era um *fait accompli*. Lazovski cumprira sua missão.

A guerra na Tchetchênia ofereceu uma maneira muito fácil de pôr fim à carreira política de Ieltsin, fato compreendido bem demais por aqueles que provocaram a guerra e organizaram os ataques terroristas na Rússia. Mas havia, além disso, um aspecto financeiro primitivo nas relações entre a liderança russa e o presidente da República da Tchetchênia: os russos extorquiam dinheiro continuamente de Dudaiev. Isso começara em 1992, quando subornos dos tchetchenos eram aceitos como pagamento por armamentos russos deixados para trás naquele ano na Tchetchênia. Os subornos pelas armas eram extorquidos por Korjakov, Barsukov e Soskovets. Naturalmente, o Ministério da Defesa participava da transação. Alguns anos mais tarde, os cidadãos ingênuos da Rússia começaram a se perguntar como todas as armas que os tchetchenos usavam para matar soldados russos poderiam ter sido deixadas para trás na Tchetchênia. A resposta não era nada além de mundana: as armas tinham sido pagas por Dudaiev através de propinas de milhões de dólares pagas a Korjakov, Barsukov e Soskovets.

Depois de 1992, os burocratas de Moscou prosseguiram com a colaboração com Dudaiev baseada em propinas, e a liderança tchetchena continuava a enviar dinheiro para Moscou regularmente. No entanto, em 1994, o sistema começou a fraquejar, enquanto Moscou extorquia quantias cada vez mais altas em troca de favores políticos relativos à independência da Tchetchênia. Dudaiev começou a se recusar a pagar. O conflito financeiro evoluiu gradualmente para um impasse político e, finalmente, tornou-se uma disputa entre as lideranças da Rússia e da Tchetchênia para ver qual era a mais forte. A ameaça de guerra pairava no ar. Dudaiev requisitou um encontro pessoal com Ieltsin, talvez até com a intenção de contar o que vinha acontecendo. Mas o triunvirato — que controlava o acesso a Ieltsin — exigiu uma propina de vários milhões de dólares para organizar um encontro entre os dois presidentes. Dudaiev recusou-se a pagar e exigiu que o encontro com Ieltsin acontecesse sem que nenhum dinheiro trocasse de mãos antecipadamente. Além disso, pela primeira vez, ele ameaçou as pessoas que o vinham ajudando estritamente em troca de dinheiro de revelar documentos que estavam em seu poder que continham informações comprometedoras sobre as negociações em interesse próprio dos funcionários do governo com os tchetchenos. Dudaiev acreditava que a possessão de tais documentos seria seu seguro contra a prisão. Ele não poderia ser preso — só poderia ser morto, já que era testemunha ocular de crimes cometidos por membros do séquito de Ieltsin. Dudaiev cometera um erro de cálculo. A chantagem fracassou e o encontro que desejava jamais aconteceu. O presidente da Tchetchênia era agora uma testemunha perigosa que precisava ser removida. Assim, uma guerra cruel e sem sentido foi provocada deliberadamente.

Em 23 de novembro, nove helicópteros do exército russo, presumivelmente MI-8s, do Distrito Militar do Cáucaso Norte, atacaram com mísseis a cidade de Shali, localizada a aproximadamente quarenta quilômetros de Grozni, na tentativa de destruir os veículos blindados de um regimento de tanques localizado ali. Eles foram recebidos com fogo de baterias antiaéreas. Os helicópteros foram atingidos no lado da Tchetchênia, que anunciou ter uma filmagem em vídeo dos helicópteros com marcas de identificação russas.

O quartel-general das forças armadas da Tchetchênia confirmou que unidades militares estavam sendo concentradas na fronteira com o distrito tchetcheno de Naursk, na aldeia de Veselaya, na região de Stavropol: havia tanques pesados, artilharia e seis batalhões de infantaria. Mais tarde, foi descoberto que a parte principal das forças, reunida depois do ataque a Grozni, consistia de uma coluna de veículos blindados russos reunidos por iniciativa da FSB, que pagou por ela e também contratou soldados e oficiais, incluindo membros das forças armadas de elite das divisões de Taman e de Kantemirov.

Em 25 de novembro, sete helicópteros russos de uma base militar em Stavropol atiraram diversos foguetes de salva no aeroporto de Grozni e em prédios residenciais próximos, danificando a pista de aterrissagem e a aeronave civil que se encontrava nela. Seis pessoas foram mortas e cerca de 25 ficaram feridas. Em resposta ao ataque, o ministro de assuntos externos da Tchetchênia encaminhou uma declaração às autoridades da região de Stavropol destacando, entre outras coisas, que os líderes da região "são responsáveis por tais atos, e, no caso de medidas [de resposta] adequadas serem tomadas pelo lado tchetcheno", todas as reclamações "devem ser direcionadas a Moscou".

Em 26 de novembro, as forças do Conselho Provisório da Tchetchênia (a oposição tchetchena anti-Dudaiev), apoiadas por helicópteros e veículos blindados, atacaram Grozni pelos quatro flancos. Mais de 1.200 homens, cinqüenta tanques, oitenta transportes blindados e seis aviões SU-27 da oposição participaram da operação. Como o centro do Conselho Provisório em Moscou (uma organização fantoche) anunciou, "as forças desmoralizadas dos apoiadores de Dudaiev não estão oferecendo virtualmente nenhuma resistência, e tudo estará encerrado provavelmente pela manhã".

Na verdade, a operação foi um fiasco. Os atacantes perderam cerca de quinhentos homens e mais de vinte tanques, e outros vinte tanques foram capturados pelas forças de Dudaiev. Cerca de duzentos membros das forças armadas foram presos. Em 28 de novembro, uma coluna de prisioneiros foi forçada a marchar pelas ruas de Grozni "para marcar a vitória contra as forças da oposição". Ao mesmo tempo, a liderança tchetchena anunciou uma lista de 14 soldados e oficiais capturados que eram membros das forças armadas russas.

A impressão era de que a coluna blindada fora introduzida deliberadamente em Grozni no dia 26 de novembro para ser destruída. O exército de Dudaiev estava com força total e bem armado. Não era possível que a coluna fosse nada além de um alvo móvel. Pavel Gratchev, ministro da defesa da Rússia, sugeriu que não estivera envolvido na tentativa irresponsável de tomar Grozni. Do ponto de vista militar, como Gratchev declarou em uma entrevista coletiva em 28 de novembro de 1996, seria perfeitamente possível tomar Grozni "em duas horas com um único regimento de páraquedistas... Introduzir tanques na cidade sem cobertura de infantaria era realmente sem sentido". Mas então por que eles foram enviados?

Mais tarde, o general Gennadi Troshev nos contaria sobre as dúvidas de Gratchev em relação à campanha na Tchetchênia: "Ele tentou fazer algo a respeito. Procurou obter de Stepashin e de seus serviços de segurança uma avaliação clara da situação, tentou adiar a introdução inicial de tropas até a primavera e até se esforçou para chegar a um acordo pessoal com Dudaiev. Sabemos agora que tal encontro realmente ocorreu. Eles não chegaram a nenhum acordo."

O general Troshev, que nesse ponto estava no controle da segunda guerra na Tchetchênia, não conseguia entender como Gratchev não fora capaz de chegar a um acordo com Dudaiev. O motivo, obviamente, foi que Dudaiev insistia em um encontro pessoal com Ieltsin, e Korjakov recusava-se a organizar o encontro a menos que lhe pagassem.

A operação militar brilhante para incinerar uma coluna de veículos blindados russos foi realmente organizada por Sergei Stepashin, diretor da

FSB, e pelo comandante do diretório da FSB de Moscou, Ievgeni Savostianov. Aqueles que descreveram detalhadamente os erros de cálculo grosseiros dos líderes militares russos, que enviaram a coluna de blindados para a cidade para enfrentar a destruição certa, não compreenderam os cálculos políticos sutis dos provocadores que organizaram a guerra na Tchetchênia. As pessoas que planejaram a introdução de tropas em Grozni queriam que a coluna fosse eliminada de modo espetacular pelos tchetchenos. Era a única maneira de provocar Ieltsin a iniciar uma guerra em grande escala contra Dudaiev — o que acabou acontecendo em dezembro de 1994.

COMPONENTE NÚMERO SEIS: VENDAS DE ARMAS

No período soviético, as exportações de armas eram controladas pelo Diretório Principal de Engenharia (GIU) do Ministério de Relações Econômicas Estrangeiras. A maioria dos empregados da GIU era formada por oficiais do Diretório Principal de Inteligência (GRU). No entanto, depois da revolução de agosto de 1991, o comandante do serviço de segurança do presidente, Korjakov, decidiu assumir o controle do fluxo monetário oriundo do comércio de armas. Em 18 de novembro de 1993, com o objetivo de regular e sistematizar o negócio complicado de venda de armamentos, Ieltsin assinou o decreto secreto número 1932-s, fundando uma companhia estatal, a Rosvooruzhenie, para representar os interesses do complexo militar-industrial da Rússia nas negociações com companhias estrangeiras envolvidas no comércio de armas. O mesmo decreto conferia o controle das atividades da Rosvooruzhenie ao Serviço de Segurança Presidencial.

Para isso, foi fundado na SBP o departamento "V" (de *vooruzhenie*, "armamentos"), cuja principal função era controlar as atividades da Rosvooruzhenie, da Goskhran e da Gosdragmet. O general Samoilov tornou-se o chefe da Rosvooruzhenie. No comando do departamento "V", Korjakov colocou o leal subordinado Alexander Kotelkin. Nascido em 1954, Kotelkin formara-se na Escola Militar Superior de Engenharia de Kiev e servira durante muitos anos na força aérea. Então, foi contratado pela GRU e enviado para estudar na Academia Diplomática do Ministério do Exterior da URSS. No final da década de 1980, Kotelkin serviu como oficial de inteligência militar disfarçado de diplomata na missão permanente da URSS nas Nações Unidas.

Enquanto vivia nos Estados Unidos, Kotelkin chamou a atenção do FBI por manter diversas relações românticas com esposas de diplomatas soviéticos que trabalhavam nas Nações Unidas, e também devido às relações sexuais incomuns que mantinha com colegas da GRU. Kotelkin também mantinha uma relação próxima com Sergei Glaziev, vice-ministro no governo de Igor Gaidar, e posteriormente ministro de relações econômicas estrangeiras. Com a assistência de Glaziev, Kotelkin foi nomeado comandante do Diretório Principal da Associação de Engenharia Militar (organização que sucedeu a GRU) no Ministério de Relações Exteriores. Nesse posto, Kotelkin abusou da posição oficial, recebendo bônus de dezenas de milhares de dólares das empresas que estavam sob seu controle.

Quando a Rosvooruzhenie foi criada, em 1993, Korjakov assegurou-se precisamente de que Klotkin fosse nomeado comandante do departamento "V", que controlava a entidade governamental recém-criada. Korjakov tinha informações incriminatórias suficientes contra Kotelkin. Essa era a garantia de que Kotelkin faria tudo que lhe mandassem. Em novembro de 1994, Kotelkin tornou-se presidente da Rosvooruzhenie. Como resultado, de novembro de 1994 até o verão de 1996, quando Korjakov foi dispensado do serviço que prestava ao governo, Korjakov e seu pessoal entre os empregados na Rosvooruzhenie conseguiram se apropriar de centenas de milhares de dólares.

COMPONENTE NÚMERO SETE: ESTADO DE EMERGÊNCIA

Pouco antes da eleição de 1996, Korjakov, Barsukov e Soskovets convenceram o presidente Ieltsin de que ele não teria chances de derrotar o principal rival, Gennadi Ziuganov, candidato do CPSU, e que a única maneira de permanecer no poder seria declarar Estado de emergência — utilizando a guerra contra a Tchetchênia como pretexto. Havia alguma lógica nisso. Se Ziuganov ascendesse ao poder, sem dúvida colocaria Ieltsin na prisão por ter dissolvido o parlamento em 1993. A dissolução à força do corpo legislativo russo poderia ser retratada facilmente como um ato inconstitucional, com todas as devidas conseqüências. Se os democratas subissem ao poder, eles poderiam facilmente processar Ieltsin por iniciar a primeira guerra tchetchena, por crimes de guerra cometidos pelo exército russo na Tchetchênia e pelo genocídio do povo tchetcheno. E qualquer novo presidente poderia questionar a legalidade da privatização da economia russa realizada por Ieltsin. Assim, Ieltsin assinou um decreto cancelando as eleições presidenciais e declarando Estado de emergência.

No entanto, antes que o decreto se tornasse público, seu conteúdo foi descoberto por quem Korjakov não tivera tempo de eliminar: Berezovski, Tchubais, Gusinski, Lisovski e todos que mais tarde seriam conhecidos como os oligarcas russos. Em um único esforço conjunto, do tipo nunca antes visto na história da Rússia, eles obtiveram acesso ao gabinete de Ieltsin — com a ajuda de sua filha, Tatiana Diatchenko — e ofereceram a ele o uso de dinheiro, jornais e televisão em vez de tanques e decretos declarando Estado de emergência. Ieltsin anulou o decreto que já havia assinado, demitiu Korjakov, Barsukov e Soskovets e nomeou Tchubais seu chefe de equipe. Berezovski endossou o apoio a Ieltsin na ORT, Gusinski fez o mesmo na NTV; Lisovski estava à frente da publicidade; o praticamente desconhecido Roman Abramovitch lidou com o financiamento extra-orçamentário... Iniciando com um índice de popularidade entre 2 e 3%, Ieltsin conseguiu obter a maior porcentagem de votos no primeiro turno das eleições, em junho. Em julho, ele entrou no segundo turno e derrotou o principal rival, Ziuganov. Pouco depois, em 31 de agosto de 1996, Ieltsin assinou um acordo de paz com a República da Tchetchênia. A primeira guerra da Tchetchênia havia chegado ao fim. A Rússia retomou o caminho da democracia, e Komelkov deixou a SPB e retornou para a FSB como vice-líder do Diretório para a Defesa da Ordem Constitucional.

2

QUEM É O SR. PUTIN?

UMA BIOGRAFIA ALTERNATIVA

EM 9 DE MARÇO DE 2000, um jato Yak-40 caiu poucos segundos depois de decolar do aeroporto Sheremetyevo, em Moscou. Nove pessoas estavam a bordo: Artiom Borovik, presidente da editora Soveshenno Sekretno; Ziia Bajaiev, tchetcheno e líder da Companhia Alliance Group Holding, seus dois guarda-costas e cinco membros da tripulação.

O Yak-40, alugado cerca de um ano antes da Companhia Aérea Vologda através da Aerotex, uma companhia aérea de Moscou, por Bajaiev, deveria voar para Kiev. O relatório do comitê que investigava incidentes de tráfego aéreo indicou que os técnicos da Vologda haviam deixado de tratar o avião com um fluido anticongelante especial antes da decolagem e que os *flaps* das asas haviam aberto a apenas dez graus, em vez dos vinte graus necessários para a decolagem. No entanto, a temperatura na manhã do dia 9 de março em Sheremetyevo era de apenas quatro graus negativos, sem precipitação, e não havia necessidade de se tratar o avião com o anticongelante Arktika. Além disso, o Yak-40 poderia ter decolado facilmente com os *flaps* das asas abertos a um ângulo de apenas dez graus, o que resultaria somente em uma aceleração mais longa e em uma decolagem "preguiçosa". Julgando pelo fato de que o avião caiu próximo ao meio da pista de decolagem, que em Sheremetyevo mede 3,6 quilômetros, a distância de decolagem fora adequada — cerca de oitocentos metros.

Imediatamente após as mortes de Borovik e Bajaiev, a mídia sugeriu que a catástrofe não fora um acidente e que o avião teria sido sabotado pelos serviços de segurança russos. Nos dias e nas semanas que antecederam o acidente, Borovik (através de Bajaiev) mantivera-se ativo coletando material sobre a infância de Putin. O material reunido seria publicado em 12 de março de 2000, logo antes da eleição presidencial. Portanto, o que será que Borovik estava preparando para publicação? O que poderia ter alarmado tanto Putin e as pessoas por trás dele?

Borovik tinha provas de que a mãe real (biológica) de Putin não era Maria Ivanovna Putina (*née* Shelomova), nascida em 1911, e sim uma mulher completamente diferente — Vera Nikolaievna Putina, nascida em 1926 na cidade de Achora (na região de Perm) e que reside até hoje na vila de Metekhi, na Geórgia (no distrito de Kaspi), a cerca de uma hora de carro de Tbilisi. O próprio atual presidente da Federação Russa, Vladimir Vladimirovitch Putin, vivera na aldeia de Metheki entre os 3 e os 9 anos de idade.

Essa informação era considerada segredo de Estado pelos seguintes motivos: a KGB era particularmente interessada em recrutar órfãos ou crianças adotadas que não viviam com os pais biológicos. Acreditava-se que esses jovens rapazes e garotas, privados do calor e da proteção dos pais — além de freqüentemente abandonados e traídos por eles — e que haviam enfrentado as dificuldades da vida soviética por causa disso — tendo sido feridos, humilhados e espancados — entrariam na KGB como se estivessem ingressando em uma nova família, buscando proteção genuína de todas as pessoas más com quem haviam entrado em contato durante a infância e a juventude em uma estrutura estatal todo-poderosa que era temida por todo o país. O jovem Putin aprendeu judô para defesa pessoal. Ele ingressou na KGB porque acreditava que só poderia se tornar uma pessoa poderosa e respeitada se trabalhasse para a organização. Com o passar do tempo, a KGB realmente se tornou sua família. E se tudo o que Vera Putina disse for verdade, tanto o trabalho de Putin na KGB quanto seu avanço no governo podem ser vistos sob uma nova luz. Ferido, traído e privado do calor paternal durante a infância, Putin voltou-se para a KGB acima de tudo para encontrar ali uma nova família e para acertar as contas com o mundo que o ferira. E quando em 1990 a KGB-FSB — ou como eles se referem a si próprios, a *kontora* — começou a promover Putin nos escalões do governo, a organização estava certa de pelo menos uma coisa: nenhum candidato à presidência poderia ser mais devoto — em termos de lealdade à FSB — do que Putin.

Vera Nikolaievna, que alegava ser a mãe verdadeira de Putin, fez o seguinte relato em uma entrevista registrada em vídeo:

"Originalmente, sou dos Urais. Foi também lá que estudei em uma faculdade técnica. Na faculdade, conheci um jovem. Ele era o pai de Vova. Vova nasceu em 1950. Nem quero me lembrar de seu pai. Ele mentiu para mim. Eu já estava grávida quando descobri que ele tinha uma família. Abandonei-o imediatamente. Vova foi criado durante um ano inteiro por meus pais. Então, quando fui enviada para o serviço de pós-graduação em Tashkent, conheci meu [atual] marido, Georgi Osepashvili. Na época, ele estava no exército. Quando casamos, fomos morar em Metekhi, e depois de um tempo minha mãe levou Vova para lá. Ele tinha 3 anos.

Mas não demorou e o meu marido, quando começamos a ter os nossos próprios filhos, já não queria mais que Vova morasse com a gente. Ele não batia em Vova — apenas não queria mais ele aqui. Quem quer o filho de outra pessoa? Uma vez, minha cunhada chegou a entregar Vova a um major do exército sem filhos, guardando segredo de mim. Quase não consegui encontrá-lo e trazê-lo de volta. Precisei levá-lo aos meus pais. Eles queriam que eu preservasse minha nova família. Basicamente, tive que trocar Vova pelas meninas. Depois disso, nunca mais o vi, embora o tenha procurado com freqüência e perguntado aos meus pais onde ele estava. Ninguém queria me contar nada. Mais tarde, descobri que Vova já estava na KGB e tinha proibido que me contassem do seu paradeiro...

É claro que eu tinha ouvido que Vova estava trabalhando para a KGB e, mais tarde, no governo russo. Às vezes, minhas filhas falavam sobre ele. As pessoas na minha aldeia comentam constantemente sobre ele. Mas agora sua infância é informação confidencial e ele não quer me reconhecer como mãe... Membros da KGB foram à minha casa, tomaram todas as minhas fotografias de família e disseram-me para não contar a ninguém sobre Vova."[1]

As fotografias foram levadas em janeiro de 2000, quando ou agentes da FSB (segundo um relato de moradores do local) ou oficiais da polícia georgiana (segundo outro relato) chegaram a Metekhi e demandaram tudo sobre Volodia Putin. Os agentes confiscaram as fotografias de Vera Nikolaievna de seu filho e a alertaram para que não falasse a ninguém sobre ele.

Assediado por jornalistas, Eduard Shevarnadze, presidente da Geórgia, sentiu-se obrigado a fazer uma declaração sobre os parentes de Putin. Ele sugeriu que deveriam deixar que "o próprio Putin chegue ao fundo da questão".[2]

Volodia Putin, de Metekhi, estudou na escola secundária local. Alguns dos antigos colegas de turma foram entrevistados. Gabriel Datashvili, líder da organização de planejamento do distrito de Kaspi e ex-colega de Putin, disse que era amigo de Volodia e que os dois eram os melhores alunos da classe:

"Na escola, ambos tínhamos as melhores notas e éramos amigos próximos. Ele basicamente não tinha outros amigos além de mim. Era uma criança muito quieta e reservada. Depois da escola, costumava pescar ou ia para minha casa, onde brincávamos juntos: jogos de guerra, lutas de espada, *lakhti** e luta romana. Eu tinha uma fotografia dele, que me deu quando partiu. Ele escreveu nela: 'Para Gabriel, de Vova, em memória"... Se Putin recorda do período que passou em Metekhi, ele deve se lembrar de mim... Ele era um garoto pequeno e fraco, com cabelos claros e olhos azuis... Então sua mãe, Vera Putina, levou-o de volta para a Rússia para ficar com os avós... Até onde sei, isso foi causado por problemas familiares. Além disso, Vera já tinha outros filhos quando partiram. Quando Vova foi levado para a Rússia, ela já tinha duas filhas, Sofia e Liuba. Então, em 1961, teve outro menino, e depois dele mais duas meninas."

Um morador de Metekhi, tio Gogi, descreveu como Putin ferira gravemente um dedo durante uma pescaria:

"Vova estava ao lado da escola, chorando muito. Havia um anzol de pescaria preso na ponta do dedo indicador da mão esquerda. Não foi possível removê-lo sem arrancar um pouco de carne do dedo. O sangue jorrava. 'Não tenha medo, filho, vai sarar', eu lhe disse... Ele chorou muito. Abracei-o, acalmei-o e arranquei o anzol. Ele deve ter ficado com uma pequena cicatriz."

---

* Antigo jogo com cintos, hoje praticamente esquecido. (*N. do T.*)

Outras marcas distintivas eram dois calombos visíveis nos cantos da testa (ocultos pelo cabelo). Dizem que as crianças na escola em Medekhi até provocavam Volodia e chamavam-no de demônio por causa dos calombos.

Dali Gzirishvili tinha a mesma idade de Putin e estudava na mesma escola:

"Ele era uma criança pequena e fraca, com movimentos bruscos iguais aos da mãe. Eu nem sabia que se chamava Vladimir. Eu simplesmente o chamava de Vova. Era assim que todos o chamavam. A mãe chamava-o de Vovka... Tenho certeza de que o atual presidente da Rússia é nosso Vovka. Não é possível que seja outra pessoa. Ele é tão parecido com a mãe... tinha o cabelo muito claro e espetado. Eu sabia que não era filho de Georgi. Eu sentia muita pena dele e o ajudava. Eles eram muito pobres. Eu trazia para ele maçãs, peras, uvas, qualquer coisa que conseguisse. Ele sempre aceitava tudo. Jogávamos lakhti e burti* juntos, próximo ao rio. Ele era muito triste e ia pescar o tempo todo. Tio Gogi arrancou um anzol que ficara preso em sua mão. Deve haver uma cicatriz. Ele ficava com muita raiva e chorava quando o xingavam. As pessoas sabiam que isso o irritava, então o xingavam, ele ficava irritado e chorava."

Nora Gogolashvili, professora da escola primária, lembrou do aluno Putin da seguinte forma:

"Uma criança quieta, triste e introvertida. Sua atividade favorita era a luta romana. Ele estava quase sempre triste com alguma coisa. Não fazia nenhum trabalho físico, mas era muito bom aluno. Ele tinha uma vida familiar difícil... Vova ia para a escola em roupas remendadas. Chamavam-no de meu enteado. Sempre que alguém o machucava, eu o defendia. Eu tinha tanta pena dele... lamentava tanto por ele. Vova grudava em mim como um gato."

Oleg Iizade, praticante de luta greco-romana de Metekhi e cerca de dez anos mais novo que Putin, encontrou o futuro presidente em encontros de lutadores. Como Iizade lembra:

"Desde o início, ele tinha a cara fechada e era reservado. Somente dizia olá se alguém o cumprimentasse antes. Ele tinha a mesma atitude em relação aos russos, se é que você pode acreditar. Uma personalidade fria. Caminhar até alguém e iniciar uma conversa — isso não fazia parte de

* Jogo tradicional na Geórgia, parecido com o rúgbi. (*N. do T.*)

sua natureza... Era uma pessoa muito reservada. Ele estava trabalhando na KGB na época e era silencioso como uma tumba. Só o vi em encontros de luta romana... Além disso, houve um momento em que sua meia-irmã ligou para o tio, que lhe disse que Vova se tornara um homem importante no governo russo. Mas é difícil dizer se este é o mesmo Vova Putin que agora é presidente da Rússia. Mas ele e Vera Putina de Metekhi são extremamente parecidos. Isso eu posso afirmar."

No entanto, os relatos divergem nesse ponto. Segundo algumas publicações, o próprio Putin teria abordado Iiadze, cumprimentando-o e dizendo: "Eu também tenho alguma ligação com Metekhi."[3]

Vera Putina foi visitada novamente por jornalistas em 11 de março de 2000, dia do funeral de Artiom Borovik. Aparentemente, Vera Nikolaievna começara a perceber que pessoas que não conhecia estavam morrendo por causa dela. "Temo que Volodia não se torne presidente por minha causa", disse. Havia cerca de vinte repórteres no total, incluindo correspondentes do canal russo NTV. Inspecionaram o passaporte e a certidão de nascimento de Vera Putina, conferiram os nomes de seus pais e verificaram o nome do pai de Putin — Platon Privalov. Tudo que ela disse foi registrado por diversas câmeras, inclusive pela NTV (a entrevista da NTV nunca foi ao ar).

Os jornalistas também visitaram a irmã de Putin (por parte de mãe), Sofia (Sofio) Georgievna Osepashvili, nascida em 1954, que trabalha atualmente em um hospital para tuberculosos em Tbisili. Depois de ver uma foto de Putin aos 14 anos, que àquela altura já havia sido publicada no livro *First Person: Conversations with Vladimir Putin* (sendo a foto do futuro presidente mais antiga que se tinha conhecimento), Sofia disse:

"Olhem para ele e olhem para mim — se este não é meu irmão, então me mostrem meu irmão... Enviei-lhe telegramas para Achora, seu comissariado. Inicialmente, disseram que não tinham nenhum Putin lá. Depois, me disseram que parasse de procurá-lo. Acontece que ele já trabalhava para a KGB na época."

Sem dúvida, eles eram parecidos. Sofia tinha outra fotografia, na qual Volodia estava com 7 anos. A fotografia só foi preservada porque Sofia vive em Tbilisi, e não em Metekhi.

Assim, Vera Putina levou o filho para a casa dos avós, Anna Ilyinichna e Mikhail Illarionovich. Eles, por sua vez, deixaram-no quase que imediatamente aos cuidados de um parente sem filhos, Vladimir Spiridonovitch Putin, que se tornou o pai biológico oficial do futuro presidente da Rússia. Vladimir Spiridonovitch levou Volodia para Leningrado, e disseram a Vera Nikolaievna que o filho fora enviado para um colégio interno. "Depois que o deixei com meus pais", lembra Vera Nikolaievna, "meu pai ficou doente e a criança foi enviada para um colégio interno."[4]

Em termos de educação, os anos de estudo na escola local na Geórgia foram um desperdício completo. Em Leningrado, em vez de ir para a quarta série, Volodia, que estava a um mês de completar 10 anos, entrou na primeira série no primeiro dia de setembro de 1960. Foi aí que o ano de seu nascimento precisou ser alterado de 1950 para 1952 em sua certidão de nascimento, aparentemente para que a criança não ficasse traumatizada emocionalmente. A biografia oficial de Putin começa nesse dia: 1° de setembro de 1960.

A BIOGRAFIA DE PUTIN SEGUNDO FONTES OFICIAIS

Vladimir Vladimirovitch Putin nasceu em 7 de outubro de 1952 em Leningrado, sendo de nacionalidade russa. Foi o terceiro filho da família (os dois primeiros filhos dos pais morreram na infância — o primeiro morreu antes da guerra, e o segundo de difteria durante o sítio de Leningrado).

O pai, Vladimir Spiridonovitch Putin, nasceu em 1911 em São Petersburgo. No começo da Primeira Guerra Mundial, toda sua família deixou São Petersburgo e mudou-se para a cidade de Pominovo, na região de Tver. A mãe de Putin, Maria Ivanovna Putina (*née* Shelomova), nasceu na cidade vizinha de Zarechye, também em 1911. O pai de Putin serviu no Exército Vermelho em um submarino. Na juventude, antes da guerra, era um ativista da Komsomol em sua aldeia. Os pais de Putin casaram-se em 1928. Eles se mudaram da região de Tver para Peterhof antes da guerra. Quando a guerra começou, o pai de Putin partiu para o *front* como voluntário e serviu em um batalhão de combate da NKVD. No começo do sítio a Leningrado, a mãe de Putin, com ajuda do irmão, Ivan Ivanovitch Shelomov, um oficial naval (falecido em 1973), conseguiu ir de Peterhof para Leningrado.

O avô paterno de Putin, Spiridon Ivanovitch Putin, trabalhou a vida toda como cozinheiro, inicialmente em Górki, próximo de Moscou, "onde Lênin e toda a família Ulyanov viviam. Quando Lênin morreu, o avô foi transferido para uma das *datchas* de Stálin... Ele também viveu mais do que Stálin, e no final da vida, já aposentado, vivia e cozinhava em um sanatório para o comitê do partido da cidade de Moscou em Ilyinskoye".[5] O avô morreu em 1979; a avó, Olga Ivanovna, em 1976. Os dois estão enterrados no cemitério de Ilynskoye no distrito de Krasnogorsk da região de Moscou.[6] Os ancestrais paternos de Putin viviam na região de Tver desde o começo do século XVII, nas aldeias de Turginovo e Pominovo. O primeiro ancestral conhecido de Putin, um camponês sem terras chamado Yakim Nikitin, viveu na aldeia de Borodino, na paróquia de Turginovo, e era servo do boiardo Ivan Nikititch Romanov, tio do Czar Mikhail Fiodorovitch.[7] A avó materna de Putin, Elizaveta Alekseievna Shelomova, foi ferida fatalmente por uma bala perdida durante o ataque alemão à região de Tver em outubro de 1941.

Na década de 1950, o pai de Putin serviu na guarda militarizada da Fábrica de Trens Yegorov, em Leningrado. Mais tarde, trabalhou como técnico na mesma fábrica e foi secretário do escritório do partido de sua seção. A mãe de Putin, depois da guerra, trabalhou como atendente em um hospital, faxineira, inspetora de alimentos em uma padaria, guarda de segurança e faxineira em um laboratório médico. Ambos morreram de câncer — a mãe morreu no começo de 1999 e o pai em 2 de agosto do mesmo ano. Eles estão enterrados em São Petersburgo, no cemitério Serafimovskoye.

EDUCAÇÃO

De 1960 a 1968, Putin estudou na escola número 193, no Canal Griboyedov, em Leningrado. Ele era o líder de seu grupo de jovens pioneiros. Depois de concluir a oitava série, ingressou na escola secundária número 281 na Sovietsky Pereulok (escola destinada a atrair alunos de todos os níveis da comunidade, especializada em química, afiliada a um instituto tecnológico). Depois de se formar, em 1970, Putin ingressou no departamento de direito internacional da faculdade de direito da Universidade Estatal de Leningrado. Formou-se em 1975, submetendo uma tese sobre "O Princípio da Nação Mais Favorecida no Direito Internacional". Putin fez doutorado em economia (o tema de sua dissertação, defendida em 27 de junho de 1997 no Instituto de Mineração de São Petersburgo, foi "Planejamento Estratégico para a Renovação da Base de Minérios Brutos de uma Região sob Condições de Desenvolvimento de Relações de Mercado. São Petersburgo e a região de Leningrado"; a banca avaliadora contava com Valeri Serdiukov e Sergei Glaziev). Quando estudava na universidade, Putin conheceu Anatoli Sobtchak, que lhe deu aulas de direito econômico como professor associado.

Na Universidade Estatal de Leningrado, Putin ingressou no CPSU e permaneceu como membro até o partido ser banido, em 1991. Em 1985, concluiu o treinamento na Escola Superior de Educação da KGB em Moscou ("escola número 101", também conhecida como o Instituto Bandeira Vermelha de Andropov, hoje chamada Escola de Inteligência Estrangeira).

ANOS PERDIDOS

Segundo a biografia oficial, Putin nasceu em 7 de outubro de 1952, quando a mãe, Maria Ivanovna Putina, tinha 41 anos. Essa era uma ocorrência rara. Na União Soviética, as mulheres não costumavam dar à luz nessa idade. Volodia ingressou na primeira série em Leningrado em 1º de setembro de 1960, quando tinha quase 8 anos. Seu amigo de escola Viacheslav Iakovlev forneceu uma das poucas provas de que Putin teria crescido em Leningrado. "O presidente não poderia ter tido um período georgiano na vida", afirmou Iakovlev, "porque estudamos juntos da primeira à décima série. Volodia e eu ingressamos juntos na primeira série, na escola número 193, em 1959. Lembro-me de que ele veio com a mãe, carregando um buquê de rosas enorme. Na época, vivíamos no mesmo prédio, caminhávamos juntos para a escola e voltávamos para casa juntos. Além disso, antes de entrar na escola, eu também via Volodia brincando no quintal com os pais."[8]

Essa é a única — e não especialmente convincente — declaração existente sobre o período pré-escolar da vida de Putin. Além disso, Iakovlev errou a data em um ano, evidentemente somando os sete anos oficiais até 1952, ano de nascimento de Putin. Putin não entrou na primeira série da escola número 193 em 1959, mas sim em 1960.

Outra declaração parece merecer mais credibilidade: "Putin e eu temos quatro anos de diferença. Eu provavelmente tinha 12 anos quando reparei nele pela primeira vez no quintal", lembrou Viacheslav Chentsov, vizinho de Putin.[9] Em outras palavras, as crianças no quintal não se lembravam de Putin antes da primeira série, quando ele já tinha 8 anos.

Segundo a biografia não-oficial de Putin, ele nasceu em 7 de outubro de 1950, quando a mãe, Vera Nikolaievna, tinha 24 anos. Volodia estudou em Metekhi entre os 6 e os 9 anos, concluindo três séries. E foi precisamente por esse motivo que três anos da vida de Putin tiveram que ser "perdidos". Eles desapareceram da seguinte maneira: Volodia ingressou na escola em Metekhi em 1° de setembro de 1957, quando tinha quase 7 anos. Quando terminou a terceira série, no verão de 1960, tinha 9 anos. Então, foi enviado para os pais de Vera Nikolaievna e, pouco depois, para os novos pais. Em 1° de setembro de 1960, Volodia já estava morando em Leningrado, e completou 10 anos no dia 7 de outubro de 1960. Foi nesse ponto que a data de nascimento foi modificada na certidão de nascimento de 1950 para 1952. Quando Volodia ingressou na escola em Leningrado no dia 1° de setembro de 1960, ele estava novamente com sete anos de idade (em 7 de outubro de 1960, completou 8 anos, segundo sua certidão de nascimento).

PUTIN NA KGB

Depois de se formar na Universidade Estatal de Leningrado, em 1975, Putin recebeu a tarefa de trabalhar na KGB da URSS. Durante cerca de cinco meses, trabalhou no secretariado do escritório de Leningrado da KGB, "fazendo trabalho burocrático".[10] De fevereiro a junho de 1976, participou de cursos de re-treinamento de pessoal operacional. Então, durante meio ano, até 1977, serviu no diretório de Leningrado da KGB — segundo ele, em uma "unidade de contra-inteligência... lidando com elementos estrangeiros",[11] e segundo testemunhos de ex-colegas, no "Cinco", o quinto departamento da KGB de Leningrado, parte do Quinto Diretório Principal, que supervisionava "a luta contra divergências ideológicas por parte do inimigo" e a vigilância de dissidentes. Enquanto trabalhava na "unidade de contra-inteligência", Putin "atraiu a atenção de oficiais de inteligência estrangeiros", recebendo posteriormente uma oferta de transferência do "Cinco" para o Primeiro Diretório Principal (PGU, inteligência estrangeira) e foi enviado para participar de um programa de retreinamento de um ano de duração em Moscou. Depois de retornar para Leningrado, serviu durante "quatro anos e meio" (1979-83) no Primeiro Departamento da KGB de Leningrado.

Em 1984, depois de ser promovido ao posto de major, Putin foi enviado para a Escola Superior de Educação da KGB em Moscou (Instituto Bandeira Vermelha de Andropov), onde estudou sob o pseudônimo "Platov". No instituto, Putin foi o líder de sua seção e se especializou em países germanófonos (Áustria, Suíça, Alemanha Ocidental e Oriental — o Quarto Departamento da PGU). Depois de completar os cursos, em 1985, Putin foi enviado para o escritório da KGB na Alemanha Oriental, onde serviu como diretor da Casa da Amizade Soviético-Germânica em Dresden. Em Dresden, morava na Radebergerstrasse.[12] Como representante da KGB, Putin supervisionava a conduta de estudantes soviéticos na Alemanha Oriental. A certa altura, as obrigações de Putin incluíam vigiar Hans Modrow, que se tornaria o último *premier* comunista da Alemanha Oriental e era, na época, secretário do escritório de Dresden do Partido da Unidade Socialista da Alemanha (SED). Ele também investigou atos de protesto anticomunistas na Alemanha Oriental.[13]

O Volodia Putin que vivia na cidade de Metekhi era praticante de luta romana. Ele adotou a luta romana para defender-se de outras pessoas, de suas provocações e xingamentos. O agente da KGB Vladimir Putin era muito bom em sambo e no judô. O Volodia Putin que vivia na cidade de Metekhi passava dias inteiros sozinho na beira do rio com uma vara de pescar nas mãos. O major da inteligência estrangeira Vladimir Putin pertencia à sociedade amadora de pescadores de Dresden durante a estada na Alemanha Oriental. Vera Nikolaievna Putina tem um caminhar distintamente semelhante "ao de um pato". O próprio presidente eleito Vladimir Putin faz piadas sobre seu caminhar "parecido com o de um pato".[14]

Em 1986, o comandante da KGB, Vladimir Kriutchkov, viajou para a Alemanha Oriental para encontrar-se com Hans Modrow. Posteriormente, Kriutchkov não conseguiu se lembrar do oficial Putin da PGU e chegou à conclusão de que Putin provavelmente não teria sido um agente de inteligência ativo, mas sim apenas membro da equipe de alguma outra divisão da KGB que recebera uma missão na Alemanha Oriental com a duração padrão de cinco anos. Também foi assim que Kriutchkov explicou como, depois de retornar à URSS no princípio de 1990, Putin começou a trabalhar com a equipe do escritório da KGB em Leningrado.[15]

Em 2004, as memórias de Vladimir Usoltsev (nome real: Vladimir Gortanov, também conhecido como Vladimir Artomonov), tenente-coronel aposentado da KGB que emigrara para República Tcheca, foram publicadas em Moscou. Usoltsev trabalhara com Putin em Dresden e escreveu sobre o período que Putin lá viveu. Ele brinca que os agentes "de Berlim" da União Soviética passavam a maior parte do tempo recolhendo catálogos de moda em lojas de departamentos em Berlim Ocidental e vendendo-os posteriormente para costureiras e estilistas na União Soviética. Ele e Putin não tinham tais oportunidades em Dresden, e foram forçados a convencer os colegas de Berlim a darem a eles alguns catálogos. Mas Putin teve muito mais sucesso do que Usoltsev na empreitada porque muitos dos agentes estacionados em Berlim vinham da cidade natal de Putin, Leningrado.

Usoltsev lista os colegas de Dresden sem revelar seus sobrenomes: Sergei, Boris, Nikolai, Viktor, Volodia-de-bigode, pequeno Volodia. No entanto, especifica imediatamente que a pessoa a quem todos chamavam de "pequeno Volodia" era Putin, enquanto o próprio Usoltsev era conhecido como "grande Volodia". Além disso, Usoltsev não disfarça o nome do comandante do grupo de inteligência estrangeira de Dresden, o idoso coronel Lazar Lazarevitch Matveiev, que gostava especialmente do capitão Putin.

O empreendedor Sergei, melhor amigo do pequeno Volodia quando o assunto era beber cerveja Radeberger, é sem dúvida Sergei Viktorovitch Tchemezov, atualmente gerente geral da Empresa Estatal Unitária Federal Rosoboronexport. Boris, amigo de Putin que também era de Leningrado, sob cuja recomendação o coronel Matveiev passou a proteger Putin, é Boris Alexanderovitch Milnikov, que até novembro de 2006 era comandante do Centro Antiterrorista dos estados-membros da CIS. Sasha, da região de Penza, é Alexander Ivanovich Biriukov, atualmente líder do serviço de arrecadamento de impostos da região de Penza. O supervisor de Putin em Berlim, cujo nome não foi revelado, pode ser identificado como Iuri Sergeievitch Leschev, seu antigo patrão no diretório da KGB em Leningrado, atualmente aposentado e agente emérito da segurança do Estado. Outro agente de Berlim que não teve o nome revelado é Andrei Iurievitch Belianinov, que era chefe do Serviço de Contratos de Defesa durante o mandato de Putin em Dresden e, desde 2006, é diretor do Serviço Alfandegário Federal. Os agentes de Dresden Viktor, Nikolai e Volodia-de-bigode são Viktor Adianov, executivo; Nikolai Tokarev, que desde 2000 é gerente geral da Companhia Zarubezhneft; e Vladimir Bragin, que atualmente está aposentado e vive em Sochi.

Putin também tinha conhecidos alemães em Dresden — oficiais da Stasi, agentes de inteligência, e simples amigos. Hoje, alguns deles trabalham no Banco Dresdner e no Deutsche Bank, as instituições financeiras favoritas de Putin quando era vice-prefeito de São Petersburgo. Hoje esses bancos estão ajudando Putin a destruir a Yukos, de Mikhail Khodorkovski. A memorialista alemã Irene Pietsch poderia ter esclarecido todas essas conexões, mas evita cuidadosamente citar nomes no livro *Piquant Friendship*: "Eram alemães ocidentais que Putin conhecera em Dresden e que estavam agora vivendo em Moscou, onde o marido ocupava a posição de gerente em um dos grandes bancos alemães — o mesmo cujo presidente organizara a viagem de Liudmila..."; "o marido era um colega de Volodia na Stasi..."; "em Hamburgo... o quarto de hotel de Liudmila fora reservado pelo mesmo banco alemão cujo nome era cada vez mais mencionado em conexão com Liudmila e Volodia".

As memórias de Usoltsev são consideravelmente mais informativas. Explicando como Putin conseguira receber duas promoções na KGB e duas promoções no CPSU durante a estadia em Dresden — e como, mais tarde, foi capaz de seduzir primeiro Sobtchak e depois Ieltsin — Usoltsev escreve: "Volodia sabia como ser educado, amigável, solícito e discreto. Ele era capaz de fazer qualquer pessoa gostar dele, mas era particularmente bem-sucedido com homens que eram suficientemente velhos para serem seu pai."

Além disso, Usoltsev observa que, em conversas com amigos, a atitude de Putin em relação ao governo soviético era incomumente crítica para um agente da KGB: "Gradualmente, ficou claro para mim que Volodia já tinha absorvido toda aquela sabedoria dissidente em Leningrado, quando trabalhava no Quinto Diretório, que visava combater a 'subversão ideológica'. Parecia que, na parte do campo de batalha pela qual Volodia era responsável, os 'subversivos ideológicos' tinham vencido. Em nossas conversas, ele citava muitos dissidentes com estima. Ele respeitava especialmente Soljenitsin. Eu nunca encontrara nada nem mesmo parecido com tais atitudes entre os agentes dos escritórios do Quinto Diretório em Krasnoyarsk e em Minsk."

Em conversas com indivíduos de fora, Putin sabia como ser ironicamente hipócrita: "Na presença de outras pessoas, Volodia envolvia-se sem constrangimento em conversas sobre 'influências sionistas' sobre Sakharov. No entanto, seu tom de voz tinha uma dose de ironia que sempre estava clara para mim, o que o resumia completamente: por que tornar as coisas mais difíceis para si mesmo cuspindo contra o vento?"[16]

NOTAS

[1] Vakha Ibragimov pesquisou o período georgiano da vida de Putin. Em 2000, a editora Vagrius publicou na Rússia um pequeno número de cópias do livro de Ibragimov, *A biografia secreta do presidente da Rússia* (226 páginas). Ele também gravou diversas entrevistas em vídeo com V. V. Putina e com os residentes da aldeia de Metekhi, as quais nos disponibilizou gentilmente.

[2] *Vignansky, M.*, U i.o. presidenta Rossii v Tbilisi est i.o. sestry, *Segodnya*, 1º de março, 2000.

[3] *Larionova, O.*, Skolko materei u Putina? *Sobesednik*, 2 de março de 2000.

[4] *Ibragimov, V.*, Tainaya biografiya presidenta Rossii, p. 69.

[5] Ot pervogo litsa. Rasgovory s Vladimirom Putinym, M., *Vagrius*, 2000, p. 7.

[6] Ver *Moskovsky komsomolets*, 2 de junho, 2000.

[7] Ver *Komsomolskaya pravda*, 18 de julho, 2002.

[8] *Sobesednik*, 2 de março de 2000.

[9] Ibid.

[10] Ot pervogo litsa, p. 43.

[11] *Kommersant*, 10 de março, 2000; Ot pervogo litsa, p. 47.

[12] *Versiya*, nº 3 (77), 25-31 de janeiro, 2000.

[13] *Moskovsky komsomolets*, 18 de agosto, 1999.

[14] *Filimonov, D.*, Genatsvale Putin. V gorah Gruzii obnaruzhena mama prezidenta Rossii? *Versiya*, 25 de abril, 2000.

[15] *Moskovskie novosti*, nº 2 (1021), 25-31 de janeiro, 2000.

[16] *Usol'tsev, V.*, Sosluzhivets. Moscou, EKSMO, 2004, p. 287.

3

PUTIN EM SÃO PETERSBURGO

DE VOLTA À URSS

No primeiro semestre de 1990, Vladimir Putin — oficial da reserva ativa da KGB, ex-secretário da organização do partido do escritório da KGB em Dresden, assistente sênior do comandante de seu departamento e membro do comitê do partido do escritório da KGB na Alemanha Oriental — retornou à cidade natal de Leningrado. Os relatos divergem quanto à data do regresso. Segundo a longa entrevista dada por Putin para três repórteres da *Kommersant* no começo de 2000, que constituiu a base de seu livro pré-eleições *Primeira Pessoa*, ele permaneceu em Dresden até janeiro de 1990: "Quando, em janeiro de 1990, voltamos da Alemanha, eu ainda estava trabalhando para os órgãos de segurança do Estado, mas começava calmamente a pensar em uma pista de aterrissagem reserva para mim."[1]

A esposa do presidente, Liudmila, recorda quase a mesma data: "Voltamos para a União Soviética no começo de 1990, acho que no dia 3 de fevereiro."[2] No entanto, o antigo colega de Putin na Alemanha Oriental, o tenente-coronel da KGB Vladimir Gortanov (cujas memórias foram publicadas sob o pseudônimo de Vladimir Usoltsev) insiste em uma data diferente. Antes de tudo, Usoltsev estava em Leipzig a trabalho na primavera de 1990 e visitou Putin em Dresden. Em segundo lugar, Usoltsev viu Putin pela última vez quando ele e seu patrão, Ievgeni Beliavski, visitaram o ex-colega em Dresden no verão de 1990.[3]

É improvável que qualquer um desses agentes da KGB estivesse tentando "confundir sua trilha". Possivelmente, um deles está enganado nas lembranças que tem dos eventos. Ou então, talvez Putin não tivesse desistido imediatamente dos negócios que tinha na Alemanha Oriental e tenha vivido (e trabalhado) em dois lugares ao mesmo tempo entre fevereiro e julho de 1990, fazendo viagens periódicas entre Leningrado e a Alemanha Oriental, especialmente para Dresden, onde Usoltsev o encontrou em duas ocasiões.

Existe uma prova indireta que apóia a última hipótese. Um dos ex-agentes da KGB estacionados em Berlim lembra-se de ter providenciado acomodações em um hotel para Putin na primavera de 1990, quando Putin visitou Berlim em uma pequena missão. Esse ex-colega de Putin (que era um antigo amigo e colega do Instituto Bandeira Vermelha de Andropov, onde Putin passara um ano) lembra que Putin "queria escrever uma dissertação de doutorado", mas não tinha "a impressão de que Putin estivesse se preparando para deixar a inteligência estrangeira".[4]

Liudmila Putina recorda desse período da vida do casal com amargura: "Assim que voltamos para Leningrado, meu marido mergulhou imediatamente no trabalho. Acho que ele ficara tão cansado de ter uma rotina estável e regular em Dresden durante quatro anos e meio que simplesmente nunca estava confortável em São Petersburgo. Parecia que meu marido tinha desaparecido, como se tivesse fugido de casa." Putin não só não aparecia em casa como também não trazia o salário para casa, para a esposa. Liudmila recorda: "Durante três meses, ele não recebeu o salário. Lembro que, no final do terceiro mês, comecei a ficar seriamente preocupada porque simplesmente não tínhamos nenhum dinheiro. Mas então pagaram tudo de uma vez."[5]

Continua-se sem saber se as visitas que Putin continuou a fazer à Alemanha depois de fevereiro de 1990 estariam relacionadas ao antigo trabalho de "inteligência estrangeira". Contudo, mais tardar no início da primavera de 1990, seu local oficial de trabalho passou a ser a Universidade Estatal de Leningrado (LSU). Segundo o biógrafo oficial do presidente, Oleg Blotski, na LSU Putin tornou-se "assistente do reitor de assuntos internacionais

— posição que costumava ser tradicionalmente ocupada por oficiais de inteligência estrangeira".[6] No entanto, o ex-general da KGB Oleg Kalugin caracterizou os deveres oficiais de Putin na universidade de modo mais abrangente: segundo ele, Putin não era apenas um "agente de inteligência estrangeira", mas sim o residente da KGB na LSU.

Além de ser assistente do reitor em questões internacionais, a LSU tinha outra posição que era dada aos "oficiais da KGB à paisana": a de pró-reitor de questões internacionais. Essa posição, cujo status era mais elevado do que a outra, era ocupada em 1990 por Iuri Moltchanov. Na prática, Moltchanov e Putin trabalhavam juntos, e segundo diversas fontes — incluindo o repórter Boris Vishnesvki, colunista da *Novaya Gazeta* e membro do escritório do partido em Yabloko, que era pessoalmente bem-relacionado com os políticos de São Petersburgo — o título oficial de Putin não era o de "assistente do reitor", e sim "assistente do pró-reitor".[7] As obrigações de Putin na posição incluíam monitorar e supervisionar estudantes estrangeiros de graduação e de pós-graduação na LSU.

Assim, não apenas no papel, mas também na prática, o superior imediato de Putin era Moltchanov, o pró-reitor de questões internacionais (e não o reitor da LSU, Stanislav Merkuriev). É impossível que Moltchanov também fosse o superior imediato de Putin na reserva ativa da KGB. (Indo à frente no tempo, devemos destacar que, no outono de 2003, Moltchanov tornou-se o vice-governador de São Petersburgo, a cargo dos investimentos, supervisionando a maioria dos principais projetos da cidade, enquanto Sergei Mironov, amigo próximo e ex-sócio do enteado de Moltchanov, Andrei Moltchanov, tornou-se líder da bancada superior do parlamento russo.)

Na LSU, Putin exibiu pela primeira vez suas habilidades administrativas. Na época, as universidades ainda não tinham o direito de simplesmente alugar suas dependências para pessoas físicas ou jurídicas estrangeiras. No entanto, a proibição podia ser contornada: o locador e o locatário podiam criar uma parceria e utilizar "conjuntamente" a propriedade do locador. A parte do capital de tal parceria que caberia ao lado (do governo) soviético seria mínima. Moltchanov e Putin criaram uma parceria desse tipo entre a LSU e a Procter & Gamble (P&G). A LSU era dona de apenas 1% da parceria. A Procter & Gamble adquiriu o direito de ocupar uma das mansões no aterro Universitetskaia e forneceu durante um ano, aos professores, sabão e detergente para roupas, que eram difíceis de serem encontrados.[8] Pode-se supor, obviamente, que, em troca pelo aluguel da casa, Putin e Moltchanov não recebiam somente sabão e detergente para roupas da Procter & Gamble, mas também dinheiro.

SEGUNDO NO COMANDO DA PREFEITURA DE SÃO PETERSBURGO

Em pouco tempo, sem abandonar a KGB nem a universidade, Putin recebeu um terceiro cargo — sob o comando de Anatoli Sobtchak. Em sua última entrevista, Sobtchak disse que se lembrava de Putin como "um bom aluno" e, por conta disso, convidara-o para trabalhar ao seu lado depois de esbarrar com ele acidentalmente na universidade.[9] É óbvio, no entanto, que Sobtchak não estava contando a verdade. Putin foi enviado para trabalhar com Sobtchak pela KGB, que, prevendo os prospectos de Sobtchak, ligou Putin a ele bem cedo.[10] A transferência de Putin para o escritório de Sobtchak foi coordenada e aprovada pela KGB. O próprio Putin conta uma história um pouco diferente. Mas mesmo de suas lembranças é impossível não perceber que a transferência fora coordenada por seus superiores imediatos na KGB:

"Stanislav Petrovitch Merkuriev era o reitor da LSU na época... Na universidade, restabeleci contato com meus antigos amigos da faculdade de direito. Alguns haviam permanecido na faculdade de direito, defenderam dissertações e eram agora professores. Foi um deles quem me pediu que ajudasse Anatoli Sobtchak, que àquela altura se tornara o líder da Lensovet (câmara de deputados da cidade de Leningrado). Ele simplesmente me disse que Sobtchak não tinha ninguém em sua equipe, que estava cercado por maus-caracteres, e me perguntou se eu poderia ajudar Sobtchak.

'Como?', perguntei.'

'Deixe a universidade e vá trabalhar para ele.'

'Veja bem, preciso pensar a respeito. Afinal de contas, sou agente da KGB. E ele não sabe disso. Posso comprometê-lo.'

'Vá falar com ele', aconselhou-me meu amigo.

Devo dizer que, àquela altura, Sobtchak já era uma figura conhecida e popular. Eu mesmo prestava atenção com muito interesse ao que dizia e fazia. Não gostava de tudo o que ele fazia, é verdade, mas respeitava-o. Também era bom saber que era professor em nossa universidade, um professor com quem eu estudara — apesar de não ter tido contato pessoal com ele quando era estudante. Mais tarde, as pessoas escreveram com freqüência que eu quase fora seu aluno favorito. Isso não é verdade. Sobtchak era apenas um dos professores cujas palestras eu acompanhei durante um ou dois períodos. Conheci Anatoli Alexandrovitch na Lensovet, em seu gabinete. Lembro-me bem do encontro. Entrei, apresentei-me e contei-lhe tudo. Ele era uma pessoa impulsiva e me disse imediatamente:

'Falarei com Stanislav Petrovitch Merkuriev. Venha trabalhar para mim. Você pode começar na segunda-feira. Isso é tudo. Vamos resolver isso agora mesmo. Você será transferido.'

Tive que dizer para ele:

'Anatoli Alexandrovitch, seria um prazer fazer isso. Esse trabalho me interessa. Eu até quero ser transferido. Mas tem uma coisa que provavelmente dificultará a transferência.'

Ele perguntou-me:

'O que é?'

Eu disse:

'Preciso lhe dizer que não sou simplesmente assistente do reitor. Sou oficial da KGB.'

Aquilo fora realmente uma surpresa para ele. Ele pensou um pouco a respeito e finalmente disse:

'E quem dá a mínima para isso?'

Obviamente, eu não esperava tal resposta, apesar de ter me acostumado com muitas coisas com o passar dos anos. Afinal de contas, estávamos nos vendo pela primeira vez. Ele era um professor, um doutor em direito, o líder da Lensovet — e foi assim que ele me respondeu. Sem medir as palavras, por assim dizer. Então prosseguiu:

'Preciso de um assistente. Para ser sincero, tenho medo de entrar na minha recepção. Não sei quem são aquelas pessoas lá dentro.'

... Os rapazes que estavam sentados naquele momento na recepção de Sobtchak e que formavam seu círculo íntimo, por assim dizer, comportavam-se de modo rude e grosseiro, na melhor tradição da escola soviética da Komsomol. Naturalmente, isso despertava uma grande irritação entre os deputados... Como compreendi isso, disse diretamente a Anatoli Alexandrovitch que trabalharia para ele com prazer, mas que precisaria avisar aos meus superiores na KGB que estaria deixando a universidade."[11]

Sobtchak não era um político ingênuo. Ele compreendia que a KGB era uma força muito poderosa em Leningrado e que ela estava tentando inserir seu pessoal em seu meio. Mas Sobtchak era um ser humano ingênuo. Ele acreditava que poderia realizar uma manobra melhor do que a da KGB. Oleg Kalugin escreve que informou Sobtchak pessoalmente que havia um oficial da KGB chamado Scherbakov em sua equipe. Sobtchak respondeu: "Caro Oleg, sinto-me só. Preciso de uma pessoa que tenha contatos com a KGB, que controla a cidade." Sobtchak perguntou a Kalugin se ele poderia recomendar alguém. Kalugin, rindo, respondeu que tal pessoa não existia. Foi aí que Putin apareceu.

Na KGB, o anúncio de Putin de que Sobtchak estava lhe oferecendo um emprego foi recebido com muito entusiasmo. Ninguém esperava que se pudesse ligar com tanta facilidade um agente da KGB ao segundo democrata mais importante na Rússia depois de Ieltsin. Putin lembra-se de como foi "informar aos superiores" que tinha a oportunidade de trabalhar com Sobtchak:

"Fui aos meus superiores e disse:

'Anatoli Alexandrovitch fez-me uma oferta para que eu deixasse a universidade e fosse trabalhar para ele. Se isso for impossível, estou pronto para pedir demissão.'

Pedir demissão da universidade, naturalmente, e não da KGB.

Eles disseram para mim:

'Não, por que pedir demissão? Vá trabalhar com ele, sem problemas.'"[12]

Leonid Polokhov, ex-deputado da Lensovet e colega de classe de Putin na universidade, lembra-se de que encontrou Putin pela primeira vez no Palácio Mariinsky (prédio da câmara de deputados) em maio de 1990, quando a câmara estava em sessão para "ratificar um mandato de deputado para Sobtchak... Saí da sala de reuniões e, de repente, vi Putin. Ele me disse que estava trabalhando para Sobtchak como assistente para assuntos internacionais".[13]

Sobtchak acabou sendo eleito para o parlamento da cidade em 13 de maio de 1990 — ocupando uma cadeira que ficara vaga depois das eleições de março — para que pudesse se tornar líder da Lensovet. Os líderes da maioria democrata da Lensovet (Piotr Filippov e Marina Salie) não conseguiram decidir qual dos dois deveria ocupar o cargo mais alto, então decidiram convidar um dos membros do parlamento nacional para ser o líder da Lensovet. O deputado do povo Iuri Boldirev rejeitou a oferta, mas o deputado do povo Anatoli Sobtchak a aceitou. Gavriil Popov e Sergei Stankevitch, colegas deputados deles no parlamento nacional e do Grupo Inter-Regional de Deputados, democrata, já haviam se tornado líderes da câmara de deputados de Moscou (Mossovet); Popov era o líder da Mossovet e Stankevitch era seu vice. Em 23 de maio, dez dias depois de ser eleito deputado da Lensovet, Sobtchak foi escolhido para ser o orador da câmara de deputados de Leningrado.[14]

Foi exatamente nesse momento, entre os dias 13 e 23 de maio de 1990, que Putin tornou-se assistente de Sobtchak. Sobtchak já havia sido eleito para a Lensovet, mas ainda não se tornara seu presidente. Parece improvável que a operação para "ligar" Putin a Sobtchak tenha sido conduzida precisamente nesse período por pura coincidência. É mais provável que a KGB já soubesse a partir das próprias fontes que os democratas de Leningrado estavam prestes a eleger Sobtchak líder da Lensovet e estivesse ansiosa para finalizar a transferência de Putin para o gabinete de Sobtchak antes que ele fosse eleito porta-voz. Portanto, Putin não conta toda a verdade em suas memórias e reorganiza de certo modo a ordem real dos eventos.

A identidade do "colega de universidade" e "amigo da faculdade de direito" que aconselhara Putin a trabalhar para Sobtchak permanece um mistério. Por algum motivo, Putin não nos revela seu nome. Esse amigo sem nome pode ter sido Anatoli Shesteriuk, colega de classe de Putin na universidade e docente na faculdade de letras da LSU. Ou então poderia ter sido Nikolai Iegorov, também colega de classe de Putin na universidade e professor na universidade. Putin pode ter discutido o assunto com o pró-reitor da LSU, Moltchanov, que certamente teria oferecido apoio a Putin nessa questão tanto na LSU quanto dentro da KGB. Mas Moltchanov não era amigo de Putin da faculdade de letras, já que não era advogado, e sim médico de formação. Finalmente, Putin pode ter consultado também outros "advogados", incluindo alguns que não trabalhavam na universidade, como Viktor Tcherkesov, que além de ser colega dele na KGB e de ter se formado na faculdade de direito da LSU em 1973 também era um de seus amigos e colaboradores mais próximos.

Desde o princípio, a opinião predominante em Leningrado era a de que Putin fora "ligado" a Sobtchak pela KGB.[15] Opiniões ainda mais radicais foram manifestadas na imprensa: foi alegado que, na universidade, Putin teria obtido alguma espécie de material comprometedor contra Sobtchak que o permitiria manipular o prefeito no futuro.[16] Essa era, por exemplo, a opinião de Boris Vishnevski, democrata bem conhecido em Leningrado: "Minha explicação (podem me citar) é simples: como assistente do pró-reitor em questões internacionais, Putin tinha que ler todas as denúncias que professores da LSU escreviam uns contra os outros. Não excluo a possibilidade de que Putin tenha encontrado algum documento assinado por Sobtchak. E o que seria da imagem imaculada de Sobtchak como pai da democracia russa se tal documento fosse publicado?"

Na verdade, a história da "ligação" de Putin com Sobtchak não era em nada diferente de tantas outras histórias parecidas envolvendo a infiltração de agentes da KGB em outras organizações políticas e em empresas, começando com a "ligação" de Korjakov com Ieltsin e a "ligação" de Bobkov com Gusinski. Além disso, esse padrão não era característico apenas na Rússia, mas também em outras repúblicas do que, na época, ainda era a URSS. Portanto, o já citado Vladimir Usoltsev (também conhecido como tenente-coronel Gortanov da KGB), que retornara à URSS antes de Putin, foi enviado pelos supervisores da KGB para a Bielo-Rússia para servir como vice-engenheiro-chefe da Liga de Pesquisa e Manufatura de Tecnologia Eletrônica de Minsk. Ali, Gortanov juntou-se à equipe de Alexander Dobrovolski, principal democrata da Bielo-Rússia na época, e tornou-se coordenador de sua campanha eleitoral para o Congresso de Deputados do Povo da URSS.[17] Em Moscou, foram feitas tentativas para infiltrar o coronel Ievgeni Saushkin no círculo mais próximo do prefeito G. Popov, com o consentimento do próprio Popov. Saushkin era um investigador que lidara certa vez com o caso do famoso dissidente soviético Alexander Ginzburg. Com o apoio de Popov, Saushkin tornou-se deputado da Mossovet para o movimento Rússia Democrática. No entanto, esse foi o fim de sua carreira de democrata. Depois do colapso da União Soviética em agosto de 1991, ele abandonou a política e ingressou no mundo dos negócios. Mas Popov obteve um novo assistente e conselheiro, o agente da KGB (não-membro de equipe) Konstantin Zatulin, que fez duas tentativas frustradas de ser eleito para a Mossovet como deputado do movimento Rússia Democrática (hoje, Zatulin é conselheiro do prefeito de Moscou, Iuri Lujkov, e deputado da Rússia Unida na Duma do Estado).

Na Moldavia, Mircea Druk, que era presumivelmente um agente da KGB, tornou-se o líder do governo da Frente do Povo. Em Abkhazia, Tamaz Nadareishvili, também presumivelmente um agente da KGB, foi eleito deputado para o Conselho Supremo de Abkhazia. Portanto, nem Putin, nem Gortanov, nem Saushkin eram exceções à regra. Na verdade, todos eram exemplos da política geral da KGB de infiltrar agentes em organizações políticas democráticas e em negócios privados. Desse modo, os oficiais da reserva ativa da KGB tornavam-se observadores no campo inimigo dos democratas (da mesma forma que haviam servido como observadores no exterior).

UM ESPECIALISTA EM LIDAR COM PESSOAS

Sobtchak era um político que tinha uma tendência a envolver-se em conflitos e não era uma pessoa de trato muito fácil: era prepotente, arrogante, esquentado e irritável. Era um orador brilhante, mas não tinha nenhum talento para fazer acordos, alcançar comprometimentos e coordenar os próprios interesses mesmo com os aliados e com pessoas que pensavam como ele, sem falar nos oponentes ou adversários pessoais, que sempre o cercavam em grande número. Os políticos de Leningrado (que em pouco tempo passou a ser São Petersburgo) reconheciam a popularidade de Sobtchak e estavam preparados inicialmente a tratar o porta-voz da Lensovet como o primeiro entre iguais. Sobtchak, por sua vez, via-os como não-entidades e como demagogos sem valor algum. Aceitava somente os escritores e acadêmicos famosos de Leningrado como estando mais ou menos no mesmo nível que ele próprio. Sobtchak nunca viu os líderes democratas da cidade nem os deputados comuns da Lensovet como seus iguais.

Durante os primeiros meses como porta-voz da Lensovet, Sobtchak perdeu o respeito e o apoio dos deputados de São Petersburgo e de seu próprio comitê executivo (o órgão que governava a Lensovet). Ao mesmo tempo, contudo, manteve a simpatia dos habitantes da cidade, o que lhe permitiu, depois de renunciar da Lensovet, ser eleito prefeito de modo triunfante em 1991. Sobtchak sentia-se à vontade diante do "povo" impressionado, quando era elevado acima dele em um palanque, quando estava cercado de estudantes respeitosos e quando estava dando ordens a funcionários obedientes. Mas não tinha interesse algum pelo trabalho organizacional e administrativo de rotina, e precisava constantemente de pessoas que pudessem libertá-lo dos deveres administrativos diários. Portanto, o trono de Sobtchak era cercado principalmente por indivíduos oriundos da Komsomol ou de posições gerenciais e administrativas que sabiam como interpretar o humor do patrão e como agradá-lo — gerentes executivos inexpressivos sem um senso de dignidade pessoal, mas com certos talentos administrativos. Como bem se sabe, um dos gerentes era Vladimir Anatolievitch Iakovlev, que serviu inicialmente como vice de Sobtchak e depois conseguiu expulsar o chefe do cargo, tornando-se prefeito de São Petersburgo.

Dois indivíduos que diferiam, até certo ponto, do restante dos membros da comitiva de Sobtchak eram Anatoli Tchubais e Alexei Kudrin. Mas Tchubais — apesar da inclinação pragmática de manter-se em bons termos com os superiores e de encontrar utilidade para todas as pessoas, mesmo as inconvenientes — também caiu em desagrado com Sobtchak no final do verão de 1991. Se Igor Gaidar, que no outono de 1991 se tornou vice-primeiro-ministro no novo governo, não tivesse trazido Tchubais para trabalhar para ele em Moscou, é improvável que a relação de Tchubais com Sobtchak permanecesse boa.

Como lembrou um dos colegas de turma de Putin do Instituto Bandeira Vermelha de Andropov, no instituto era ensinada "a maneira correta de estabelecer relações com pessoas... de formar relações interpessoais, de influenciar pessoas".[18] E o próprio Putin gostava de dizer: "Sou um especialista em lidar com pessoas."[19]

Os marcos da carreira de Putin como "especialista em lidar com pessoas" foram: Lazar Matveiev, coronel da KGB e seu superior imediato em Dresden; o prefeito Anatoli Sobtchak e sua esposa, Liudmila Narusova; a filha de Sobtchak e Narusova, Kseniia; Pavel Borodin, gerente de propriedades do presidente Ieltsin; o próprio Ieltsin; a filha de Ieltsin, Tatiana; o "oligarca" Boris Berezovski; o chanceler alemão Gerhard Schröder; o presidente americano George W. Bush; o primeiro-ministro italiano Silvio Berlusconi...

Praticamente todos os amigos e pessoas com quem Putin mantinha uma boa relação na "Casa Grande" da KGB na esplanada Liteiny, no Instituto Bandeira Vermelha Andropov, no escritório da KGB em Dresden, assim como os colegas da prefeitura e aqueles que colaboraram com ele na construção de uma forma criminosa de capitalismo em São Petersburgo, são agora parte do governo russo. Putin estabeleceu relações excelentes com todos.

Boris Berezovski lembra-se de como Putin, como diretor da FSB, foi à sua casa com flores para desejar feliz aniversário à sua mulher, Ielena — precisamente quando a campanha anti-Berezovski do primeiro-ministro Ievgeni Primakov estava no auge.

"Você está louco", disse Berezovski, chocado. "Primakov descobrirá..."

"Ele pode ir para o inferno", respondeu Putin. "Não tenho medo dele."

E Berezovski viu que Putin era uma pessoa em quem poderia confiar, uma pessoa com quem poderia contar.

Enquanto isso, Putin também foi desejar feliz aniversário para Primakov, com outro buquê de flores.

Putin realmente não tinha medo de nada, porque todos os seus passos eram discutidos e aprovados antecipadamente pela liderança da KGB ou pela *kontora*. Com a aprovação da *kontora*, ele pôde apoiar Sobtchak em agosto de 1991 e desejar feliz aniversário à esposa de Berezovski durante o auge da campanha atormentadora contra ele — além de continuar a subir na carreira, indo cada vez mais alto.

"VICE SOBTCHAK"

Inicialmente, Putin trabalhou para Sobtchak de modo voluntário, continuando a trabalhar na universidade, e foi somente dois meses depois que se transferiu para uma posição permanente sob o comando de Sobtchak como oficial da reserva ativa.[20] De julho de 1990 a junho de 1991, Putin serviu como conselheiro oficial do líder da Lensovet. A estrutura da equipe da Lensovet foi ratificada no começo de julho de 1990, e depois disso, todos os assistentes de Sobtchak, incluindo Putin, passaram a ser conhecidos oficialmente como "conselheiros".

Um ano depois, em 12 de junho de 1990, Sobtchak foi eleito prefeito de Leningrado. De acordo com um referendo realizado simultaneamente, a cidade foi rebatizada São Petersburgo em setembro de 1991. "Desempenhei um certo papel ajudando Sobtchack a tornar-se o primeiro prefeito da cidade eleito popularmente", recordou Putin mais tarde. "Persuadi muitos deputados a estabelecerem a posição de prefeito em São Petersburgo, seguindo o exemplo de Moscou. Como líder da Lensovet, Sobtchak poderia ter sido removido pelos outros deputados a qualquer momento... No final das contas, consegui convencer alguns deles de que a instituição do cargo de prefeito seria benéfica para a cidade. Além disso, conseguimos mobilizar os líderes de distritos que pensavam da mesma forma. Eles não podiam votar, mas podiam influenciar seus deputados. Como resultado, a decisão de se instaurar o cargo de prefeito em São Petersburgo foi aprovada pela Lensovet com margem de um voto."[21]

Putin exagera claramente seu papel na criação do cargo de prefeito em São Petersburgo e na eleição de Sobtchak. Em 1991, Putin era desconhecido pela maioria dos deputados e não tinha nenhuma autoridade. A idéia de se criar o cargo de prefeito veio do comitê de organização do governo da Lensovet, encabeçada por Mikhail Gorny, com o objetivo de se forçar Sobtchak a assumir responsabilidade por alguma coisa na cidade, e não transferir toda a responsabilidade para o comitê executivo da Lensovet.

Uma das primeiras coisas que Sobtchak fez depois de se tornar prefeito foi fundar o Comitê de Relações Internacionais (IRC) de São Petersburgo e nomear Putin como chefe do comitê. Isso aconteceu em 28 de junho de 1991. A partir daí, o status de Putin realmente começou a aumentar. Ele acabou sendo o chefe de uma agência burocrática muito importante.

Em agosto de 1991, Putin desempenhou um papel nas negociações complicadas que Sobtchak estava conduzindo com a KGB de Leningrado para se assegurar de que a KGB permaneceria neutra no conflito entre o governo democrático da cidade e o Comitê de Emergência do Estado. Durante o curso das negociações, foram feitas provisões para assegurar garantias para agentes da KGB caso os democratas fossem vitoriosos. Depois de 21 de agosto, o principal chekista de Leningrado e membro do Comitê de Emergência do Estado, Anatoli Kurkov — "um homem muito decente, diga-se de passagem", segundo Putin[22] — não só não foi punido como também permaneceu no cargo de comandante do escritório regional da KGB de São Petersburgo e da região de Leningrado até o final de novembro de 1991, quando foi transferido para a reserva ativa da KGB e entrou no ramo bancário. Em seu lugar, Sobtchak — sob protestos de antigos dissidentes — indicou um amigo de Putin, Viktor Tcherkesov, sobre quem o próprio Sobtchak dissera: "Tcherkesov trabalha para quem está no controle, que são pessoas para quem os termos 'regime da lei' e 'democracia'não têm significado. Elas só compreendem ordens. Para elas, leis e direitos não são nada além de obstáculos." Mas como Sobtchak acreditava que a KGB controlava a cidade, ele concluiu que seria impossível governar sem ela.

A partir de junho de 1991, sempre que o governo da cidade de São Petersburgo era reorganizado, o papel e a influência de Putin cresciam. Depois da extinção do Comitê de Emergência do Estado, Putin pediu demissão da KGB, deixou o Partido Comunista — do qual era membro, naturalmente — e foi transferido para a reserva ativa da KGB com o posto de tenente-coronel. No final de 1991, foi nomeado vice-prefeito de São Petersburgo, enquanto permanecia como diretor do IRC.

A partir de 1992, Sobtchak passou a deixar Putin no comando durante suas viagens particulares ao exterior (apesar de que Putin também passava bastante tempo em outros países). Era Putin quem ficava com o carimbo com a assinatura de Sobtchak. Na ausência do prefeito, ele sempre tomou decisões independentemente.[23] Putin até descreveu como, antes de partir, Sobtchak costumava lhe dar folhas de papel em branco assinadas por ele.[24] Ao mesmo tempo, Putin tentava permanecer o máximo possível em segundo plano, deixando todas as funções públicas para Sobtchak; ele evitava a promoção do próprio nome e raramente aparecia na televisão ou na imprensa. Possivelmente, sua imagem de eminência parda pode ter sido devida ao fato de que falar em público sempre fora difícil para ele. Nas raras ocasiões em que precisou aparecer diante da Lensovet, seus discursos foram curtos e formais. Putin simplesmente tinha medo de falar durante muito tempo e utilizava a formalidade para mascarar a carência de habilidades oratórias. Sobtchak disse certa vez: "Putin voltou da reunião. Eu nunca o tinha visto naquele estado. Ele estava todo azul, por algum motivo, e parecia que tinha perdido alguns quilos!"

Gradualmente, Putin conquistou o controle não somente das relações econômicas internacionais, mas também de muitas outras áreas importantes da vida política e econômica da cidade. Especificamente, coordenou o trabalho de todas as agências de segurança pública, incluindo o Diretório de Assuntos Internos (GUVD) de São Petersburgo e da região de Leningrado, o Diretório Administrativo, o Diretório de Hotéis, o Departamento de Justiça (chefiado por Alexei Kudrin), a Câmara de Registros e o Diretório de Relações Públicas (chefiado por Alexander Bespalov). Como resultado, formou-se uma regra não-escrita na prefeitura: todas as decisões fundamentais deveriam passar por Putin. Sobtchak também considerava importante que as minutas de suas decisões e resoluções fossem carimbadas com a aprovação de seu vice. Putin também foi colocado à frente do Comitê de Questões Operacionais da prefeitura. Deputados que participavam das sessões do governo da cidade lideradas por Putin observaram que, em contraste com Sobtchak, Putin sempre conduzia as sessões "de modo eficiente e objetivo".

Em 16 de março de 1994, Sobtchak reorganizou novamente o governo da cidade de São Petersburgo, formando um novo governo e passando a ser seu líder. Putin foi nomeado primeiro vice-líder do governo, vice-prefeito a cargo de relações econômicas internacionais e estrangeiras e chefe da IRC. Várias posições de primeiro vice-prefeito e de vice-prefeito foram criadas. Além de Putin, os dois indivíduos que se tornaram primeiros vice-prefeitos foram o futuro prefeito de São Petersburgo, Vladimir Iakolev (chefe do Comitê de Economia Municipal da prefeitura) e Alexei Kudrin (chefe do Comitê de Economia e Finanças), que viria a ser ministro no governo do presidente Putin. Valeri Malishev (chefe da equipe de Sobtchak), Vitali Mutko (chefe do Comitê de Questões Sociais da prefeitura), Mikhail Manevitch (chefe do Comitê de Administração de Propriedades da Cidade) e Oleg Khartchenko (líder do Comitê de Planejamento e Arquitetura da Cidade) tornaram-se vice-prefeitos.

Mais tarde, no mesmo ano, o título oficial de Putin foi novamente mudado. Ele passou a ser o primeiro vice-prefeito de São Petersburgo e chefe do Comitê de Relações Internacionais do governo de São Petersburgo (Iakovlev, Kudrin e Malishev também passaram a ser primeiros vice-prefeitos e chefes de comitês do governo da cidade).

Traçando paralelos entre a São Petersburgo de Sobtchak e Moscou, pode-se dizer que a posição de Putin na segunda capital correspondia formalmente à posição do vice-prefeito de Moscou, Iosif Ordjonikidze; enquanto as obrigações do outro primeiro vice-prefeito de São Petersburgo, Vladimir Iakolev, correspondiam, *grosso modo*, às obrigações oficiais de Vladimir Resin em Moscou — com a diferença de que Moscou também tinha o vice-prefeito Valeri Shantsev (até agosto de 2005), enquanto em São Petersburgo as obrigações eram divididas entre Putin e Iakovlev. Além disso, o prefeito de Moscou, Iuri Lujkov, mantinha-se sempre a par de todas as questões e exercia um controle firme sobre seus vices e assistentes. Em contraste, Sobtchak virtualmente não interferia nas atividades diárias de seus vices e só estava interessado nos deveres públicos. E apesar de Sobtchak ter demonstrado ocasionalmente uma tendência à tirania mesquinha no que dizia respeito a detalhes menores, no geral ele reinava mais do que governava. Além disso, Sobtchak às vezes passava meses viajando no exterior.

Na prática, durante o governo de Sobtchak, São Petersburgo era governada por dois vice-prefeitos: Putin e Iakovlev. Pode-se dizer que eles dividiram a economia da cidade entre si, como irmãos: Iakovlev herdou a economia, as construções, o complexo de casas e residencial e o transporte da antiga cidade soviética, enquanto Putin obteve o controle sobre a nova economia capitalista, privatizações, investimentos estrangeiros e parcerias. Putin não ambicionava obter poderes visíveis, preferindo o papel de eminência parda. Em contraste, Iakovlev promoveu sua imagem na cidade de maneira metódica e cuidadosa (devido à personalidade invejosa de Sobtchak), passando a imagem de um gerente executivo do mundo dos negócios, um *khozyastvennik*, "o Iuri Lujkov de São Petersburgo" — e foi isso que permitiu a ele, na primavera de 1996, surpreender Sobtchak ao entrar na corrida pela prefeitura, derrotando-o nas eleições. O terceiro governante *de facto* de São Petersburgo (de certo modo menos importante do que os outros dois) era o ministro de finanças da cidade, Kudrin.

Em março de 1994, Putin foi nomeado comandante de uma força-tarefa para preparar planos para a reconstrução e a expansão do aeroporto de Pulkovo. Em abril, passou a fazer parte do conselho supervisor do Banco de São Petersburgo para a Reconstrução e Desenvolvimento (Sobtchak e Iakovlev também passaram a fazer parte do conselho supervisor). Entre março e abril, Putin foi delegado para supervisionar a campanha eleitoral para a Assembléia Legislativa da cidade em nome do governo da cidade e para criar uma coalizão política — Toda São Petersburgo, liderada pelo ex-presidente do Comitê de Administração de Propriedades da Cidade, Sergei Beliaiev — que apoiaria o gabinete do prefeito. A coalizão Toda São Petersburgo teve pouco sucesso na arena política, e na verdade mais da metade dos distritos da cidade não participou da eleição da primavera de 1994.

No outono de 1994, Putin supervisionou uma eleição para a Assembléia Legislativa na qual cerca de metade das cadeiras foram para homens de negócios que eram fiéis ao escritório do prefeito e para políticos de orientação centrista e moderado-democrática (a chamada "Lista Democrática Unida", que incluía candidatos de Toda São Petersburgo, da União Democrática de São Petersburgo e alguns independentes). O segundo lugar na eleição ficou com os Comunistas de Leningrado (quatro cadeiras), e o terceiro, com a coalizão Cidade Favorita (três cadeiras). Um dos independentes eleitos para a Assembléia Legislativa foi Sergei Mironov, protegido da família Moltchanov.

Com o apoio de um grupo de deputados independentes da Assembléia Legislativa da cidade, Putin conseguiu fazer com que a facção Cidade Favorita retirasse a indicação do contra-almirante Viatcheslav Scherbakov — inaceitável para a prefeitura — e com que o neutro Iuri Kravtsov (membro da Cidade Favorita) fosse eleito porta-voz da Assembléia Legislativa. Ele também conseguiu fazer com que os deputados independentes Sergei Mironov e Viktor Novoselov fossem eleitos vice-porta-vozes.

No final de abril de 1995, o primeiro-ministro Viktor Tchernomirdin instruiu Sobtchak a fundar em São Petersburgo um escritório para o Nosso Lar é a Rússia (NDR), um partido pró-governo que estava no processo de ser criado por ordem de Ieltsin. Era evidente que o objetivo político do partido seria apoiar a candidatura de Ieltsin na eleição presidencial de 1996.

Sobtchak delegou a organização do escritório de São Petersburgo da NDR a Putin, que se tornou líder do comitê organizacional do partido. Entre os 21 membros do comitê estavam o deputado Vladimir Kolovai, presidente da *joint-venture* Lenvest; Anatoli Turtchak, presidente da companhia Leninets; o deputado Sergei Nikeshin, presidente da companhia de construção e finanças Dvatsaty Trest; Boris Petrov, gerente geral do escritório de

São Petersburgo da agência de notícias ITAR-TASS; Liudmila Verbitskaia, reitora da Universidade do Estado de São Petersburgo; e Dmitri Rojdestvenski, presidente da companhia televisiva Russkoye Video.

Na época, o braço de São Petersburgo do partido do ex-primeiro-ministro Igor Gaidar, o Escolha Democrática da Rússia (DCR), tinha duas facções — uma "facção pragmática" (formada principalmente por homens de negócios) e uma "facção de direitos humanos" (formada principalmente por antigos dissidentes). Putin persuadiu a facção pragmática da DCR a ajudar na criação do NDR. Em 5 de maio de 1995, uma assembléia cerimonial foi realizada para estabelecer um escritório da NDR em São Petersburgo. Nessa assembléia, Putin foi eleito líder da mesa consultiva do escritório regional.

Em Moscou, no dia 12 de maio de 1995, em um congresso que estabeleceu o NDR como um partido oficial, Putin uniu-se ao conselho político do partido, constituído por 126 membros. Ele permaneceu sendo o líder do escritório do partido em São Petersburgo até o verão de 1997. Em 21 de junho de 1997, a terceira assembléia do braço regional do NDR em São Petersburgo atendeu à requisição de Putin para ser dispensado de suas obrigações tendo em vista que estava de mudança para Moscou, depois de ser nomeado comandante do Diretório Principal de Controle. Anatoli Turtchak, presidente da companhia Leninets, tornou-se o novo líder do escritório do NDR em São Petersburgo. Em 1999, foi substituído por Andrei Stepanov, presidente da Companhia de Combustíveis de São Petersburgo. Em 2000, a presidência do escritório do NDR em São Petersburgo foi assumida por Vladimir Litvinenko. Os três nomes foram indicados por Putin. Putin permaneceu como membro do conselho político do NDR até ser eleito presidente em 2000, apesar de ter deixado de participar dos congressos do partido a partir do sétimo congresso, que ocorreu em 1999.

Durante o verão e o outono de 1995, Putin supervisionou a campanha eleitoral do NDR para a segunda convocação da Duma do Estado. A campanha foi cara e elaborada. Putin conseguiu angariar 1,1 bilhão de rublos não declarados para o NDR (enquanto a sede central da campanha do NDR não conseguiu mais do que 15 milhões de rublos). O dinheiro veio principalmente de bancos de São Petersburgo. Os residentes de São Petersburgo foram sufocados por uma quantidade gigantesca de cartazes coloridos com a foto de Tchernomirdin em caros estandes publicitários — até cinco cartazes idênticos em um único estande e de dez a 15 cartazes em uma única parede (no entanto, o mesmo podia ser visto em Moscou). O próprio Putin explicou tal excesso dizendo que a liderança nacional do NDR lhe dera uma grande quantidade de cartazes e que ele não vira motivo para desperdiçá-los.

Apesar de tudo, o NDR perdeu as eleições. O "partido governante" conseguiu eleger um candidato (Alexei Alexandrov), apenas no distrito noroeste — um entre oito distritos — e o homem de Putin perdeu para Anatoli Golov, candidato do Yabloko. Na votação por listagem partidária, a listagem do NDR recebeu o terceiro maior número de votos na cidade (12,78% dos votos), ficando atrás do Yabloko (16,03%) e do Partido Comunista da Federação Russa (13,21%) e um pouco à frente do bloco DCR — Democratas Unidos (12,37%). O NDR só conseguiu duas cadeiras em São Petersburgo, que foram para Alexei Alexandrov e para a esposa do prefeito, Liudmila Narusova. Outro membro do NDR de São Petersburgo — Sergei Beliaiev, ex-presidente do Comitê de Gerenciamento de Propriedades da Cidade — também foi eleito deputado; seus votos vieram da parte federal da listagem partidária do NDR.

Em março de 1996, Putin juntou-se à ramificação de São Petersburgo de um movimento pelo apoio público ao presidente, uma coalizão de organizações a favor de um segundo mandato para Boris Ieltsin. Essa mobilização provocou uma resposta por parte de Igor Artemiev, dirigente do escritório do Yabloko em São Petersburgo e representante oficial do candidato Grigori Iavlinski (e então ministro antimonopólio no governo Putin). Artemiev entrou com uma queixa junto à promotoria pública da cidade, alegando que a participação de Putin no movimento feria a lei "nas garantias fundamentais do direito de voto dos cidadãos", e ainda, mais especificamente, dizendo que Putin fazia uso de "posições oficiais específicas na intenção de criar vantagens para candidatos específicos". O escritório da promotoria não deu seguimento ao assunto, optando por aceitar a explicação oficial de Putin de que havia se juntado ao movimento não na condição de vice-prefeito, mas como chefe do escritório regional do NDR.

Na primavera de 1996, enquanto servia como líder da sede regional do movimento e do NDR e trabalhava em prol da reeleição de Ieltsin, Putin também estava ocupado com a campanha de reeleição de Sobtchak para a prefeitura de São Petersburgo. Foi precisamente a Putin que Sobtchak delegou a tarefa de persuadir os deputados da Assembléia Legislativa da cidade a transferirem a data da eleição de 16 de junho para 19 de maio, com o objetivo de encurtar as campanhas eleitorais dos oponentes, dos quais o que aparentava ser mais perigoso naquele momento era Iuri Boldirev. Segundo Vishnevski, no começo da manhã de 13 de março, Putin chegou à Assembléia Legislativa com um decreto presidencial que permitia que a data das eleições fosse antecipada para 19 de maio, e a minuta de uma resolução de Sobtchak para remarcar as eleições. Durante uma semana inteira, Putin literalmente "torceu os braços" dos deputados do parlamento da cidade: ele coagiu alguns deputados, prometeu abertamente cargos elevados na prefeitura a uns e pediu a outros que aceitassem o inevitável.[25] Como resultado do empenho de Putin, em 20 de março — o último dia em que a eleição ainda poderia ser oficialmente remarcada — a maioria dos deputados votou a favor do dia 19 de maio. O primeiro vice-porta-voz Sergei Mironov, que presidiu a audiência, procedeu como se o quórum tivesse sido alcançado, apesar de não haver quórum.

Contudo, essa trapaça não ajudou Sobtchak nem os gerentes de sua campanha eleitoral, Putin e Kudrin. Sobtchak perdeu a eleição para Iakovlev.

O fato de que Sobtchak tinha poucas chances de ser reeleito ficou claro desde o início da campanha. O fundo do NDR destinara uma verba modesta para a impressão dos cartazes que tanto agradavam Putin, mas estava claro que não seria suficiente para assegurar a vitória de Sobtchak. Putin também se deu conta disso. Era preciso mais dinheiro. No começo de abril de 1996, no *resort* Noites Brancas, em Sestrorestsk, Putin reuniu-se com um grupo de presidentes de empresas e de companhias de capital social que haviam sido co-fundadas por membros do governo da cidade. Ele propôs que todos contribuíssem com o fundo de campanha de Sobtchak. Contrariando suas expectativas, os empresários negaram seu pedido, informando-o de que ele só poderia contar com os dividendos recebidos pela prefeitura a partir da parcela de capital que cabia à cidade. Eles não queriam investir recursos próprios na campanha de Sobtchak, pois perceberam que Sobtchak não seria eleito com Korjakov trabalhando contra ele.

Como coordenador da campanha de Sobtchak, Putin também investiu grandes esperanças no apoio material do Congresso de Pequenos e Médios

Negócios. Mas Sobtchak não compareceu à sessão fundamental do congresso: ele simplesmente a esqueceu. Naturalmente, o congresso recusou a ajuda ao prefeito. Miralishvili e Rojdestvenski, velhos amigos de Putin — e presidentes da Companhia de Vídeo Russkoye —, prometeram fornecer publicidade para Sobtchak no Canal Onze de São Petersburgo e em canais de televisão federais. Em troca, Sobtchak prometeu que lhes forneceria 300 milhões de dólares de subsídios. Contudo, por instigação de Korjakov, a receita federal começou a examinar as finanças da Russkoye Vídeo nesse mesmo momento, e a campanha de relações públicas de Sobtchak na televisão nunca decolou.

Conseqüentemente, às vesperas das eleições, Sobtchak e Putin ficaram sem recursos. Putin foi culpado pela derrota. Ele foi acusado de "fracassar completamente na compreensão das especificidades das técnicas eleitorais" e de "criar um vácuo político em torno do prefeito Sobtchak". Mas o que Putin podia fazer com um prefeito em fim de mandato, sem poder e com tão pouco dinheiro?

Putin disse que, depois de ter sido derrotado junto com Sobtchak, ele próprio recusou a oferta do novo prefeito de permanecer como vice.[26] Nesse caso, no entanto, Putin não disse a verdade. Iakovlev não poderia tê-lo desejado como vice. Isso é o que Vishnevski tem a dizer sobre essa questão:

"Existe uma lenda de que, quando Sobtchak perdeu as eleições, Iakovlev teria pedido a Putin que permanecesse no cargo, e Putin teria recusado indignadamente. Tudo isso é besteira. Dois dias depois de Iakovlev assumir a prefeitura, eu estava em Smolny a negócios. Encontrei Iakovlev por acaso. Estávamos conversando, de pé. Algum burocrata aproximou-se de nós e disse: 'Vladimir Anatolievitch, Putin está aqui. Ele está sentado, esperando saber o que você decidirá sobre ele.' Sempre me lembrarei da resposta de Iakovlev. Ele ficou vermelho e disse: 'Não quero ouvir mais nada sobre aquele idiota.'"[27]

A IRC DE PUTIN COMO UMA COMPANHIA MULTI-INDUSTRIAL

Como líder de um dos comitês mais importantes da prefeitura, Putin desempenhava um papel ativo nas atividades econômicas da região. O IRC de Putin co-fundou dúzias e registrou milhares de empreendimentos comerciais em São Petersburgo. Na época, não existia um sistema para o registro de negócios, e tais registros eram controlados por diversos departamentos distintos do governo da cidade, incluindo o IRC, que registrava principalmente *joint-ventures* e outras companhias com envolvimento estrangeiro ou interessadas em importação e exportação. As companhias que receberam registros "de Putin" podem geralmente ser reconhecidas com facilidade no banco de dados da prefeitura pelo prefixo "AOL" em suas licenças (por exemplo, AOL-165, AOL-244 etc.).

Segundo o próprio Putin, sua posição no escritório do prefeito "permitia-me resolver um grande número de problemas que eram do interesse de diversas organizações empresariais".[28] Por exemplo, ele era co-fundador de todos os clubes de elite da cidade, o que permitia que se relacionasse pessoalmente ou que tivesse acesso a todos os homens de negócios importantes do país, já que todos freqüentavam esses clubes, criados por eles mesmos para uso próprio. Em 1992, como líder da IRC, Putin ajudou pessoalmente a facilitar um contrato entre a prefeitura e a KPMG, uma das principais firmas internacionais de auditoria, e supervisionou um projeto de investimento para organizar a fábrica da Coca-Cola em São Petersburgo. Ele também ajudou diversas companhias alemãs a se estabelecerem na cidade. Putin auxiliou ativamente o Banco BNP-Dresdner a abrir uma filial em São Petersburgo, fazendo dele um dos primeiros bancos estrangeiros em território russo. Até dezembro de 2006, a subsidiária russa do banco era chefiada por Matthias Warnig, antigo conhecido alemão de Putin. Warnig, ex-oficial da Stasi, fora forçado a fugir para a Rússia depois da unificação da Alemanha para evitar uma possível perseguição por parte do governo alemão. Além de servir como presidente do escritório russo do Banco BNP-Dresdner, posteriormente também se tornou acionista do Banco Rossiya.

Putin também controlava secretamente o Departamento de Fronteira na prefeitura. Esse departamento tinha o monopólio dos direitos de comercialização dos bens confiscados pela alfândega. Como determinava os próprios preços, seus revendedores atacadistas tinham acesso privilegiado a toneladas de metais confiscados, carregamentos de álcool e todos os outros produtos que, devido à inexperiência ou a más intenções, não haviam sido providos com a documentação apropriada e com certificados de importação ou exportação da região.

"A LISTA DE CRIMES DE PUTIN"

A Rússia é um país corrupto governado por oficiais corruptos. Todos sabem que isso não é nenhum segredo. Muitos crimes econômicos foram cometidos durante os anos Ieltsin (1991-1999), mas não foram cometidos pessoalmente por Ieltsin visando a interesses próprios. Tanto os amigos quanto os inimigos de Ieltsin concordariam com isso. Com a chegada de Putin, a situação mudou. O chefe do governo passou a ser um homem que participava pessoalmente de operações que, nos termos de hoje, são mais freqüentemente definidas como crimes. Obviamente, o direito formal de se definir um crime em todos os países civilizados pertence aos tribunais. Portanto, devemos enfatizar que quando usamos o termo "crime" nesse capítulo, não o utilizamos em um sentido formal nem legal — especialmente porque nem todas as acusações feitas contra Putin nos últimos anos foram verificadas e confirmadas. Algumas podem ser baseadas em rumores. Outras podem ter sido reunidas e publicadas por adversários ou por pessoas que lhe desejem mal.

Aqui estão alguns extratos de uma das listas de crimes de Putin, que parece ter sido elaborada no começo de 1999. O estilo e a aparência do documento — o posicionamento do texto e a fonte usada — sugerem que tenha sido composto em um dos níveis inferiores da promotoria de São Petersburgo ou dos distritos policiais da cidade. É possível que o relatório tenha sido preparado para um membro da comitiva do prefeito de São Petersburgo, Iakovlev, ou talvez até mesmo para o próprio prefeito, com o objetivo de desmoralizar Putin, cuja carreira estava em ascensão (na época, Putin já era diretor da FSB). Alguns dos fatos registrados no relatório são confirmados por outras fontes; outros aparentam não ter valor. Apesar disso, as pessoas que o redigiram provavelmente sabiam sobre o que estavam escrevendo. O datilógrafo que escreveu o corpo do texto não sabia sobre quem era o relatório e deixou o nome do protagonista em branco. O nome de Putin foi datilografado posteriormente com uma máquina de escrever elétrica, ao lado do nome da organização para a qual trabalhava, a KGB.

Geralmente, a FSB deixava os nomes em branco não em relatórios sobre oficiais de primeiro escalão do governo — ao qual Putin, sem dúvida, pertencia na época —, mas sim em relatórios sobre "objetos de interesse operacional" e em documentos e relatórios analíticos que lidavam com agentes da própria KGB, com o intuito de evitar que a equipe técnica (secretários e datilógrafos) soubesse sobre quem eram documentos específicos. Mas como Putin era o comandante da FSB durante esses meses, é improvável que esse relatório sobre ele tenha sido produzido na organização que administrava.

Na opinião de muitas pessoas que conheceram bem Putin, o desejo por enriquecimento pessoal e a ausência de limites morais vieram à luz bem no princípio de sua carreira...

Ele participou de privatizações. Especificamente, facilitou a privatização das seguintes entidades:

— A Companhia de Navios a Vapor do Mar Báltico. O controle da companhia permitiu-lhe organizar a venda de navios russos a preços reduzidos. Todas as transações foram conduzidas pelo chefão do crime I. I. Traber.

— A Fábrica de Bebidas Samtrest (através do chefão do crime M. M. Mirilashvili, "Misha Kutaisski").

— O Hotel Astoria.

No outono de 1998, 40% das ações do Hotel Astoria foram postas à venda em São Petersburgo. Putin tentou aumentar sua participação na companhia proprietária do hotel através da aquisição das ações. No entanto, não conseguiu atingir o objetivo: as ações foram compradas por A. V. Sabadash, diretor da fábrica de bebidas alcoólicas AFB-2. Putin ameaçou Sabadash e disse a ele que destruiria a fábrica e seu proprietário. No final de 1998, os dois lados chegaram a um acordo: Sabadash pagou a Putin para que ele desistisse (cerca de 800 mil dólares).

Quando o Canal Onze de São Petersburgo foi privatizado (com a ajuda de Putin) e vendido para o canal Russkoye Vídeo, os regulamentos de privatização foram violados. Em relação a esse caso, foram feitas acusações criminais contra a Russkoye Vídeo. Elas estão atualmente sendo revisadas por Iu. M. Vaniushin, investigador sênior para casos de importância especial no Diretório de Investigação de Casos de Importância Especial da Promotoria Geral. D. Rojdestvenski, gerente geral da Russkoye Vídeo, que pagou as viagens da mulher de Putin ao exterior, foi preso em função das provas do caso.

A Companhia de Vídeo Russkoye produziu ilegalmente filmes pornográficos. O trabalho foi conduzido por D. Rojdestvenski... Os materiais do caso estão em posse de V. A. Liseiko, vice-comandante do Diretório de Investigação de Casos de Importância Especial da Promotoria Geral e chefe da equipe de investigação. O vice-procurador geral Katishev está familiarizado com os fatos do caso da Russkoye Vídeo. Putin está tentando... influenciar o resultado da investigação.

Como vice-prefeito de São Petersburgo, Putin foi responsável pelo licenciamento de diversos cassinos. Ele recebeu entre 100 mil e 300 mil dólares em troca de cada licença.

O colaborador de negócios mais próximo de Putin é R. I. Tsepov, comandante da agência de segurança Baltik-Eskort. (A agência foi fundada por um certo Zolotov, que servira anteriormente como chefe da segurança particular de Sobtchak e é atualmente o chefe da segurança privada de Putin.) Em 1994, Tsepov foi indiciado de acordo com o artigo 222 do código criminal russo de 1996 (posse e porte ilegal de armas de fogo).

Apesar do indiciamento, Tsepov permanece como oficial da equipe do sétimo departamento do Diretório Regional de São Petersburgo para o Combate do Crime Organizado. Foi Tsepov quem recolheu o dinheiro quando as licenças dos negócios de jogos de azar foram entregues. O cassino Conti pode servir de exemplo. Seu dono, Mirilashvili, paga uma taxa mensal a Putin através de Tsepov. A Companhia Farmavit paga 20 mil dólares mensais a Putin.

Em 1995, Tsepov deu à esposa de Putin uma esmeralda que ganhara em um jogo de cartas do chefão do crime "Botsman", que roubara a esmeralda na Coréia do Sul em 1994. A Interpol tem um mandado de busca para a esmeralda (catálogos de 1995-1996). Tsepov trabalha para Putin sob a condição de que Putin encubra suas atividades. Através de Putin, Tsepov obteve cinco documentos falsos, incluindo identidades da FSB, da SVR e do Ministério de Assuntos Internos.

Em março de 1998, o vice-promotor geral Katishev reativou as acusações criminais contra Tsepov (o caso está sendo revisto pelo investigador Iu. M. Vaniushin, já citado). Atualmente, Tsepov está se escondendo do processo criminal na República Tcheca, tendo fugido da Rússia utilizando documentos falsos (um passaporte internacional e uma carteira de motorista com nome falso, feitos pelo escritório da FSB de São Petersburgo).

A equipe de investigação do gabinete do promotor (Iu. M. Vaniushin) possui provas de que Makutov, antigo comandante de um departamento especializado em serviços rituais, pagava 30 mil dólares mensais a Putin.

Com a ajuda do vice-governador de São Petersburgo, Grishanov (ex-comandante da frota báltica), Putin esteve envolvido na venda de diversos navios através do porto de Lomonosov.

O porto, situado no território de uma antiga base militar naval e criado por Sobtchak, Putin e Tcherkesov, é um ponto de passagem principal para exportações contrabandeadas de recursos naturais da Rússia e para a importação de produtos importados para nosso país. O escritório marítimo da Russkoye Vídeo era uma das organizações que lidavam com tais transações de importação e exportação.

Na primavera de 1996, aproximadamente 30 milhões de dólares foram transferidos do Banco Tsarskoselsky para uma conta em um banco suíço para a campanha eleitoral de Sobtchak. A transferência foi supervisionada por Putin, Tcherkesov e Grigoriev. (Os materiais relevantes estão em posse de B. O. Desiatnikov, comandante do serviço regional de contra-inteligência da FSB.

V. Golubev, chefe administrativo do distrito de Vasileostrovsky, conhece Putin desde que ambos trabalharam juntos no escritório de Leningrado da KGB da URSS. Os ex-colegas fundaram uma série de companhias para o desvio e a apropriação de recursos orçamentários.

Putin criou um sistema para "vender" crianças para o exterior através do orfanato do distrito de Tsentralny, em São Petersburgo. (Os materiais relevantes estão em posse de V. A. Liseiko, comandante da equipe investigativa, e do vice-promotor geral Katishev.)

Como vice-prefeito, Putin organizou a venda de submarinos para outros países através da Associação do Almirantado de Leningrado. Em 1994, o vice-gerente geral da associação foi assassinado (segundo um relato, por recusar-se a autorizar a venda ilegal de propriedade militar a outros países).

O Grupo Financeiro Báltico (Kapish, gerente geral) paga propinas mensais para Putin e para Tcherkesov. Em 1994-95, Kapish entrou em conflito em torno de um terminal de petróleo no porto de Morskoy com um dos gerentes do terminal. Kapish encomendou a morte do gerente. Por 50 mil dólares, Putin persuadiu o gerente a resolver o conflito... Depois disso, o gerente emigrou para Israel.

*Segundo provas existentes, Kapish deu 6 milhões de dólares a Putin, supostamente como contribuição para a campanha presidencial de 1996. O dinheiro passou por um dos bancos da região, que foi fechado pouco depois.**

A Corporação Dvadtsaty Trest, criada por Putin e pelos deputados da Assembléia Legislativa Nikeshin e Goldman, transferiu para a Espanha recursos orçamentários destinados à construção do centro de negócios Pedro, o Grande. O dinheiro foi utilizado na compra de um hotel na cidade de Torrevieja. Uma parte dos recursos roubados foi destinada à compra de uma villa *para Putin na cidade espanhola de Benidor. (Os materiais relevantes estão em posse do Departamento de Auditoria para São Petersburgo e para a região de Lenigrado do Ministério de Finanças.)*

Em 1997, Putin e Tcherkesov venderam ilegalmente um prédio que pertencia ao jornal Chas Pik *(atualmente, o caso está sendo julgado). Eles geraram perdas de centenas de milhares de dólares ao jornal* Moskovsky Komsomolets.

Como Putin passou vários anos como segundo homem no comando da capital do crime da Rússia, a "lista de crimes de Putin" pode ser considerada infinita. Provavelmente, se deveria incluir nela uma acusação que é formulada mais claramente no artigo de Vladimir Ivanidze, "Conexões Escusas na Capital do Norte: uma Tonelada de Cocaína Descoberta em um Contêiner de Carne Enlatada", publicado no jornal *Sovershenno Sekretno* em agosto de 2000. Segundo Ivanidze, as principais rotas de entrada de cocaína na Europa passavam pela Rússia. O mercado de narcóticos conduzia operações em uma escala muito grande: os carregamentos apreendidos na Europa pesavam centenas de quilos. No entanto, não havia provas da existência de uma rota de entrada na Rússia até que um contêiner de carne enlatada da Colômbia foi apreendido em Vyborg em fevereiro de 1993. O peso da cocaína, que estava acondicionada em potes, somava 1.092 quilos. Os participantes do escalão inferior da operação — cidadãos russos, colombianos e israelenses — foram presos, mas os organizadores da venda escaparam.

A cocaína, obviamente, não era destinada à Rússia. A "carne enlatada" deveria ir para a Alemanha. O carregamento estava sendo monitorado:

* Pavel Kapish foi morto no verão de 1999.

serviços de segurança europeus estavam conduzindo uma operação cujo objetivo era desbaratar toda a rede de narcóticos que se estendia da Colômbia à Alemanha. Na Alemanha, a cocaína deveria ter sido apreendida e destruída, e todos os participantes do crime deveriam ter sido presos. Mas as coisas aconteceram de maneira bem diferente. A cocaína foi apreendida pelos serviços de segurança russos. A droga ficou armazenada por mais de dois anos em um armazém em São Petersburgo, apesar de que, segundo leis internacionais, deveria ter sido destruída, e em 1996 foi enviada para Moscou "para a realização de mais trabalhos" — precisamente quando o próprio Putin se mudou para Moscou. Ninguém jamais ouviu falar novamente no carregamento de cocaína.

Depois que a tonelada de cocaína foi confiscada, os chefes do tráfico de drogas criaram uma rede de companhias em São Petersburgo e em Moscou, incluindo uma parceria envolvendo a IRC de Putin. Em primeiro lugar entre essas companhias estava a belga DTI, criada por Oskar Donat. Donat foi preso em Israel como suspeito no caso da cocaína de Vyborg, mas foi liberado pouco depois por falta de provas. Sua companhia, a DTI, é que deveria ter entregado os "derivados de carne" colombianos de São Petersburgo para a Holanda. Iuval Shemesh era sócio da família de Donat no negócio. Shemesh foi uma das pessoas presas e posteriormente condenadas sob a acusação de organizar a entrega da cocaína na Europa. A empresa JT Communications Services, de propriedade de Donat e de Shemesh, criou uma das maiores empresas de *paging* em São Petersburgo e em Moscou. Contudo, era apenas uma fachada para a atividade real dos dois, a venda de narcóticos. Foi com o objetivo de suprir as necessidades dessa atividade clandestina que a DTI abriu um dos maiores terminais de clientes em São Petersburgo. Os principais parceiros da DTI nessa conexão eram a Associação de Segurança do Diretório de Assuntos Internos de São Petersburgo e da região de Leningrado e o Departamento Especial da base naval militar de São Petersburgo.

DIGRESSÃO SOBRE O SIGNIFICADO DA PALAVRA "CRIME"

Normalmente, tais ações estão sujeitas a um processo legal e constituem violações de leis existentes que não são posteriormente revogadas. Nesse respeito, a situação da Rússia durante a década de 1990 era única. Depois do colapso da União Soviética em agosto de 1991, as antigas leis soviéticas não foram formalmente revogadas, mas passou a ser praticamente impossível colocá-las em prática — exceto as leis que tratavam de ofensas criminais contra indivíduos (assassinato, lesão corporal, furtos simples e roubos). As leis soviéticas tinham o objetivo de assegurar a ausência de propriedade privada e baniam empreendimentos privados. Elas incluíam proibições do uso e da posse de moedas estrangeiras, e operações que envolviam moedas estrangeiras eram classificadas como os crimes mais graves, sendo em alguns casos passíveis de pena de morte.

O sistema de permissões de residência, que não fora revogado formalmente, essencialmente proibia as pessoas de se mudarem de um local de residência para outro e de mudarem de emprego. Portanto, depois de agosto de 1991, a Rússia foi deixada em um estado de ausência de leis, e é válido destacar que, considerando a atmosfera de anarquia global na qual o país mergulhou durante esses anos, o nível de auto-regulamentação obtido na Rússia deveria ser reconhecido como extremamente alto, e não extremamente baixo, como pode parecer à primeira vista. A população desenvolveu as próprias normas de conduta de modo relativamente rápido, substituindo as finadas leis soviéticas por "entendimentos". E era nisso que o devido processo das leis era baseado em todos os níveis na Rússia — em entendimentos.

Naturalmente, o sistema tinha defeitos. Muitos oficiais em Moscou e nas províncias inventavam e modificavam leis, decisões e resoluções de acordo com os interesses políticos e econômicos próprios e de seus dependentes econômicos e colaboradores. Às vezes, a lei poderia ser adequada a alguma operação específica (como o "leilão de depósitos" para a privatização de propriedades do governo em troca de quantias simbólicas de dinheiro), e depois modificadas radicalmente para se adequarem a outra operação análoga. Sob tais condições, no estado em que a legislação e a manutenção das leis se encontravam, até mesmo a mais inocente das ações administrativo-econômicas realizadas por um oficial ou por um homem de negócios estava destinada a violar alguma regra. Ao mesmo tempo, muitas vezes os esquemas econômicos e financeiros mais flagrantes e inescrupulosos não se qualificavam como violações diretas das leis e não estavam sujeitos à instauração de processos legais.

Todas as transações financeiras eram feitas em dinheiro vivo — o chamado "dinheiro negro", que não aparecia nos registros contábeis —, tanto em rublos quanto em moedas estrangeiras. Devido à total incapacidade do governo de monitorar transações financeiras, todas as tentativas de recolhimento de impostos baseadas nas regulamentações tributárias eram insignificantes. E não havia sido criado um novo código tributário para substituir o antigo. Era simplesmente impossível criar um novo código tributário para o país no qual a Rússia se transformara, com seu capitalismo selvagem, embrionário e em rápida evolução. Conseqüentemente, a população russa, como um todo, não pagava impostos sobre a renda extra-oficial — recebida em dinheiro — e estava violando claramente as leis tributárias inexistentes.

Em 2000, quando Putin assumiu o poder, a situação mudou. Não foram criadas novas leis, mas o sistema de entendimentos foi abolido. Oficiais judiciários e de manutenção das leis, nomeados pelo presidente, começaram a investigar e a processar as atividades econômicas da população russa durante o período entre 1991 e 2000. Eles próprios tinham contribuído com os "crimes" econômicos da década anterior. A principal arma do governo passou a ser o poder de selecionar à própria discrição alvos a serem processados judicialmente, investigados e punidos entre a população em geral. Como todos eram vulneráveis a tais ataques, Putin e o governo liderado por ele obtiveram a capacidade de destruir qualquer oponente através da investigação das atividades econômicas da vítima durante a década de 1990. O caso de Mikhail Khodorkovski — presidente da Companhia Petrolífera Yukos, preso e condenado — tornou-se um exemplo clássico dessa estratégia. Enquanto isso, apesar de Khodorkovski ter se tornado um "oligarca" e de ter ficado bilionário com o passar dos anos, ele ainda permanecia um empresário particular, e não um oficial do governo. Não havia bases legais para submetê-lo a julgamento por utilização de brechas na legislação existente visando aos interesses de seu negócio. E apesar de os motivos políticos do presidente para colocar Khodorkovski na prisão serem evidentes para todos, o tribunal russo (que não é livre e nem independente) abordou o caso de maneira formal, considerou Khodorkovski culpado de diversas violações cometidas por ele e por sua companhia durante a tumultuada década anterior, e o condenou.

Ao contrário de Khodorkovski, Vasili Shakhnovski, um oficial de primeiro escalão da prefeitura de Moscou, não foi preso, apesar de, depois de deixar o governo, ter se tornado proprietário de 7% do Menatep, o banco *offshore* baseado em Gibraltar que era proprietário da Yukos. Além disso, não fora ninguém mais do que Shakhnovski — como empregado do governo da cidade de Moscou — que supervisionara a transferência das ações de Moscou da Yukos para o Menatep. Em outras palavras, era óbvio que Shakhnovski recebera 7% das ações como suborno.

Os filhos do primeiro-ministro Viktor Tchernomirdin e os filhos do chefe de longa data da diretoria da Gazprom, Rem Viakhirev, tinham se tornado acionistas majoritários da Gazprom antes do final do mandato de primeiro-ministro de Tchernomirdin. Mas ninguém os processou por suas atividades patentemente ilegais.

O caso do general do exército Alexander Starovoitov, chefe da Agência Federal para Comunicação e Informação do Governo (FAPSI), arrastou-se durante anos. Ele era suspeito de receber uma comissão de 20% em todas as compras feitas por sua agência com a companhia alemã Siemens. A Siemens pagou a comissão oficialmente, respeitando o contrato que tinha com a FAPSI. Naturalmente, Starovoitov, por outro lado, não depositou os pagamentos no orçamento do governo. Foram feitas tentativas de julgá-lo por aceitar suborno, que não deram em nada. Existem milhares de exemplos similares.

Logicamente, depois da ausência de leis entre 1991 e 2000, toda a população deveria ter sido anistiada pelos crimes econômicos da década anterior, e quaisquer tentativas de investigação e punição de corrupção econômica deveriam ter sido voltadas somente para oficiais do governo que tivessem recebido subornos e fossem culpados de extorsão. Putin fez exatamente o contrário. Ele perdoou os crimes dos oficiais do governo, mas reservou o direito de investigar possíveis violações cometidas por homens de negócios.

Isso foi conquistado de modo bastante esperto. Em maio e em junho de 2000, a Duma do Estado, controlada pelo presidente, aprovou uma resolução que perdoava todos os cidadãos russos que haviam sido condecorados com distinções do governo, ou seja, todos os oficiais do governo, incluindo os membros da Duma, já que todo oficial que passara qualquer período no governo central ou local recebera ao menos uma distinção do governo, fosse durante o período soviético ou durante o governo de Ieltsin. Essencialmente, o governo declarara uma anistia limitada para os próprios membros. É verdade que essa movimentação gerou despesas adicionais. Vladimir Gusinski, que fora preso justamente nesse período, tinha sido condecorado com a Ordem da Amizade por Ieltsin. Portanto, Gusinski não poderia ser acusado pelos crimes econômicos que cometera antes de 2000. Conseqüentemente, pediram-lhe simplesmente que entregasse suas propriedades e deixasse o país.

Quando o parlamento russo aprovou a lei de anistia, em junho de 2000, o presidente Putin também tinha recebido uma distinção do governo. Ele fora condecorado com a Ordem de Honra. Portanto, as atividades de Putin em São Petersburgo — descritas neste capítulo e que muitas vezes se parecem com atividades que são classificadas como "crimes econômicos" — não podem servir como base para processos criminais contra ele.

O ESCÂNDALO DOS LICENCIAMENTOS

O primeiro e mais conhecido escândalo ligado às atividades de Vladimir Putin na prefeitura de São Petersburgo foi a operação "materiais brutos em troca de comida". No final de 1991, como líder da IRC de São Petersburgo, Putin iniciou um programa para fornecer comida do exterior para São Petersburgo em troca de exportações de materiais brutos russos. O próprio Putin descreveu a situação da seguinte maneira:

> "Em 1992, quando o país estava, basicamente, atravessando uma crise de falta de comida, São Petersburgo enfrentava problemas graves. Nossos homens de negócios propuseram o seguinte plano: eles seriam autorizados a vender produtos para o exterior, principalmente materiais brutos, e em troca se comprometeriam a fornecer alimentos [a São Petersburgo]. Não tínhamos outra opção. Portanto, o Comitê de Relações Internacionais, do qual eu era presidente, concordou com a proposta. Obtivemos a permissão do líder do governo e entregamos as autorizações necessárias. O plano começou a funcionar. As firmas exportaram materiais brutos... Infelizmente, algumas delas não cum-

priram a parte principal do acordo: não forneceram alimentos do exterior ou não forneceram tanto quanto deviam. Elas não cumpriram suas obrigações em relação à cidade."[29]

Putin data o início desses eventos em 1992, mas o primeiro documento conhecido assinado por ele é datado de 4 de dezembro de 1991. Nesse dia, Putin enviou uma carta para o Comitê de Relações Econômicas Externas (CEER) do Ministério da Economia da Rússia. O CEER era comandado por Piotr Aven, atual presidente do Grupo Alfa, que desde então se tornou um "oligarca", bilionário e eterno companheiro de Putin. Putin escreveu:

> "Entre janeiro e fevereiro de 1992, a região só será capaz de obter alimentos importando-os em troca da exportação... Para o período janeiro-fevereiro de 1992, a região precisa de: 83 mil toneladas de carne congelada, 11 mil toneladas de manteiga, três toneladas de leite em pó, 0,4 tonelada de alimentos para bebês, 4,5 toneladas de óleo vegetal, 56 toneladas de açúcar, duas toneladas de alho, 3,5 toneladas de produtos cítricos e oito toneladas de cacau. O custo total é de 122 milhões de dólares.
>
> Tendo em vista a urgência da situação e a necessidade de se iniciarem as transações de troca, estou requerendo a estipulação de cotas para a exportação dos seguintes tipos de materiais brutos: 750 mil metros cúbicos de madeira, 150 mil toneladas de derivados de petróleo, 30 mil toneladas de ferro-velho não ferroso, 14 toneladas de metais raros de terra (tântalo, nióbio, gadolínio, cério, zircônio, ítrio, escândio e itérbio), mil toneladas de alumínio, uma tonelada de cobre, 20 toneladas de cimento e uma tonelada de amônio, ao custo total de 124 milhões de dólares.
>
> Para garantir a segurança das transações de troca, também estou requerendo a permissão para importar 120 mil toneladas de algodão. Por fim, estou requerendo que o comitê liderado por mim receba o direito de determinar cotas e de emitir licenças."[30]

Em 1º de fevereiro de 1992, o presidente da CEER, Piotr Aven, rubricou o requerimento de Putin para conceder ao IRC de São Petersburgo "o direito de determinar cotas e de emitir licenças", e em 25 de março o Ministério da Economia da Rússia emitiu a ordem número 172, concedendo ao IRC de São Petersburgo o direito de emitir licenças de exportação. No entanto, o comitê de Putin começou a emitir licenças antes mesmo de receber permissão oficial para tal.

Os deputados da câmara de deputados de São Petersburgo, que estavam em conflito com Sobtchak e tentavam assiduamente minar a prefeitura, logo descobriram o que estava ocorrendo. Em 10 de janeiro de 1992, a décima terceira sessão da câmara de deputados fundou uma comissão especial para investigar as atividades do IRC. A comissão foi liderada por Marina Salie, presidente do comitê da câmara dos deputados para o fornecimento de alimentos, e por Iuri Gladkov, membro do comitê de comércio e de serviços comunitários (durante o período 2003-2007, Gladkov foi vice-porta-voz da Assembléia Legislativa de São Petersburgo e membro da facção União de Forças da Direita). As descobertas feitas pela investigação ultrapassaram as expectativas mais ousadas do deputado.[31]

MATERIAIS BRUTOS EM TROCA DE COMIDA

O próprio Putin alegou que nem ele nem seu comitê haviam emitido licença alguma de exportação. "Não tínhamos o direito de emitir licenças. Esse é o ponto central. As licenças foram emitidas por diversos escritórios do Ministério da Economia, que é uma organização federal sem nenhuma relação com a administração da cidade."[32]

No entanto, como mostra o material da investigação de Salie, a IRC emitiu licenças e Putin reconheceu o fato de que elas haviam sido emitidas. Em um relatório "sobre o estado das questões relativas à emissão de licenças para suprir a cidade com alimentos", datado de 14 de janeiro de 1992, o qual Putin foi obrigado a entregar para a comissão especial da câmara de deputados da cidade, o líder do IRC escreveu: "Em 13 de janeiro de 1992, o Comitê de Relações Internacionais de São Petersburgo tinha emitido licenças para as companhias nas quantidades indicadas na tabela [anexa]." Isso era seguido por uma listagem das licenças que haviam sido emitidas.

Entre 1991 e 1992, Putin usou o pretexto de oferecer comida aos residentes de São Petersburgo para fechar contratos com firmas intermediárias para a exportação de derivados de petróleo e de gás, de madeira, de metais, de algodão e de outros materiais brutos, a um custo de mais de 92 milhões de dólares. Ao fazer isso, ele deixou de coordenar com o ministério da economia as cotas de exportação emitidas pela IRC, ou seja, desrespeitou as ordens do governo de 9 de janeiro de 1992 e não anunciou publicamente um processo de licitação para a concessão das licenças, ou seja, contornou a resolução número 90 do governo, datada de 31 de dezembro de 1992, "sobre a emissão de licenças e de cotas para a exportação e a importação de bens (produtos, serviços) no território da Federação Russa em 1992". As firmas que receberam licenças foram escolhidas a dedo pelo próprio Putin.[33] Elas não eram exportadoras de materiais brutos, não se especializavam em materiais brutos nem apresentaram contratos com empresas estrangeiras para a importação de alimentos. Algumas das firmas eram estrangeiras; em outras palavras, não estavam sujeitas à monitoração e à inspeção do governo russo.

Do ponto de vista legal, todos os contratos feitos pela IRC eram falhos: alguns não tinham sido assinados ou carimbados pelas duas partes, e alguns continham suplementos adicionais que careciam de assinaturas ou de carimbos; alguns não foram datados; dois deles não tinham os suplementos citados nos contratos; alguns continham erros matemáticos, correções e mudanças. Alguns contratos estavam em finlandês, sem tradução para o russo. Em quatro dos contratos feitos pela IRC, "representada por Putin", ao lado do nome impresso de Putin havia a assinatura de Anatoli Anikin, vice de Putin. O valor total dos contratos falhos somava mais de 11,5 milhões de dólares.[34]

O próprio Putin assinou pelo menos quatro documentos. Ele assinou duas licenças. Uma delas foi emitida para a Companhia Nevsky Dom em 20 de dezembro de 1991, concedendo-lhe o direito de exportar 150 mil toneladas de derivados de petróleo (combustíveis, diesel, gasolina), a um custo acima de 32 milhões de dólares. A outra foi emitida em 26 de dezembro para a companhia de capital misto Fivekor, autorizando-a a exportar 50 mil metros cúbicos de madeira, no valor de aproximadamente 3 milhões de dólares (em troca de leite em pó). Além disso, Putin assinou dois contratos. O primeiro, assinado em 25 de dezembro, concedia uma licença a Georgi Miroshnik, presidente da Companhia Internacional Central de Comércio

(Intercommerce-Formula 7), para a exportação de 150 mil toneladas de derivados de petróleo (em troca de carne congelada, batatas e açúcar). O segundo, assinado em 3 de janeiro de 1992, foi um contrato com a empresa municipal LOKK (Sociedade da Cruz Vermelha de Leningrado). O contrato autorizava a LOKK a receber uma licença para a exportação de metais raros e de 3 toneladas de alumínio tipo A5N em troca de 1.750 toneladas de carne.[35] Contudo, mais para o final do mês, a licença para a exportação de 150 mil toneladas de derivados de petróleo passou de Miroshnik para a Companhia Nevsky Dom, de Vladimir Smirnov.

A empresa municipal LOKK, que estava interessada em exportar alumínio, não era nada além de uma "*editora* comercial" da organização regional pública da Sociedade da Cruz Vermelha. O presidente da empresa era Sergei Borisovich Platonov, que mais tarde se tornou sócio de Roman Tsepov, chefe da agência de segurança privada contratada pela esposa e pela filha de Sobtchak, e também por Putin. A Intercommerce-Formula 7 — companhia de Miroshnik baseada em Moscou — estava ligada ao ex-oficial da Stasi Mathias Warnig. No mínimo, Irene Pietsch, amiga alemã de Liudmila Putina, alega que, em 1996, costumava receber faxes de Liudmila Putina em papéis timbrados da Intercommerce quando Liudmila Putina estava hospedada em Moscou com os amigos de Putin: "Eram alemães orientais que Putin conhecera em Dresden e que agora viviam em Moscou, onde o marido ocupava a posição de gerente em um dos grandes bancos alemães."[36] Os "alemães orientais" eram Warnig e a esposa, e o "grande banco alemão"era o Banco Dresdner.

Os quatro documentos assinados por Putin dos quais se tem conhecimento foram datados de antes de 2 de fevereiro de 1992, quando a carta de Putin foi rubricada por Aven, e também antes de 25 de março de 1992, quando o ministério da economia concedeu ao comitê de Putin o direito de emitir licenças de exportação. Quanto às duas licenças citadas acima, elas foram emitidas antes mesmo que os contratos correspondentes com os negócios participantes fossem redigidos: o contrato com a Nevsky Dom foi assinado em janeiro de 1992 (a data exata não é indicada) e o contrato com Fivekor foi assinado em 1° de novembro de 1992, a um valor maior do que 32 milhões de dólares. Ele foi redigido por A. G. Anikin e V. M. Vitenberg, vice-diretor da Nevsky Dom, mas foi assinado por duas pessoas totalmente diferentes, que a comissão especial da câmara de deputados de São Petersburgo foi incapaz de identificar. Nas licenças, constavam as assinaturas de Putin e do gerente geral de uma companhia completamente diferente, registrada em outro endereço, mas com o mesmo nome — Nevsky Dom.

Essa não foi a única licença assinada por Putin por seu subordinado imediato, o vice-líder do IRC e líder do diretório de relações econômicas externas, Alexander Gavriilovich Anikin. Anikin assinou pelo menos 13 licenças e contratos datados de antes de a IRC ter recebido a permissão oficial do CEER para emitir licenças. Todos esses contratos envolviam barganhas: o comitê emitia para as companhias "licenças para exportar" tipos e quantidades específicas de materiais brutos, enquanto as companhias assumiam o compromisso de trocar os materiais brutos por comida. Violando a resolução número 90, emitida pelo governo federal em 31 de dezembro de 1991, que concedia o direito de emissão de licenças de importação e exportação de bens exclusivamente ao CEER e a seus representantes locais (e a mais ninguém), a IRC de São Petersburgo emitiu licenças para transações que somavam mais do que 95 milhões de dólares.

O objetivo real das "partes contratadas" não era fornecer alimentos a São Petersburgo. O objetivo da operação era firmar um contrato formal com uma pessoa em quem se pudesse confiar, conceder-lhe uma licença, utilizar a licença para forçar a alfândega a abrir a fronteira, enviar um carregamento para o exterior, vendê-lo e embolsar o faturamento. Esse é o motivo pelo qual não houve uma concorrência pública para a emissão das licenças. Naturalmente, para concretizar essa grande empreitada, era necessário ter os próprios "sócios" das organizações econômicas, criminosas e mafiosas do submundo, além de toda sorte de organizações de fachada. Posteriormente, Putin não se esqueceu de nenhuma das pessoas envolvidas na operação. Assim, o ex-comandante de uma das subdivisões do Diretório de Assuntos Internos de São Petersburgo, Vladimir Mikhailovitch Vitenberg, que participou da empreitada, é hoje gerente geral da Empresa de Segurança Krechet, uma agência de segurança privada, e co-fundador de várias companhias de comércio.

A busca de lucros que motivava os membros do IRC é confirmada pelas comissões colossais estipuladas nos contratos, variando entre 25% e 50%. Enquanto isso, as penalidades impostas às firmas por não fornecerem os alimentos foram insignificantes — o que também foi contra as regulamentações do governo, que exigia que todo o faturamento em espécie resultante das operações de troca fosse utilizado na compra de alimentos para a população da cidade. Assim, o contrato do IRC com a LOKK, assinado pessoalmente por Putin em 3 de janeiro de 1992, estipulava uma comissão de 540 mil dólares (25%). O contrato entre o IRC, "representado pelo presidente do comitê, V. V. Putin", e o Mercado Internacional de Madeira (Interlesbirzha), "representado pelo vice-presidente V. N. Krilov", assinado em 10 de janeiro de 1992, estipulava uma comissão de 5.983.900 dólares (50%). O contrato da IRC com a Companhia Svyatoslav, assinado pelo IRC e por Vassili Khovanov, estipulou uma comissão de 12 milhões de dólares pela venda de 20 mil toneladas de algodão. O valor total das comissões de 12 contratos excedia 34 milhões de dólares; na média, cada comissão constituiu 37% da venda.[37]

É possível que a Companhia Svyatoslav, baseada em Moscou, fosse controlada por Djaldasbek Aitjatanov, gerente geral da Companhia de Produção Têxtil de Moscou (Mostex), e por Iuri Lvov, presidente do Banco de São Petersburgo. Esses dois indivíduos também estavam na diretoria do Unikombank, que compartilhava o endereço de Moscou da Companhia Svyatoslav. Várias firmas que receberam licenças de Putin abriram contas no Banco de São Petersburgo, de Lvov — e nenhuma delas estava registrada no endereço do banco. Foi precisamente com o objetivo de realizar outras operações em dinheiro vivo que Lvov, V. Smirnov e Putin fundaram o mercado de câmbio em São Petersburgo, em 1992.

Além das comissões exageradamente altas, os contratos estipulavam preços incomumente baixos para os materiais brutos exportados. Assim, o contrato do IRC com a Corporação Dzhikop, para a qual o IRC concedera uma licença para a exportação de 13.997 quilos de metais raros, os preços da maioria dos produtos chegavam a um sétimo, um décimo, um vigésimo ou até a um dois mil avos do valor de mercado. Por exemplo, o contrato estipulava um preço de 72.6 DM para um quilo de escândio, enquanto o preço de mercado do metal era mais do que 150.000 DM. Somente através desse contrato, com preços de *dumping*, a cidade perdeu, e alguém lucrou, mais de 14 milhões de DM, ou mais de 9 milhões de dólares.[38]

Às vezes, eram emitidas licenças para transações menores do que as acordadas nos contratos que as precediam. Assim, o contrato do IRC com a Corporação Interwood estipulava que a corporação receberia uma licença para exportar 25.500 metros cúbicos de lenha de pinheiro, no valor de 2.805 dólares. Contudo, o que a corporação realmente recebeu foi uma licença para exportar apenas 500 metros cúbicos. O IRC fez um contrato idêntico com a Companhia Sansud. O escritório aduaneiro não aceitou os documentos da empresa.[39] Em 15 de janeiro de 1992, o navio *Kosmonavt Vladimir Komarov*, que transportava materiais brutos para fora do país, foi impedido de zarpar. Somente em 23 de fevereiro, quando Putin assumiu pessoalmente a responsabilidade pela questão, o navio recebeu permissão para deixar o país.[40]

Os acordos de licenciamento da IRC também exibiam outras irregularidades nos preços. Por exemplo, a mesma madeira industrial custava 110 dólares por tonelada no contrato número 4 e 140 dólares por tonelada no contrato número 9. Ferro-velho metálico era tratado a 50 dólares por tonelada no contrato número seis, enquanto o preço real na Tchecoslováquia, para onde estava sendo exportado, era no mínimo de 410 dólares por tonelada. Nos contratos número 3, 5, 7 e 8, o açúcar era tratado a 280 dólares por tonelada, enquanto o preço verdadeiro na época era menos do que 200 dólares.[41]

Em 1992, o IRC de Putin também concedeu o direito de exportar alumínio e metais não ferrosos à Corporação Strim (também conhecida como Corporação Kvark, em 1992).[42] A Strim era presidida por Vladimir Iakunin, oficial da reserva ativa da KGB, e pelo executivo Iuri Kovaltchuk. Entre seus membros estavam Andrei Fursenko, futuro ministro da educação e da ciência, e Vladimir Kolovai, fundador de uma das primeiras *joint-ventures* de São Petersburgo e gerente geral da fábrica de sapatos Proletarskaya Pobeda. Os quatro eram colegas e colaboradores de Putin nas incursões invisíveis da KGB no setor privado. A Corporação Strim vendia metais para intermediários obscuros a preços de *dumping*, então comprava alimentos a preços artificialmente inflados, o que indicava claramente a existência de um acordo por fora — um contrato paralelo que dava a diferença entre os preços artificialmente baixos das vendas e os custos artificialmente altos das compras para uma companhia intermediária.

Através de Iakunin, que também era membro da diretoria da Companhia Báltica de Navios a Vapor, Putin também controlava várias outras organizações de comércio exterior, que recebiam tratamento mais do que favorável: Lenimpex, Lenfintorg, Lenexpo e Veliky Gorod (a última lidava principalmente com o contrabando para o exterior de metais não ferrosos).

Como resultado, Putin e os homens de negócios por trás dele privaram os cidadãos de São Petersburgo da única possibilidade de obterem alimentos através do comércio que existia na época. Além dos alimentos, ele também privou a cidade de cerca de 100 milhões de dólares. Essas são as perdas que se pode calcular. Mas o governo da Rússia emitiu cotas de exportação de materiais brutos em um valor acima de um bilhão de dólares durante aqueles anos. Não se sabe o que aconteceu com os 900 milhões de dólares restantes. O que se sabe é que 997 toneladas de alumínio tipo A5N altamente refinado, valendo mais de 717 milhões de dólares, desapareceram — assim como 20 mil toneladas de cimento e 100 mil toneladas de algodão, que valiam 120 milhões de dólares.[43] Das importações de alimentos recebidas em troca pelo que foi exportado e que desapareceram, apenas 128 toneladas de óleo vegetal podem ser rastreadas.[44]

O próprio Putin reconheceu que "a cidade, obviamente, não fez tudo o que poderia ter feito. Deveríamos ter trabalhado mais proximamente com oficiais da lei e deveríamos ter utilizado táticas de coesão para fazer com que as companhias entregassem o que haviam prometido. Mas era inútil levá-las aos tribunais: elas foram dissolvidas imediatamente, encerraram as operações e exportaram seus bens. Essencialmente, não podíamos acusá-las de nada. Pense naqueles anos: toda sorte de organizações e de esquemas de pirâmides surgiram em todas as partes... Simplesmente não estávamos esperando por isso".[45]

Naturalmente, Putin era a última pessoa interessada em perseguir e em processar essas "organizações" e em investigar suas transações escusas. Como concluiu a comissão especial de Marina Salie, "a análise da situação envolvendo as operações de exportação e de importação para fornecer alimentos à população de São Petersburgo foi significativamente prejudicada pelos oficiais da prefeitura responsáveis pela operação, V. V. Putin e A. G. Anikin", que deixaram de submeter informações e documentos detalhando os acordos de licenciamento. "As discrepâncias nos documentos analisados [pela comissão] não podem ser atribuídas meramente ao descuido sem precedentes e à irresponsabilidade com que A. A. Sobtchak, V. V. Putin e A. G. Anikin trataram os requerimentos para que apresentassem respostas às perguntas dos deputados... Tais discrepâncias brotam de tentativas de se ocultar o estado real das coisas, de atrasar e de confundir a investigação tornando necessária a verificação de uma infinidade de fatos... Do ponto de vista legal, a maioria dos contratos assinados pelo IRC permitem que as firmas intermediárias reneguem seus compromissos... As ações do presidente do IRC, V. V. Putin, e de seu vice, A. G. Anikin, revelam um interesse especial na criação de contratos com e na emissão de licenças para indivíduos e firmas específicas... O presidente do IRC, V. V. Putin, e seu vice, A. G. Anikin, exibiram um grau de incompetência que beira a má-fé."

Como resultado, a comissão especial recomendou que Putin e Anikin fossem dispensados de suas posições.

O material da comissão especial foi enviado para o Diretório Principal de Controle da administração presidencial (que, na época, era chefiado por Iuri Boldirev) e para o escritório do promotor público de São Petersburgo (para Vladimir Ieremenko, promotor da cidade). O ministro Piotr Aven, ex-presidente do CEER, foi notificado oficialmente das descobertas da comissão.

Durante algum tempo, os deputados da câmara de deputados conseguiram proibir Putin de emitir licenças. Contudo, em 25 de março de 1992, Aven concedeu novamente ao comitê de Putin o direito de emitir licenças (ordem número 172). Em 1992, os assuntos do ministério de Aven em São Petersburgo eram supervisionados pelo recém-nomeado vice-ministro Mihkail Fradkov. Na primavera de 2004, Mikhail Iefimovich Fradkov tornou-se primeiro-ministro da Rússia.

Em 31 de março de 1992, Iuri Boldirev, chefe do Diretório Principal de Controle da administração do presidente Ieltsin, tomou uma resolução em relação ao relatório da comissão especial: "O Diretório Principal de Controle recebeu documentos de representantes da câmara de deputados de São Petersburgo que afirmam a necessidade de se remover o presidente do Comitê de Relações Internacionais da Cidade, Vladimir Vladimirovitch Putin, de seu posto. Exijo que a questão de nomeá-lo para qualquer outro posto não seja levantada antes que o Diretório Principal de Controle chegue à decisão final quanto a essa questão."[46]

Em 8 de maio de 1992, as descobertas da investigação da comissão especial foram ouvidas pela câmara de deputados. A câmara decidiu exigir que o prefeito Sobtchak demitisse Putin e Anikin de seus postos. No entanto, a promotoria pública de São Petersburgo não encontrou nada de ilegal nas ações de Putin, apesar de o promotor da cidade, Ieremenko, ter enviado a Sobtchak uma declaração sobre "os contratos redigidos impropriamente e os formatos incorretos de certas licenças do Comitê de Relações Internacionais".

No final das contas, os escândalos envolvendo o IRC forçaram a renúncia de Anikin (que se tornou gerente geral da Lenfintorg), e alguns dos contratos feitos por Putin foram dissolvidos. A posição de Anikin passou para seu vice, Alexei Miller. Desde maio de 2001, Alexei Borisovich Miller é o líder da diretoria da Gazprom.

Quanto à afirmação de Putin de que as firmas e seus proprietários tinham sido "dissolvidos", o presidente não estava contando a verdade. Quase todas as pessoas físicas e jurídicas envolvidas na controvérsia dos licenciamentos de 1992 continuaram a participar da vida econômica da cidade e do país. Muitas delas seguiram Putin quando ele se mudou para Moscou, aumentando de status. A companhia de Miroshnik, Intercommerce-Formula 7, baseada em Moscou, foi virtualmente a única exceção a essa regra.

Georgi Mikhailovick Miroshnik — também conhecido como Nikolaides, e que, segundo certos relatos, descende da família Nikolaides, um clã de gregos de Tífilis — foi adotado por Mikhail Miroshnik, oficial da NKVD da Moldávia. No período soviético, foi condenado três vezes (e cumpriu um total de quatro anos na prisão). Durante a perestróica, abriu uma cooperativa e fundou a companhia Formula 7. Em 1991, tornou-se conselheiro do vice-presidente da Rússia, Alexander Rutskoi. Miroshnik serviu como presidente do Mercado Agroindustrial de Moscou. Ele comprou bens do Grupo Ocidental do Exército Soviético (ZGV) e acusou de roubo o comandante do ZGV, Matvei Burlakov, enquanto que ele próprio fora acusado de se apropriar de 18 milhões de dólares. Em julho de 1992, quando Miroshnik estava na Espanha com Rutskoi como integrante da delegação do governo nas Olimpíadas, a *datcha* de Miroshnik nos arredores de Moscou foi invadida e revistada. Miroshnik não regressou à Rússia e foi incluído na lista de procurados. Em 1997, foi preso nos Estados Unidos portando um passaporte grego com o nome Nikolaides, sendo condenado a um ano de prisão por posse de uma arma não registrada. Depois de cumprir a pena, foi deportado para a Grécia, apesar do requerimento da promotoria geral russa para que fosse extraditado para a Rússia. Na Grécia, foi condenado novamente à prisão. Depois de ser libertado, retornou a Moscou com dois passaportes (um grego e outro russo) com o nome de Konstantin Atmansidis. Em 9 de dezembro de 2001, Miroshnik foi preso em Moscou. Em novembro de 2002, foi sentenciado a dois anos de prisão, dos quais já cumprira um ano. Em janeiro de 2003, foi libertado antes do término da pena por boa conduta e por estar com a saúde debilitada.

O CASO DO CASSINO DE SÃO PETERSBURGO

No final de 1991, as agências de segurança pública de São Petersburgo, guiadas pelo IRC de Putin, formaram parcerias com os grupos do crime organizado da cidade. Esse período testemunhou as primeiras divisões de propriedades entre dois grupos de pessoas que controlavam São Petersburgo, que não era conhecida como "capital do crime da Rússia" sem motivo: os chekistas e os criminosos. O acordo formal entre a "cidade" (a KGB) e os "homens de negócios" (os gângsteres) envolvendo a organização conjunta e o controle do negócio de jogos de azar tornou-se um exemplo clássico desse tipo de sociedade. De acordo com uma ordem assinada por Sobtchak, o negócio dos jogos de azar era supervisionado pessoalmente por Putin.

Os *siloviki* de São Petersburgo tinham 51% das ações do negócio. Grupos do crime organizado possuíam 49%. No papel, somente as perdas eram registradas. Em 2000, no livro *First Person* — sem suspeitar de que a ordem de Sobtchak que o nomeava líder do negócio de jogos de azar da cidade viesse a se tornar pública algum dia —, o próprio Putin descreve o que aconteceu com os lucros dos negócios de jogos de azar:

"Não era a minha primeira visita a Hamburgo. Minha missão era estudar suas casas de jogos, se é que podem acreditar nisso. Na época, estávamos tentando instaurar alguma ordem no negócio de jogos de azar de São Petersburgo. Eu acreditava — não sei se estava certo ou não — que o negócio de jogos de azar era uma forma de empreendimento que deveria ser controlada por um monopólio estatal. Mas minha posição ia contra a lei antimonopólio, que já havia sido aprovada. Não obstante, tentei conduzir as coisas de forma que o governo, representado pela cidade, pudesse estabelecer um controle firme sobre a indústria dos jogos de azar. Visando a tal objetivo, criamos uma empresa municipal que não possuía nenhum cassino, mas controlava 51% das ações dos estabelecimentos de jogos de azar da cidade. A empresa contava com representantes das principais organizações regulamentadoras: a FSB, a polícia tributária, o gabinete de inspeções tributárias. A expectativa era de que o governo, como acionista, recebesse dividendos relativos a 51% das ações. Na realidade, isso foi um erro, porque é possível ter tantas ações quanto se quiser e ainda assim não ser possível controlar coisa alguma: todo o dinheiro deixava as mesas de apostas sem deixar rastros. Os proprietários dos cassinos só nos apresentavam perdas. Em outras palavras, enquanto estávamos calculando os lucros e decidindo como poderiam ser utilizados — em prol do desenvolvimento econômico da cidade e de subsídios sociais — eles estavam rindo de nós e nos apresentando prejuízos. Esse foi um erro típico de quem encontra um mercado pela primeira vez. Mais tarde, especialmente durante a campanha eleitoral de Anatoli Sobtchak em 1996, nossos oponentes políticos tentaram encontrar algum tipo de prova incriminatória em nossas atividades para acusarem-nos de corrupção. Eles alegaram que a prefeitura estivera envolvida com o negócio de jogos de azar. Tais alegações eram ridículas. Tudo que fizemos foi absolutamente transparente. A única coisa que se pode questionar é se foi a coisa certa do ponto de vista econômico. Como o acordo provou ser ineficaz e não atingiu os objetivos desejados, deve-se reconhecer que não fora planejado apropriadamente. Mas se tivesse continuado a trabalhar em São Petersburgo, eu teria fechado os cassinos de um modo ou de outro. Eu os forçaria a trabalhar em prol das necessidades da sociedade e a compartilharem os lucros com a cidade. O dinheiro teria ido para aposentados, professores e médicos."[47]

É difícil imaginar que durante um período de quatro anos (1992-1996) os sócios proprietários dos cassinos tenham continuado rindo e roubando, enquanto os oficiais e agentes da FSB, as agências de impostos e a prefeitura não percebiam coisa alguma ou não fizessem nada a respeito. É mais lógico supor que os oficiais estivessem recebendo dinheiro — assim como recebiam em todas as outras partes do país, e não apenas do negócio de jogos de azar. Então, para quem foi o dinheiro?

O "empreendimento municipal" mencionado por Putin era a companhia Neva Chance. O relato de Putin, no entanto, é impreciso. Em março de 1992, duas subdivisões da prefeitura — o IRC de Putin e o Comitê de Administração de Propriedades da Cidade, que na época era chefiado por Sergei Beliaiev — criaram não um empreendimento municipal, mas sim uma companhia de capital social chamada simplesmente Cassino. Valeri Polomartchuk, amigo de Putin e oficial da reserva ativa da FSB, foi nomeado presidente da companhia.

Inicialmente, estava planejado que a companhia de capital social, de propriedade da prefeitura — ou melhor, de dois de seus comitês — estaria envolvida diretamente com o próprio negócio de jogos de azar e que seus lucros volumosos seriam canalizados para os orçamentos de vários departamentos da prefeitura por seu presidente, que tinha a confiança dos fundadores da companhia, e acima de tudo por Putin. Contudo, do ponto de vista legal, tal organização era vulnerável. Portanto, em um mês, a companhia de capital social Cassino foi dissolvida e a própria prefeitura fundou em seu lugar uma empresa municipal chamada Neva Chance. Mas o endereço indicado nos documentos oficiais de registro da Neva Chance era o mesmo do IRC de Putin — travessa Antonenko, número 6. A nova empresa era presidida pelo mesmo Polomartchuk. Assim, o controle efetivo da nova organização consolidou-se exclusivamente nas mãos de Putin, enquanto os outros comitês, incluindo o Comitê de Administração de Propriedades da Cidade, de Sergei Beliaiev, foram excluídos do controle da operação e da participação que teriam nos lucros.

Ao contrário da companhia de capital social Cassino, a empresa municipal Neva Chance não precisava estar diretamente envolvida com o negócio de jogos de azar. Ao lado de outras pessoas físicas e jurídicas, ela foi registrada como co-fundadora tanto de estabelecimentos de jogos recém-criados quanto já existentes, tornando-se co-proprietária desses empreendimentos. A cota do capital autorizado dessas firmas mantida pela Neva Chance costumava ser de 51%. A empresa contribuía com sua parte não com dinheiro (que a prefeitura não tinha), e sim abrindo mão do direito de cobrar aluguel das instalações ocupadas pelos cassinos. A prefeitura e os comitês contribuíram com o capital autorizado de outras organizações comerciais — fora da esfera dos jogos de azar — exatamente do mesmo modo. Esse acerto fora inventado pelo especialista legal do IRC, Dmitri Medvedev. Ele percebeu que o governo poderia se "unir" a uma empresa de capital social sem infringir as leis existentes: em vez de contribuir com terras ou imóveis, a contribuição era feita através do aluguel de terras e de imóveis. Hoje, Dmitri Medvedev é o primeiro vice-primeiro-ministro da Rússia.

Em julho de 1992, uma companhia de capital social chamada Neva Chance foi criada para complementar a empresa municipal Neva Chance. A nova companhia foi registrada no mesmo endereço do IRC, no número 6 da travessa Antonenko, e tinha o mesmo Polomartchuk na presidência. Em fevereiro de 1993, mais uma organização foi criada, a corporação de capital social Neva Chance, registrada no número 53 da rua Sadovaya. Essa corporação tinha dois novos co-fundadores — substituindo a prefeitura —, mas seu presidente era novamente Polomartchuk. Os co-fundadores da nova companhia eram o Comitê de Administração de Propriedades da Cidade e a companhia de capital social fechado Telekazino (fundada anteriormente pela empresa municipal Neva Chance), além da Russkoye Video Company, controlada por D. Rojdestvenski e Vladimir Grunin, coronel e ex-comandante do serviço "T" ("terrorismo") da KGB de Leningrado.

Se a esta altura o leitor estiver completamente confuso, então o arranjo atingiu seu objetivo. Esse era precisamente o propósito por trás da criação constante de novas organizações com o mesmo nome, registradas em endereços diferentes ou idênticos, de propriedade de co-fundadores diferentes ou idênticos, que freqüentemente apareciam como co-proprietários de outras organizações com os mesmos nomes, mas com outros co-proprietários. Com diversas companhias chamadas Neva Chance para se controlar, nem os deputados inquisitivos da câmara de deputados da cidade nem os investigadores da promotoria pública jamais conseguiram determinar quem era proprietário ou co-proprietário de qual empresa, quem controlava o que e quem recebia os lucros de qual empresa.

No começo de 1994, o gerente geral Polomartchuk foi substituído por Igor Gorbenko, fundador e co-proprietário do cassino Conti, o primeiro estabelecimento de jogos de azar de São Petersburgo. O sócio de Gorbenko e principal proprietário do Conti era o chefão da máfia Mirilashvili (que estava cumprindo uma pena de oito anos de prisão por organizar um assassinato por vingança de dois criminosos profissionais pouco importantes). Ao mesmo tempo, a firma obteve um terceiro co-fundador totalmente estranho: o Fundo Internacional de Resgate de São Petersburgo. Ninguém sabia precisamente como o fundo contribuía para o resgate da cidade envolvendo-se no ramo dos jogos de azar.

Ao todo, entre 1992 e 1995, a companhia Neva Chance fundou cerca de 25 empreendimentos comerciais distintos, predominantemente na indústria do jogo ou servindo essa indústria (por exemplo, a Companhia Polli Plyus, a Companhia Lotérica de São Petersburgo, vários cassinos — Telekazino, Fortuna Cassino de São Petersburgo, Panda, Sirius, Venetsiya, Kleo, Arkada). Pelo menos um deles (o Fortuna Cassino de São Petersburgo) era controlado por Polomartchuk, amigo de Putin e oficial da reserva ativa. A Companhia Cassino Arkada foi co-fundada pela Neva Chance e por Mirilashvili, Boris Spektor e D. Rojdestvenski. A Neva Chance entrou em sociedades com organizações análogas de Moscou — por exemplo, com o Grupo Olbi, cujo proprietário era o magnata financeiro Oleg Boiko, baseado em Moscou. O estabelecimento de jogos Planeta São Petersburgo foi co-fundado pela Neva Chance e pela Planeta Olbi, uma companhia baseada em Moscou (Boris Spektor também era um dos co-fundadores). Uma das co-fundadoras da Companhia Lotérica de São Petersburgo era a Companhia Olbi Blok. Em dezembro de 1993, Polomartchuk tornou-se o chefe da filial de São Petersburgo do Grupo Olbi — Olbi São Petersburgo (depois de renunciar ao cargo de gerente geral da Neva Chance e ser substituído por Gorbenko).

Em maio de 1993, a promotoria municipal de São Petersburgo (sob o comando de Vladimir Ieremenko, promotor da cidade, que já se levantara contra Putin no caso das licenças ilegais para exportação) conduziu uma inspeção das atividades de uma das organizações relacionadas aos negócios de Putin ligados aos jogos de azar, a *joint-venture* Melodiya. Os investigadores determinaram que a firma obtivera ilegalmente um lucro de 16 milhões de dólares pelo negócio de jogos de azar, o que levou a uma investigação geral conduzida pela promotoria, que revelou a existência de 180 casas de jogos e de 1.600 máquinas de apostas em operação na cidade, e que além dos 26 cassinos registrados, os alvarás de mais de cem outros empreendimentos comerciais ofereciam provisões para atividades de jogos de azar. Enquanto isso, o Conselho de Ministros da Rússia aprovou uma resolução em 26 de junho de 1996 especificando que os negócios que operassem estabelecimentos de jogos de azar deveriam obter licenças do ministério de finanças. Em São Petersburgo, apenas um cassino — o cassino municipal Admiral — possuía tal licença, que lhe fora concedida pelo ex-primeiro-ministro e ex-ministro de economia e finanças, Igor Gaidar. Pela legislação federal, todos os outros estabelecimentos de jogos de azar da cidade eram ilegais.

Em 12 de fevereiro e em 2 de abril de 1992, o prefeito Anatoli Sobtchak emitiu as ordens de número 134-R e 170-R, instruindo os líderes administrativos da cidade a fechar estabelecimentos ilegais de jogos de azar.[48] No entanto, as ordens do prefeito foram ignoradas pelos estabelecimentos de jogos, que tinham permissões dos governos distritais locais e de oficiais da prefeitura. Como defesa, citaram o fato de que a Rússia não possuía uma legislação federal formal que governasse os negócios de jogos de azar. (Naturalmente, foram concedidas licenças para a operação de estabelecimentos de jogos de azar na cidade — geralmente em nível local — em troca de subornos.)

No dia 3 de setembro de 1993, a promotoria pública de São Petersburgo enviou um relatório oficial a Sobtchak notificando o prefeito de que *todos* os estabelecimentos de jogos da cidade, exceto o cassino Admiral, estavam operando sem licenças federais e, portanto, estavam violando a lei. A promotoria também observou que a companhia Lenatraksion, que operava máquinas de apostas, recebera ilegalmente uma licença especial — número 274, datada de 27 de maio de 1992, assinada por Putin — para administrar um negócio de jogos de azar.[49]

Esse movimento inicial da promotoria não produziu resultados visíveis. Em outubro de 1993, o país foi abalado por uma crise política. Em Moscou, foram usados tanques para sitiar a Casa Branca, onde o parlamento rebelde estava em sessão, com Ruslan Khasbulatov na presidência. Sobtchak e Putin acabaram no lado vencedor do conflito e, como todos sabem, ninguém julga os vencedores. Em 1993 e em 1994, houve três campanhas eleitorais seguidas: as eleições para o novo parlamento no final de 1993, as eleições para a Assembléia Legislativa de São Petersburgo na primavera de 1994 e as eleições especiais para a Assembléia Legislativa. Ninguém teve tempo para discutir a legalidade dos cassinos da cidade, e assim a questão só ressurgiu durante a corrida pela prefeitura de São Petersburgo de 1996.

Os oponentes de Sobtchak — e os oponentes de seu gerente de campanha, Putin — fizeram perguntas legítimas em relação aos lucros do negócio de jogos de azar, dos quais as organizações controladas por Putin possuíam 51% das ações. Quatro anos depois, Putin respondeu às perguntas: "Os donos dos cassinos não nos apresentaram nada além de prejuízos... Mas se tivesse continuado a trabalhar em São Petersburgo, eu teria dado fim aos cassinos de qualquer modo."

Deve-se destacar que Putin "dava fim" aos cassinos de modo altamente seletivo. O antigo supervisor de toda a rede de cassinos de São Petersburgo, Valeri Polomartchuk, deixou o Grupo Olbi para tornar-se representante da Lukoil em São Petersburgo. Hoje, o negócio de seu irmão Vladimir, de seu filho Oleg e de seu sobrinho Kirill está prosperando na cidade. Pelo menos uma vez depois de ser eleito presidente, Putin celebrou o ano-novo no apartamento de Polomartchuk em São Petersburgo (2002) e, sob proteção de Polomartchuk, o presidente da Lukoil, Vagit Alekperov, foi admitido nesse grupo extremamente fechado e participou da celebração.

Igor Gorbenko é hoje presidente do Grupo Conti e um dos líderes da indústria do jogo em Moscou e no país. Ele e Boris Spektor criaram o Sistema Unificado de Apostas Jackpot. Como muitos dos amigos de Putin de São Petersburgo, Spektor seguiu Putin a Moscou, onde se tornou vice-gerente geral do Sistema de Apostas Jackpot de Moscou.

A única exceção a essa regra geral é Rojdestvenski, antigo cúmplice de Putin no ramo dos jogos de azar (e colaborador próximo na criação do escritório da NDR em São Petersburgo, em 1995). Se Putin não "pôs um fim" a Rojdestvensky pessoalmente, então permitiu que outros o fizessem. Rojdestvenski foi preso pela promotoria geral em setembro de 1988, quando Putin era diretor da FSB. Nenhuma menção foi feita ao negócio de jogos de azar nas acusações contra ele. O caso começou com o levantamento de cobranças de impostos contra o canal de televisão Russkoye Video, de São Petersburgo, que fora privatizado por Rojdestvenski, e desenrolou-se com denúncias contra a própria privatização do canal. O motivo real da investigação, no entanto, era o fato de que Rojdestvenski vendera o canal para Vladimir Gusinski, que na época era o principal inimigo político de Putin. No grande jogo político, Gusinski não estava apostando em Putin, mas sim em outros nomes: Iuri Lujkov, Ievgeni Primakov e Grigori Iavlinski. Rojdestvenski foi enviado para o centro de detenção pré-julgamento da FSB em São Petersburgo. Em agosto de 2000, depois da eleição presidencial vencida por Putin e de ter sido afligido por diversas doenças na prisão, incluindo uma forma grave de diabetes, Rojdestvenski foi libertado sob a condição de que não deixasse o país. Em janeiro de 2002, foi condenado a três anos de prisão, sendo imediatamente perdoado, e morreu seis meses depois. Segundo o relato oficial, a morte foi causada por um ataque cardíaco. No entanto, especulou-se que Rojdestvenski tivesse sido envenenado e que sua libertação da prisão só ocorrera para que pudesse ser envenenado estando em liberdade, evitando que a administração da prisão fosse responsabilizada pela morte.[50]

O CASO DA COMPANHIA SPAG

Em 13 de maio de 2003, quarenta empregados do Departamento de Polícia Criminal Federal da Alemanha (BKA) fizeram uma batida nos escritórios da Companhia Imobiliária e Holding de São Petersburgo (St. Petersburg Immobilien und Beteiligungen Aktiengesellschaft, ou SPAG) na pequena cidade de Mörfelden-Walldorf, no sul de Hessen. Ao mesmo tempo, os apartamentos dos gerentes da companhia foram revistados. Gerhard Schröder foi informado da operação policial. O Ministério do Interior da Rússia também foi notificado. A abertura incomum da polícia era fruto do temor de que ações que afetassem uma empresa que um dia tivera laços com Putin pudessem gerar complicações no *front* diplomático.

No mesmo dia, buscas foram feitas em um total de 28 locações comerciais e residenciais nas regiões de Rhein-Main, Hamburgo e Munique. Uma das companhias inspecionadas foi o banco bávaro Baader Wertpapierhandelsbank AG, que adquirira 30% das cotas da SPAG e as colocara à venda no mercado de ações. Na primavera de 2003, as cotas da SPAG ainda eram negociadas no mercado de ações alemão — em Berlim, Bremen, Stuttgart, Munique e também eletronicamente. As cotas valiam 0,64 euro, tendo declinado aproximadamente em 98% em relação às altas recordes alcançadas no verão de 1999 (35,28 euros).

A SPAG tinha a própria história. Em 1992, Putin liderou uma delegação de São Petersburgo em uma visita a Frankfurt, onde ele e outro membro da delegação, Vladimir Smirnov, persuadiram um grupo de investidores de Frankfurt a criar a Companhia SPAG. Era a segunda viagem de Putin e de Smirnov a Frankfurt. Em 2001, Smirnov descreveu como ele e Putin se conheceram: "Conheci Vladimir Vladimirovitch Putin em 1991 em Frankfurt-am-Main, onde estava sendo decidida a questão da atração dos primeiros investimentos ocidentais em nossa cidade... conheço Volodia há dez anos, e em todo esse tempo ele nunca me desapontou, seja como empreendedor, como profissional ou como ser humano."

Em 4 de agosto de 1992, a Companhia SPAG foi fundada e registrada na Câmara de Comércio e de Indústria de Frankfurt. Usando companhias-filhas russo-alemãs como intermediárias, a SPAG deveria se envolver em investimentos no mercado imobiliário de São Petersburgo, ou seja, usar o dinheiro de investidores estrangeiros para comprar, renovar e construir imóveis em São Petersburgo. Os fundadores da empresa eram o advogado Rudolf Ritter (irmão do ministro da economia nacional de Lichtenstein, Michael Ritter), que era oficialmente vice-presidente do conselho da empresa e efetivamente o homem à frente da empresa; o Comitê de Administração de Propriedades da Cidade de São Petersburgo; o Banco São Petersburgo e a *joint-venture* russo-alemã Inform-Future.

Em agosto de 1992, o Comitê de Administração de Propriedades da Cidade era presidido por Sergei Beliaiev. O Banco São Petersburgo era presidido pelo futuro vice-ministro de finanças Iuri Lvov (vice-ministro de finanças da Rússia no período 2000-2001, e depois de 2001, presidente do Gazprombank, o banco da Gazprom). A *joint-venture* Inform-Future era presidida por Vladimir Smirnov, empregado como conselheiro na equipe de Sobtchak desde 1992. Em fevereiro de 2000, Smirnov tornou-se presidente da diretoria da Bolsa de Futuros de São Petersburgo, uma sociedade não-comercial. De maio de 2000 a dezembro de 2001, trabalhou no Departamento de Administração da Propriedade Presidencial de Putin como gerente geral do Escritório de Entregas de Produtos. No dia 3 de janeiro de 2002, tornou-se vice-gerente geral, em 4 de janeiro, o diretor ativo temporário e, em março de 2002, gerente geral da Companhia Tekhsnabexport, uma companhia atômica estatal que exportava urânio para outros países.

Além dos empresários, quatro oficiais de governo da prefeitura de São Petersburgo, incluindo Putin, foram integrados ao quadro de consultores da empresa em 1992. A prefeitura recebeu duzentas cotas da companhia, mas em dezembro de 1994 Putin transferiu-as para Smirnov.

A SPAG desfrutava da patronagem de Sobtchak. "Vocês têm nosso apoio político e administrativo", escreveu Sobtchak em uma carta de saudações para a SPAG. Fora Putin, vários nomes distintos entravam para o grupo sempre em mudança que formava o quadro de consultores da SPAG. Entre eles estavam o futuro ministro de desenvolvimento econômico e de comércio German Gref; Oleg Khartchenko, presidente do Comitê de Planejamento e Arquitetura da Cidade; e Mikhail Manevitch, que ocupou vários postos na administração da cidade (até ser morto, em agosto de 1997). O próprio Putin, segundo a documentação de 1992 da companhia, era o "vice-chefe" da SPAG. Segundo outras fontes, ele era apenas um "consultor". Oficialmente, Putin não recebia salário da SPAG. Em 23 de maio de 2000, o *website* da SPAG anunciou que Putin estaria se desligando das obrigações com a empresa antes de fazer o juramento presidencial oficial. No dia seguinte, o anúncio havia desaparecido. Contudo, Markus Rese, diretor da SPAG na época, explicou que, antes de março de 2000, Putin trabalhara para a companhia como consultor ao lado de German Gref.

Em 13 de julho de 1994, o IRC de Putin registrou a Companhia Znamenskaya, presidida por Vladimir Smirnov. A SPAG era proprietária de 2.520 cotas, ou 50,4% do capital autorizado da Znamenskaya. Através da VS Investimentos Imobiliários Ltda., uma companhia registrada na Ilha de Jérsei, uma companhia *offshore* de Smirnov veio a ser proprietária de 43,6% (a partir de 20 de outubro de 1995). As cotas restantes pertencem a aproximadamente dez outras pessoas físicas e jurídicas, das quais algumas mudaram em 1995.

A estrutura da *joint-venture* Inform-Future, da qual a SPAG possuía 51% das ações, não era menos complexa. Seus oito co-proprietários eram o próprio Smirnov e suas duas firmas *offshore*, a VS Investimentos Imobiliários, da Ilha de Jérsei, e a E. C. Experts Ltda., da Ilha de Man. Até 27 de outubro de 1995, o complexo de produção territorial da divisão residencial da prefeitura de São Petersburgo — uma agência do governo da cidade — estava listado como um dos co-fundadores da companhia. A partir de maio de 1991, o presidente da Inform-Future passou a ser Smirnov.

Em outras palavras, a partir de 2004, Smirnov atuou como presidente de duas empresas de São Petersburgo — Znamenskaya e Inform-Future

— que eram controladas completamente pela SPAG e também ligadas entre si.

Menos de um mês depois do registro da Inform-Future, com velocidade-relâmpago para os padrões russos, a companhia conseguiu o direito de uso por tempo indefinido de 1.287 metros quadrados de terra no centro de São Petersburgo. A autorização foi concedida sob instruções do prefeito de São Petersburgo, Sobtchak, e foi assinada em 21 de outubro de 1992. O artigo 2 das instruções declarava: "A empresa conjunta russo-alemã Inform-Future deve receber um terreno com área de 1,2 hectare na praça Konstitutsiya, no bloco 15, a oeste da rua Varshavaskaya, para a construção de um hotel e de um centro comercial, por um período de cinqüenta anos." O sócio da Inform-Future nessa *joint-venture* era o complexo de produção territorial da divisão residencial da prefeitura de São Petersburgo. No entanto, no escritório de inspeções tributárias da cidade, a Inform-Future estava registrada em outro endereço, e sua sócia russa — a cidade de São Petersburgo — tinha evaporado de algum modo, deixando a empresa com apenas três co-fundadores: E. C. Experts Ltda., VS Investimentos Imobiliários Ltda. e a SPAG. Smirnov permanecia como gerente geral da companhia.

A história da Companhia Znamenskaya seguiu um curso parecido. Menos de um mês depois do registro da companhia, o governo da cidade deu à companhia um quarteirão inteiro no centro da cidade para a construção de um "centro comercial". A cidade deveria ser compensada com 1,5 bilhão de rublos por transferir para outro local os residentes removidos dos prédios que foram demolidos ou reconstruídos. Um ano e meio depois, outra resolução relativa à mesma questão incluía um requerimento de Sobtchak para que a companhia pagasse o dinheiro que devia à cidade. O novo prefeito de São Petersburgo, Iaklovlev, também assinou uma ordem exigindo que a gerência da Znamenskaya pagasse a dívida de 1,5 bilhão de rublos, o que significava que Smirnov nunca havia pagado à cidade o dinheiro que lhe era devido pela transferência de residentes desalojados.

Em agosto de 1994, Putin, representando a prefeitura, assinou outra ordem importante, que não tinha relação direta com a SPAG, mas que tinha uma relação direta com Smirnov: a ordem de Putin fundava a Companhia de Combustíveis de São Petersburgo (PTK). Em 1997-1998, Smirnov foi gerente geral da PTK; de janeiro a maio de 2000, foi presidente e líder da direção da empresa. Vladimir Kumarin (também conhecido como Barsukov) foi vice-presidente da PTK de julho de 1998 até o começo de 2000. A companhia recebeu o direito de monopólio sobre o comércio varejista de gasolina, incluindo o fornecimento de gasolina para todas as agências da cidade. Para completar, Putin também assinou uma ordem estabelecendo uma rede de postos de gasolina da Companhia de Combustíveis de São Petersburgo.

Os órgãos de manutenção das leis da Rússia consideravam Kumarin (apelidado de "Kum") o fundador, líder e cérebro da organização criminosa Tambov. Em 1990-1993, Kumarin cumpriu pena de prisão por extorsão. Depois de ser solto, no começo de 1993, abriu negócios em São Petersburgo, incluindo um restaurante e um cassino. De acordo com alguns relatos, a organização criminosa de Kumarin era a maior de São Petersburgo; segundo outros relatos, era a segunda mais importante em termos de poder e de tamanho. Ela contava com cerca de trezentos a quatrocentos homens especializados em extorsão, seqüestro, roubo e ataques criminosos. O grupo criminoso organizado dispunha de um serviço de vigilância e de um serviço de monitoração radiotelefônica, tinha agentes na equipe do Diretório de Assuntos Internos de São Petersburgo, mantinha contatos com as agências de segurança privada Tornado e Komkon e era considerada a organização criminosa mais disciplinada da cidade. Em 1994, Kumarin foi vítima de uma tentativa de assassinato. Seu motorista e seu guarda-costas foram mortos. Kumarin sobreviveu, mas perdeu um braço. Passou um mês em coma, depois partiu para a Alemanha e para a Suíça para tratamentos médicos. Ele retornou a São Petersburgo em 1996, mudando seu nome para Barsukov.

Os acionistas da PTK eram várias pessoas físicas e jurídicas. O Comitê de Administração de Propriedade da Cidade possuía o maior número de cotas, 14,5%. Várias organizações administrativas de São Petersburgo e da região de Leningrado também eram acionistas. Cinco por cento das ações pertenciam à Vita-X, firma de Viktor Khmarin, cônsul honorário das Ilhas Seichelles. Khmarin era amigo e colega de turma de Putin quando eram estudantes na universidade; sua irmã Liudmila Khmarina era ex-noiva de Putin, abandonada por ele na véspera do casamento.

No começo de 1996, a SPAG notificou oficialmente o Registro Comercial Alemão de que possuía "grandes propriedades imobiliárias em São

Petersburgo". O representante da Câmara de Comércio e da Indústria de Frankfurt acrescentou, nos documentos oficiais, que "os direitos sobre a propriedade de São Petersburgo permanecem pouco claros". Smirnov, no entanto, disse repetidamente a entrevistadores que os projetos de construção e renovação em São Petersburgo estavam sendo financiados exclusivamente através das vendas de cotas das afiliadas de São Petersburgo da companhia majoritária no mercado de ações de Frankfurt. Em outras palavras, os projetos não estavam sendo financiados por empréstimos, mas sim pela venda das ações da empresa. Algumas publicações chegaram a citar o preço de 140 marcos alemães por cota. No entanto, o preço real das cotas da SPAG no mercado de ações alemão, onde foram oferecidas para venda pela primeira vez em 1997, caiu quase ininterruptamente, e o valor de 140 marcos alemães foi um grave exagero.

Entre 1994 e 1998, Smirnov, Ritter e Putin reuniram-se diversas vezes para discutir os problemas da SPAG. Klaus-Peter Sauer, um contador alemão que participou da criação da companhia e permanece até hoje em sua diretoria, reuniu-se seis vezes com Putin, tanto na Rússia quanto em Frankfurt. Sauer também confirmou pelo menos um encontro entre Putin e Ritter em 1994-1995. Sabe-se com certeza que Ritter também se reuniu com Smirnov em agosto de 1998.

Os sócios tinham muito sobre o que falar. A construção de um hotel e de um centro comercial deveria estar concluída em 2001, conforme indicado em uma notificação oficial da cidade. O projeto necessitava de 80 a 100 milhões de dólares em investimentos estrangeiros. Em seu *website*, a SPAG anunciou ser a única organização estrangeira a adquirir o direito de investir em projetos de construção de grande porte em São Petersburgo. A companhia tinha realmente investido aproximadamente 140 milhões de marcos alemães em projetos de construção. Mas, no todo, as atividades da empresa cada vez mais se pareciam com uma simples negociata.

Foi nesse momento que teve início a parceria entre a SPAG e Kumarin-Barsukov. Na primavera de 2004, a polícia alemã interrogou Kumarin-Barsukov (com a promotoria da Rússia agindo como intermediária). Ele falou sobre isso em uma entrevista: "O que eu poderia dizer? Eu mesmo só soube do projeto em 1996, quando estava recebendo tratamento médico na Alemanha depois de sofrer um atentado. Na época, fui apresentado a

Rudi [Rudolf Ritter] e a outras pessoas através de conhecidos em comum, e eles convidaram-me a participar do projeto Znamenskaya — precisávamos remover os residentes de trezentos prédios residenciais públicos e construir um centro comercial. Uni-me à diretoria da empresa como vice-presidente da Companhia de Combustíveis de São Petersburgo para ver se deveríamos nos envolver com o projeto. Até transferimos pessoas de cerca de sete prédios públicos. Mas decidimos que poderíamos ganhar mais dinheiro construindo postos de gasolina, então abandonei o projeto."[51]

Na verdade, Kumarin-Barsukov uniu-se à diretoria da Znamenskaya somente em 1999. Ele foi eleito para a diretoria por quatro acionistas cujos nomes permaneciam não indicados no prospecto da empresa. Um deles era Smirnov.

Em abril de 1999, em um relatório sobre o papel de Lichtenstein como um centro de lavagem de dinheiro na Europa, a agência de inteligência alemã (BND) identificou Rudolf Ritter, fundador e diretor da SPAG, como agente do cartel de drogas colombiano dos irmãos Ochoa e de organizações criminosas russas. A BND informou que Ritter criara uma rede de empresas de fachada para lavagem de dinheiro. O dinheiro era transferido através do banco romeno IRB (Banco Internacional de Religiões) para a compra de imóveis na Rússia, o que gerava lucros para Ritter, acionista majoritário da SPAG.

A BND e outras agências de inteligência, incluindo a de Lichtenstein, reparam inicialmente na SPAG por causa do promotor austríaco Spitze — que fora indicado por Hans-Adam II, Príncipe de Lichtenstein, para investigar operações de lavagem de dinheiro —, que chegara à conclusão de que Ritter estava ajudando a transferir quantias substanciais de dinheiro da matriz da SPAG em São Petersburgo para Vaduz, capital de Lichtenstein. No dia 13 de maio de 1999, Rudolf Ritter foi preso em Vaduz em uma operação executada em conjunto pela polícia de Lichtenstein e pela equipe de finanças da Áustria. Mais quatro advogados e executivos foram presos com ele, incluindo seu sócio, o advogado Eugen von Hoffen-Heeb. Ritter foi acusado por transações ilegais em um valor entre 6 e 8 milhões de dólares, realizadas em 1995.

Em 17 de dezembro de 1999, depois da prisão de Ritter e de von Hoffen-Heeb, os acionistas da SPAG que ainda não tinham sido presos realizaram uma "reunião de emergência" para negociar uma fusão entre a companhia e suas companhias-filhas de São Petersburgo, Znamenskaya e Inform-Future, de cujo capital autorizado a SPAG possuía 51% das cotas. Ao assinar um compromisso de acordo com a Znamenskaya (além do contrato de investimento de 1997), a SPAG tornou-se proprietária da Znamenskaya, adquirindo todas as suas propriedades no centro histórico de São Petersburgo, que incluíam um centro comercial na rua Tambovskaya — de propriedade da Inform-Future — e o Centro Internacional Nevsky, um complexo comercial e recreativo (de propriedade da Znamenskaya). Em troca pelo "compromisso", Smirnov recebeu dinheiro. Durante a primeira metade de 2000, a SPAG transferiu para a Znamenskaya uma soma de milhões de marcos alemães.[52]

A investigação internacional das atividades de Ritter, de von Hoffen-Heeb e da SPAG duraram muitos anos. Em 13 de julho de 2001, a promotoria de Liechtenstein apresentou os presos acusados de lavagem de dinheiro e de abuso de confiança. Um mês antes, Eugen von Hoffen-Heeb fora condenado a oito anos de prisão por fraude, mas havia apelado da sentença. O promotor principal de Lichtenstein, Gottfried Klotz, explicou em uma entrevista para o *Kommersant* que "esses cavalheiros receberam dinheiro procedente de transações com drogas realizadas por cartéis colombianos e fizeram a lavagem dele no mercado de ações comprando cotas da SPAG. Além disso, compraram as cotas a preços inflados — em outras palavras, enquanto lavavam dinheiro, também fraudavam os clientes. Dessa forma, apropriaram-se de cerca de 226 mil francos suíços (133 mil dólares)".[53] Esperava-se que o caso fosse a julgamento em outubro de 2001. Mas ele não aconteceu.

Enquanto a promotoria de Liechtenstein e o governo alemão não apresentaram acusações contra Putin, nos Estados Unidos a questão foi abordada com mais cautela. Por insistência de oficiais do governo americano, a Rússia foi colocada na lista negra da Força-Tarefa de Ação Financeira de Estados envolvidos em lavagem de dinheiro. Segundo um ex-oficial do alto escalão do governo americano, um dos principais motivos para a inclusão da Rússia na lista negra consistia em um grande arquivo de relatórios de inteligência nos quais o nome de Putin aparecia relacionado com as operações ilegais da SPAG — apesar de Alison Benney, secretária da Força-Tarefa de

Ação Financeira, ter alegado que a Rússia estava sendo incluída na lista negra por dez outras razões, e não por causa de Putin e da SPAG.[54]

Mas os advogados de Ritter também não estavam parados. Segundo Hermann Bockel, que representava os interesses de Ritter, seu cliente — presidente de 24 fundos fiduciários em Liechtenstein — fora absolvido de todas as acusações, exceto duas. Uma delas estava realmente ligada às cotas da SPAG, já que os investigadores acreditavam que, devido às ações de Ritter, os investidores alemães teriam sido fraudados em 300 mil marcos alemães. A outra acusação não tinha relação alguma com a SPAG. Os investigadores acusaram Ritter de aceitar 1,5 milhão de dólares de um certo Juan Carlos Saavedra, suspeito de trabalhar para o cartel de Cali. Antes de ser depositado nos fundos fiduciários de Ritter, o dinheiro colombiano foi enviado de Milão e de Madri em malas através das fronteiras de Liechtenstein.

Depois que os alemães tomaram passos decisivos, o caso de Ritter e de von Hoffen-Heeb finalmente foi julgado em Liechtenstein. O julgamento ocorreu em outubro de 2003 (apesar de a promotoria ter dado entrada na intimação em 9 de dezembro de 2002 e de tê-la apresentado à corte em 12 de dezembro, sendo registrada em 23 de dezembro). Os acusados alegaram ser inocentes de lavagem de dinheiro de origem criminosa, dizendo que tinham simplesmente utilizado métodos legais para minimizar a renda tributável. Von Hoffen-Heeb foi condenado a mais um ano de prisão (além da pena de oito anos, dos quais já cumprira três). Ritter recebeu uma sentença suspensa de dezoito meses por vender trinta cotas da SPAG a investidores alemães por fora do mercado de ações e a preços inflados.

A lei alemã continuava insatisfeita com o veredicto do tribunal de Liechtenstein, e a promotoria de Darmstadt iniciou outra investigação das operações de lavagem de dinheiro da SPAG.[55] Até hoje, no entanto, Ritter não foi julgado na Alemanha. Talvez até mesmo as agências policiais alemãs estejam esperando pelo dia em que Putin deixe de ser presidente para que possam interrogá-lo para obter as respostas que ainda faltam para algumas perguntas.

Quanto a Liechtenstein, tanto Ritter quanto von Hoffen-Heeb foram finalmente absolvidos por uma decisão da Suprema Corte de Liechtenstein, que entrou em vigor em fevereiro de 2005. Na opinião da corte, Ritter não sabia que seu cliente colombiano, Juan Carlos Saavedra era criminoso;

tampouco eram os acusados culpados de lavagem de dinheiro, e nenhum dos dois tinha ligação alguma com cartéis de drogas ou outras organizações criminosas.[56]

A COOPERATIVA OZERO

Todos os cidadãos soviéticos desejavam ter um bom apartamento e uma *datcha*. Poucas pessoas tinham um bom apartamento. Quase ninguém tinha uma *datcha*. O futuro presidente, Putin, também era um cidadão soviético. Ele também desejava ter um bom apartamento e uma *datcha*; assim que as circunstâncias o permitissem. E as circunstâncias lhe permitiram adquiri-los em 1992: um ano depois de começar a trabalhar na prefeitura, Putin comprou um bom apartamento e uma *datcha*.

Uma das vizinhanças mais elegantes de São Petersburgo é a Ilha Vasilievsky. Foi para lá que Putin se mudou quando trabalhava no governo de São Petersburgo. Ele adquiriu um apartamento no prédio de número 17 na segunda linha de metrô da Ilha Vasilievsky de modo muito estranho. Inicialmente, o prédio foi submetido a uma grande reforma (à custa da cidade). Os apartamentos renovados deveriam ir para pessoas que estavam em uma lista de espera para receber apartamentos da cidade. No entanto, os apartamentos no prédio de elite foram destinados a pessoas completamente diferentes, incluindo Putin. O próprio Putin explica a mudança para o prédio número 17 dizendo que trocou de apartamentos com outra pessoa. É bem verdade que, em 23 de fevereiro de 1993, Putin recebeu uma "autorização de troca", número 205553/22. Contudo, a coluna que deveria conter as informações sobre a pessoa com quem Putin estaria realizando a troca de apartamentos foi deixada em branco.

Mais ou menos no mesmo período, no final de 1992, Putin comprou dois terrenos adjacentes — com 3.302 e 3.492 metros quadrados de área — para construir uma *datcha* na cidade de Solovyeka, no distrito de Priozerny, na região de Leningrado. É impossível não se chegar à triste conclusão de que um oficial do governo não teria condições de comprar um apartamento e uma *datcha* com o salário recebido pelo governo — as compras só seriam possíveis se tivesse algum tipo de renda ilegal. Putin, obviamente, tinha esse tipo de renda.

No verão de 1996, uma *datcha* de dois andares — "parecida com um palácio" — havia sido construída (152,9 metros quadrados). A casa de verão de Putin valia cerca de 500 mil dólares e foi registrada no nome de sua esposa, Liudmila. "A casa era feita de tijolos, mas o interior era revestido de madeira", com uma sauna no primeiro andar, recordou Putin. Em 12 de agosto de 1996, Putin e os amigos, incluindo o marido de Marina Ientaltseva, sua secretária, celebraram na sauna um "velório para seu antigo emprego" — o emprego que perdera devido à derrota de Sobtchak nas eleições. Depois de passar algum tempo na sauna, foram mergulhar em um lago e retornaram para uma sala de recreação próxima à sauna, sem perceberem que a sauna pegara fogo durante a ausência do grupo. A filha mais nova de Putin, Katia, estava na cozinha no primeiro andar e correu imediatamente para fora, enquanto a filha mais velha, Masha, e Marina Ientaltseva estavam no segundo andar se aprontando para dormir.

Protegendo-se com um cobertor, Putin correu para o segundo piso. Ele conduziu a filha e a secretária para a varanda, amarrou vários cobertores ao parapeito da varanda e desceu Masha e Marina Ientaltseva para o solo, onde o marido de Ientaltseva as pegou.

Todo o dinheiro de Putin foi queimado junto com a *datcha* — pois, como todo russo de verdade, os Putins não guardavam seu dinheiro (dólares, naturalmente) em um banco; eles o guardavam em uma maleta. Depois de tirar a filha e a secretária do segundo andar, Putin tentou localizar a maleta com suas economias, mas não conseguiu encontrá-lo no escuro (a energia elétrica foi cortada assim que o incêndio começou):

"Então me lembro de que a maleta com o dinheiro ainda está no quarto — todas as nossas economias. Penso: como posso partir sem o dinheiro? Volto, olho em volta, coloco a mão em um lugar, depois em outro... e percebo que em mais dois segundos tudo estará terminado — não haverá necessidade de me apressar... naturalmente, desisto de procurar pelo meu tesouro. Salto para a varanda. As chamas estão descontroladas. Subo no parapeito, agarro os cobertores e começo a descer. De repente, percebo: estou nu. Eu só tivera tempo de me envolver com um cobertor. Portanto, imagine a cena: a casa em chamas, um homem nu descendo enrolado em um cobertor, o vento soprando as velas e as pessoas em volta no chão observando em silêncio e com grande interesse...

A casa foi totalmente destruída pelo fogo. Os bombeiros chegaram, mas faltou água. Mas o lago está literalmente ali do lado. Digo a eles: 'Como pode faltar água? Tem um lago inteiro aqui!' Eles concordam: 'Há um lago. Mas não há mangueira.' Os bombeiros vieram e partiram três vezes antes que tudo virasse cinzas...

Quando os bombeiros fizeram o relatório, concluíram que a culpa era dos construtores: o aquecedor não havia sido montado corretamente. E se a culpa é deles, eles devem pagar pelo prejuízo...

A primeira opção foi que pagassem em dinheiro. Mas o valor não estava claro... Basicamente, não se sabia ao certo como avaliar o prejuízo. Então preferi a segunda opção: forçá-los a reconstruir tudo na mesma escala. Foi isso o que fizeram. Construíram a mesma estrutura e contrataram uma companhia polonesa que concluiu tudo. Os construtores fizeram tudo em um ano e meio. Tudo estava igual a antes do fogo, e até um pouco melhor. Só que pedimos que a sauna fosse removida."[57]

A empresa de construção não tinha como recusar um pedido de um oficial proeminente para que "reconstruíssem tudo na mesma escala", sem cobrar nada.

Enquanto os construtores reconstruíam a *datcha*, Putin, para não perder tempo, criou uma cooperativa de *datchas*. No dia 10 de novembro de 1996, oito co-fundadores assinaram um acordo fundando a Cooperativa Ozero na margem do lago Komsomolskoye (que na região de Leningrado equivale, em São Petersburgo, aos lagos Zhukova e Rublyovka em Moscou). Entre os co-fundadores da cooperativa estavam Vladimir Putin, que na época era vice-presidente do Departamento de Administração da Propriedade Presidencial; Iuri Valentinovitch Kovaltchuk e o oficial da reserva ativa Vladimir Ivanovitch Iakunin, donos da corporação Strim e acionistas do banco Rossiya (Iakunin, ex-oficial da KGB que agia disfarçado de diplomata, é atualmente o principal vice-presidente da Companhia Russa de Estradas de Ferro, criada tendo por base o ministério do tranporte); Andrei e Sergei Fursenko (irmãos); Nikolai Shamalov, acionista do banco Rossiya e homem de negócios, responsável pela entrega de equipamentos manufaturados pela Siemens para as clínicas dentárias de São Petersburgo, cujo filho Iuri foi, por algum motivo, nomeado presidente do Gazfond, o maior fundo de pensões da Rússia. Naturalmente, Vladimir Smirnov também era um dos co-fundadores. Ele era o presidente da Cooperativa Ozero. O oitavo co-fundador era Viktor Miatchin, presidente do banco Rossiya.

A cooperativa era protegida pela agência de segurança privada Rif, cujo dono era Barsukov-Kumarin. Havia muito a se proteger: *datchas* de três andares construídas no meio da floresta, uma torre de rádio, uma estação meteorológica, um heliporto utilizado pelo presidente Putin, por Nikolai Patrushev, diretor da FSB e por Viktor Tcherkesov, representante plenipotenciário do presidente para o distrito do noroeste.

NOTAS

[1] *Gevorkian, N., Kolesnikov, A., Timakova, N.*, Ot pervogo litsa. Razgovory s Putinym. M., *Vagrius*, p.76.

[2] *Blotski*, O., Vladimir Putin. Livro 2º Doroga k vlasti, M., OCMOC-PRESS, 2002, p. 271.

[3] *Usoltsev, V.* Sosluzhvets, M., EKCMO, pp. 241-242.

[4] *Blotski*, O., Doroga k vlasti, pp. 307-308.

[5] Ibid, pp. 271-273.

[6] Ibid, p. 283.

[7] *Vishnevski, B.*, Prikomandirovannyi k vlasti. Vladimir Putin mezhdu Lubyankoi i Kremlem, *Nezavisimaya gaseta*, 31 de julho de1998; Rossiyskaya elita. Psihologicheskie portrety, M., *Ladomir*, 2000, p. 178.

[8] *Britchkina, L.* Vladimir Putin. Poslednyi patron, *Profil*, nº 32 (154), 30 de agosto de 1999.

[9] *Literaturnaya gazeta*, nº 8 (5778), 23-29 de fevereiro de 2000.

[10] *Tokareva, M.*, Zdes kazhdyi kamen' Putina znaet. *Obschaya gazeta*, nº 2 (336), 13-19 de janeiro de 2000.

[11] Ot pervogo litsa, pp. 78-79.

[12] Ibid, p. 79.

[13] *Blotski*, O., Doroga k vlasti, p. 287.

[14] *Vishnevski, B.*, Smertel'naya oshibka Lensoveta, *Politichesky zhurnal*, 23 de maio de 2005.

[15] *Arkhipov, I.*, Hozhdenie v razvedku i v politiku, *Kommersand-Daily*, 14 de setembro de 1996. *Vishnevski, B.* Prikomandirovannyi k vlasti. Vla-

dimir Putin mezhdu Lubyankoi i Kremlem, *Nezavisimaya gazeta*, 31 de julho de 1998; *Vishnevski, B.* O biografii V. Putina, *Izvestiya*, 12 de agosto de 1999.

[16] *Bobrova, I., Markina, M., Bytchkob, C., Rostovsky, M., Khinshtein, A., Deev, E.*, Sem' mgnoveny iz zhizni preemnika, *Moskovsky komsomolets*, 18 de agosto de 1999.

[17] *Usoltsev, V.* Sosluzhivtsy, pp.7-8.

[18] *Blotski, O.*, Doroga k vlasti, p. 154.

[19] Ot pervogo litsa, p. 41.

[20] *Blotski, O.*, Doroga k vlasti, p. 309.

[21] Ot pervogo litsa, pp. 104-105.

[22] *Blotski, O.*, Doroga k vlasti, p. 331.

[23] *Novye Izvestiya*, 26 de dezembro de 2002.

[24] Ot pervogo litsa, pp. 81-82.

[25] *Izvestiya*, 12 de agosto de 1999.

[26] Ot pervogo litsa, p. 107.

[27] Prezident tebe tovarisch. *Repórteres da Ekho-TV's tentaram responder novamente a pergunta: "Quem é o sr. Putin?" Mas os russos não verão suas respostas irem ao ar, Moskovskie novosti*, nº 25, 9 de julho de 2004; http://www.mn.ru/issue.php?2004-25-51.

[28] *Blotski, O.*, Doroga k vlasti, p. 327.

[29] Ot pervogo litsa, pp. 89-90.

[30] *Bonimi, K., D'Avantso, D.*, Gody Putina mezhdu mafiei I KGB, *La Repubblica*, 13 de julho de 2001.

[31] Contudo, as cópias originais dos documentos desapareceram.

[32] Ot pervogo litsa, p. 91.

[33] *Salie, M.*, Putin — "prezident" korrumpirovannoi oligarhii!

[34] Ibid; *Lur'e, O.*, Kolbasa dlya Pitera.

[35] *Salie, M.*, Putin — "prezident" korrumpirovannoi oligarhii!; *Bonimi, K., D'Avantso, D.*, Gody Putina mezhdu mafiei I KGB, *La Repubblica*, 13 de julho de 2001.

[36] *Pitch, I.*, Pikantnaya druzhba. M., *Zakharov*, p. 171.

[37] *Salie, M.*, Putin — "prezident" korrumpirovannoi oligarhii! *Blotski, O.*, Doroga k vlasti, p. 327.

[38] Ibid.

[39] Ibid.

[40] *Ejkov, D.*, Problema 2000-2008, *Novaya gazeta*, 16 de março de 2007.

[41] *Lur'e, O.*, Kolbasa dlya Pitera, *Novaya gazeta*, nº 10 (581), 13-19 de março de 2000.

[42] *Salie, M.*, Putin — "prezident" korrumpirovannoi oligarhii!

[43] *Bonimi, K., D'Avantso, D.*, Gody Putina mezhdu mafiei I KGB, *La Repubblica*, 13 de julho de 2001.

[44] *Ejkov, D.*, Problema 2000-2008, *Novaya gazeta* (edição "cor" *Svobodnoe prostranstvo*, nº 9 (19), 16 de março de 2007).

[45] Ot pervogo litsa, p. 90.

[46] *La Repubblica*, 13 de julho de 2001; Kakie dokumenty est' za razoblacheniyami I. Rybkina i M. Salie, *Novaya gazeta*, nº 9, 9-11 de fevereiro de 2004.

[47] Ot pervogo litsa, pp. 93-94.

[48] *Kommersant-Daily*, nº 169, 4 de setembro de 1993.

[49] Ibid.

[50] Um detalhe importante. D. Rojdestvenski era o presidente do Grande Priorado Russo da "Ordem Maltesa", baseada em Cannes — uma das diversas "Ordens Maltesas" autoproclamadas e ilegítimas. Mas, mesmo ali, na "Ordem Maltesa", em Cannes, o vice de Rojdestvenski no Grande Priorado Russo era o ex-comandante do serviço "T" ("terrorismo") da KGB de Leningrado, o coronel Vladimir Grunin.

[51] *Tsiganov, A.*, U Putina takih firm shtuk 800 ili 1800, *Kommersant*, nº 60 (2899), 5 de abril de 2004.

[52] *Shleinov, R.* Rossiei vladeet odin chelovek — ee upravlyauschiy, *Novaya gazeta*, nº 9, 7 de fevereiro de 2005.

[53] *Sedikh, I.*, V Lihtenshteine obvinyaut rabotodatelya Vladimira Putina i Germana Grefa, *Kommersant*, 23 de julho de 2001.

[54] *Borisova, E.* My v "chernom spiske" iz-za Putina, *The Moscow Times*, 29 de agosto de 2001.

[55] *Shleinov, R.* Rossiei vladeet odin chelovek — ee upravlyauschiy

[56] Otvet kompanii "SPAG St. Petersburg Immobilien und Beteiligungen Aktiengesellschaft" na publikatsiu: Est' voprosy k svidetelu: Prezidentu Rossii, (*Novaya gazeta*, nº 18 (1043), 14 de março de 2005), *Novaya gazeta*, nº 79, 24 de outubro de 2005.

[57] *Obschaya gazeta*, nº 2, 2000; Ot pervogo litsa, pp.114-117.

4

PUTIN EM MOSCOU

VICE-PRESIDENTE DO DEPARTAMENTO DE ADMINISTRAÇÃO DA PROPRIEDADE PRESIDENCIAL

Depois que Sobtchak foi derrotado nas eleições de São Peterburgo e de nuvens começarem a se formar em torno de Putin como resultado da investigação das atividades do IRC, a questão de transferi-lo para Moscou, preferivelmente com uma promoção de posto, tornou-se urgente. Anatoli Tchubais, que se tornou chefe da equipe de Ieltsin no verão de 1996, considerava Putin um serviço inestimável no momento: ele obteve uma transferência para Putin de São Petersburgo para Moscou e uma indicação para a posição de vice-presidente do Departamento de Administração da Propriedade Presidencial. Para os investigadores e deputados de São Petersburgo que investigavam a corrupção na cidade, Putin estava agora fora de alcance.

A nova posição prometia trabalho em larga escala. Como vice-presidente do Departamento de Administração da Propriedade Presidencial a partir de junho de 1996, Putin supervisionava os imóveis de propriedade do Departamento de Administração da Propriedade Presidencial, cujo valor era estimado em cerca de 600 bilhões de dólares. Depois do colapso da União Soviética, por ordem do presidente Ieltsin, as propriedades da Rússia no exterior também passaram a ser administradas por esse departamento. Eram 715 propriedades imobiliárias em 78 países, ocupando uma área de mais de 550 mil metros quadrados.

Ao ser transferido para o Departamento de Administração da Propriedade Presidencial, Putin foi seguido por seu velho conhecido de Dresden, o oficial da KGB Sergei Tchemezov. Eis o que Tchemezov disse a respeito da própria transferência: "Fui recomendado para a posição de presidente do Diretório de Relações Exteriores por Vladimir Vladimirovitch. Meu trabalho consistia em tentar instaurar alguma ordem na utilização das possessões russas no exterior, e de retornar ao governo o que um dia lhe pertencera, mas fora perdido devido a uma má administração. Às vezes, eram reveladas coisas de deixar o cabelo em pé."

Parte das propriedades da Rússia no exterior estava localizada nos territórios de antigas repúblicas soviéticas e de países do bloco oriental. Portanto, quando o grupo de forças soviéticas estacionadas na Alemanha Oriental e o Grupo Ocidental do exército soviético estacionado nos territórios da Polônia, da Tchecoslováquia e da Hungria — um total de 3 milhões e de quase 1,5 milhão de homens, respectivamente, sem contar suas famílias — foram enviados de volta à Rússia, deixaram para trás uma quantidade considerável de vários tipos de propriedades: jardins de infância, escolas, centros culturais, prédios de sociedades de amizade, assim como prédios que abrigavam diversas agências estrangeiras de comércio e agências de imprensa, entre outros. Certa parte da propriedade da União Soviética no exterior foi entregue a países do leste europeu. Foi feito um acordo de que os imóveis poderiam ser transferidos por valores aprovados por ambos os lados, ou até mesmo sem custo algum, o que abria uma vasta gama de oportunidades para pessoas de espírito empreendedor. Sob tais circunstâncias, os imóveis poderiam ser transferidos por um preço no papel e por outro na realidade. Naturalmente, a diferença ia parar nos bolsos das diversas partes interessadas que eram responsáveis por realizar tais transações, que somavam muitos milhões de dólares.

Filipp Turover, ex-cidadão soviético que residia na Suíça e servia de consultor para um dos principais bancos suíços, fez observações interessantes sobre a corrupção nos escalões mais altos do governo russo: "Volodia Putin — essa é uma história especial e longa. Tive a oportunidade de encontrá-lo... Durante os oito meses que passou no Departamento de Administração da Propriedade Presidencial, entre 1996 e 1997, Putin era responsável pelas propriedades soviéticas no exterior. Deixe-me explicar. Além das dívidas da antiga União Soviética, a Rússia herdou suas propriedades no exterior, que valiam muitos bilhões de dólares, incluindo propriedades que pertenciam ao CPSU. Entre 1995 e 1996, várias organizações reivindicaram posse dessas propriedades: o Ministério do Interior, a Minmorflot e muitas outras. Mas, no final de 1996, Ieltsin assinou um decreto determinando que todas as propriedades da URSS e do CPSU no exterior deveriam ser transferidas não para o Ministério de Propriedade do Estado, e sim, por algum motivo, para o Departamento de Administração da Propriedade Presidencial. E foi nesse ponto que o sr. Putin colocou as patas nelas — naturalmente, seguindo ordens superiores. Quando, em 1997, assumiu a suposta classificação das propriedades da antiga URSS e do CPSU no exterior, toda sorte de corporações, empresas de fachada e companhias de capital social foi imediatamente formada. Uma grande parte dos imóveis mais caros e outras propriedades no exterior foram transferidas para essas organizações. Portanto, as propriedades no exterior chegaram ao governo tendo sido vítimas de grandes roubos. E haviam sido surrupiadas pelo atual primeiro-ministro." (Putin era primeiro-ministro na época.)

O presidente do Departamento de Administração da Propriedade Presidencial era Pavel Borodin. Até 1993, ele fora o presidente da Assembléia Legislativa de Yakutsk. Nesse posto, teve a oportunidade de conquistar Boris Ieltsin, que visitou Yakutia em 1990. Ieltsin lembrou-se da recepção calorosa que lhe fizeram no meio do inverno congelado de Yakutia: tendas tradicionais de Yakutia montadas no aeroporto para o convidado importante, uma magnífica roupa de peles tradicional dada a ele assim que deixou o avião e um grande banquete concedido em sua honra.

Em 1° de abril de 1993, Borodin foi nomeado presidente ativo do Diretório Principal de Manufatura Social da administração presidencial. Em novembro de 1993, tornou-se presidente de uma agência recém-criada, o Departamento de Administração da Propriedade Presidencial. Em 1996, obteve um novo vice — Vladimir Putin —, que trouxe consigo um oficial experiente da reserva ativa da FSB, Sergei Tchemezov. Em 23 de agosto de 1996, o Departamento de Administração da Propriedade Presidencial assinou um contrato com a Mercata, uma companhia suíça, para a renovação do Grande Palácio do Kremlin. Esse contrato lucrativo foi concedido à companhia sem a realização de uma licitação competitiva. Pouco depois, a mesma firma venceu a concorrência para reformar o prédio da Câmara de Contas. O custo total dos contratos era de cerca de 492 milhões de dólares. Como investigadores suíços constataram posteriormente, em troca pela obtenção dos contratos, a Mercata pagara 62 milhões de dólares em comissões, dos quais 41% (equivalentes a 25.607.798 de dólares) foram transferidos para contas bancárias na Suíça controladas por Borodin e seus parentes.

No entanto, Borodin e Putin foram incapazes de estabelecer um bom relacionamento. É possível que, como representante da velha guarda de burocratas, Borodin tenha visto o jovem, enérgico e agressivo Putin como uma ameaça à sua própria posição (apropriadamente). Por outro lado, é óbvio que Putin, como oficial da reserva ativa da FSB na agência de Borodin, tanto pelo ponto de vista de Borodin quanto na realidade, era um espião enviado a Borodin que obtivera acesso a todos os segredos do Departamento de Administração da Propriedade Presidencial, provavelmente comparável em tamanho apenas à Gazprom.

No Departamento de Administração da Propriedade Presidencial, a primeira ordem de negócios de Putin foi encontrar apartamentos em Moscou para si próprio e para os colegas que trouxera consigo de São Petersburgo (um apartamento em Moscou é um passo muito importante na carreira e no bem-estar financeiro de um oficial do governo). O trabalho de Putin no departamento era supervisionar relações econômicas no exterior e todos os afazeres contratuais e legais do departamento. Ele também era responsável pela criação de companhias para gerenciar as propriedades do Kremlin em outros países.

As pessoas no departamento suspeitavam de que Putin fosse leal a outras pessoas e organizações, e que visasse tomar o lugar de Borodin. Borodin não pretendia cometer o mesmo erro de Sobtchak. Putin nem mesmo foi admitido no escritório principal do departamento, na travessa Nikitsky. O escritório de Putin ficava na rua Vavarka. É verdade que Putin acabou ocupando o lugar de Borodin por três dias. Seguindo o conselho da filha, Ieltsin demitiu Borodin, mas três dias depois foi persuadido a retorná-lo ao posto. Ninguém exceto Borodin reparou na demissão temporária. Mas

Borodin não se esqueceu do ocorrido e, pouco depois de retomar o posto, exigiu que Putin fosse afastado. O vingativo Putin retribuiu contra Borodin: assim que virou presidente, Putin removeu Borodin do cargo e o nomeou secretário da União da Rússia e da Bielorrússia — a mais insignificante de todas as organizações do governo.

PRESIDENTE DO DIRETÓRIO PRINCIPAL DE CONTROLE

Como dita a regra da máquina burocrática russa, Putin foi transferido e promovido ao mesmo tempo. Em março de 1997, Tchubais tornou-se primeiro vice-primeiro-ministro (ele foi substituído no cargo de chefe de equipe do presidente Ieltsin pelo futuro genro de Ieltsin, Valentin Iumashev). Tchubais e Iumashev, que apoiavam Putin, conseguiram em pouco tempo uma nova nomeação para ele feita pelo presidente. Em 25 de março de 1997, Putin tornou-se vice-chefe de equipe e presidente do Diretório Principal de Controle (GKU). Nesse posto, Putin substituiu outro membro da "equipe de São Petersburgo de Tchubais" — Alexei Kudrin, antigo vice de Sobtchak e antigo conhecido de Putin, que se tornou vice-ministro de finanças. Na verdade, fora justamente Kudrin quem recomendara Putin para substituí-lo, e como Putin também era apoiado por Tchubais e por Iumashev, a nomeação para o posto elevado foi concretizada.

Entre as razões citadas para o apoio de Iumashev à candidatura de Putin estava a lealdade demonstrada por Putin ao antigo patrão, Sobtchak, e a ausência de interesse excessivo pela política. E, realmente, o oficial da reserva ativa da FSB Putin não estava nem um pouco interessado em política. Seu interesse era o poder.

Das instalações apertadas na rua Varvarka, Putin mudou-se para um escritório magnífico na praça Staraya, que pertencera a Arvid Pelshe, membro do Politburo soviético e presidente do Comitê de Controle do Partido do Comitê Central do CPSU. Discutindo o novo cargo, Putin declarou que planejava inspecionar diversas organizações do governo, monopólios naturais, as forças armadas e o complexo militar-industrial. Ele pretendia identificar abusos dentro das organizações e, com isso, aumentar o orçamento governamental. Putin enfatizou que o GKU é uma organização que age na capacidade de aconselhadora: as descobertas sobre violações ilegais seriam enviadas para a promotoria geral, enquanto as investigações seriam conduzidas em conjunto pelo GKU, pela procuradoria geral e por outros órgãos de segurança pública. O principal impulso do trabalho do GKU sob a liderança de Putin estava direcionado contra o uso inapropriado de recursos orçamentários nas diversas regiões do país e na própria cidade de Moscou. O primeiro documento assinado por Putin como presidente do GKU foi uma ordem para que fossem iniciadas as investigações nesse sentido.

No novo cargo, Putin começou a obter ativamente informações sobre os 89 membros constituintes da Federação Russa e, acima de tudo, sobre seus governadores. Sob o comando de Putin, relatórios práticos sobre a situação nas regiões começaram a chegar ao Kremlin, vindos das profundezas do GKU. Inspeções regionais, organizadas pelo GKU e executadas pelo governo federal, tornaram-se mais freqüentes e rigorosas. Alguns governadores presumiram corretamente que essa fora a forma encontrada por Putin para obter provas incriminatórias contra eles, o que não era difícil de fazer. Durante os anos Ieltsin, um volume grande de negócios inconcluídos relativos à corrupção de governos locais acumulara-se nos gabinetes dos promotores regionais. O uso inapropriado de recursos orçamentários era disseminado. Talvez tenham sido precisamente essas provas incriminatórias contra os governadores que se tornaram a chave de ouro que abriu seus corações: durante o mandato de um ano no GKU, Putin não brigou com um único governador e conseguiu dialogar com todos, até mesmo com o intratável governador da região de Krasnoyarsk, Alexander Lebed.

Em maio de 1998, ocorreram grandes mudanças de pessoal na administração de Ieltsin. Em 25 de maio, Putin foi nomeado vice-chefe de equipe, responsável pela política regional. Ao contrário de sua predecessora, Viktoria Mitina, antiga colega de Ieltsin, Putin recebeu o título de primeiro vice-chefe de equipe. No entanto, Putin não ocupou simultaneamente os dois postos durante muito tempo. Em 1º de junho, foi substituído no cargo de presidente do GKU por Nikolai Patrushev, tenente geral da FSB, também produto de São Petersburgo. Fora Putin quem trouxera Patrushev para Moscou, e foi Putin quem o recomendou para substituí-lo.

A renúncia de Mitina e a nomeação de Putin para seu posto foram vistas como uma movimentação da administração para obter um controle firme sobre os governos regionais (em preparação para as eleições de 2000, entre outras coisas). Mitina, na opinião dos observadores, fora incapaz de cumprir tal missão. Esperava-se que Putin — graças aos contatos que estabelecera com os líderes regionais e a vantagem que obtivera sobre eles como diretor do GKU — fosse mais eficiente.

Em 4 de junho, na primeira coletiva de imprensa que concedeu no novo cargo, Putin disse que a liderança do país dedicaria mais atenção à política regional e que a execução de ordens, decretos e resoluções presidenciais em nível local estaria sujeita a uma supervisão e a um escrutínio maiores — mas que não haveria um "arrocho". Putin também falou sobre suas conquistas como chefe do GKU: os abusos que haviam sido descobertos (envolvendo a utilização inapropriada de recursos orçamentários) e os processos criminais que haviam sido iniciados. Assim, Putin indicou violações que haviam sido reveladas nas transações financeiras da companhia Rosvooruzhenie e na inspeção da organização, que estava em andamento.

A inspeção fora estimulada primeiramente pelo fato de que a Rosvooruzhenie era dirigida por uma pessoa indicada por Korjakov, Ievgeni Ananiev. O plano de Putin era instalar seu próprio conhecido — um oficial da reserva ativa da FSB — como diretor daquele pedaço suculento da economia russa, a terceira em importância, atrás apenas do petróleo e do gás. Putin venceu brilhantemente essa partida de xadrez. Ele conseguiu fazer com que Ananiev fosse demitido, reestruturou a Rosvooruzhenie e instalou o antigo colega da inteligência estrangeira Andrei Belianinov à frente da nova organização (Tchemezov tornou-se o primeiro vice de Belianinov).

Em 15 de julho de 1998, Putin substituiu Sergei Shakrai como líder da comissão presidencial para a preparação de acordos sobre a divisão de autoridade de decisão entre o governo federal e as regiões da Federação Russa. Desde então, nenhum acordo do tipo foi assinado.

DIRETOR DA FSB

Em 25 de julho de 1998, por ordem do presidente, Putin foi nomeado diretor do Serviço de Segurança Federal da Rússia (FSB). As atividades de Putin na capacidade de diretor da FSB, respondendo diretamente ao presidente, eram coordenadas em parte pelo primeiro-ministro. Na época, o primeiro-ministro era Sergei Kiriienko. Ele apresentou o novo diretor à equipe da FSB, caracterizando Putin como um homem que tinha experiência trabalhando para os serviços de segurança e lutando contra crimes econômicos. Putin, em seu discurso, ressaltou que estava "voltando para casa" na FSB e que estava determinado a embarcar em grandes trabalhos construtivos. Apesar disso, no livro *First Person*, Putin lembrou ter assumido a nova nomeação com pouco entusiasmo. Contudo, se estava sendo sincero nesse aspecto é outra questão.

A nomeação de Putin também foi recebida sem muito entusiasmo por muitos empregados da equipe da FSB. Pouco depois da nomeação de Putin, o governo de Kiriienko — o mais jovem de toda a Rússia, considerado pró-Ocidente e reformista — foi demitido. Primakov, que substituiu Kiriienko, era o antigo vice-comandante da KGB, diretor do Serviço de Inteligência Estrangeira (SVR) e um oponente óbvio de Ieltsin e de todo seu séquito. Para o alto escalão da FSB, a nomeação de Primakov para o posto de primeiro-ministro significava se não um golpe de governo já concretizado, pelo menos o começo de um golpe de governo. Putin, que fora herdado da era de Kiriienko, não foi levado a sério. Além disso, Putin era apenas tenente-coronel. Em uma organização militar, onde as pessoas levavam tais coisas a sério, a patente militar de Putin não podia ser mencionada sem um sorriso ou sem ressentimento.

A natureza do antigo trabalho de Putin na KGB também era motivo de escárnio. Putin trabalhara na Alemanha Oriental, onde a inteligência estrangeira empregava seus fracassados. Os agentes de primeira linha eram enviados, obviamente, para países capitalistas, especialmente para os Estados Unidos e para a Europa Ocidental. Se a KGB tivesse levado Putin a sério como especialista, ele teria trabalhado na Alemanha Ocidental, e não na Alemanha Oriental.

Mas era precisamente porque a liderança central da FSB não via Putin como um dos seus que Tchubais e Iumashev colocaram-no astutamente à frente da FSB. O predecessor de Putin, o general Nikolai Kovalev, estava à vontade demais na organização. E ele tinha um objetivo político preciso: tomar o poder na Rússia, assim como Korjakov tentara fazer. Só que seu objetivo era tomar o poder não para si próprio, mas para os oponentes ideológicos de Ieltsin. Como a obtenção de poder na Rússia está conectada de muitas formas à posse de dinheiro, Kovalev tentou obter o controle das principais organizações econômicas do país utilizando os dois maiores departamentos econômicos da FSB, o Departamento de Contra-Inteligência Econômica e o Departamento de Provisão de Objetos Estratégicos de Contra-Inteligência. Foi isso o que levou à demissão de Kovalev e ao início da reforma da FSB que Putin foi indicado para instaurar. As pessoas no séquito de Ieltsin raciocinaram que Putin, que obtivera apenas a patente de tenente-coronel na cidade provinciana de Dresden, na Alemanha Oriental, deveria ter algum ressentimento quanto ao sistema e permaneceria fiel ao Kremlin, e não ao Lubyanka.

Um dos objetivos de Putin no novo cargo era reagir à tendência crescente do prefeito de Moscou, Iuri Lujkov, e do governador de São Petersburgo, Vladimir Iakovlev, de exercerem uma influência cada vez maior sobre os comandantes regionais da FSB. Em outras palavras, os diretórios da FSB em Moscou e em São Petersburgo estavam essencialmente não sob o comando do diretor da FSB, mas sim dos líderes dos governos das cidades. Essa situação fora criada por fatores econômicos. Passara-se muito tempo desde que qualquer oficial da FSB vivera exclusivamente do salário oficial do governo. Além dos salários, todos recebiam malas de dinheiro. O dinheiro precisava vir de algum lugar, e os diretórios regionais da FSB entravam constantemente em relações comerciais diretas com oficiais dos governos das cidades, oferecendo-lhes diversos serviços em troca de dinheiro: segurança privada, proteção de negócios etc. Quanto maior a cidade, mais influentes eram os comandantes do diretório local da FSB. Antes da nomeação de Putin como diretor da FSB, o comandante do diretório da FSB para Moscou e para a região de Moscou podiam competir com o diretor da FSB em termos de influência política no governo, e superavam vastamente o diretor da FSB em termos de capacidade econômica.

Putin merece crédito por ter conduzido brilhantemente a tarefa de reformar a FSB. Antes de tudo, ele mostrou ao grupo de oficiais seniores da FSB quem mandava, e o fez de modo bastante jesuítico. Ele removeu da equipe — ou seja, demitiu — cerca de 2 mil oficiais da FSB, incluindo todos os empregados dos dois departamentos econômicos e os generais seniores do Collegium da FSB. Então, nomeou os antigos colegas da KGB para as posições vagas no Collegium. Todos eram de São Petersburgo:

os generais Viktor Tcherkesov, Sergei Ivanov e Alexander Grigoriev. Em outubro de 1998, Putin nomeou Patrushev — outro antigo conhecido de São Petersburgo — seu próprio vice. Dois outros colegas de Putin da KGB de Leningrado também foram transferidos para Moscou: Vladimir Pronitchev (que se tornou comandante do Departamento de Combate ao Terrorismo) e Viktor Ivanov (comandante do Serviço de Segurança Departamental da FSB — contra-inteligência interna). O capitão Igor Setchin tornou-se assistente e representante de Putin na FSB. Em menos de meio ano, foi promovido a coronel (o diretor da FSB, Putin, também foi promovido a coronel).

No lugar dos extintos Departamento de Contra-Inteligência Econômica e Departamento de Provisão de Objetos Estratégicos de Contra-Inteligência, seis novos departamentos foram criados, com novos presidentes no comando. Putin reuniu nesses novos departamentos os antigos empregados que haviam sido removidos das equipes dos departamentos econômicos da FSB que haviam sido extintos, completando assim a reorganização da agência, processo que levou cerca de um mês. Nenhum dos empregados que haviam sido removidos das equipes ficaram desempregados. Putin não reduziu o número total de empregados da FSB.

Putin também tornou o trabalho na FSB atraente do ponto de vista econômico. Ele obteve financiamento regular para a FSB, e indo diretamente a Ieltsin, evitando assim a hierarquia burocrática, também obteve aumentos salariais para agentes da FSB, elevando-os ao nível dos agentes da SVR (Serviço de Inteligência Estrangeira) e da FAPSI (Agência Federal de Comunicação e Informação do Governo). Em 29 de março de 1999, Putin foi nomeado secretário do Conselho de Segurança da Federação Russa, mantendo ao mesmo tempo o posto de diretor da FSB. Portanto, em termos de carreira, o trabalho de Putin na FSB deve ser considerado um sucesso. Em termos de combate ao crime, no entanto, seu desempenho foi menos notável. Durante o mandato de Putin como diretor da FSB, os seguintes grandes crimes ocorreram na Rússia (quase todos permanecem sem solução):

- Assassinato do presidente da Associação de Produtores Russos de Diamantes, Alexander Shkadov, em sua *datcha* próxima a Smolensk (1° de agosto de 1998).

- Tentativa de assassinato contra o prefeito de Makhachkala, Said Amirov (8 de agosto de 1998).
- Explosão no exterior do quartel-general da FSB no Lubyanka (13 de agosto de 1998). Alexander Biriukov, do grupo esquerdista Nova Alternativa Revolucionária, foi acusado e preso pela organização da explosão em 1999 — posteriormente, foi diagnosticado esquizofrênico-paranóico.
- Assassinato de Anatoli Levin Utkin, editor-chefe da revista *Iuridichesky Peterburg Segodnya* ("São Petersburgo Legal Hoje"; 20 de agosto de 1998).
- Assassinato do mufti do Dagestão, Said-Muhammad Abubakarov, e de seu irmão no terreno da Mesquita Central de Makhachkhala (21 de agosto de 1998).
- Assassinato do presidente do Fundo Público Russo de Veteranos Incapacitados do Exército, Alexei Vukolov, nos arredores de Moscou (3 de setembro de 1998).
- Outra tentativa de assassinato contra Said Amirov em Makhachkala (4 de setembro de 1998).
- Assassinato em São Petersburgo do vice-presidente do Comitê do Mercado de Consumo da Cidade, Ievgeni Agarev (28 de setembro de 1998).
- Seqüestro em Grozni (29 de setembro de 1998) e assassinato (3 de outubro de 1998) do vice-representante do governo da Federação Russa na Tchetchênia, Akmal Saidov.
- Assassinato por mina controlada por rádio do presidente da Companhia de Combustíveis de São Petersburgo e ex-candidato ao governo de São Petersburgo, Dmitri Filippov, associado próximo de Gennadi Seleznev (Filippov morreu em 13 de outubro de 1998 em conseqüência de ferimentos sofridos em 10 de outubro).
- Ferimento em atentado em São Petersburgo contra o conselheiro e patrocinador de Seleznev, Mikhail Osherov (16 de outubro de 1998).
- Assassinato em Moscou do gerente geral da companhia Toms-Neft-Vostok, Alexander Berliand (20 de outubro de 1998).

Assassinato na região de Moscou do investigador da promotoria especial, Iuri Keres (20 de outubro de 1998).

Tentativa de assassinato em Grozni contra o mufti da Tchetchênia, Akhmed-Hadji Kadirov (26 de outubro de 1998).

Assassinato do vice-gerente geral da Companhia Chelyabenergo, Nikolai Shapin (1° de novembro de 1998).

Assassinato do chefe da Polícia de Transportes de Novorossiysk, Ievgeni Fedoriakin (5 de novembro de 1998).

Assassinato em Moscou de Alexander Gontov, conselheiro do governador da região de Kemerovo (18 de novembro de 1998).

Assassinato de Galina Starovoitova em São Petersburgo (28 de novembro de 1998).

Tentativa de assassinato contra o primeiro vice-prefeito do Distrito Central de Moscou, Piotr Biriukov (28 de novembro de 1998).

Assassinato na Tchetchênia de três cidadãos britânicos e de um cidadão neozelandês (os especialistas estrangeiros foram raptados no dia 3 de outubro de 1998; os corpos decapitados foram encontrados no dia 10 de dezembro).

Tentativa de assassinato contra o advogado Piotr Kutcheren (16 de dezembro de 1998).

Explosão de automóvel próxima à embaixada dos EUA em Moscou (17 de janeiro de 1999).

Incêndio criminoso do prédio do Ministério do Interior em Samara no dia 10 de fevereiro de 1999. Cinqüenta e sete empregados morreram no incêndio.

Assassinato em Moscou de A. Poliakov, editor da revista *Rossiysky Advokat* ("Advogado Russo"; 4 de março de 1999).

Seqüestro em Grozni do representante especial do Ministério do Interior da Rússia na Tchetchênia, Gennadi Shpigun (5 de março de 1999).

Massacre em sinagoga em Novosibirsk (na noite de 8 de março de 1999).

Explosão em um mercado em Vladikavkaz, mais de sessenta pessoas mortas, mais de cem feridos (19 de março de 1999).

Tentativa de assassinato contra o primeiro vice-presidente da administração da região de Omsk, Andrei Golushko. Golushko foi ferido gravemente (22 de março de 1999).

Tentativa de ataque com lança-granadas contra a embaixada dos EUA em Moscou (28 de março de 1999). Posteriormente, um dos terroristas deu uma entrevista descrevendo sua participação no ataque e foi preso e condenado.

Assassinato do vice-promotor geral do Dagestão, Kurban Bulatov, em Makhachkala (31 de março de 1999).

Outra explosão próxima ao muro do quartel-general da FSB no Lubyanka (4 de abril de 1999). Posteriormente, três jovens do grupo de resistência Nova Alternativa Revolucionária foram acusadas e condenadas pela organização da explosão.

Assassinato em São Petersburgo do coordenador-chefe da LDPR para São Petersburgo e para a região de Leningrado, Gennadi Tumanov (9 de abril de 1999).

Tentativa de assassinato contra o líder da Corte Republicana da República de Karachay-Cherkess, Islam Burlakov (13 de abril de 1999).

Tentativa de explosão do escritório de Iosif Kobzon no Hotel Intourist. Dezesseis pessoas ficaram feridas (26 de abril de 1999).

Minas plantadas no teatro judeu Sholom, em Moscou (10 de maio de 1999).

Tentativa de assassinato contra o vice-comandante do escritório da RUBOP do noroeste (Agência Regional para o Combate do Crime Organizado) em São Petersburgo, coronel Nikolai Aulov, e sua esposa. Ambos são feridos gravemente por tiros disparados por um atirador de elite (26 de maio de 1999).

Segunda tentativa de assassinato contra o mufti da Tchetchênia, Ahmed-Hadji Kadirov (final de maio de 1999).

Assassinato do comandante de cossacos do Grande Exército dos Don Cossacos, Gennadi Nedvigin (6 de junho de 1999).

Assassinato do prefeito da cidade de Dedovsk, região de Moscou, Valentin Kudinov (22 de junho de 1999).

- Assassinato do prefeito da cidade de Kyzyl, líder do ramo Tuva do partido DCR, Genrikh Epp (21 de julho de 1999).
- Ataque com um lança-granadas contra a Casa de Recepção LogoVAZ (8 de agosto de 1999).

Houve uma única operação bem-sucedida executada por Putin: a remoção do promotor geral Iuri Skuratov de seu posto oficial. É difícil dizer por que o promotor geral corrupto da Rússia decidiu lutar contra a corrupção no Departamento de Administração da Propriedade Presidencial e contra o próprio Ieltsin. Pode ter sido por lealdade a Korjakov, por simpatia política aos comunistas ou por pressão de Ievgeni Primakov, que era primeiro-ministro na época e tinha uma atitude extremamente negativa em relação a Ieltsin e ao seu círculo mais próximo (a chamada "família"), incluindo o presidente dc Departamento de Administração da Propriedade Presidencial, Pavel Borodin. Se havia algo de que definitivamente *não* se podia suspeitar de Skuratov e de todos os outros promotores gerais da Rússia que vieram depois dele, era um desejo sincero de combater a corrupção nos escalões superiores do governo russo.

Em 8 de outubro de 1998, Skuratov iniciou um processo criminal acusando o Departamento de Administração da Propriedade Presidencial de corrupção. Em colaboração com colegas suíços, investigadores russos tinham descoberto uma série de abusos na elaboração de contratos para a renovação do Kremlin e para a reforma do avião do presidente, incluindo muitos milhões de dólares depositados nas contas bancárias de Pavel Borodin, de sua filha e de seu genro. As descobertas de Skuratov literalmente abalaram o trono de Ieltsin. A palava *impeachment* passou a ser ouvida cada vez mais na Duma.

Contudo, seis meses depois do princípio das investigações, foi aberto um processo criminal contra o próprio Skuratov. Ele foi acusado de se portar de maneira inconsistente com sua posição e título. Em março de 1999, a FSB obteve uma gravação em vídeo na qual uma pessoa nua "parecida" com Skuratov aparecia mantendo relações sexuais com duas prostitutas, também nuas. Na noite de 1° de abril de 1999, o vice-promotor de Moscou indiciou Sukatov criminalmente. A pressa para dar início ao processo legal é fácil de explicar: os promotores suíços estavam progredindo rápida e astutamente na investigação das transações ilegais das companhias suíças contratadas para reformar o Kremlin, e era necessário pôr fim a essa investigação o mais rápido possível, o que só poderia ser feito por meio da substituição do promotor geral, cuja demissão, segundo a lei, precisava ser aprovada pela casa superior do parlamento russo, o Conselho da Federação. O processo era longo e complicado.

Ao contrário dos colegas russos, os promotores suíços conduziram a investigação até o final. Suas descobertas resultaram na prisão altamente divulgada de Pavel Borodin nos Estados Unidos, onde comparecia à posse do presidente George W. Bush, seguida por sua extradição para a Suíça. O julgamento de Borodin revelou o acordo corrupto entre ele e os comparsas suíços. A corte suíça multou Borodin em cerca de 375 mil dólares, mas Borodin recusou-se a assumir a culpa e a pagar a multa. A Rússia também se recusou a pagar a multa de Borodin. O dinheiro da fiança que asseguraria a libertação de Borodin da prisão suíça foi fornecido por um de seus parceiros suíços. No final das contas, o caso acabou sendo uma farsa.

Os ataques contra o promotor geral Skuratov coincidiram virtualmente com ataques contra Filipp Turover, testemunha para a promotoria suíça, cujo testemunho foi utilizado pelos investigadores suíços e russos. Depois da renúncia de Skuratov, a promotoria de Moscou fez acusações criminais contra Turover, cidadão suíço. Eis o que Skuratov escreveu sobre Turover no livro *A Version of the Dragon:* "Turover ajudou-nos mais do que a FSB, o Ministério de Assuntos Internos e a SVR juntos. Infelizmente, todas as suas afirmações foram confirmadas. Nenhuma instância de falso testemunho por sua parte foi estabelecida. Nossos serviços de segurança, visando defender o Kremlin, começaram a trabalhar contra Turover e a desacreditá-lo." Turover foi acusado de mentir, de incitação ao crime, de subornos e de roubo. Devido às acusações levantadas contra ele, Turover foi colocado na lista de procurados da Rússia e, posteriormente, também na lista da Interpol. No entanto, as acusações da Rússia contra ele não foram provadas e, depois de algum tempo, o caso foi encerrado.

O papel mais importante na operação para desacreditar e remover Skuratov estava reservado a Putin. Foram seus agentes que alugaram e pagaram pelo apartamento onde Skuratov encontrou as prostitutas e que filmaram o promotor geral mantendo relações sexuais. A fita de vídeo que exibia "uma pessoa parecida com o promotor geral", como colocado pelos jornais russos, já que não tinham o direito de afirmar que o homem registrado na fita era o próprio Skuratov, foi parar nas mãos de Putin. E foi Putin quem manifestou publicamente a exigência do presidente Ieltsin de que Skuratov renunciasse para evitar um escândalo. Depois da recusa de Skuratov, o vídeo das travessuras sexuais de "uma pessoa parecida com o promotor geral" foi exibido no RTR, um canal estatal de televisão. O vídeo fora entregue pessoalmente ao presidente da RTR, Mikhail Shvidkov, como brincaram os repórteres, por "uma pessoa parecida com o diretor da FSB". Um pouco depois, o mesmo vídeo também foi exibido no programa de Sergei Dorenko no principal canal de televisão da Rússia, o ORT.

Em 7 de abril de 1999, o diretor da FSB, Putin, relatou em um discurso televisionado que os especialistas da FSB e do Ministério de Assuntos Internos haviam realizado uma avaliação preliminar e tinham chegado à conclusão de que o vídeo das estripulias sexuais do promotor geral era genuíno. Em seguida, manifestou novamente a opinião de que Skuratov deveria renunciar voluntariamente. Putin também anunciou que as "atividades" registradas no vídeo haviam sido pagas por "indivíduos envolvidos em casos criminais" que estavam sendo investigados pela Promotoria Geral e exigiu que os materiais dos dois casos criminais fossem "fundidos" em apenas um: o caso contra Skuratov, baseado no artigo 285 do código criminal da Federação Russa ("abuso de posição oficial") e o caso contra os indivíduos que o haviam filmado ilegalmente, baseado no artigo 137 ("interferência na vida privada"). No final, os indivíduos que filmaram o vídeo escandaloso permaneceram oficialmente desconhecidos, e nunca foi estabelecido legalmente se a "pessoa parecida com o promotor geral" era realmente Skuratov. Apesar disso, Skuratov foi forçado a renunciar. Ele foi substituído por Vladimir Ustinov.

Em novembro de 1998, um escândalo ligado a Boris Berezovski e Alexander Litvinenko surgiu na imprensa. Em 17 de novembro, um grupo de oficiais da FSB liderado pelo tenente-coronel Litvinenko — apesar de, formalmente, o membro sênior do grupo não ser Litvinenko, mas sim o coronel Alexander Gusak — concedeu uma coletiva de imprensa na Interfax, a maior agência de notícias da Rússia, que foi transmitida por todos os canais de televisão da Rússia para todo o país. Os oficiais alegaram que a liderança da FSB lhes ordenara o assassinato do secretário executivo da CIS, Boris

Berezovski. Vários dias antes, em 13 de novembro, o jornal *Kommersant* publicara uma carta aberta de Berezovski para Putin, na qual Berezovski informara Putin da existência de uma conspiração da nomenclatura comunista dentro dos serviços de segurança destinada a proteger criminosos dentro da FSB. Apesar de as ordens criminosas de assassinar Berezovski terem sido dadas durante a administração do predecessor de Putin, Kovalev, o novo diretor da FSB reagiu às declarações de Berezovski de modo bastante ríspido. Ele anunciou que a agência não participava de jogos políticos e que servia para proteger a ordem constitucional e a segurança dos indivíduos, da sociedade e do governo dentro dos limites da lei. Putin condenou qualquer interferência de forças políticas (uma alusão a Berezovski) no trabalho da FSB, que, em suas palavras, deveria receber orientações apenas do presidente. O diretor da FSB considerou qualquer tentativa desse tipo de interferência como desestabilizadora do país como um todo.

O escândalo colocou a reputação de Putin e da agência em perigo. Em uma reunião com Putin, o presidente expressou preocupação com a situação e recomendou que Putin analisasse a essência das alegações levantadas pelo grupo de Litvinenko contra a liderança da FSB. Como resposta, Putin declarou que "no evento da confirmação de qualquer uma das declarações sobre as atividades criminosas de nossos empregados, iremos nos livrar deles sem pena, independentemente da patente ou da posição, e entregaremos seus materiais para a promotoria".

No entanto, a opinião pública do país e a imprensa, que estavam inclinados a designar o controle de oficiais do primeiro escalão do governo ao oligarca russo Berezovski, começaram a suspeitar que tudo o que estava ocorrendo representava uma conspiração entre Putin e Berezovski cujo objetivo principal era entregar o controle da FSB para Berezovski e seus homens, dentre os quais se acreditava que estivesse Litvinenko. O ponto de vista público representava uma ameaça contra Putin. As pessoas tinham conhecimento do conflito aberto entre Berezovski e o primeiro-ministro Primakov, de cujo gabinete Putin era membro. A Promotoria geral estava tentando levantar acusações contra Berezovski pelo cometimento de crimes econômicos e, claramente, uma associação entre Putin e Berezovski só prejudicaria Putin. Isso se dava especialmente porque Berezovski começara a perder influência dentro do séquito de Ieltsin, e Putin — que era parte desse séquito e intimamente relacionado com todos os membros do grupo — não tinha como não saber disso.

Putin percebeu que a melhor forma de se defender contra suspeitas de ter ligações com Berezovski seria atacar Berezovski publicamente. Ele ao menos assumiu uma posição neutra em relação às ações do primeiro-ministro Primakov e do Gabinete do Procurador Geral contra Berezovski e suas organizações e insistiu que a FSB demitisse Litvinenko e os outros oficiais que tinham participado da coletiva de imprensa na Interfax em 17 de novembro de 1998, incluindo o coronel Gusak, o oficial sênior do grupo de Litvinenko, que não participara da coletiva, mas testemunhara confirmando as acusações de Litvinenko. Em seguida, Putin insistiu que Litvinenko e Gusak fossem presos e permitiu que Berezovski fosse, essencialmente, expulso do país. Tudo isso foi feito com a intenção de afastar-se de Berezovski e de escapar da ligação com Berezovski.

Segundo vários repórteres e oficiais do governo, Berezovski, por sua vez, também enfrentava uma guerra contra Primakov. Putin poderia ter se tornado a primeira vítima dessa guerra, enquanto a última vítima poderia ter sido o próprio Primakov. O ex-diretor da FSB Kovalev, por exemplo, alegou que Berezovski tentara utilizar o escândalo que surgiu depois da coletiva de imprensa de Litvinenko para minar a influência da FSB, e que isso estaria ligado ao plano de longa data de Berezovski — concebido originalmente quando ele se tornara vice-secretário do Conselho de Segurança da Rússia, em outubro de 1996 — de criar um serviço de segurança controlado pelo Conselho de Segurança e colocar Litvinenko à frente dele. Tal plano, se é que realmente existiu, era baseado mais em fantasia do que na realidade. Apesar disso, Putin não poderia deixar de ver uma ameaça a si próprio nos projetos do enérgico Berezovski. E ele não tinha a menor intenção de arriscar a própria carreira. Prender Litvinenko e Gusak e forçar Berezovski a deixar a Rússia foram ataques preventivos deliberados.

NO CONSELHO DE SEGURANÇA DA RÚSSIA

Em outubro de 1998, Putin tornou-se membro permanente do Conselho de Segurança da Federação Russa e serviu como secretário do conselho entre março e agosto de 1999. Os aspirantes à posição — que fora ocupada anteriormente por Nikolai Bordiuja (que, antes disso, fora demitido do cargo de chefe da equipe de Ieltsin) — eram Sergei Kiriienko e Viktor Tchernomirdin. Depois da constatação da impossibilidade de se chegar a um acordo com qualquer um dos dois que também fosse aceito pelo Kremlin, o círculo de possíveis candidatos limitou-se aos comandantes dos serviços de segurança. A seleção foi feita baseada em qual deles era menos leal ao primeiro-ministro Primakov. Assim, a candidatura de Viacheslav Trubnikov, diretor da SVR, foi rejeitada devido a seus laços próximos com Primakov. Putin, por outro lado, apesar de não brigar com Primakov e de manter relações formais constantes com ele, orientou-se a uma subordinação não a Primakov, que estava tentando controlar o trabalho da FSB, mas sim ao Kremlin — a Ieltsin e ao seu círculo mais próximo.

É também possível que Ieltsin, nomeando Putin para o Conselho de Segurança, estivesse tentando contrabalançar a nomeação de Alexander Voloshin para o cargo de chefe de equipe. Voloshin era visto como homem de Berezovski. Ele trabalhara nas organizações de Berezovski antes de ser lançado na política e era considerado um protegido de Berezovski. Era impossível que a nomeação de Voloshin como chefe da equipe do presidente não fosse interpretada por todos no país como um sinal da influência crescente de Berezovski no Kremlin.

Ocupando simultaneamente os postos de diretor da FSB e de secretário do Conselho de Segurança, Putin teve acesso a diversos recursos de influência e a um grau de poder comparável provavelmente apenas ao do primeiro-ministro Primakov. Foi durante esse período que teve início um embate aberto entre Primakov e o Kremlin. Explorando o apoio da maioria do parlamento e das revelações escandalosas do promotor geral Skuratov, Primakov começou a puxar para si o manto do poder, cobrindo-se cada vez mais com ele. O país testemunhava algo parecido com um golpe de Estado que acontecia aos poucos. Na Duma do Estado, os comunistas tentaram voltar contra Ieltsin a onda de sentimento antiamericano que surgira como resultado da crise iugoslava e começaram a fazer planos para conseguir o *impeachment* do presidente. Ministros esquerdistas receberam posições-chave no gabinete de Primakov. Gradualmente, todo o poder no governo acabou nas mãos de antigas forças comunistas. A única fortaleza que restava ao presidente Ieltsin era o Kremlin, que estava sem poder e praticamente inativo. E Primakov, que se achava à frente do golpe, criou habilmente a impressão de que era um baluarte contra a onda comunista, a última barreira que se interpunha à derrubada de Ieltsin.

Nesse momento — crítico para o país e para o governo — Ieltsin deu um novo passo. No dia 19 de maio, assinou um decreto para a demissão de Primakov, que nunca tivera tanto poder nem tanta popularidade, da posição de primeiro-ministro. O domínio virtual dos comunistas desmoronou como um castelo de cartas de baralho. A oposição na Duma calou-se. O tema do *impeachment* morreu. Skuratov renunciou. Mas, depois de se livrar de um primeiro-ministro que era ex-comandante da SVR, Ieltsin escolheu um novo primeiro-ministro que era ex-comandante da FSK (antiga KGB e futura FSB), Sergei Stepashin. Essa foi uma rede da qual Ieltsin não conseguiu se livrar. Agora, ele só podia escolher primeiros-ministros dentre os oficiais da FSB. Esse foi o preço que precisou pagar para permanecer no poder e para transferi-lo para um sucessor que pudesse assegurar a ele e à sua família imunidade a processos criminais por parte da Duma e da promotoria geral.

Durante o mandato de Putin como secretário do Conselho de Segurança, vários tópicos foram discutidos nas reuniões do conselho. Primeiro, havia a situação no Cáucaso Norte, especialmente na Tchetchênia; em maio de 1999, depois da confirmação de Stepashin como primeiro-ministro, Putin obteve um decreto presidencial que aumentava o papel das divisões da FSB no Cáucaso Norte. Segundo, o Conselho de Segurança deliberou acerca do desenvolvimento do potencial nuclear da Rússia em face do que o Kremlin via como a hegemonia global dos Estados Unidos, que havia sido demonstrada durante a crise iugoslava.

Em 12 de maio de 1999, o Conselho de Segurança reuniu-se para discutir a situação nos Bálcãs. As observações de Putin foram ásperas: "A Rússia não ficará satisfeita com o papel de mensageiro técnico na crise iugoslava, o papel de um país que meramente transmite propostas de um país a outro... Estamos testemunhando uma tentativa unilateral de se destruir a ordem mundial que foi criada sob a égide das Nações Unidas após a Segunda Guerra Mundial. Precisamos reagir a esse desafio mudando a concepção que temos de nossa própria segurança nacional."

Putin discutiu repetidas vezes a situação nos Bálcãs e diversos aspectos relacionados à segurança da relação entre a Rússia e os Estados Unidos com Sandy Berger, conselheiro de segurança nacional do presidente dos Estados Unidos. Depois de uma das reuniões do Conselho de Segurança, Putin declarou que a Rússia merecia muito crédito pelo fato de que um acordo político fora alcançado na crise dos Bálcãs, aludindo ao próprio papel no processo. Putin também trabalhou a questão do papel da Rússia em atividades mantenedoras da paz em Kosovo. E em junho de 1999, quando a possibilidade da renúncia de Stepashin se tornou objeto de discussão, Putin já era visto como um possível sucessor.

PRIMEIRO-MINISTRO

Em 9 de agosto de 1999, por ordem do presidente, mais uma posição de primeiro-ministro (a terceira) foi criada. A mesma ordem nomeou Putin para a posição. No mesmo dia, Ieltsin emitiu outra ordem demitindo o gabinete de Sergei Stepashin e nomeando Putin primeiro-ministro ativo interino. Essa seqüência de eventos foi explicada pelo fato de que, por lei, somente o vice-primeiro-ministro poderia ser nomeado para a posição de primeiro-ministro ativo.

Em um discurso televisionado em 9 de agosto, Ieltsin nomeou Putin seu sucessor na presidência da Federação Russa: "Decidi agora nomear uma pessoa que, na minha opinião, pode unir a sociedade. Contando com os poderes políticos mais amplos, ele assegurará o prosseguimento das reformas na Rússia. Ele será capaz de colocar ao seu redor aqueles que precisarão trazer renovações para a grande nação da Rússia no século XXI. Essa pessoa é o secretário do Conselho de Segurança da Rússia e diretor da FSB, Vladimir Vladimirovitch Putin... ele tem minha confiança. Mas desejo que todos que votarem em julho de 2000 também tenham confiança nele. Acredito que ele tem tempo suficiente para provar seu valor." Em uma entrevista televisionada no mesmo dia, Putin declarou que aceitava a oferta de Ieltsin e que disputaria as eleições presidenciais em 2000.

Em 16 de agosto de 1999, a Duma do Estado confirmou a nomeação de Putin para a posição de primeiro-ministro (223 votos a favor, 84 contra e 17 abstenções). Trinta e dois deputados do CPRF (incluindo o porta-voz da Duma, Gennadi Seleznev) votaram a favor de Putin; 52 deputados do CPRF (incluindo Anatoli Lukianov e Albert Makashov) votaram contra ele; o resto absteve-se ou não votou (Gennadi Ziuganov não votou). Alguns deputados do partido esquerdista Narodovlastie também votaram contra Putin. Dezoito deputados do partido Yabloko (incluindo Grigori Iavlinski) votaram a favor. Oito deputados do Yabloko votaram contra; o resto não votou ou se absteve. Os outros partidos votaram quase por unanimidade a favor da confirmação.

5

A SEGUNDA GUERRA DA TCHETCHÊNIA

PLANEJANDO A SEGUNDA GUERRA DA TCHETCHÊNIA

NAS ELEIÇÕES DE 2000, os eleitores russos depararam com uma lista espetacular de candidatos: o antigo chekista Primakov, que proclamou confiantemente que, se fosse eleito, prenderia 90 mil homens de negócios, ou seja, toda a elite de negócios da Rússia; o jovem chekista Putin, que antes de subir ao poder enfatizou a necessidade de se dar continuidade às políticas de Ieltsin; e o comunista Ziuganov, cujas chances de vitória eram nulas. Para colocar 90 mil empresários na prisão, Primakov precisaria prender sessenta pessoas por dia, incluindo finais de semana e feriados, durante os quatro anos do mandato presidencial. O jovem chekista Putin prometeu ser menos sedento de sangue. Será que o drama da campanha eleitoral poderia ter sido escrito por alguém nos moldes do policial bom e do policial mau?

É evidente que — independentemente de quem se tornasse o sucessor de Ieltsin, Primakov ou Putin — tanto as eleições da Duma, em dezembro de 1999, quanto as eleições presidenciais, em março de 2000, deveriam ocorrer ao som dos canhões da segunda guerra da Tchetchênia. Em janeiro de 2000, o ex-diretor da FSB e ex-primeiro-ministro Sergei Stepashin esclareceu em parte a questão sobre quando, precisamente, fora tomada a decisão de iniciar-se as operações militares. "A decisão de invadir a Tchetchênia", observou em uma entrevista, "já havia sido tomada em março de 1999"; a intervenção fora "planejada" para "agosto-setembro"; "ela teria acontecido mesmo que não tivessem ocorrido explosões em Moscou" (os bombardeios das residências em setembro de 1999). "Eu estava me preparando para uma intervenção ativa. Planejávamos estar no lado norte do rio Terek em agosto-setembro" de 1999. Putin, "que era o comandante da FSB na época, tinha essa informação".

Durante esse período — um período trágico para o país — Putin nomeou Patrushev comandante da FSB. Os crimes sensacionais cometidos durante o período em que Putin fora diretor da FSB começaram a parecer travessuras de pequenos valentões quando comparados aos crimes cometidos durante o mandato de seu sucessor. Contudo, parece que era precisamente desse homem que Putin precisava no cargo de diretor da FSB.

BUYNAKSK, QUATRO DE SETEMBRO DE 1999

No dia 4 de setembro de 1999, na cidade de Buynaksk, no Dagestão, um carro carregado de explosivos explodiu próximo a um prédio residencial em um complexo militar. Sessenta e quatro residentes — militares e familiares — foram mortos. No mesmo dia, um automóvel ZIL-130 repleto de explosivos foi descoberto em Buynaksk. O automóvel continha 2.706 quilos de substâncias explosivas e estava em um estacionamento cercado por prédios residenciais e por um hospital do exército. A explosão só foi evitada graças à vigilância dos cidadãos locais. Em outras palavras, o segundo ataque terrorista em Buynaksk foi evitado por cidadãos pacíficos, e não pelos seviços de segurança.

O ataque terrorista de 4 de setembro em Buynaksk foi preparado e executado pelo Diretório Principal de Inteligência da Federação Russa (GRU), comandado pelo coronel-general Korabelnikov. A operação foi supervisionada pelo comandante do décimo quarto diretório do GRU, o tenente-general Kostetchko. O ataque terrorista foi executado por uma equipe de 12 oficiais do GRU, enviada para o Dagestão especificamente para esse propósito. Tudo isso foi revelado no testemunho do tenente sênior do GRU Alexei Galkin, que foi capturado como prisioneiro de guerra pelos tchetchenos em novembro de 1999. Está claro que o testemunho de Galkin foi dado sob tortura — no entanto, deve ser considerado preciso. Ao menos, depois de escapar do cativeiro e de dar uma segunda entrevista (voluntária) para a *Novaya Gazeta*, Galkin não alegou ter mentido sobre o GRU e os outros membros de seu grupo enquanto fora prisioneiro de guerra.

ATAQUES TERRORISTAS EM MOSCOU, VOLGDONSK E RYAZAN (SETEMBRO DE 1999)

Os atentados a bomba nas residências em Moscou, Volgodonsk e Ryazan mencionados por Movsayev e Galkin ocorreram vários dias depois do ataque em Buynaksk. No começo da manhã de 9 de setembro, um prédio residencial foi explodido na rua Guryanov, em Moscou. No começo da manhã de 13 de setembro, outro prédio residencial na capital foi bombardeado — na auto-estrada Kashirskoye. Em 16 de setembro, um prédio residencial foi explodido em Volgodonsk. Na manhã de 22 de setembro, moradores locais e a polícia evitaram a explosão de um prédio residencial em Ryazan. Esses ataques terroristas, que foram os maiores da história da Rússia e mataram cerca de trezentas pessoas, tornaram-se a causa de uma guerra em grande escala contra a República da Tchetchênia, que tirou a vida de milhares e incapacitou a existência de milhões de pessoas.

Hoje, sabemos muito a respeito dos bombardeios dos prédios residenciais. Os preparativos para os ataques começaram quando o governo russo tomou a decisão política de iniciar a segunda guerra da Tchetchênia: entre março e abril de 1999. A implementação prática dos ataques terroristas foi deixada a cargo da FSB e do GRU. Em Buynaksk, o prédio residencial onde moravam membros das forças armadas foi explodido pelo GRU, visto que o envolvimento da FSB na operação poderia ter levado a um conflito interagências entre a FSB e o Ministério da Defesa. Em Moscou, Volgodonsk e Ryazan, os ataques terroristas foram organizados pela FSB.

Essa era a cadeia de comando a cargo da operação: Putin (ex-diretor da FSB, futuro presidente) — Patrushev (sucessor de Putin como diretor da FSB) — o general German Ugryumov, da FSB (diretor do departamento de contraterrorismo) — e Abdulgafur ("Max" Lazovski), Abu-Bakar (Abubakar), os dois operadores da FSB diretamente responsáveis pela organização prática dos bombardeios. Tatiana Koroliova, Achemez Gotchiiaev e

Alexander Karmishin eram os fundadores da companhia cujos depósitos receberam carregamentos de hexogênio disfarçados de sacas de açúcar (possivelmente, essas pessoas foram usadas sem que tivessem consciência disso, ou seja, elas podem não ter tido idéia de que explosivos estavam sendo entregues aos seus depósitos). Adam Dekkushev, Yusup Krimshamkhalov e Timur Batchaiev foram os indivíduos recrutados pelos "separatistas tchetchenos" (agentes da FSB) para depositarem os explosivos disfarçados de sacas de açúcar nos porões dos prédios destinados à liquidação em Volgodonsk, e possivelmente também em Moscou. Contudo, tinham a impressão de que os locais onde estavam deixando os explosivos eram apenas locais de armazenamento temporário, e que os explosivos seriam utilizados na realidade para explodir "alvos federais". E finalmente, os operadores da FSB Vladimir Romanovitch e Ramazan Dyshekov, que executaram os bombardeios dos prédios residenciais em Moscou e também foram os agentes da FSB apreendidos e filmados em vídeo — mas cujos nomes não foram revelados — depois de tentarem explodir um prédio residencial em Ryazan na noite de 23 de setembro de 1999.

KASPIYSK, MAIO DE 2002

Deve-se destacar que o atentado frustrado em Ryazan foi repetido com sucesso pela FSB em maio de 2002 na cidade de Kaspiysk, no Dagestão. A operação foi realizada em duas etapas. Do ponto de vista da FSB, a primeira etapa deve ser considerada um sucesso. Às nove e cinqüenta da manhã de 9 de maio, na rua Lênin, próximo da praça central de Kaspiysk, durante uma parada militar que comemorava o aniversário da vitória soviética na Segunda Guerra Mundial, terroristas desconhecidos detonaram uma mina direcional MON-50, melhorada para ter maior capacidade destrutiva, contendo uma carga equivalente a de três a cinco quilos de TNT. O dispositivo explosivo fora colocado em um estande na margem de uma estrada que fazia parte da rota da parada militar. Cento e setenta e sete pessoas foram feridas pela explosão, incluindo 63 membros das forças armadas e 72 crianças. Quarenta e três pessoas, incluindo 12 crianças, foram mortas.

O presidente Putin, que falou no mesmo dia sobre o ataque terrorista em Kaspiysk, exigiu que "os criminosos sejam identificados, expostos e punidos o mais rápido possível". "Inevitavelmente, crimes tão cruéis despertam emoções fortes", declarou Putin. "Tais emoções não devem atrapalhar o andamento da investigação rigorosa do crime... Esses crimes foram cometidos por indivíduos desprezíveis, para quem nada é sagrado, e estamos inteiramente no direito de tratá-los da mesma forma que tratamos nazistas, cujo único objetivo é trazer a morte, semear o medo, matar."

Putin ordenou que um grupo interagencial fosse estabelecido para investigar o ataque terrorista, sob a direção do diretor da FSB, Patrushev. O presidente ordenou que Patrushev voasse imediatamente para a capital do Dagestão, Makhachkala, e supervisionasse pessoalmente a investigação do ataque terrorista. O governo russo recebeu condolências pelo ataque terrorista em Kaspiysk da administração Bush, dos Ministérios do Exterior da França e da Inglaterra, do Conselho Europeu...

Em uma coletiva de imprensa concedida em Makhachkala pouco depois, Patrushev anunciou que o ataque terrorista fora organizado por separatistas tchetchenos, que "um grupo de indivíduos foi identificado, formado por mais de dez pessoas... que receberam ordens diretamente do comandante de campo Rappani Khalilov". Na noite de 10 de maio, cinco pessoas suspeitas de organizar o ataque terrorista em Kaspiysk foram presas — em São Petersburgo, que fica a uma distância considerável de Kaspiysk. Os presos negaram a culpa e qualquer envolvimento no ataque. Pelo menos três deles tinham álibis irrefutáveis. O público não acreditou que os presos tivessem envolvimento com o ataque.

O ataque terrorista em Kaspiysk teria permanecido igual a qualquer outro ataque terrorista tchetcheno se não fosse pelos eventos que ocorreram vários dias depois. Na noite de 16 de maio, os órgãos policiais de Kaspiysk anunciaram que haviam prevenido outro ataque terrorista. Três terroristas haviam sido presos tentando preparar uma mina MON-100, similar à que fora detonada em 9 de maio em uma das principais vias públicas de Kaspiysk. Os terroristas haviam sido presos portando os explosivos. Além da mina, a polícia descobriu um detonador elétrico e um controle remoto no carro dos presos.

Inicialmente, tudo aconteceu de acordo com o cenário de Ryazan-99. O governo da cidade anunciou triunfalmente para todo o mundo que os terroristas haviam sido capturados e que um ataque terrorista fora evitado.

Então, ocorreu um problema inesperado, similar ao de Ryazan. Quando foram presos, os terroristas não ofereceram nenhuma resistência, mas disseram à polícia que ela não tinha o direito de prendê-los. Pelo menos um deles, Rashid Djabrailov, apresentou um "documento de cobertura" — documentos de identidade do Ministério de Assuntos Internos do Dagestão. Apesar disso, os três foram presos para que suas identidades pudessem ser estabelecidas.

Não se sabe o que aconteceu depois, já que a FSB bloqueou imediatamente qualquer informação adicional sobre o ataque terrorista planejado e evitado, "visando aos interesses da investigação". Ao mesmo tempo, o diretor da FSB, Patrushev, apareceu no canal de televisão ORT e anunciou, justamente como fizera em setembro em 1999 em relação às prisões em Ryazan, que os "presos não tinham conexão alguma com terroristas e nenhum ataque terrorista fora planejado em Kaspiysk". Prudentemente, Patrushev evitou usar a palavra "exercícios".

É verdade que a liderança do Dagestão ficou surpresa e chocada, assim como ficara o governo local de Ryazan. O anúncio de Patrushev produziu uma reação ríspida do governo do Dagestão: "Que besteira ele está dizendo... Os serviços de segurança da república acreditam que um ataque terrorista fora planejado. E não estão fazendo declaração alguma porque temem comprometer a investigação."

Apesar disso, sob ordens de Moscou, a investigação dos ataques terroristas em Kaspiysk nos dias 9 e 16 de maio de 1999 foi encerrada. Os anúncios incautos de Patrushev foram esquecidos. Ninguém estava interessado nas identidades dos três presos. E o presidente Putin não voltou a mencionar os "indivíduos desprezíveis, para quem nada é sagrado", comparáveis aos nazistas.

O próprio Patrushev não recebeu nada além de encorajamento. Em 11 de julho de 2001, seu aniversário de 50 anos, ele já tinha sido promovido ao posto de general do exército. E no começo de 2003, por ordem secreta do presidente Putin, Patrushev foi condecorado com o título de "Herói da Rússia" — "pelos sucessos na guerra da Tchetchênia". É verdade que, por ordem do presidente, o comando do Quartel-General em Operação para a Direção da Operação Antiterrorista na Tchetchênia foi transferido da FSB (ou seja, de Patrushev) para o Ministério de Assuntos Internos (ou seja,

Boris Grizlov). Mas o reconhecimento óbvio do fracasso das políticas de Patrushev na Tchetchênia tornou-se a única punição imposta a ele.

O ETERNO CONFLITO DA TCHETCHÊNIA

A segunda guerra na Tchetchênia não recebeu a mesma cobertura na imprensa que a primeira, quando a imprensa e a televisão desfrutavam de absoluta liberdade. Os relatos de repórteres sobre operações militares na Tchetchênia passaram a estar sujeitos a um controle ideológico cada vez maior sempre que o governo fechava ou se apropriava de mais um jornal, sempre que a equipe editorial de mais um canal independente de televisão era demitida, sempre que as autoridades promulgavam mais um conjunto de instruções secretas ou públicas em relação à cobertura dos eventos na Tchetchênia. Essencialmente, a população russa recebia informações somente quando ocorriam eventos extraordinários durante as operações militares na Tchetchênia, sobre os quais era impossível manter silêncio.

Ainda assim, em outubro de 2001, Sergei Iastrjembski relatou o número de mortos e feridos russos na Tchetchênia durante os dois anos de duração da segunda guerra tchetchena: 3.438 mortos e 11.661 feridos. Segundo o Comitê de Mães de Soldados, o número real de mortos e feridos em janeiro de 2002 era cerca de duas vezes e meia maior do que o número oficial; especificamente, cerca de 6 mil soldados e oficiais haviam sido mortos. Em fevereiro de 2003, novos números oficiais foram divulgados para o total de mortos e feridos das forças armadas russas como um todo entre 1º de outubro de 1999 e 23 de dezembro de 2002: 4.572 mortos e 15.549 feridos.

Segue abaixo uma lista das perdas mais sérias sofridas pelas tropas federais e pela população civil na Tchetchênia devido a ataques terroristas organizados por separatistas tchetchenos:

No final de janeiro e no princípio de fevereiro de 2002, tropas federais na Tchetchênia perderam quatro helicópteros em duas semanas. Especificamente, vários oficiais de alto escalão, incluindo dois generais, foram mortos quando seu helicóptero foi derrubado em 27 de janeiro.

Em 19 de agosto de 2002, mísseis de separatistas tchetchenos mataram 119 militares russos em serviço que estavam a caminho de Grozni a bordo de um helicóptero Mi-26. Depois desse evento, Putin declarou um dia de luto em 22 de agosto. Em 1° de setembro, separatistas derrubaram um helicóptero Mi-24, matando a tripulação.

Na noite de 23 de outubro de 2002, uma tropa de combatentes tchetchenos (cerca de cinqüenta homens), liderada por Movsar Baraiev, penetrou em Moscou e tomou cerca de oitocentos reféns durante uma apresentação do musical *Nord-Ost* no complexo teatral Dubrovka, exigindo a retirada de tropas russas do território tchetcheno. Em 25 de outubro, Putin realizou uma reunião no Kremlin, depois da qual o diretor da FSB, Patrushev, anunciou que o governo estava disposto a poupar as vidas dos terroristas se todos os reféns fossem libertados. Na noite de 25 de outubro, os terroristas prometeram executar os reféns se suas exigências não fossem cumpridas. Temendo que os insurgentes explodissem o prédio caso fosse feita uma tentativa de tomá-lo à força, as autoridades bombearam gás sonífero para dentro do teatro na noite de 26 de outubro. Depois disso, unidades de forças especiais invadiram o prédio e mataram os terroristas a tiros. Contudo, 29 reféns morreram devido aos efeitos do gás e à incompetência dos trabalhadores de resgate. Quarenta outros reféns morreram devido aos efeitos do gás no decorrer dos seis meses seguintes. Desculpando-se diante dos parentes das vítimas, Putin não mencionou o problema do separatismo tchetcheno, atribuindo a causa dos eventos ao terrorismo internacional. Ele condecorou o general Vladimir Pronitchev — primeiro vice-diretor da FSB, que supervisionara a operação para destruir os terroristas — com a distinção Herói da Rússia e concedeu a mesma condecoração ao químico não identificado que bombeara o gás para dentro do prédio. Nenhum oficial da lei foi punido por permitir que os terroristas penetrassem em Moscou. As maiores queixas do governo foram dirigidas contra repórteres da televisão por erros cometidos durante a cobertura dos eventos, que poderiam ter ajudado os terroristas.

Alguns meses depois do ataque terrorista, a repórter Anna Politkovskaia, do *Novaya Gazeta*, localizou um dos terroristas tchetchenos que participara da tomada de reféns e também era agente da FSB. Khanpash Terkibaiev concedeu uma longa entrevista a Politkovskaia, que foi posteriormente publicada no *Novaya Gazeta* e na internet. Depois disso, ele partiu para a Tchetchênia. Pouco depois, em 9 de dezembro de 2003, foi morto em um acidente automobilístico, da mesma forma que Vladimir Romanovitch, o agente da FSB que participara da organização dos ataques terroristas em Moscou em setembro de 1999. O conteúdo da entrevista de Terkibaiev não interessou em nada às agências de segurança pública da Rússia.

Pouco depois da tragédia do teatro Dubrovka, em 15 de dezembro de 2002, Putin assinou uma ordem para nomear uma nova equipe da Comissão Federal Antiterrorista. O próprio Putin tornou-se presidente da comissão. Grizlov, ministro de assuntos internos, e Patrushev, diretor da FSB, tornaram-se seus vices.

Em 27 de dezembro, homens-bomba suicidas explodiram o complexo do governo republicano em Grozni, matando mais de 72 pessoas, principalmente técnicos e policiais. Mais de duzentas pessoas ficaram feridas.

Em 14 de maio de 2003, durante festividades religiosas na aldeia de Iliskhan-Yurt, três mulheres-bomba suicidas mataram 26 pessoas e feriram 150. Em 5 de junho, uma mulher-bomba suicida explodiu em um ônibus em Mozdok (Ossétia do Norte), matando 19 pessoas e ferindo 12. Em 5 de julho, duas mulheres-bomba explodiram em Tushino, Moscou, matando 16 pessoas e ferindo quarenta. Em 10 de julho, houve uma tentativa frustrada de explodir um café na rua Tverskaya, em Moscou. A mulher-bomba foi presa e um especialista da FSB morreu quando desativava os explosivos.

Em 1º de agosto, um homem-bomba explodiu um hospital militar. Segundo registros oficiais, cinqüenta pessoas foram mortas e oitenta ficaram feridas (há motivos para se crer que os números verdadeiros tenham sido maiores).

Em três de setembro, terroristas explodiram um trem urbano da Mineralyne Vody-Kislovodsk, matando cinco e ferindo mais de trinta pessoas.

Em 5 de dezembro, na véspera das eleições parlamentares russas, o trem urbano da Mineralyne Vody-Kislovodsk foi explodido novamente, matando 44 pessoas e deixando dezenas de feridos.

Em 8 de dezembro, uma mulher-bomba suicida explodiu a caminho da Duma do Estado, próximo ao Hotel Nacional (seis mortos e outros feridos).

Os ataques terroristas não diminuíram em 2004. Em fevereiro, cerca de quarenta pessoas foram mortas em uma explosão no metrô de Moscou entre as estações Paveletskaya e Avtozavodskaya. Uma investigação revelou que um homem-bomba explodira dentro de um vagão do metrô com passageiros.

Em 9 de maio de 2004, uma bomba explodiu nas arquibancadas do estádio do Dínamo em Grozni, matando o presidente da Tchetchênia, Akhenat Kadirov, o chefe do Conselho de Estado tchetcheno, Tlussein Isaiev, e cinco outras pessoas.

Em junho, combatentes tchetchenos atacaram os assentamentos de Nazran e de Karabulak, na Ingushetia. Várias dezenas de pessoas foram mortas.

Em agosto, dois aviões — Tu-154 e Tu-134 — explodiram depois de decolarem do aeroporto Domodedovo, em Moscou. Um ataque terrorista também ocorreu próximo à estação de metrô Rizhskaya, em Moscou.

Um grande ataque terrorista ocorreu entre os dias 1° e 3 de setembro de 2004, em uma escola na cidade de Beslan, na Ossétia do Norte, onde mais de mil estudantes e professores foram feitos reféns. Quando forças russas invadiram o prédio sem planejamento adequado, 330 pessoas morreram, incluindo mais de cem crianças. Pouco depois da crise em Beslan, Putin foi acusado de demonstrar indiferença em relação ao evento. Um dos motivos para a acusação foi um discurso feito pelo presidente em 4 de setembro, que foi dedicado principalmente aos problemas de se construir uma nação e de ameaças externas, e não às crianças mortas.

Depois de eliminar Shamil Basaiev, o principal comandante tchetcheno, em 13 de outubro de 2005, de assassinar dois presidentes da república tchetchena não-reconhecida e de criar um governo fantoche pró-Moscou, tendo à frente o presidente Ramzan Kadirov, Putin foi capaz, de forma geral, de localizar o conflito da Tchetchênia, de desunir os tchetchenos e de reduzir o papel do exército russo em operações militares na Tchetchênia a funções punitivas e de policiamento.

Apesar disso, a questão da Tchetchênia permanece o problema mais complicado enfrentado por Putin e pela Rússia. O governo russo realizou diversas tentativas frustradas de fazer com que Ajmed Zakaiev, representante do governo tchetcheno no exílio, seja extraditado de Londres, onde recebeu asilo político. Em 28 de outubro de 2002, o Ministério de Assuntos Internos russo anunciou oficialmente que Putin estava cancelando a visita à Dinamarca agendada para os dias 11 e 12 de novembro, na qual deveria participar de uma reunião entre a Rússia e a União Européia, devido ao fato de que o Congresso Mundial Tchetcheno estava acontecendo na Dinamarca.

Em 11 de novembro de 2002, aconteceu em Bruxelas outro evento "de menor importância" ligado aos pronunciamentos de Putin. Deve-se destacar que o que Putin disse na ocasião provavelmente entrará nos anais da história da mesma forma que o famoso discurso de Nikita Khrustchev nas Nações Unidas, durante o qual Khrustchev tirou um sapato e começou a bater com ele no pódio. Em resposta a uma pergunta de um repórter francês sobre violações de direitos humanos na Tchetchênia, Putin observou: "Se você quiser se tornar um radical islâmico completo e estiver até mesmo disposto a ser circuncidado, então convido você a Moscou. Nosso país tem muitas religiões e também temos especialistas nesse problema. Eu recomendaria que a operação fosse realizada de forma que nada mais pudesse crescer posteriormente." Depois da resposta de Putin, o salão caiu em silêncio. O tradutor não entendia como traduzir as palavras de Putin. Quando Khrustchev tirou o sapato e começou a bater com ele no pódio, o ministro de assuntos externos da Rússia, Andrei Gromiko, também tirou o sapato e começou a bater no pódio. Contudo, estamos no século XXI. O presidente Putin não apreciou tal fato. Será que o próximo presidente o fará?

6

"OPERAÇÃO SUCESSOR"

EM BUSCA DO PINOCHET RUSSO

NA PRIMEIRA SESSÃO DO GABINETE DE PUTIN, o presidente anunciou que a renúncia de Stepashin fora causada não "por uma avaliação negativa das ações do primeiro-ministro e de seu gabinete, mas sim pelo desejo do presidente de mudar a configuração política interna do país na reta final das eleições para a Duma do Estado, das eleições presidenciais e em ligação com as hostilidades crescentes no Cáucaso". Por "hostilidades crescentes no Cáucaso", Putin referia-se acima de tudo a incursões na Tchetchênia de tropas de guerrilha do Dagestão sob o comando de Shamil Basaiev, contra quem tropas russas estiveram envolvidas em batalhas prolongadas no Dagestão.

A necessidade de mudar "a configuração política interna" era fruto da oposição contínua dentro do governo entre Stepashin e o primeiro vice-primeiro-ministro Nikolai Aksenenko, que era apoiado por Berezovski. Sob o comando de Putin, esperava-se uma redução da influência de Aksenenko, que era o principal representante "da família" no gabinete do primeiro-ministro, especialmente porque a nomeação de Putin fora apoiada por Voloshin, pelo oligarca russo Roman Abramovitch, além de Tchubais, Iumashev e pela filha de Ieltsin, Tatiana Diatchenko, que ocupava uma posição oficial como conselheira de Ieltsin. Mas ainda mais importante, obviamente, era o fato de que Putin contara com o apoio de Ieltsin.

O novo governo deveria não apenas assegurar o resultado da eleição presidencial, mas também proporcionar as condições necessárias para uma eleição parlamentar sem problemas, que deveria acontecer em dezembro de 1999. Stepashin não desejava se opor à união dos dois partidos centrais da Duma — Pátria, formado por Iuri Lujkov em janeiro, e Toda a Rússia, formado por Mintimer Shaimiev em abril. A união dos dois partidos representava uma grave ameaça ao Kremlin. Stepashin se recusou a se envolver na criação de uma força que pudesse competir com eles, e o Kremlin concluiu que Stepashin chegara a um acordo tácito com Lujkov e Primakov (considerado favorito na corrida presidencial e candidato óbvio ao lugar de Ieltsin) de entregar tudo a Primakov, o que determinou a decisão de demitir Stepashin e nomear um novo primeiro-ministro.

Outra mudança no governo representava um movimento arriscado para Ieltsin, acima de tudo porque ninguém no país conhecia Putin. O avanço de sua carreira fora rápido demais para que as pessoas estivessem acostumadas a ver seu rosto. Putin era desconhecido e irreconhecível. No dia da nomeação, Putin anunciou a intenção de manter o curso determinado pelo antigo governo, tanto em termos de política econômica quanto em termos de questões políticas domésticas, especialmente no que dizia respeito à Tchetchênia e ao Dagestão. Apesar disso, quando Putin subiu ao poder, repórteres e setores da opinião pública expressaram apreensões de um forte arrocho nas políticas federais no Cáucaso Norte e na política doméstica em geral, incluindo a possibilidade de que o governo viesse a declarar estado de emergência e cancelasse as eleições presidenciais — especialmente se o Kremlin estivesse incerto quanto à vitória do sucessor de Ieltsin, Putin.

De todo modo, Putin era visto como a "mão firme" que deveria conquistar a simpatia dos eleitores russos. O mesmo papel já havia sido previsto para Stepashin, que fora comparado deliberadamente a Augusto Pinochet. Mas Stepashin revelara ser "fraco" demais na opinião do Kremlin. Entre outras coisas, como um dos que iniciaram a guerra da Tchetchênia, e já tendo se queimado uma vez na Tchetchênia, Stepashin não estava entusiasmado com a idéia de iniciar uma segunda guerra na Tchetchênia, apesar de uma decisão fundamental a favor da guerra já ter sido tomada em março de 1999, quando Putin era diretor da FSB.

Stepashin também não estava pronto para declarar estado de emergência no país. Em outras palavras, Stepashin não queria entrar para a história como um Pinochet russo — ao contrário de Putin.

A SEGUNDA GUERRA DA TCHETCHÊNIA COMO PARTE DA CAMPANHA DE RELAÇÕES PÚBLICAS DE PUTIN

Em 14 de setembro de 1999, pouco depois da explosão do segundo prédio residencial em Moscou, Putin falou em uma sessão da Duma sobre a questão do combate ao terrorismo. Os principais pontos do discurso de Putin foram: (1) o restabelecimento da subordinação das agências de segurança pública locais às agências federais; (2) a inaceitabilidade de repressões baseadas na origem étnica; (3) a Tchetchênia como campo terrorista; (4) uma avaliação crítica do Acordo de Khasavyurt; (5) o fechamento temporário das fronteiras tchetchenas; (6) o permanecimento da sujeição da Tchetchênia à Federação Russa; (7) a exigência de que o governo tchetcheno entregasse criminosos; (8) eliminação impiedosa de criminosos caso cruzassem a fronteira; (9) um regime econômico especial em relação à Tchetchênia; (10) a formação de um governo tchetcheno (pró-Rússia) no exílio; (11) a necessidade de leis antiterrorismo; (12) a afirmação de que políticos que explorassem a situação atual com proprósitos eleitorais não seriam nada melhores do que os terroristas.[1]

No entanto, o dia em que a guerra real começou foi predeterminado pelos acontecimentos de 22 e 23 de setembro em Ryazan. Depois do fiasco em Ryazan, a FSB se recusou a realizar qualquer outra tentativa de explodir prédios residenciais na Rússia. A atrocidade terrorista em Ryazan foi a última na série de setembro. Operações militares deveriam ser iniciadas imediatamente, antes que a opinião pública russa, que na época ainda se baseava em fontes independentes da mídia, pudesse descobrir sobre as "tentativas para aprendizado" em Ryazan, ligasse os fatos e concluísse que as atrocidades terroristas na Rússia estavam sendo organizadas pelos serviços de segurança com o objetivo de iniciar uma segunda guerra na Tchetchênia.

Em 23 de setembro, o comandante da FSB de Moscou, Alexander Tsarenko, anunciou que as explosões de Moscou haviam sido organizadas pelos tchetchenos e que os criminosos já haviam sido presos (posteriormente, os dois ingushes baseados em Moscou que Tsarenko tinha em mente ao se referir a "tchetchenos" foram liberados devido ao fato de não terem nenhuma relação com as explosões). No mesmo dia, a força aérea russa bombardeou o aeroporto de Grozni, uma refinaria de petróleo e áreas residenciais ao norte da capital tchetchena.

Em 24 de setembro, ao discursar em Astana, capital do Cazaquistão, Putin anunciou que os ataques aéreos tinham sido direcionados "exclusivamente contra bases de combatentes e prosseguirão onde quer que haja terroristas... Iremos atingi-los nos banheiros se for lá que estiverem". No mesmo dia, Patrushev relatou que não houvera nenhuma tentativa de explodir um prédio residencial em Ryazan: na verdade, fora uma "tentativa para aprendizado". Mas a guerra já estava em pleno andamento. Em 1° de outubro, tanques russos cruzaram a fronteira administrativa da Tchetchênia e avançaram cinco quilômetros.

No final dos dois primeiros meses da segunda guerra da Tchetchênia, ficou claro que as operações militares haviam sido iniciadas pelo governo russo com o objetivo de implementar uma decisão estratégica: a transição do país de um curso de reforma (a política de Ieltsin) para um curso militar-burocrata-chekista (a política de Putin). Os decretos anti-Tchetchênia e pró-chekistas de Putin, escritos na linguagem de um comandante militar, pareciam bizarros para a Rússia de 1999, não apenas em termos de conteúdo, mas também pela forma. Assim, em 6 de dezembro, os residentes de Grozni receberam o "ultimato de Putin" — uma exigência do comando militar russo na Tchetchênia de que os residentes de Grozni deixassem a cidade antes de 11 de dezembro, através de "corredores de segurança". "Pessoas que venham a permanecer na cidade", afirmava o ultimato, "serão consideradas terroristas e criminosas. Elas serão eliminadas pela artilharia e pela força aérea... Todos que não deixarem a cidade serão eliminados[2]".

Posteriormente, o ultimato foi parcialmente retirado quando se especificou que era endereçado apenas aos combatentes, e não a todos os habitantes de Grozni. Em 13 de janeiro, Putin aprovou a proibição de entrada ou saída da Tchetchênia de homens com idades entre 10 e 60 anos. A proibição foi assinada pelo general Viktor Kazantsev, mas, logo em 15 de janeiro, foi anulada devido a protestos públicos. Em 21 de janeiro, na reunião da liderança do Ministério de Assuntos Internos, Putin chamou a atenção para o perigo crescente de uma nova onda de atrocidades terroristas cometidas por separatistas tchetchenos em cidades russas.

Em 20 de dezembro, "o dia do chekista", Putin reinstalou uma placa memorial em homenagem a Iuri Andropov, ex-comandante da KGB, na parede do prédio da FSB em Moscou. Naquela noite, discursando em um banquete para empregados da FSB, Putin comentou: "Eu gostaria de relatar que um grupo de empregados da FSB designado para trabalhar disfarçado no governo completou com sucesso sua primeira missão."[3] Um jornal de grande circulação em Moscou também citou Putin como tendo dito: "A organização criminosa foi infiltrada com sucesso. Estou brincando!"[4]

De todo modo, o estímulo militar-chekista das políticas de Putin tornava-se cada vez mais aparente. Em 31 de dezembro, Putin assinou um decreto governamental reinstaurando a preparação militar nas escolas. Em fevereiro de 2000, Putin assinou uma ordem que convocava os reservistas de volta à ativa, e depois outra ordem reinstaurando "departamentos especiais" (contra-inteligência militar) no exército, que eram agências políticas cujo objetivo era monitorar a confiabilidade ideológica do pessoal militar, incluindo não apenas os oficiais, mas também os soldados. Os departamentos especiais (uma espécie de KGB militar) haviam sido dissolvidos depois do colapso da União Soviética por serem uma relíquia anacrônica do regime soviético. Agora, a polícia secreta das forças armadas estava sendo ressuscitada.

Esses eram sinais alarmantes, que indicavam que Ieltsin poderia ser substituído por um homem que pensava como um oficial da KGB da era soviética, um militarista que, como os predecessores soviéticos, via os Estados Unidos e a Europa Unificada como seus maiores inimigos. Mas durante esses meses, muitos estavam inclinados a ver as ações do novo primeiro-ministro como movimentações populistas dirigidas a aplacar o nacionalismo de certos grupos de eleitores.

Em 6 de fevereiro, depois de concluir o ataque a Grozni, que durara muitos dias, Putin anunciou que "o último santuário dos terroristas — o distrito de Zavodskoy, em Grozni — foi tomado e uma bandeira russa foi hasteada no topo de um dos edifícios administrativos. Portanto, podemos dizer que a operação para libertar Grozni está encerrada". Evidentemente,

Putin estava com pressa para concluir sua "pequena guerra vitoriosa" antes das eleições presidenciais de março. (Quatro anos depois, em fevereiro de 2004, ele deixaria de fingir que a "pequena guerra" estava encerrada e asseguraria a vitória eleitoral através de meios completamente diferentes.) Apesar disso, entre setembro e outubro de 1999, durante um período relativamente curto, o exército russo ocupou cerca de 80% do território da Tchetchênia. As operações militares foram acompanhadas por grandes perdas e por muita retórica a respeito da necessidade de se evitar uma desintegração maior da Federação Russa e sobre recolocar a Tchetchênia sob o controle do governo federal. De forma geral, a opinião pública russa, assustada com os ataques terroristas ocorridos em setembro na Rússia, apoiava as políticas de Putin na Tchetchênia — até mesmo suas observações ríspidas sobre "atingir os terroristas nos banheiros" funcionaram em seu benefício. Depois do início da campanha militar na Tchetchênia, o índice de popularidade de Putin — graças ao apoio inabalável do Canal Um da televisão russa (ORT), controlado por Berezovski — começou a aumentar constantemente. Quando a campanha eleitoral teve início, ele não era mais um desconhecido, e sim um candidato com um índice de popularidade que chegava a 50%.

PUTIN COMO PRESIDENTE INTERINO

Em 19 de dezembro de 1999, nas eleições nacionais para a terceira convocação da Duma do Estado, o bloco Unidade ("Medved") obteve 23,32% dos votos, ficando em segundo lugar, atrás dos Comunistas (24,29%). O bloco Pátria-Toda a Rússia (OVR), de Primakov e de Iuri Lujkov, obteve 13,33% dos votos; a União de Forças da Direita (SPS) obteve 8,52%; o bloco de Zhirinovsky obteve 5,98% e o Yabloko obteve 5,93%. No mesmo dia, o principal oponente de Putin na futura eleição presidencial, Ievgeni Primakov, anunciou que não disputaria a presidência. Aqueles que vinham planejando a solidificação da posição de Putin como pretendente ao trono resolveram fazer dele o herdeiro formal.

Portanto, a eleição parlamentar foi um sucesso para Putin. Inesperadamente para todos, o Movimento da Unidade Inter-regional (abreviado para "Medved") — formado pouco antes das eleições por iniciativa e através dos esforços de Boris Berezovski, que desenvolvera tanto a ideologia quanto o simbolismo do novo partido — ficou menos de um ponto percentual atrás dos comunistas na votação por partidos. Quando os votos individuais para o parlamento foram apurados na totalidade, o Medved tornou-se a maior facção partidária na Duma. Ainda mais importante era o fato de que os votos do Medved haviam sido tirados de Primakov, o principal rival de Putin nas eleições presidenciais, e de Lujkov. O bloco deles, Pátria-Toda a Rússia, recebera apenas pouco mais do que 13% dos votos, no lugar dos 30 a 40% esperados. Os eleitores também apoiaram consideravelmente a União de Forças da Direita, liderada por Sergei Kiriienko. A União de Forças da Direita apoiava a candidatura de Putin à presidência com o *slogan* "Putin para Presidente! Kiriienko para a Duma do Estado! Precisamos de jovens!". Em contraste, a oposição comunista perdera a maioria absoluta na Duma. Por uma questão de objetividade, deve-se dizer que o Canal Um da televisão russa, controlado por Berezovski, apoiara a Unidade e Putin de todas as formas que estiveram ao seu alcance, deixando de lado toda a honestidade e objetividade.

Em 31 de dezembro de 1999, no endereço onde passou o Ano-novo, o presidente Ieltsin apresentou aos cidadãos russos um presente e anunciou que estava renunciando à presidência e nomeava Putin como presidente interino até a eleição presidencial, que aconteceria em 26 de março, antes da data previamente agendada. Em troca, no começo de janeiro de 2000, segundo um acordo preexistente com Ieltsin, Putin publicou um decreto concedendo imunidade a qualquer processo legal ou administrativo ao primeiro presidente da Rússia e à sua família.

Em janeiro, duas facções que apoiavam o presidente foram formadas na nova Duma — Unidade (liderada por Boris Grizlov e Frants Klintsevitch) e Deputados do Povo (Gennadi Raikov). Duas outras facções centristas de perfil *establishment*-oligárquico — Regiões da Rússia (Oleg Morozov) e Pátria-Toda a Rússia (Ievgeni Primakov, Viatcheslav Volodin) — também declararam lealdade a Putin. As quatro facções centristas pró-Putin continham mais da metade dos deputados da Duma. Durante a terceira convocação da Duma, entre 230 e 235 deputados formavam uma maioridade presidencial consistente. Esses deputados quase sempre votavam de acordo com as ordens do vice-chefe de equipe do presidente, Vladislav Surkov.

Além do centro da Duma, que apoiava o presidente interino, o LDPR, de Vladimir Jirinovski, tornou-se quase igualmente leal, assim como grande parte do SPS (liderado por Sergei Kiriienko, Boris Nemtsov e Irina Khakamada).

Com o apoio sólido do centro, a administração presidencial forçava a aprovação, sem nenhum obstáculo, de qualquer legislação que considerasse necessária através da Duma, contando com a maioria absoluta de 226 votos. Quando era necessário realizar reformas constitucionais que exigissem uma supermaioria (trezentos votos), a administração contava ou com a maioria constitucional liberal-centrista "de direita, pró-Putin" (o centro, LDPR, SPS e Yabloko) ou com a maioria nacionalista "de esquerda, pró-Putin" (o centro, LDPR, CPRF, e o grupo agrário pró-comunista de Nikolai Kharitonov).

Era o CRPF que demonstrava independência da administração presidencial e mantinha uma posição relativamente oposta à administração presidencial. Ocasionalmente, a oposição da direita ("oposição sistêmica") vinha do Yabloko, de certos independentes (Vladimir Rijkov) e de diversos deputados da SPS (Sergei Kovalev, Iuli Ribakov, Sergei Iushenkov, Viktor Pokhmelkin e Vladimir Golovlev). Algumas vezes, Boris Nemtsov oscilava entre a lealdade e a oposição — apesar de isso ser refletido mais na retórica do que nos votos. Durante a segunda convocação do Conselho Federal, Putin econtrou alguma oposição somente por parte do presidente da República de Chuvash, Nikolai Fiodorov. No entanto, Fiodorov logo voltou atrás e sua oposição também definhou.

A ELEIÇÃO PRESIDENCIAL

Em 13 de janeiro de 2000, durante uma viagem a São Petersburgo, Putin confirmou oficialmente a intenção de disputar a presidência da Rússia e anunciou seu apoio a Vladimir Iakovlev — assistente e, posteriormente, rival de Sobtchak — na corrida pelo governo de São Petersburgo.

Em 15 de fevereiro de 2000, Putin registrou-se como candidato à presidência na Comissão Eleitoral Central (CEC). Em 18 de fevereiro, durante a campanha em Irkutsk, Putin manifestou apoio à idéia proposta pelo SPS de que fosse realizado um referendo sobre quatro questões: a necessidade do aumento de garantias para a proteção da propriedade privada; a limitação da imunidade dos deputados; o envio exclusivo de militares profissionais para áreas de conflito armado; e a limitação do direito do presidente de demitir o próprio gabinete sem causa demonstrável. No mesmo dia, Putin aprovou a idéia de se "proibir sexo, violência e terrorismo" na televisão.

Putin nunca disputara um cargo eleitoral. Observadores lembraram-se de uma entrevista concedida por ele dois anos antes, na qual Putin falara sobre a indisposição de participar de uma eleição, citando o fato de que, durante a campanha, o candidato é obrigado a fazer promessas que não poderá cumprir e, conseqüentemente, deve ou não ter consciência do significado das próprias palavras ou deve mentir deliberadamente. A carreira de Putin também recebeu alguma atenção. Seus apoiadores destacaram o trabalho realizado por ele na administração de Sobtchak como prova de seu comprometimento com a reforma. Os oponentes, especialmente Grigori Iavlinski, enfatizaram o trabalho de Putin para a KGB e para a FSB, retratando-o como um devoto da antiga ordem política e das práticas da KGB.

Em 25 de fevereiro, "uma carta aberta de Vladimir Putin aos eleitores russos" foi publicada na imprensa. Três dias depois, em uma reunião em Moscou com seus apoiadores, Putin declarou que "é vitalmente importante criar condições iguais para todos os participantes na vida política e econômica da Rússia. Precisamos fazer com que seja impossível que indivíduos se agarrem ao poder e utilizem-no a favor de objetivos particulares. Nenhum clã, nenhum oligarca deve estar envolvido no governo regional ou federal. Todos devem estar igualmente distanciados do poder político e todos devem contar com recursos iguais". No entanto, os princípios idealistas expostos por Putin não foram observados nem mesmo por um dia, especialmente por ele próprio.

Primeira pessoa: Conversas com Vladimir Putin — livro compilado a partir de três entrevistas concedidas a repórteres do *Kommersant* — foi publicado durante a campanha eleitoral de Putin. O pequeno volume, compilado às pressas por iniciativa de Boris Berezovski, era a única publicação séria dedicada a Putin existente na época. Hoje, muitos dos pronunciamentos publicados no livro podem, na melhor das hipóteses, despertar um sorriso. Assim, como uma forma possível de se resolverem os problemas enfrentados pela Rússia, Putin mencionou a monetarização de subsídios, ou seja, a idéia de substituir inúmeros benefícios do governo recebidos por vários grupos de pessoas — sistema herdado do período soviético — por compensação monetária. Quando a tentativa de implementar essa idéia inquestionavelmente progressista foi eventualmente realizada, ela acabou sendo a política econômica mais impopular de Putin, nunca sendo levada à frente.

De modo geral, no entanto, Putin, como empregado da equipe de segurança do Estado, que passara toda a vida adulta trabalhando para a KGB sob o controle ideológico do Partido Comunista, não tinha ideologia ou programa político próprios. Ele limitava-se a frases populistas genéricas. Em 1999, no começo do mandato de primeiro-ministro, Putin respondera da seguinte forma a uma pergunta sobre sua plataforma em potencial na corrida presidencial: "Meu objetivo principal é melhorar as vidas das pessoas. Trabalharemos uma plataforma política mais tarde." Posteriormente, em 2001, respondendo a uma pergunta sobre como vislumbrava a Rússia de 2010, Putin disse: "Nós estaremos felizes." Se por "nós" Putin referia-se às pessoas que estariam no poder na Rússia, então estava dizendo a verdade.

Durante o período que antecedeu a eleição, o Kremlin tentou impingir aos eleitores a idéia de que não havia alternativa a Putin, destacando que seu principal rival era o candidato do Partido Comunista, Ziuganov, que sem dúvida seria uma escolha pior do que Putin para a Rússia. Realmente, segundo pesquisas de opinião, não eram apenas os aderentes da Unidade e do SPS que pretendiam votar em Putin, mas também certos apoiadores do CPRF de Ziuganov e do Yabloko de Iavlinski — apesar de os líderes dos partidos também estarem participando da eleição. A vitória de Putin na futura eleição deveria legitimar o já estabelecido "regime de Putin".

Nas eleições presidenciais, Putin era apoiado oficialmente pelo bloco Unidade, de Boris Grizlov e de Sergei Shoigu, pelo NDR de Viktor Tchernomirdin, pela Pátria, de Iuri Lujkov, pelo bloco Toda a Rússia, de Vladimir Iakovlev e de Mintimer Shaimiev, pelo bloco Deputados do Povo, de Gennadi Raikov, pelo SPS, pelo Partido Agrário da Rússia (APR), de Mikhail Lapshin e de várias outras organizações. O canal de televisão ORT, de Boris Berezovski, ofereceu um apoio especial e inestimável a Putin.

Um pouco desorientado pela campanha eleitoral, Putin prometeu tudo a todos. Em 2 de março, em uma reunião com eleitores em Zvezdny

Gorodok, ele prometeu apoiar a estação espacial Mir, assegurando ao público que "a questão é meramente de financiamento e será resolvida" (um ano depois, Putin, como presidente eleito, aprovou a liquidação da estação espacial, que foi desativada em 5 de março de 2001). Em 5 de março, em uma entrevista à BBC, Putin disse aos espectadores no Ocidente que não excluía a possibilidade de a Rússia entrar para a OTAN, afirmação que deixou muitos políticos e oficiais do governo da Rússia perplexos. (A Rússia não se juntou à OTAN e, ao contrário, intensificou a retórica contra a OTAN, sustentando-a com declarações ameaçando deixar de respeitar vários acordos, opondo-se à defesa contra mísseis balísticos e retomando a prática de enviar bombardeiros estratégicos em vôos regulares, atividade que havia sido interrompida em 1992.)

Em 20 de março, durante uma "viagem de trabalho à República da Tchetchênia", Putin fez um vôo amplamente divulgado em um caça Su-27 como segundo piloto e navegador. É óbvio que esse número circense foi calculado para aumentar a popularidade de Putin entre eleitores comuns. Mas como as pessoas que estavam transformando Putin em presidente não explicaram a ele por que o haviam colocado em um avião militar, Putin, respondendo a perguntas do entrevistador Ted Koppel, da televisão americana, ficou confuso e balbuciou que voara no Su-27 para reduzir custos.

Apesar de tudo, o avião de Putin não aterrissara em vão. Em 26 de março de 2000, ele foi eleito presidente, recebendo 39.740.434 votos (52,94%), segundo registros oficiais.

COMO RESULTADOS DE ELEIÇÕES SÃO FALSIFICADOS

A vitória de Putin no primeiro turno das eleições levanta suspeitas bem-fundamentadas, já que foram descobertas fraudes eleitorais a seu favor em várias regiões, incluindo o Dagestão, a Bashkiria, a região de Saratov e o Tatarstão, entre outras. Putin recebeu dezenas de milhares de votos que haviam sido dados para outros candidatos. Nos três meses entre as eleições parlamentares e as presidenciais, as listas oficiais da Comissão Eleitoral Central aumentaram em 1,3 milhão de pessoas (de 108.072.000 nas eleições parlamentares para 109.372.000 nas eleições presidenciais), apesar do declínio anual de 800 mil pessoas na população russa. Provavelmente, o número real de votos recebidos por Putin em 26 de março de 2000 ficou entre 48% e 49%.

As técnicas para falsificar os resultados das eleições para a Duma do Estado e para as corridas governamentais e presidenciais são mais ou menos idênticas. Observando os fatos de todas as eleições e referendos entre 1993 e 2003, é possível identificar duas abordagens gerais. A primeira envolve a "correção" do resultado da contagem de votos (sem a inclusão de cédulas adicionais); a segunda envolve a inclusão de cédulas adicionais.

Cada uma das abordagens, no entanto, pode ser dividida em várias categorias. Portanto, qualquer número arbitrário de votos extras pode ser acrescentado ao total de votos de um candidato (desde que o número seja suficiente para exceder o número total de votos do candidato rival). Os números fabricados são inseridos nos totais de votos pelas comissões dos distritos eleitorais. Contudo, com mais freqüência, a "correção" é feita quando os totais de votos dos distritos eleitorais são somados pelas comissões eleitorais distritais e territoriais. Nada é alterado nos registros das cédulas entregues. Às vezes, as contagens são "corrigidas" (tanto em nível regional quanto distrital) sob o pretexto de supostos erros.

A principal vantagem desse método (pela perspectiva dos falsificadores) é a simplicidade, facilidade e, na eventualidade de uma "correção" em nível regional, o número negligenciável de pessoas envolvidas e com conhecimento da operação. A principal desvantagem é que uma simples comparação entre os números de cédulas entregues (segundo os registros de cédulas) e o número de votos lançados de acordo com os registros do distrito eleitoral constata um excesso no número de cédulas entregues. Se os votos fabricados são acrescentados em nível regional, a inconsistência é descoberta através da comparação das cópias dos registros dos distritos eleitorais com os registros compilados pela comissão eleitoral territorial e/ou com as tabelas oficiais de apurações compostas da comissão eleitoral territorial.

Também é possível aumentar o número de votos concedidos ao candidato necessário através da inclusão de cédulas adicionais que nunca foram lançadas, mas que foram registradas nos registros de cédulas como tendo sido entregues. Nesses casos, eleitores que tradicionalmente não participam de eleições são listados como recipientes das cédulas extras (listas desses eleitores podem ser adquiridas de empresas de relações públicas, e com freqüência, os próprios oficiais das comissões têm tais listas à disposição). Isso é feito no nível distrital. Tais falsificações podem ser descobertas através da comparação do número de cédulas realmente lançadas com os registros nos livros de cédulas (o primeiro número será menor do que o último) ou através da entrevista de indivíduos que estejam listados nos livros de registro de cédulas como tendo recebido cédulas visando a identificação de quem deixou de votar, está morto, mudou-se ou simplesmente não existe.

Além disso, votos lançados para candidatos adversários ou para "nenhum dos acima" podem ser simplesmente transferidos para o candidato do governo nas apurações de votos. Os números falsificados podem ser inseridos nos registros dos distritos eleitorais enquanto os votos estão sendo contados e depois transcritos pelas comissões eleitorais territoriais. Esse método é muito trabalhoso, pois envolve uma quantidade considerável de cálculos aritméticos com somas e subtrações. A vantagem dessa abordagem, contudo, consiste no fato de que falsificações no nível distrital não podem ser detectadas através da análise dos livros de registro de cédulas: para que as falsificações sejam identificadas, as cédulas destinadas a cada candidato precisam ser recontadas. Mas um tipo similar de falsificação em nível regional também pode ser detectada através da comparação dos registros dos distritos eleitorais (ou de suas cópias) com as tabelas de apurações compostas das comissões eleitorais territoriais.

Finalmente, o número de cédulas lançadas para um candidato "indesejável" pode ser simplesmente reduzido. As cédulas podem não ser contadas e depois descartadas (o que aconteceu, por exemplo, com as cédulas lançadas para o Congresso de Comunidades Russas de Skokov-Lebed em Makhachkala, em 1995, quando sacas com cédulas "que sobraram" acabaram no depósito de lixo da cidade); cédulas lançadas para candidatos "indesejáveis" podem ser também alteradas durante a contagem através da adição de uma marca extra (uma cruz) e fazendo com que pareça que o eleitor tenha votado em dois candidatos ao mesmo tempo, anulando a cédula. A vantagem desse método, em ambas as variedades, é a simplicidade. A desvantagem é que a simplicidade sempre implica a facilidade de detecção. Se as cédulas "desnecessárias" são descartadas, o número total de cédulas será reduzido. Se as cédulas são alteradas, a falsificação torna-se mais evidente: cédulas alteradas em eleições distritais próximas podem constituir de 1,5% a 2%

do total, enquanto nessa eleição digamos que 10% do total será alterado, o que, obviamente, desperta imediatamente suspeitas bem-fundamentadas. Mas como todas as cédulas são destruídas logo após as eleições (pelo menos, foi esse o caso em 1993, 1995, 1996, 1999 e em 2000), é impossível provar que foram alteradas deliberadamente.

Quando cédulas extras são introduzidas, a contagem total de votos necessária para o candidato é aumentada através da inclusão de cédulas extras, adicionadas ao total dos distritos eleitorais antes, durante ou depois da eleição, sem que nenhuma indicação seja feita nos registros dos livros de cédulas. Urnas móveis e eleitores que votam cedo criam uma reserva quase legal de votos para os candidatos "certos". Às vezes, cédulas extras chegam a ser impressas deliberadamente. (Por exemplo, tais casos foram registrados na Bashkiria durante o governo do presidente Rakhimov.) Cédulas extras são adicionadas tanto no nível dos departamentos eleitorais, onde são inseridas nas urnas, quanto em nível regional, onde são despejadas em sacas — por esse motivo, sacas com cédulas ou deixam de ser lacradas, o que é contra a lei, ou têm os lacres simplesmente violados.

A desvantagem dessa forma de falsificação é que a soma total de todos os votos segundo os registros ainda pode ser comparada ao número de cédulas entregues (segundo os registros nos livros de cédulas); da mesma forma, o número de cédulas nas urnas também pode ser comparado ao número de cédulas entregues.

Para evitar isso, as cédulas extras acrescentadas ao total também podem ser inseridas nos registros dos livros de cédulas. Nesse caso, eleitores que não participam tradicionalmente das eleições e "almas mortas" de todo tipo são listados como recipientes das cédulas. Geralmente, os votos de indivíduos mortos são lançados antes da eleição geral e os votos de vivos no final do dia ou após o encerramento das votações. Urnas móveis e eleitores que votam cedo são também usados largamente.

Esse é o método de falsificação mais trabalhoso e de "melhor qualidade", detectável somente através da entrevista de um grande número de eleitores ou puramente por acidente, caso alguém que nunca votou apareça e descubra que alguém já votou por ela, ou se o parente de um eleitor morto descobrir a assinatura do falecido nos livros de registro de cédulas. É evidente que um número pequeno de eleitores facilita o trabalho dos falsificadores, enquanto uma participação ativa dos eleitores (incluindo votos para "nenhum dos acima", que permaneceu uma opção até o verão de 2006, ou aqueles que simplesmente vão embora com a cédula) torna o serviço dos falsificadores mais trabalhoso.

OBSERVADORES E CÓPIAS DE REGISTROS

Naturalmente, é mais fácil falsificar resultados de eleições se observadores de partidos ou de organizações internacionais não estiverem presentes nos distritos eleitorais de votação. Contudo, a presença de observadores não oferece garantia alguma contra falsificações. Às vezes, eles são tão dependentes do governo que não estão preparados para fazer uma declaração pública sobre fraude eleitoral. Alternativamente, o observador pode ser independente, mas pouco qualificado e desatento. Finalmente, o observador pode monitorar tudo o que se passa no distrito eleitoral sem ter como ver o que acontece nos escritórios das comissões eleitorais distritais e territoriais. Ele só pode comparar os números em sua cópia dos registros do distrito eleitoral com as apurações compostas publicadas pela comissão eleitoral territorial. Mas para provar que uma comissão eleitoral é culpada de fraude, o observador precisa de cópias registradas por um tabelião dos registros do distrito eleitoral. Exige-se que as comissões eleitorais dos distritos eleitorais ofereçam tais cópias aos observadores assim que são pedidas; contudo, geralmente, apenas os observadores mais persistentes conseguem obter boas cópias de registros preenchidos corretamente. Infelizmente, por via de regra, os observadores não são persistentes e quase nunca são suficientemente educados. Como resultado, as cópias dos registros dadas aos observadores de acordo com a lei são muitas vezes preenchidas às pressas, incompletas e com erros óbvios. Tais registros podem ser utilizados para avaliar se houve fraude eleitoral, mas são inadequados para uso posterior no contexto legal.

Em novembro de 2001, Igor Borisov, vice-diretor do Conselho Coordenador do Instituto Público Russo de Legislação Eleitoral (ROIPP), destacou que a maioria esmagadora das cópias de registros dos observadores que foram oferecidas ao instituto para análise "não prenchem as exigências da lei eleitoral e não constituem documentos legais. A maioria dos registros possui colunas em branco — elas podem ser preenchidas com absolutamente qualquer número, e depois se pode alegar que os registros não correspondem adequadamente aos originais. Praticamente nenhuma das cópias dos observadores está de acordo com as exigências de ser registrada por um tabelião estipuladas no artigo 21 da lei 'Sobre a Eleição do Presidente da Federação Russa'".[5]

É precisamente sob o pretexto de que as cópias dos registros têm sido registradas inadequadamente por tabeliões ou que várias colunas não são preenchidas que a promotoria tem, até agora, rejeitado a maioria das alegações de fraudes eleitorais, dizendo que não têm valor legal. Os casos aceitos foram levados a julgamento pouquíssimas vezes — e quando isso ocorreu, foram por água abaixo nos tribunais. Em 2000, depois que a promotoria geral recebeu alegações de fraude eleitoral na eleição presidencial nos distritos eleitorais da região de Saratov, o promotor regional foi forçado a conferir vinte distritos eleitorais, e os resultados da recontagem confirmaram uma discrepância entre os registros e as cópias registradas oficialmente. No entanto, os querelantes tiveram os pedidos de abertura de processos criminais negados porque, como os líderes das comissões eleitorais regionais sujeitas a recontagem contaram à promotoria, quando as cópias foram dadas "os números contidos nas cópias não tinham sido conferidos pelos membros do comitê com os números contidos nos originais".[6] Essencialmente, a promotoria declarou que não tinham sido as comissões eleitorais que haviam falsificado os resultados da eleição, e que na verdade os observadores de todos os distritos eleitorais nos quais os votos haviam sido recontados tinham falsificado as próprias cópias...

O RESULTADO DA ELEIÇÃO DE 26 DE MARÇO DE 2000

Segundo os registros da Comissão Eleitoral Central (CEC), Vladimir Putin recebeu 52,94% dos votos em 26 de março de 2000. Enquanto isso, na noite de 26 para 27 de março, o número de votos lançados para Putin até as duas da manhã não chegava a 50% (quando a votação terminou, às oito da manhã, Putin recebera apenas 44,5% dos votos), apesar de a porcentagem continuar a aumentar à medida que a votação movia-se de leste para oeste (enquanto na eleição para a Duma de 19 de dezembro de 1999 se observou o fenômeno oposto: à medida que a votação movia-se para o oeste, os números do Partido Comunista aumentaram consistentemente, enquanto os do partido Unidade, pró-Putin, declinaram consistentemente).

Às duas da manhã de 27 de março, o diretor da CEC, Alexander Veshniakov, anunciou triunfantemente: "Vladimir Vladimirovitch Putin, 50,1%." Às dez da manhã de 27 de março, Putin já tinha 52%, e quando a apuração foi concluída, em 7 de abril, ele tinha 52,94% (39.740.434 votos).

O resultado da eleição era parecido com os resultados das últimas pesquisas realizadas antes da eleição pelas organizações mais respeitadas, sem exceder efetivamente os limites esperados de erro, que para a maioria das pesquisas costuma ficar entre 3% e 3,5%. Mas os 2,94% acima dos 50% que asseguraram a vitória de Putin já no primeiro turno das eleições estão dentro dos limites de erro considerados aceitáveis pela metodologia atual de pesquisa. Portanto, não há sentido em justificar a vitória de Putin através das pesquisas realizadas antes das eleições.

Os 2,94% que colocaram Putin na presidência no primeiro turno das eleições somavam 2,2 milhões de votos.

O CASO DO DAGESTÃO

Investigações independentes para revelar fraudes eleitorais na eleição presidencial de 26 de março de 2000 só foram realizadas em duas regiões — no Dagestão e na região de Saratov. As infrações no Dagestão foram investigadas (seguindo uma queixa da central da campanha de Ziuganov) pelo "Comitê de Estudo da Prática da Aplicação da Legislação Eleitoral Federal Russa na Preparação e na Condução de Eleições e de Referendos na Federação Russa", da Duma, liderado por Alexander Salii (CPRF). Segundo registros oficiais, Putin recebera 877.853 votos (mais de 75%) no Dagestão.

O comitê de Salii não recontou as cédulas nem as comparou com os resultados oficiais.

Incidentalmente, temendo que o comitê tentasse recontar as cédulas pelo menos em alguns distritos eleitorais, o governo do Dagestão tomara as devidas precauções. Abdulla Magomedov, um oficial da polícia de Makhachkala estacionado na entrada do prédio da central do governo da república, viu oficiais (que lhe mostraram seus passes) carregando grandes malas com papéis para fora do prédio e as incinerando no meio da rua. O policial, citando seu dever oficial como guarda de segurança, insistiu em inspecionar o conteúdo das malas e constatou que estavam repletas de cédulas eleitorais lançadas para Ziuganov. "Eu sei como elas são — fui observador durante a votação", disse o policial.[7]

O comitê de Salii concentrou-se na comparação de cópias dos registros dos distritos eleitorais dadas aos observadores com os números oficiais para os mesmos distritos registrados em um nível mais elevado — por comissões eleitorais territoriais. O comitê de Salii analisou 453 cópias de registros de distritos eleitorais (o Dagestão tinha um total de 1.550 distritos eleitorais; observadores da central de campanha de Ziuganov não conseguiram obter cópias dos registros dos outros distritos eleitorais). Quatorze comitês territoriais distritais e dois municipais foram investigados. No total, 174 registros de distritos eleitorais diferentes foram examinados.

Posteriormente, as descobertas do comitê de Salii foram publicadas no jornal *Sovietskaya Rossiya*, com tabelas comparativas de registros e de números oficiais de três comissões eleitorais territoriais — as de Suleyman-Stal, de Magaramkent e de Kiziluyrt — além de uma tabela composta de falsificações em dezesseis comissões eleitorais territoriais em diversos distritos. Por exemplo, o distrito eleitoral número 1036 da comissão eleitoral territorial de Suleyman-Stal: a cópia do observador dos registros do distrito eleitoral indicava 801 votos para Ziuganov, enquanto os registros oficiais da comissão eleitoral territorial indicavam 150 (651 votos roubados); a cópia indicava 452 votos para Putin, enquanto os registros oficiais indicavam 2.038 (1.568 votos acrescentados). Distrito eleitoral número 1044 da mesma comissão eleitoral territorial: 862 de 863 votos foram roubados de Ziuganov e 1.572 votos foram adicionados aos 227 de Putin. No total, em 34 dos quarenta distritos eleitorais examinados nessa comissão eleitoral territorial, 8.462 votos haviam sido roubados de Ziuganov e 13.805 votos haviam sido acrescentados ao total de Putin.

No distrito eleitoral número 0580 da comissão eleitoral territorial de Kizilyurt, 295 de 495 votos foram roubados de Ziuganov e 1.151 votos foram acrescentados aos 315 de Putin. No distrito eleitoral número 0586, 279 de 399 votos foram roubados de Ziuganov e 1.203 votos foram acrescentados aos 84 de Putin. No total, em vinte dos 26 distritos eleitorais da comissão eleitoral territorial de Kizilyurt, o total de votos de Ziuganov foi reduzido em 6.161 votos, e o de Putin foi aumentado em 14.105 votos.

O comitê de Salii descobriu que quando a assinatura do presidente do distrito eleitoral na cópia dos registros era idêntica à do original, nenhuma mudança havia sido feita na cópia, e que todos esses distritos eleitorais haviam sido vencidos por Ziuganov. Nos casos em que as assinaturas não eram idênticas, Putin vencera com folga, e as assinaturas que apareciam nas cópias dos observadores eram iguais às assinaturas genuínas dos presidentes dos distritos eleitorais, enquanto as assinaturas nos registros oficiais não eram idênticas. A partir daí, concluiu-se que as cópias eram genuínas e que os registros oficiais dos distritos eleitorais haviam sido "corrigidos" pelas comissões eleitorais territoriais.

O comitê de Salii calculou as "correções" em todas as dezesseis comissões eleitorais territoriais examinadas. No total, segundo a tabela composta de falsificações publicada por Salii, mais de 187 mil votos extras haviam sido acrescentados à contagem total de votos de Putin no Dagestão.[8]

O comitê de Salii enviou essas descobertas junto com cópias dos registros dos distritos eleitorais para a promotoria geral ainda no começo do verão de 2000. A promotoria geral não fez acusações formais contra os oficiais suspeitos de falsificação, nem contra o *Sovietskaya Rossiya* por calúnia. O diretor do CEC, Veshniakov, também preferiu não entrar com um processo, para preservar sua honra e reputação profissional.

Cédulas extras também foram acrescentadas no Dagestão. O *Soviestskaya Rossiya* recebeu 15 delas, com votos a favor de Putin, da cidade de Izberbash, todas com o carimbo do distrito eleitoral número 0832. Fotocópias delas foram reproduzidas no jornal.[9]

Dos distritos eleitorais do Dagestão, 40% não tiveram cédulas canceladas ou não utilizadas, o que significava que, em cada um deles, o número de votantes era exatamente idêntico ao de cédulas. Obviamente, isso é impossível. É evidente que as cédulas que permaneceram inutilizadas, em vez de serem canceladas, foram simplesmente adicionadas ao resto.

Ievgenia Borisova, repórter do *Moscow Times*, conduziu a própria investigação sobre fraudes eleitorais em diversas regiões, inclusive no Dagestão. Borisova conferiu os números do comitê de Salii e concluiu que 57.162 votos deveriam ser inquestionavelmente considerados roubados a favor de

Putin. As outras dezenas de milhares de votos (a tabela de Salii, como já foi dito, listava mais de 187 mil votos) foram consideradas incertas por ela, o que ia contra a metodologia de contagem do comitê.

Contudo, Borisova comparou as tabelas da comissão eleitoral territorial com as cópias dos registros de outros 71 distritos eleitorais que o comitê de Salii não examinara. O quadro nesses distritos eleitorais era o mesmo. Portanto, de acordo com a cópia dos registros do distrito eleitoral número 0876, 1.070 votos haviam sido lançados para Putin, enquanto os registros do comitê territorial indicavam 3.535 (diferença de 2.465 votos); de acordo com os registros do distrito eleitoral número 0903, Putin obtivera 480 votos, enquanto que os registros do comitê territorial indicavam 1.830, e daí por diante.

Sessenta e três dos 71 registros inspecionados por Berisova e seus assistentes continham evidências de falsificação. Eles somavam mais 31.101 votos roubados para Putin, totalizando 88.263 votos, baseando-se em registros referentes a somente 16% do número total de registros do Dagestão.[10]

REGIÃO DE SARATOV

Uma situação parecida foi descoberta na região de Saratov. Segundo o testemunho do oficial aposentado A. Bidonko, membro da comissão eleitoral territorial, quando os números dos distritos eleitorais começaram a chegar às três da manhã do dia 27 de março, ficou claro que nem Putin nem o governador Dmitri Aiatskov (houve simultaneamente uma eleição para o governo da região) obteriam nem mesmo 50% dos votos. Durante toda a noite, os registros foram reescritos e as cédulas não utilizadas só foram canceladas pela manhã.[11] Os comunistas fizeram acusações formais contra esses eventos, mas o tribunal recusou-se a fazer a auditoria do caso, encaminhando-o para uma recontagem pela mesma comissão eleitoral territorial. (Naturalmente, o comitê estabeleceu — através de votação — que tudo havia sido realizado de acordo com as regras.)

Observadores da central da campanha de Ziuganov foram capazes de obter setecentas cópias registradas de registros de distritos eleitorais da região de Saratov, o que representava 38,6% de todos os registros (a região possuía um total de 1.815 distritos eleitorais). Janna Kasianenko, repórter do *Sovietskaya Rossiya*, comparou os registros de 28 distritos eleitorais e descobriu que 3.769 votos haviam sido acrescentados ao total de Putin nesses distritos eleitorais (o maior número de votos foi roubado de Iavlinski — 1.540, e 827 de Ziuganov).

Outros candidatos também não foram ignorados pelas comissões eleitorais territoriais da região de Saratov. Eis os casos mais gritantes:

Comissão do distrito eleitoral número 1576. Govorukhin recebera 12 votos e acabara com zero. Pamfilova tinha dezesseis e acabou com seis. Podberezkin tinha três e acabou com zero. Skuratov tinha nove e acabou com zero. Trinta votos haviam sido lançados para "nenhum dos acima", dos quais dez foram mantidos. Cinqüenta votos extras foram acrescentados ao total de Putin.

Comissão do distrito eleitoral número 1617. Duzentos dos 445 votos de Ziuganov, cem dos 138 de Iavlinski, quarenta dos 41 de Tuleev, trinta dos 32 de Pamfilova, vinte dos 28 votos de Jirinovski e dez dos 18 de Titov haviam sido roubados. Vinte e oito votos haviam sido lançados para "nenhum dos acima", dos quais oito foram mantidos. Quatrocentos e vinte votos extras haviam sido acrescentados ao total de Putin.

J. Kasianenko inspecionou 28 registros, incluindo materiais da ROIPP. A própria ROIPP analisou 829 cópias de registros dos distritos eleitorais da região de Saratov (correspondendo a 45,47% de todos os distritos eleitorais), comparando-os às tabelas compostas dos comitês territoriais, ou seja, não apenas os registros dos observadores do CPRF (setecentas cópias), mas também os registros dos observadores do Yabloko e de outros partidos.

A ROIPP descobriu cerca de cem registros de distritos eleitorais cujos números haviam sido alterados nas tabelas compostas de oito comitês de nível mais alto e concluiu que "grande parte desvia a favor de V. Putin".[12]

A ROIPP descobriu também "uma série de distritos eleitorais" nos quais votos extras haviam sido dados a Ziuganov. Especialmente no distrito eleitoral número 107 Ziuganov recebera seis votos extras, e no distrito eleitoral número 452 Putin recebera 31 votos extras, Ziuganov dez e Jirinovski apenas um voto extra.

Depois que a promotoria geral recebeu queixas sobre fraudes eleitorais na eleição presidencial em distritos eleitorais na região de Saratov, a promotoria regional foi forçada a recontar os registros de vinte distritos eleitorais. Os resultados da recontagem confirmaram a discrepância entre os números nos registros e as cópias oficiais registradas. Os queixosos receberam uma resposta — assinada por A. Makasheva, promotor chefe do Departamento Administrativo Supervisor da Execução de Leis e da Legalidade de Atos Jurídicos — com a rejeição da abertura de processos criminais devido ao fato de que, como os líderes das comissões eleitorais territoriais sujeitas à recontagem de votos haviam informado à promotoria geral, quando as cópias dos registros foram liberadas, "os números contidos nelas não haviam sido verificados em relação aos números nos registros originais pelos membros do comitê".[13]

MORDOVIA

No distrito eleitoral número 207 da cidade de Yoshkar-Ola, L. Korostelev, membro do comitê consultor do distrito eleitoral, foi removido à força pela polícia do prédio onde a contagem de votos estava sendo realizada, por ordem do presidente do comitê do distrito eleitoral, N. Bolshakov. Quando Korostelev teve permissão para regressar ao prédio, ele descobriu "um grande número de cédulas alteradas destinadas a Ziuganov. Estou convencido de que elas haviam sido alteradas propositada e deliberadamente em minha ausência — cobertas com traços e sinais adicionais". Naturalmente, o presidente da comissão eleitoral do distrito eleitoral, seu vice e seu secretário recusaram-se a assinar a cópia dos registros do distrito eleitoral compiladas por Korostelev.

BASHKIRIA

Aqui, por outro lado, os resultados foram falsificados diretamente nos registros do distrito eleitoral. Na Bashkiria, no distrito eleitoral 2921, os votos lançados para Putin e Ziuganov foram simplesmente invertidos: imediatamente após a contagem, Ziuganov tinha 252 votos e Putin 110, mas o registro oficial apresenta o contrário.

Na aldeia de Priyutovo, na Bashkiria, no distrito eleitoral número 514, a ex-professora Klavdiia Grigorieva estava presente como observadora durante a contagem de votos e anotou no próprio registro: 862 votos para Putin, 3 para Ziuganov, 24 para Jirinovski, 256 para Titov e 12 para Iavlinski. Em contraste, os totais nos registros oficiais dos distritos eleitorais apresentavam 1.092 votos para Putin, 177 para Ziuganov e zero para os outros.

Infelizmente, nenhum dos números nesses registros, tampouco os de outros registros na Bashkiria, foram comparados por qualquer comitê investigativo com as cédulas contidas nas urnas (em 26 de março de 2001, o período de um ano determinado pela lei durante o qual as cédulas devem ser preservadas expirou e as cédulas foram destruídas). E nenhuma promotoria aceitará as notas pessoais de uma observadora como fundamento para abrir processos criminais baseados no artigo 142 do código criminal russo.

Nenhuma ordem direta "do alto" foi observada durante a eleição presidencial na Bashkiria. No entanto, os resultados de uma pesquisa de boca de urna conduzida pelo Fundo de Política Efetiva, de Gleb Pavlovski, foram distribuídos a todas as comissões de distritos eleitorais na Bashkiria enquanto a votação ainda estava em curso. Dessa forma, os comitês dos distritos eleitorais compreenderam — sem nenhuma ordem ou instrução explícita — que os resultados finais na Bashkiria deveriam ser "não piores" do que os resultados na boca de urna de âmbito nacional.

TATARSTÃO

O presidente do Tatarstão, Mintimer Shaimiev, disse certa vez: "Nós orientamos o eleitor, e ele vota de acordo com a orientação. Esta é uma abordagem pragmática, e é assim que trabalhamos com os eleitores."[14] No entanto, não foram apenas os eleitores que receberam orientação, mas também as comissões eleitorais. O distrito eleitoral número 2729 seguiu as recomendações do governo com tanto entusiasmo que, de 286 cédulas, todas exceto duas foram para Putin. Provavelmente, isso foi realizado no nível do distrito eleitoral.

Em outro distrito eleitoral no Tatarstão, a observadora Olga Tarasova, do Yabloko, reparou que cédulas extras para Putin foram acrescentadas e que cédulas para outros candidatos foram removidas durante a contagem de votos.

Alkhat Zaripov, um residente de 65 anos de idade de um grande prédio residencial em Kazan (rua Iu. Fiuchik, 107), observou que o distrito eleitoral tinha 209 apartamentos listados para seu prédio, apesar de ter certeza de que só existem 180. Os registros para o prédio vizinho também apresentavam 108 apartamentos a mais: o prédio estava listado como se tivesse 125 apartamentos. Zaripov exigiu uma explicação, mas o membro da comissão eleitoral simplesmente pegou as listas e partiu.

O *Moscow Times* publicou uma fotografia de Piotr Filippov, um aposentado de 71 anos residente na cidade de Tatrsky Satlyk, no Tatarstão, que chegou no final do dia ao distrito eleitoral de votação em 26 de março determinado a votar em Jirinovski, mas descobriu que alguém já havia assinado por ele o recebimento de uma cédula. No distrito eleitoral número 263, em Kazan, observadores do CPRF pegaram um homem com 12 cédulas para Putin; no distrito eleitoral número 265, uma mulher foi pega com cédulas similares, não contabilizadas.

REGIÃO DE KALININGRADO

Kaliningrado não teve menos do que 44 instâncias registradas de discrepâncias entre os números nos registros e os números nas cópias dadas a observadores. O número total de cédulas roubadas para Putin foi de 42.500. O presidente da comissão eleitoral regional de Kaliningrado explicou que, devido à ausência de copiadoras, as cópias dos registros foram preenchidas à mão, sendo depois assinadas pelos membros da comissão eleitoral do distrito eleitoral sem que fossem verificadas. Em outras palavras, segundo a comissão eleitoral, não foram as comissões eleitorais territoriais (ou comissões eleitorais dos distritos eleitorais) que haviam desviado 42.500 votos para Putin, mas sim os observadores que haviam conspirado e, por algum motivo, falsificado os números em suas cópias.

REGIÃO DE KURSK

Em Kursk, o Partido Comunista conseguiu provar nos tribunais que fora cometida fraude eleitoral no distrito eleitoral número 426: 104 de 610 cédulas haviam sido falsificadas a favor de Putin. Mas os presidentes das duas comissões eleitorais na região de Kursk foram demitidos pelo governador depois que Ziuganov vencera em seus distritos.

KABARDINO — BALKARIA

Segundo os registros dados aos observadores, Putin recebeu 2.864 votos extras no total. No distrito eleitoral número 179, os observadores descobriram que somente 640 pessoas haviam votado, mas que 972 cédulas tinham sido retiradas das urnas.

PRIMORYE

Depois do final da votação, residentes locais acharam no distrito eleitoral número 1.047 diversas cédulas com votos para Ziuganov rasgadas. O tribunal recusou-se a ouvir o caso.

TCHETCHÊNIA E INGUSHETIA

Naturalmente, o resultado da eleição de 26 de março de 2000 não teve nenhuma relação com a realidade. Ninguém conferiu registro algum. Mas mesmo sem isso, está claro que todos os números são completamente fabricados: 191 mil votos para Putin, cerca de 86 mil para Ziuganov, 35 mil para Iavlinski e 22 mil para Djabrailov. Se os totais atribuídos ao "pacifista" Iavlinski e ao tchetcheno Djabrailov puderem ser considerados parecidos com a realidade, então Vladimir "iremos atingi-los nos banheiros" Putin e o imperialista Ziuganov não poderiam ter recebido mais de 100 mil a 120 mil votos no total (já que, segundo diversas estimativas, esse era o número de tropas russas na Tchetchênia em março). Todo o resto é uma falsificação patente. Um simples cálculo matemático revela que todos os membros do exército russo na Tchetchênia votaram duas vezes.

Exatamente da mesma forma, a imaginação da administração militar concedeu ao NDR de Tchernomirdin 48,03% dos votos na República da Tchetchênia em 1995. Esse era um recorde absoluto para o NDR em escala nacional. Em 1996, na República da Tchetchênia, Ieltsin obteve 65,11% no primeiro turno das eleições e 73,38% no segundo turno.

O resultado na Ingushetia parece quase tão incrível quando o da Tchetchênia: nessa república, sofrendo com a opressão das "operações de contraterrorismo", os registros oficiais apresentam um total grandioso de 85% dos votos (94 mil eleitores) para Putin!

PROVAS INDIRETAS

Além das evidências diretas de que cédulas extras foram acrescentadas depois do término da votação em nome de pessoas que não haviam votado, existem mais duas provas indiretas.

A primeira prova indireta: segundo os registros oficiais do CEC, o número total de eleitores aptos a votar na eleição para a Duma em 19 de dezembro de 1999 era um pouco maior do que 108.072.000. Apenas três meses depois, o número de eleitores aptos a votar tinha aumentado em... 1,3 milhão!

A segunda prova indireta é o pico no número oficial de eleitores que votaram nas horas finais da votação. Além de uma porcentagem constantemente crescente de votos para Putin, o número de eleitores ativos aumentou dramaticamente durante as últimas duas ou três horas da votação. Às sete da noite, horário de Moscou, o número de eleitores ativos ainda estava em 54%, mas duas horas depois havia aumentado para 67%. Aparentemente, em vez de assistir aos dois programas de televisão mais populares do país, ambos transmitidos naquela noite, multidões de pessoas invadiram repentinamente os distritos eleitorais.

QUAL FOI O NÚMERO TOTAL DE VOTOS ACRESCENTADOS À CONTAGEM DE VOTOS DE PUTIN?

Salii tentou estimar quantos votos haviam sido roubados para Putin no Dagestão e chegou ao valor de aproximadamente 700 mil votos — baseado, evidentemente, nos 180 mil votos para 16 comissões eleitorais. A repórter Ie. Borisova, do *Moscow Times*, fez os próprios cálculos, baseados nos 88.263 votos para 16% dos registros, e chegou a aproximadamente 550 mil votos. Isso dentre um total de 877.853 votos lançados para Putin no Dagestão, segundo os registros oficiais.

Portanto, na verdade, o vencedor do primeiro turno das eleições presidenciais no Dagestão não foi Putin, mas sim Ziuganov.

Será que a escala da falsificação no Dagestão pode ser extrapolada para o país como um todo? Provavelmente, não: o Dagestão é ao mesmo tempo uma região "vermelha" e muçulmana, e precisamente por esse motivo sempre vota diferentemente do resto do país. Além disso, documentos são falsificados mais descaradamente ali do que em outras partes da Rússia.

Em contraste com o Dagestão, a região de Saratov é muito mais representativa da Rússia como um todo. Portanto, é útil que se estime, antes de tudo, quantos votos foram roubados a favor de Putin na região. Segundo a entrevista já citada com I. Borisov, presidente do ROIPP, que mencionou as descobertas do ROIPP em cem distritos eleitorais na região de Saratov, "se esses valores forem extrapolados para a região como um todo, aceitando os números contidos nas cópias dos registros dos observadores como sendo absolutamente verdadeiros, Putin perderá cerca de 4% dos votos em uma região onde obteve 58%, e esses 4% serão divididos entre os outros candidatos. Em outras palavras, o resultado final não mudará: Putin pemanecerá com cerca de 54% na região de Saratov" (4% dos votos na região de Saratov correspondem a cerca de 61 mil votos).

Na Bashkiria, onde, segundo os registros oficiais, Putin recebeu 1.387.179 votos (mais de 60%), a escala exata da falsificação é conhecida, infelizmente, para um único distrito eleitoral — o da aldeia de Priyutovo. Se as falsificações na Bashkiria ocorreram na mesma escala que em Priyutovo, então Putin teve 291 mil votos acrescentados ao seu total.

Aparentemente, a situação começa a se assemelhar com o Dagestão somente na relativamente pouco populosa República da Kalmykia (com 77.714 votos — mais de 70% — lançados para Putin) e na Ingushetia. Amostras seletivas nas regiões de Kaliningrado e de Nizhny Novgorod revelam que nelas os resultados foram "corrigidos" aproximadamente do mesmo modo que em Saratov, enquanto em Primorye, no Tatarstão e em Kabardino-Balkaria a falsificação aconteceu aproximadamente na mesma escala que na Bashkiria.

Portanto, Putin recebeu os seguintes votos roubados: 800 mil de pessoas que, como o suposto "ministério de eleições" admitiu, "podem ter votado duas vezes"; 550 mil votos no Dagestão; 291 mil na Bashkiria; 131 mil na região de Saratov; pelo menos 42.500 na região de Kaliningrado; dezenas de milhares de votos inteiramente fabricados na Tchetchênia e na Ingushetia; e ainda mais — na Kalmykia, em Kabardino-Balkaria, em Primorye, na região de Nizhegorod, na região do Kursk e nas regiões restantes. Lembremos que os 2,94% que colocaram Putin na presidência logo no primeiro turno das eleições consistiam de apenas 2,2 milhões de votos. Portanto, podemos concluir justificadamente que Putin não venceu o primeiro turno das eleições. Mais provavelmente, Putin recebeu 48% ou 49% dos votos na Rússia como um todo (aproximadamente o mesmo que na região de Saratov). Diga-se de passagem, esse é o número em torno do qual a maioria dos especialistas concorda quando falam "extra-oficialmente".

Hoje, provavelmente ninguém duvida de que Putin teria vencido as eleições no segundo turno de um modo ou de outro. Mas, no começo de 2000, a vitória não parecia tão certa assim — pelo menos não para a equipe do presidente nem para o "ministério das eleições". Portanto, não houve segundo turno no dia 7 de maio de 2000. No lugar dele, houve uma cerimônia de posse.

NOTAS

[1] *Kommersant*, 15 de setembro de 1999.

[2] *Express-khronika*, nº 46 (601), dezembro, 1999.

[3] *Literaturnaya gazeta*, nº 51/52, dezembro, 1999.

[4] Moskovsky komsomolets, 1º de fevereiro de 2000.

[5] "An Election Is the Only Race in Which the Majority Wins." ["Uma eleição é a única corrida na qual a maioria vence"] Entrevista com o vice-presidente do KS ROIIP, Igor Borisov, www.roiip.ru/press.

[6] *Duel*, nº 4 (184), 10 de outubro de 2000.

[7] *Borisova, I.*, E o vencedor é? *Moscow Times*, 9 de setembro de 2000.

[8] *Salii, A.*, Dagestanskaya tekhnologiya falsifikatsii, *Sovetskaya Rossiya*, 27 de abril de 2000.

[9] Ibid, 6 de abril de 2000.

[10] *Kasianenko, J.*, Saratovskaya nepreryvka, *Sovetskaya Rossiya*, 18 de março de 2000.

[11] *Borisova, I.*, And the Winner Is? *Moscow Times*, 9 de setembro de 2000.

[12] "An Election Is the Only Race in Which the Majority Wins." ["Uma eleição é a única corrida na qual a maioria vence"] Entrevista com o vice-presidente do KS ROIIP, Igor Borisov, www.roiip.ru/press.

[13] O texto completo da resposta de A. J. Makasheyva foi publicado: *Duel*, nº 4 (184), 10 de outubro de 2000.

[14] *Germanovich, A.*, Korrektirovka? Klub edinodushnogo golosovaniya, *Vedomosti*, 28 de março de 2000.

7

A FSB, OS OLIGARCAS E OS CLÃS

A CORPORAÇÃO FSB (OS CHEKISTAS)

A CORPORAÇÃO FSB SEMPRE CONSIDEROU inimigos os que não eram seus membros. Portanto, não é de surpreender que, depois de subir ao poder, os membros da corporação em Moscou e nos governos locais, do presidente Putin para baixo, tenham se dedicado a intensificar o controle da população ("a vertical do poder"), a confiscar propriedades (livrando-se de oligarcas inconvenientes), infiltrando agentes da FSB nas fileiras inimigas (os oficiais da reserva ativa), caçando incontáveis espiões empregados por um inimigo imaginário (mais comumente pelo crime de "divulgação de segredos do governo") e, finalmente, enfrentando uma guerra instigada pela própria corporação FSB (a guerra da Tchetchênia). Todas essas batalhas corporativas poderiam ter se parecido com jogos se não envolvessem a destruição de um país de verdade (a Rússia) e as mortes de pessoas reais (principalmente russos e tchetchenos).

A CRIAÇÃO DOS DISTRITOS FEDERAIS E A DEMISSÃO DO CONSELHO FEDERAL

Em seu discurso de posse em 7 de maio de 2000, Putin concentrou-se na importância da preservação da unidade da Rússia e da consolidação do governo. E foi precisamente esse o objetivo de um dos passos mais significativos de Putin durante o primeiro mandato: a reforma da estrutura do governo federal. Em 13 de maio, Putin assinou um decreto criando sete distritos federais, com um representante plenipotenciário do presidente em cada um. Em 17 de maio, Putin falou à nação pela televisão para anunciar o começo de uma reforma na estrutura das relações federais.

Em 18 de maio, foram nomeados os representantes plenipotenciários do presidente para os sete distritos federais. O general da KGB Viktor Tcherkesov tornou-se o representante plenipotenciário do presidente no Distrito Federal Central, que incluía Moscou. O general da KGB Georgi Poltavchenko tornou-se o representante plenipotenciário do presidente no Distrito Federal do Noroeste, que incluía São Petersburgo. Três dos cinco representantes plenipotenciários eram também oficiais da KGB-FSB.

O objetivo de Putin era "consolidar o poder do governo". Durante os anos Ieltsin, as leis fundamentais da Rússia realmente tinham uma fraqueza objetiva por terem sido criadas sob circunstâncias históricas específicas e adequadas a um presidente específico — Boris Ieltsin. O que Putin estava tentando fazer era reescrever as leis fundamentais da Rússia para fazer com que se adequassem às exigências da corporação que o colocara no poder — a FSB.

Ieltsin empenhou-se em criar a maior descentralização possível na Rússia. Ele compreendia que a União Soviética desmoronara em agosto de 1991 por causa da centralização excessiva, que transformara a União Soviética em um império multinacional insustentável que não poderia competir no mundo moderno. Ao contrário de Ieltsin, Putin começou a retroceder rumo a um sistema centralizado de governo.

O decreto que fundara sete distritos federais se tornou um exemplo clássico da usurpação do poder do governo por um oficial eleito. Em termos das leis estabelecidas do governo russo, as provisões do decreto eram inconstitucionais e não se sustentariam no tribunal em nenhum país juridicamente alfabetizado. A própria emissão do decreto indicava claramente que a Rússia estava sob o domínio de um regime absolutamente arbitrário, que não era limitado pela Corte Constitucional, pelas leis, nem pelo senso comum. Era também uma demonstração de como o presidente eleito do país não tinha a menor intenção de servir como um "defensor da constituição".

A segunda inovação mais importante de Putin foi a lei "sobre a formação do Conselho Federal da Federação Russa". Ela substituiu um conselho federal eleito por outro, nomeado. Os membros do conselho transformaram-se em burocratas indicados pelo presidente. Em vez de ser um corpo de governo eleito que desfrutava de autoridade independente, o Conselho Federal foi reconstruído em uma agência burocrática banal. Os chefes regionais eleitos que formavam o Conselho Federal de acordo com a constituição russa receberam o direito de delegar seus representantes para o novo Conselho Federal, depois de coordenar os indicados com o Kremlin — e esse direito nem se estendia a todos eles.

A reforma do Conselho Federal e a criação de cargos representativos plenipotenciários nos distritos federais privaram efetivamente os governadores eleitos do poder em casa e de sua influência na capital. Na Rússia burocrática, onde todos os projetos locais exigiam a aprovação constante do Kremlin, os governadores e seus representantes não podiam mais resolver os problemas que encontrava porque os oficiais do governo no nível federal não mais os viam como parceiros legítimos eleitos pelo povo. A própria liderança federal também passou a ter mais dificuldade em resolver questões locais através dos representantes dos governadores que formavam o Conselho Federal, pois os representantes não tinham nenhuma autoridade em nível local. Eles não tinham sido eleitos por ninguém. Conseqüentemente, ninguém os apoiava.

Obviamente, as reformas de Putin iam contra a constituição da Rússia e só poderiam ter sido legitimadas através de uma mudança formal na constituição do país — com dois terços dos votos na Duma do Estado. Mas a proposta de criação dos sete distritos federais e a da mudança na posição do Conselho Federal não foram submetidas à revisão da Duma, pois Putin não tinha dois terços dos votos no parlamento naquele momento.

ALEXANDER VOLOSHIN, O BONAPARTE RUSSO

O decreto de criação dos sete distritos federais era fruto da imaginação do chefe da equipe do presidente, Alexander Voloshin. O decreto colocou todo o poder de governo do país em suas mãos. Stálin nunca nem sonhou com os poderes que Voloshin tomou para si. Entre o presidente eleito e os

89 líderes dos membros submetidos à federação, foi criada uma reserva de sete burocratas — todos, por lei, diretamente subordinados a Voloshin.

Segundo a "Resolução a respeito do representante plenipotenciário do presidente da Federação Russa no Distrito Federal", "o representante plenipotenciário é um oficial do governo federal e membro da equipe do presidente" (ou seja, subordinado a Voloshin).

Os "vices do representante plenipotenciário" também são "membros da equipe do presidente" e, conseqüentemente, não subordinados ao "representante plenipotenciário", seu superior, e sim a Voloshin. A formulação da resolução era quase cínica em sua transparência: "Nomeações dos vices dos representantes plenipotenciários, as demissões de suas posições, assim como promoções e medidas disciplinares aplicadas a esses oficiais, serão executadas pelo chefe da equipe do presidente" (Voloshin).

O escritório regional do representante plenipotenciário também era subordinado não ao representante plenipotenciário e seus vices, mas sim a Voloshin: "A supervisão administrativa das atividades do representante plenipotenciário será realizada pelo chefe da equipe do presidente." "Os deveres do representante plenipotenciário serão executados diretamente pelo gabinete do representante plenipotenciário, que é uma subdivisão independente da administração presidencial." "O chefe da equipe do presidente... aprovará a estrutura e o tamanho da equipe do gabinete do representante plenipotenciário e determinará o número de vices do representante plenipotenciário." Em outras palavras, os orçamentos dos representantes plenipotenciários também eram determinados por Voloshin.

Voloshin não enumerava explicitamente os direitos aos quais se reservara no novo Conselho Federal, pois estava mais interessado em demitir o conselho antigo do que em criar um novo. Voloshin, na verdade, tinha um ressentimento com o Conselho Federal por causa de uma humilhação terrível que o conselho o forçara a sofrer certa vez. Voloshin tinha sido deputado por Ieltsin para persuadir o Conselho Federal a remover o procurador geral Skuratov do cargo. Seu discurso diante do Conselho Federal, transmitido para todo o país, acabou sendo uma derrota catastrófica para o Kremlin. Voloshin, um burocrata em todos os sentidos, revelou ser um péssimo orador e foi incapaz de ligar duas palavras sequer. O discurso foi tão pouco convincente que o Conselho Federal votou contra a demissão de Skuratov.

E Skuratov, que tentava minar o regime de Ieltsin, permaneceu no cargo apesar da existência de uma fita de vídeo comprometedora dele com duas garotas de programa. Foi aí que o vingativo Voloshin decidiu dissolver o Conselho Federal na primeira oportunidade que surgisse. E a oportunidade surgiu imediatamente após Putin assumir a presidência.

A VERTICAL DO PODER

O pacote legislativo submetido à revisão e à confirmação da Duma — propondo revisões na estrutura das relações federais da autogovernância local — formou a base da construção da dita "vertical do poder", que deveria restaurar a centralização rígida da Rússia da era soviética. A terceira e última peça de legislação proposta no pacote dizia respeito aos direitos dos governadores e do governo federal de dissolver assembléias legislativas locais na eventualidade de Moscou considerar que suas decisões divergissem da lei federal. A lei foi proposta primariamente para salvaguardar o governo federal de situações como a Tchetchênia, em que a assembléia legislativa de uma república — o parlamento local de um membro submetido à Federação Russa — tomou a decisão de efetivamente se separar da Rússia.

Putin reservou para si o direito de demitir oficiais eleitos, incluindo governadores, quando aconselhado pela promotoria a fazê-lo, tanto no nível local quanto no federal. Em um país em que a promotoria nunca fora independente e era uma das partes mais corruptas do governo, a nova lei significava que Putin sempre conseguiria fazer com que os promotores concordassem em remover qualquer oficial eleito que ele considerasse inconveniente.

Finalmente, o governo federal poderia agora regular leis e controlar governos locais "em cidades de importância federal, capitais e centros administrativos dos membros submetidos à Federação Russa, cidades com população acima de 50 mil pessoas, territórios de fronteiras, formações administrativo-territoriais fechadas e assentamentos militares fechados". Em outras palavras, o governo federal obteve controle direto de praticamente toda a Rússia.

A legislação proposta por Putin foi confirmada pela Duma e se tornou objeto de discussão durante a primeira visita de Putin ao escritor e vencedor do prêmio Nobel Alexander Soljenitsin. Putin visitou Soljenitsin em sua casa em 20 de setembro de 2000 e tivera uma longa conversa com ele. Olhando para o famoso retrato de Piotr Stolipin pendurado no gabinete do autor, Putin perguntou: "É o seu avô?" Soljenitsin corrigiu-o gentilmente e disse que o homem no retrato era Solipin, um primeiro-ministro da Rússia pré-revolucionária.

Putin causou boa impressão em Soljenitsin. "Seus argumentos eram pesados com extremo cuidado", "sua mente é rápida e alerta", "nenhuma sede pessoal por poder, intoxicação com o poder ou com estar no poder", "auto-regulação é a fundação de nossa existência... Ele realmente compreende e sabe isso. Nesse ponto, estamos incrivelmente de acordo".

Um pouco depois, Soljenitsin compreendeu que, precisamente na questão da auto-regulação, ele próprio fora vítima de um golpe barato de relações públicas. A entrevista dada por Soljenitsin para o *Moskovskiye Novosti* entre 19 e 25 de junho de 2001 não foi tão amplamente divulgada quanto a visita que Putin fizera a ele. "Eu realmente dei a ele alguns conselhos", disse Soljenitsin. "Mas não o vi seguir nenhum deles. Obviamente, ele concordou quanto à auto-regulação. Mas quem discordaria da auto-regulação? Ninguém. Todos a louvam. E ninguém quer promovê-la. Ao contrário, reprimem-na e a sufocam. Pedi enfaticamente a Putin que não destruísse o comitê ecológico estatal, a independência do escritório de adminstração de florestas. Eu não via a menor necessidade de afundar o Conselho da Federação. Não tenho idéia do que criaram em seu lugar — algum tipo de formação intermediária parecida com uma ameba. Sim, eu realmente disse a ele o que pude. E, depois disso, não nos contatamos novamente."

Putin só voltou a visitar Soljenitsin em 2007. Dessa vez, Soljenitsin não teve observações críticas a fazer em relação a Putin.

Entre maio e junho de 2000, Putin começou a repelir várias leis regionais por estarem em desacordo com a constituição russa. Em 11 de maio, repeliu estatutos na Ingushetia e na região de Amur. Em 16 de maio, pediu ao governador da região de Smolenks que repelisse resoluções feitas pelo governo executivo local porque iam contra a lei russa. Em 8 de junho, impediu a promulgação de uma série de decretos do presidente de Adygea, Aslan Djarimov, alegando que estavam em desacordo com a constituição russa. Em 30 de junho, impediu a promulgação de certas resoluções feitas pelo governo regional de Voronezh, do governador Ivan Shabanov.

Putin utilizou habilidades políticas de combinar a promessa de recompensas com ameaças em relação aos governantes regionais, e não foi menos habilidoso no uso da oposição que tinha de um lado o círculo de Ieltsin e os oligarcas, e do outro os chamados "chekistas" (oficiais da FSB-KGB que Putin estava trazendo para o governo). Em 1º de setembro, assinou um decreto fundando um Conselho do Estado, um novo órgão aconselhador formado pelos líderes dos governos executivos de todos os membros da Federação Russa. Em 5 de dezembro, Putin retirou a Rússia do acordo de Bishkek sobre viagem sem visto de cidadãos de Estados membros do CIS nos territórios desses Estados. Passaportes estrangeiros e vistos estrangeiros passaram a ser necessários para cruzar as fronteiras de certos Estados membros do CIS.

Em dezembro de 2000, Putin insistiu que a Duma aprovasse uma forma híbrida de simbolismo do Estado. A bandeira de três cores escolhida durante o governo de Ieltsin permaneceu sendo a bandeira da Rússia. A águia de duas cabeças da Rússia pré-revolucionária permaneceu sendo o brasão da Rússia. Mas a bandeira vermelha do período soviético tornou-se a bandeira oficial do exército russo, e o antigo hino da União Soviética tornou-se o novo hino nacional — com letra diferente para refletir o desaparecimento da URSS do mapa mundial.

Depois de tomar medidas inconstitucionais para assegurar sua posição no gabinete (ou talvez estabelecendo as bases para um terceiro mandato presidencial, o que exige uma mudança formal na constituição russa), Putin procurou direcionar no mesmo sentido muitos governantes regionais que não desejavam abandonar suas posições. Em novembro de 2000, o representante do presidente na Duma, o general Alexander Kotenkov, ajudou o *lobby* do governo a aprovar uma emenda legislativa que permitia que 16 governadores e presidentes regionais (incluindo, retroativamente, o presidente do Tatarstão, Mintimer Shaimiev) cumprissem um terceiro mandato. Em janeiro de 2001, Kotenkov facilitou a aprovação da chamada "emenda de Boos" na casa baixa do parlamento, que permitia que 69 chefes de governos executivos regionais (incluindo Iuri Lujkov e Murtaza Rakhimov) concorressem ao terceiro mandato, e que 17 deles (incluindo Shaimiev) concorressem ao quarto mandato. Em troca por esse favor de Putin, Iuri Lujkov efetivamente cedeu ao presidente o controle de sua organização na

Duma, Pátria. Em 12 de abril de 2001, a Pátria uniu-se com a Unidade, formando um único partido pró-Putin.

Os críticos de Putin caracterizaram repetidas vezes diversas propostas legislativas transformadas em lei por Putin como sendo anti-russas, dirigidas contra os interesses nacionais da Rússia. Desse modo, em 10 de julho, Putin assinou emendas para a lei "sobre a proteção do meio ambiente" (que foram aprovadas pela Duma em 6 de julho). As emendas anulavam a proibição de importação de lixo nuclear — combustível nuclear consumido — para a Rússia. Ele também assinou um decreto criando uma força-tarefa especial sobre questões relacionadas à importação de combustível nuclear consumido. Como conseqüência, passou a ser possível importar lixo nuclear para a Rússia.

Em 31 de maio de 2001, Putin assinou uma nova lei de cidadania (aprovada pela Duma em 19 de abril e pelo Conselho Federal em 15 de maio). A lei colocava ex-cidadãos da União Soviética, incluindo emigrantes russos (mais de 20 milhões de russos) no mesmo pé que todos os outros estrangeiros caso desejassem obter cidadania russa. Como resultado, dezenas de milhares de integrantes do exército russo — que, antes do alistamento, tinham permissões para residir em antigas repúblicas soviéticas que haviam se separado da Rússia — perderam a cidadania russa.

Durante uma visita a Moscou do presidente do Turquemenistão, Saparmurat Niiazov, em 10 de abril de 2003, Putin concordou em dissolver o acordo de dupla cidadania entre a Rússia e o Turquemenistão. Em 22 de abril, Niiazov assinou um decreto que estipulava um prazo de dois meses para que portadores de dois passaportes escolhessem de qual país desejassem ser cidadãos. Depois desse período, cidadãos russos residentes no Turquemenistão que tivessem cidadania turcomana abririam mão automaticamente da cidadania russa. Cerca de 100 mil pessoas perderam a cidadania russa por causa da lei. Depois de uma série de artigos em jornais russos alegarem que a Rússia estava traindo seus cidadãos ("a venda de cidadãos em troca de gás"), o ministro de assuntos exteriores da Rússia, Igor Ivanov, teve uma conversa telefônica com o ministro de assuntos exteriores do Turquemenistão, Rashid Meredov. No decorrer da conversa, que aconteceu em 26 de abril de 2003, Ivanov expressou uma "grave preocupação com as atitudes unilaterais e precipitadas por parte dos turcomanos em prol da anulação do acordo de dupla cidadania entre os dois países". Contudo, nenhuma medida foi tomada pelo ministro de assuntos exteriores e tampouco pelo presidente.

Como um exemplo do fenômeno oposto — a adoção de uma lei "pró-Rússia" — pode-se mencionar a emenda para a lei sobre línguas, assinada em 11 de dezembro de 2001. A emenda tornou ilegal a utilização de qualquer alfabeto que não o cirílico para as línguas oficiais da Federação Russa (com o objetivo de evitar a latinização da língua do Tatar, que fora iniciada pelo presidente do Tatarstão, Shaimiev).

Putin fez diversas tentativas de aproximar a Bielorrússia da Rússia e até mesmo de incluir o país na Federação Russa. Em 14 de agosto de 2002, durante conversas em Moscou com Lukashenko, presidente da Bielorrússia, Putin propôs duas opções básicas para "um maior progresso da unificação russo-bielorrussa": a "integração completa em um único Estado", com os sete distritos da Bielorrússia tornando-se membros constituintes da Federação Russa, ou uma "formação supranacional nos moldes da União Européia". Putin propôs a realização de um referendo na Rússia e na Bielorrússia em maio de 2003 "sobre a questão da unificação final". As duas opções tiveram uma reação negativa por parte da Bielorrússia. O referendo não foi realizado. Em 4 de setembro de 2003, em uma carta ao presidente da Bielorrússia, na qual abordava diversas questões teóricas relacionadas à construção de um Estado unificado, Putin voltou a afirmar que "falando concretamente, as seguintes opções básicas existem para o maior progresso da unificação entre a Rússia e a Bielorrússia: integração completa em um único estado, uma união supranacional nos moldes da União Européia ou trabalho em prol da unificação tendo como base o acordo existente sobre a criação de um estado unificado". Lukashenko ignorou a carta de Putin.

O decreto que determinou a criação dos sete distritos federais tornou-se um sinal — um sinal para o roubo dos vestígios de poder estatal que ainda não tinham sido privatizados pelo presidente e por seu chefe de equipe. A batalha pelo poder remanescente foi travada não por aqueles que tinham direito de fazer isso segundo a constituição russa, mas sim por aqueles que tinham a força e os recursos necessários — através de agências governamentais coercivas e de clãs.

CLÃS OLIGÁRQUICOS DURANTE O GOVERNO DE IELTSIN

Tipicamente, uma oligarquia é estruturada como um clã e é dividida em grupos e em círculos fechados. Esse foi o caso com o governo dos Trinta Tiranos, do senado de Roma, do Conselho dos Dez de Veneza, das juntas latino-americanas dos séculos XIX e XX e da África pós-colonial. A Rússia não é uma exceção.

Na Rússia pós-soviética, a ordem oligárquica estava mais ou menos plenamente formada em torno de 1996. Devido ao sistema burocrático profundamente enraizado do país, e por conta da natureza suprapresidencial e quase monárquica da constituição russa, a oligarquia formou-se em torno do líder do governo e desenvolveu um caráter parcialmente parecido com o de uma "corte". O clã oligárquico mais proeminente durante o governo de Ieltsin era o clã de petróleo e de gás Tchernomirdin-Viakhirev, que tinha como rival o grupo Korjakov-Barsukov-Soskovets (que eram os *siloviki* na época). Um clã fechado de Moscou liderado por Iuri Lujkov também se desenvolveu durante o governo de Ieltsin. Finalmente, também sob Ieltsin, o grupo ideológico "liberais de Petersburgo", liderado por Anatoli Tchubais, começou a se transformar no clã oligárquico independente dos "economistas de Petersburgo".

No final do governo de Ieltsin, o clã da "família" havia se formado, deixando os outros grupos com muito menos espaço para manobras. O clã era formado por Roman Abramovitch, Boris Berezovski, Alexander Voloshin, Valentin Iumashev e Tatiana Diatchenko. Clãs regionais poderosos haviam se estabelecido nas províncias: o clã de Murtaza Rakhimov na Bashkiria, Mintimer Shaimiev no Tatarstão, Kirsan Iliumjinov na Kalmykia, Eduard Rossel nos Urais e Vladimir Iakovlev em São Petersburgo.

Essas formações e os clãs oligárquicos administrativo-econômicos tornaram-se os principais participantes do processo político, enquanto os partidos políticos, movimentos, blocos e facções parlamentares se tornaram instrumentos dos clãs. Entidades políticas oficiais não são independentes — elas vêm de clãs e de grupos fechados, de seus blocos e coalizões. Nosso Lar é a Rússia (NDR), o "partido governante" oficial do final do período Ieltsin, era o instrumento político de uma coalizão de diversos clãs (os de Tchernomirdin, Korjakov e de Lujkov, certos clãs regionais e um estágio inicial da "família"). Essa coalizão desmoronou em 1998-1999 e, quando chegaram as eleições de 1999, vários partidos novos haviam surgido a partir dela: Pátria (instrumento da prefeitura de Lujkov), Toda a Rússia e Voz da Rússia (dois grupos regionais) e Unidade (instrumento da "família"). Depois da vitória de Putin na eleição presidencial, o NDR, essencialmente, reconstituiu-se com outro nome, Rússia Unida. Esse foi o resultado da coalizão dos principais clãs e grupos em torno de Putin — apesar de não significar que todos os interesses estivessem em harmonia, nem que as colaborações do presidente tivessem um caráter monolítico.

CLÃS OLIGÁRQUICOS DURANTE O PRIMEIRO MANDATO PRESIDENCIAL DE PUTIN

Quando Vladimir Putin subiu ao poder, ele não se tornou um governante soberano que tomava todas as decisões de maneira independente sem considerar as opiniões de quem estava ao seu redor. Além disso, ele não gostava — e continua sem gostar — de sua principal atividade: o governo cotidiano do país. Já é suficiente perceber como os engarrafamentos que paralisam um terço de Moscou surgem e desaparecem quando o presidente dirige para o trabalho e de volta para casa. O engarrafamento matutino não costuma acontecer antes das onze da manhã: o presidente está dirigindo para o Kremlin. Freqüentemente, outro engarrafamento ocorre tão cedo quanto cinco ou seis da tarde: o presidente está voltando para casa. Putin não é fanático por poder político. Ele gosta muito mais de um estilo de vida saudável e de esportes do que de poder político. O que Putin deseja do poder político são principalmente os prazeres inacessíveis a um atleta comum: um vôo em um caça, um passeio de submarino, a oportunidade de lançar um míssil Topol-M ou usar um relógio Patek Philippe Calatrava.

É por isso que Putin sempre esteve cercado de colaboradores viciados em trabalho — pessoas como Alexander Voloshin, Dmitri Medvedev (que substituiu Voloshin), Vladislav Surkov ou Dmitri Kozak. Confiando o trabalho e os deveres diários aos colaboradores, Putin é forçado a aceitar que na verdade, com isso, está cedendo uma parte substancial de seu poder. Isso, contudo, é uma situação típica nas oligarquias, mesmo quando o próprio oligarca superior é viciado em trabalho.

A oligarquia do primeiro mandato presidencial de Putin era formada por quatro clãs administrativo-econômicos: o clã do "antigo Kremlin" ou da "família" (herdado de Ieltsin e de sua "família"); o grupo "Petersburgo antiga" (também conhecido como os "RAO UES da Rússia", os "economistas de Petersburgo" ou "clã de Tchubais"); o clã "nova Petersburgo", ou "polícia secreta" (também conhecido como os "chekistas de Petersburgo", os "*siloviki*" — o *Novaya Gazeta* propôs recentemente o termo "junta" para o grupo); e a "prefeitura" (clã de Lujkov na capital). Recentemente, em ligação com o início de uma mudança no círculo em torno de Putin, tem havido sinais do surgimento de mais um clã influente — o clã dos "advogados de Petersburgo". Cada um dos clãs possui e controla interesses comerciais, e cada um possui os próprios instrumentos políticos na forma de partidos, facções da Duma e coalizões de deputados. Eles são distinguidos pelas políticas práticas, pelas estratégias preferidas e, em parte, por suas ideologias.

OLIGARCAS EM DESAGRADO

Depois de vencer a eleição presidencial em 2000, Putin começou a adotar uma posição muito mais dura em relação aos oligarcas. Em 19 de junho, abordando a Câmara de Comércio e de Indústria, Putin convocou empresários que haviam retirado seu capital do país a trazê-lo de volta à Rússia, prometendo que não seriam penalizados: "O governo não deve importunar as pessoas e perguntar onde obtiveram seus fundos se ele próprio é incapaz de assegurar condições normais para investimento." Mas Putin ameaçou com sanções caso os empresários se recusassem a trazer o dinheiro de volta: "Não direi que seus recursos serão congelados amanhã, mas se decisões nesse sentido começarem a ser tomadas... vocês sufocarão com toda a poeira que engolirão correndo de tribunal a tribunal para desbloquear seus recursos."

O discurso foi feito tendo como pano de fundo o ataque recém-iniciado contra o império da mídia de Vladimir Gusinski. Gusinski, que apoiara Primakov e Lujkov na eleição, tornara-se um inimigo pessoal tanto de Putin quanto de Voloshin, que mesmo antes das eleições jurou prender Gusinski se Putin fosse eleito. Ao mesmo tempo, Putin entrou em conflito com outro oligarca russo, Boris Berezovski, que o criticara publicamente a respeito de uma série de questões políticas fundamentais, incluindo a criação dos sete distritos federais, a demissão do Conselho Federal e a conduta indelicada do presidente após o desastre com o submarino *Kursk*, em agosto de 2000.

Em 12 de agosto de 2000, Putin entrou de férias e partiu para Sochi (para a residência presidencial de Botcharov Rutchei) e não quis interromper as férias quando foi informado de que uma explosão ocorrera a bordo do submarino *Kursk* no mar de Barents, matando 118 pessoas. Ele permaneceu na residência enquanto a marinha russa fingia a realização de operações de resgate (as quais, como foi descoberto mais tarde, foram uma fraude completa). Em 22 de agosto, Putin reuniu-se com os parentes dos membros da tripulação do submarino em Vidyayevo e prometeu resgatar os corpos dos marinheiros mortos para que fossem enterrados dentro de poucas semanas. E realmente, em outubro, diversos corpos foram resgatados, mas o resgate dos corpos remanescentes e do próprio submarino foi adiado até o verão de 2001 e arrastou-se até outubro de 2001.

Quando perguntado sobre o que acontecera com o submarino em uma entrevista na televisão com Larry King em 8 de setembro, Putin respondeu com um sorriso: "Ele afundou." A resposta deixou King e toda a América confusos. Também houve confusão na Rússia. Berezovski, que detinha controle constante sobre a ORT, provavelmente poderia ter influenciado a diretoria do canal a amenizar as reações naturais dos repórteres. Em vez disso, tomou a posição de investigador silencioso, e o silêncio foi interpretado corretamente pelos repórteres da ORT. O principal canal de televisão da Rússia criticou Putin com uma veemência jamais igualada.

O Kremlin lembrou-se de como Berezovski conduzira brilhantemente a campanha de relações públicas de Putin através da ORT em 1999 e 2000 e também das dificuldades que tinham surgido porque os oponentes políticos de Putin, Primakov e Lujkov, utilizaram o canal NTV, de Gusinski, contra Putin. Ao ver a campanha anti-Kremlin desencadeada pelos repórteres indignados na ORT e na NTV por causa da reação ineficaz do Kremlin ao desastre do submarino *Kursk*, o Kremlin começou imediatamente a tomar medidas para tomar os principais canais de televisão da Rússia de seus donos.

Deve-se destacar que esse projeto foi supervisionado com entusiasmo por Voloshin, neurótico e sedento por poder, que estava se vingando primeiro de Gusinski, por apoiar Lujkov e Primakov, e em segundo lugar, do antigo sócio, amigo e patrão, Berezovski, por se recusar a se submeter às ordens de Putin, transmitidas a ele mais freqüentemente pelo próprio Voloshin. Não é de surpreender que a relação entre Berezovski e Voloshin durante esse período tenha se tornado abertamente hostil.

O terceiro na série de oligarcas em desagrado era Mikhail Khodorkovski. O presidente da Yukos começou a competir politicamente com o Kremlin oferecendo apoio financeiro às maiores forças de oposição na Duma, do Yabloko ao CPRF. Além disso, em uma reunião entre empresários russos e o presidente, Khodorkovski desafiou Putin abertamente levantando a questão da corrupção na indústria petrolífera e de gás.

Contudo, a história da prisão de Khodorkovski tinha um lado econômico, além do político. O aspecto econômico da prisão de Khodorkovski era que, pouco antes da prisão inesperada, fora feito um acordo sobre a venda de 20% das ações da Sibneft para a Yukos por 3 bilhões de dólares. As ações eram de Roman Abramovitch. Khodorkovski já transferira o dinheiro para contas controladas por Abramovitch e estava aguardando a transferência das ações da Sibneft. Foi nesse momento que, muito convenientemente para Abramovitch, o governo interveio: em 25 de outubro de 2003, Khodorkovski foi preso acusado de sonegação de impostos e de fraude.

Pouco depois da prisão de Khodorkovski, o governo cancelou a venda de 20% das ações da Sibneft para a Yukos. As ações permaneceram nas mãos de Abramovitch, mas ele não devolveu à Yukos o dinheiro pago por elas. Ao mesmo tempo, Abramovitch recorreu a chantagens e extorsões para comprar aproximadamente 50% das ações da Sibneft que eram controladas por Berezovski e seu parceiro Badri Patarkastsiskvili, pagando por elas 1,35 bilhão de dólares. Abramovitch então vendeu 70% das ações da Sibneft a Gazprom por aproximadamente 13 bilhões de dólares. Khodorkovski tomou conhecimento de todos esses acontecimentos impressionantes através dos jornais que lhe eram entregues em sua cela.

Vale destacar que a ascensão aparentemente inevitável de Voloshin foi comprometida justamente por causa da Yukos. O confiante Voloshin concordara em subscrever o acordo entre Abramovitch e Khodorkovski (por um preço, é claro) sem saber que seu objetivo não era a unificação da Sibneft com a Yukos, como Abramovitch anunciara oficialmente, mas sim uma manobra complicada elaborada por Abramovitch e por Putin que terminaria com Khodorkovski perdendo a Yukos e Abramovitch vendendo a Sibneft não para a Yukos (que seria destruída pelo governo), mas sim para a Gazprom. Ao perceber que fora usado sem saber por Putin e por Abramovitch em um golpe de vários bilhões de dólares, Voloshin renunciou em 30 de outubro.

O caso de Khodorkovski e da Yukos permaneceu como uma das maiores notícias também durante o segundo mandato de Putin. Em 31 de maio de 2005, o julgamento de Khodorkovski terminou e, sob protestos incessantes da oposição e de críticos estrangeiros, o antigo oligarca foi condenado a nove anos de prisão. Em 22 de setembro de 2005, a pena foi reduzida em um ano. No entanto, não é provável que Khodorkovski seja solto.

A destruição da Yukos e a prisão de Khodorkovski foram amenizadas pela reação silenciosa da maioria da elite empresarial russa e por desenvolvimentos econômicos positivos no país como um todo. É verdade que a causa principal dos desenvolvimentos positivos foram os altos preços do petróleo e do gás durante o mandato de Putin (ao contrário dos preços excepcionalmente baixos nos anos de Ieltsin). Mas permanece o fato de que, durante o governo de Putin, o PIB da Rússia cresceu a uma taxa anual de 6,5%, houve superávit orçamentário e comercial e as reservas de ouro do país aumentaram, enquanto a dívida externa do país caiu de 50% para 30% do PIB. Sem dúvida, Putin merece crédito por introduzir um novo código tributário com reduções substanciais nos chamados "impostos de circulação" para negócios e uma taxa fixa de imposto pessoal de 13%.

OS CHEKISTAS DE PETERSBURGO

A base do programa ideológico do presidente era a consolidação do controle do governo sobre todas as organizações, associações, partidos e grupos, conquistada através da atividade legislativa e de mudanças de pessoal.

Quando Putin assumiu o poder, um grande número de oficiais da FSB, oficiais da reserva ativa e outro pessoal de órgãos de segurança pública — da promotoria, da polícia e do exército — invadiram o governo nos níveis local e federal. É difícil rastrear todas as novas promoções e nomeações concedidas aos *siloviki* porque nem todos os agentes de segurança do Estado, ativos ou não, são abertos em relação à própria filiação departamental. Portanto, é razoável acreditar que as nomeações conhecidas sejam apenas a ponta do *iceberg*.

Os objetivos dos serviços de segurança da Rússia foram formulados sucintamente em uma circular obtida pelo jornal *Moskovskiye Novosti* e publicada em 8 de outubro de 2002. Na circular, oficiais não identificados de primeiro escalão recomendavam que os ex-funcionários dos serviços de segurança russos "se fixem diretamente... em organizações econômicas, comerciais, empresariais e bancárias, em agências reguladoras e em órgãos do governo executivo". "Através da criação de organizações e de firmas de fachada", afirmava o documento, "tornaremos possíveis o aumento do contato com empresários e executivos através de tais organizações, o estabelecimento de uma ampla rede de agentes e a obtenção de informações de interesse operacional através do acesso direto a documentos relevantes."

A circular não acrescentava nada fundamentalmente novo à antiga instituição da reserva ativa da FSB, exceto pelo fato de ter vindo à luz e de ter sido publicada sem que se tornasse um objeto de discussão pública ativa e sem que fosse submetida ao escrutínio de comitês parlamentares. Ninguém mais ficava surpreso com a penetração secreta da FSB na vida civil cotidiana da Rússia.

O clã da polícia secreta, ou o clã dos "chekistas de Petersburgo" é formado pelo vice-chefe de equipe Viktor Ivanov e por Igor Setchin, assistente do presidente, Nikolai Patrushev, diretor da FSB, Boris Grizlov, ex-ministro de assuntos internos e porta-voz da recém-eleita Duma, Sergei Ivanov, ministro de assuntos internos, Iuri Zaostrovtsev, ex-vice-diretor da FSB e Ievgeni Murov, diretor do Serviço de Proteção Federal (FSO). O núcleo do grupo foi formado quando os membros principais ainda estavam baseados em São Petersburgo. Na época, eles representavam algo como um consórcio de negócios local cujas raízes estavam em parte na KGB e em parte na polícia. Muitos dos membros do clã (como Ivanov, Grizlov e Patrushev) eram intimamente ligados pelas posições sobrepostas e como co-fundadores de uma série de entidades comerciais (Blok, Borg, Teleplus e outras companhias) sob a égide do Comitê de Relações Internacionais de São Petersburgo, ou seja, de Putin.

Outros colaboradores de Putin durante seu mandato de vice de Sobtchak que não vinham da KGB, como Vladimir Kojin, administrador da propriedade presidencial, e Alexei Miller, presidente da Gazprom, também pertencem ao grupo "nova Petersburgo". Entre o verão e o outono de 2000, o promotor geral Vladimir Ustinov — ex-protegido da "família" — também passou para o lado dos chekistas. Agora, também está ligado aos chekistas por uma união dinástica (no outono de 2003, o filho de Vladimir Ustinov se casou com a filha de Igor Setchin).

O sistema estatal de produção e de comércio de armamentos está sob o controle administrativo do clã chekista. Particularmente, Viktor Ivanov lidera a diretoria da companhia Almaz-Antey de Defesa Aérea, formada depois da fusão entre a Companhia Antey e a Almaz (produtores de tecnologias de defesa aérea).

O clã tinha laços estreitos com os seguintes grandes empresários: os banqueiros Sergei Pugatchev e Sergei Veremeienko (Mezhprombank), os magnatas do petróleo Vagit Alekperov (Lukoil), Sergei Bogdanitchikov (da estatal Rosneft), Vladimir Bogdanov (Surgutneftegaz) e Gennadi Timtchenko (Kirishineftekhimexport).

Artchimandrite Tikhon (Shevkunov), do monastério Sretensky, é considerado o ideólogo-sombra do clã chekista. Existem rumores persistentes de que Tikhon Shevkunov, pai espiritual do banqueiro "ortodoxo russo" S. Pugatchev, também seja o pai espiritual de Liudmila Putina.

O clã chekista escolhera inicialmente Gennadi Raikov e o Partido do Povo da Federação Russa (NPRF), de Gennadi Gudkov, como ferramenta política central (o partido, na verdade, fora criado com a patronagem de Vladislav Surkov, mas ele não viu utilidade para o partido e o abandonou). No entanto, o NPRF não conseguiu ultrapassar o limite mínimo de 5%, apesar de conseguir eleger duas dúzias de seus candidatos para a Duma. Como não havia a possibilidade de sequer criar um grupo a partir dos deputados do NPRF, a maioria deles foi conduzida para a facção Rússia Unida.

Enquanto cultivavam o NPRF, os *siloviki* não negligenciaram o trabalho na Rússia Unida. Inicialmente, Vladimir Bespalov, antigo colega de Putin no escritório da NDR em São Petersburgo, foi delegado para assumir a liderança do partido. A tarefa foi demais para ele, e Bespalov foi transferido para a Gazprom, enquanto o protegido de Viktor Ivanov, Valeri Bogomolov, tornou-se secretário do conselho geral da Rússia Unida. Boris Grizlov foi trazido de volta para trabalhar no partido, tornando-se líder do Conselho

Supremo do partido, inicialmente mantendo também a posição de chefe do Ministério de Assuntos Internos.

Os chekistas também se concentraram no bloco Pátria — agora uma facção da Duma —, liderado por Sergei Glaziev e por Dmitri Rogozin. Na verdade, o onipresente Surkov também participara da criação do bloco Pátria, com o objetivo de reduzir o número de votos para o CPRF. Mas Surkov cancelara o apoio à organização quando viu que ela estava ultrapassando os limites da tarefa para a qual fora criada. Os *siloviki*, ao contrário, ofereceram patronagem ao Pátria — ou, pelo menos, para a parte leal a Rogozin, já que ele era ideologicamente bastante próximo deles e vinha transmitindo os sinais certos havia algum tempo.

Nas regiões, os chekistas preferem derrubar todos os obstáculos, sem prestar muita atenção aos meios utilizados para tal, substituindo governadores livremente — desde que tenham pessoal disponível. Foram os chekistas — por ordem do vingativo Putin, que nunca perdoou Rutskoi pelas duras críticas à maneira pela qual lidara com o desastre do submarino *Kursk* — que derrubaram Rutskoi em Kursk, forçaram os ingushes a aceitarem Ziazikov, fizeram planos contra Mikhail Nikolaiev na Yakutia e tentaram derrubar Kirsan Iliumjinov na Kalmykia e Murtaza Rakhimov na Bashkiria. Eles também obtiveram sucessos relativamente pacíficos: as vitórias governamentais dos agentes da FSB Viktor Maslov, na região de Smolensk, e Vladimir Kulakov, na região de Voronezh (agora, Kulakov já venceu duas vezes), assim como a eleição do general Vladimir Shamanov para governador da região de Ulyanov.

Os chekistas são, não sem razão, considerados a fonte da iniciativa do presidente Putin de seguir um "novo curso" — a política de reorganização dos acordos de "proteção" de várias entidades econômicas sob o pretexto de restauração do regime da lei. Primeiro, os chekistas destruíram a empresa de mídia de Gusinski, instigaram um rompimento entre Putin e Berezovski (Putin, obviamente, ficou feliz com o rompimento) e expulsaram Berezovski da Rússia. Em seguida, atacaram a Interros, de Vladimir Potanin, empresa que crescera sob a patronagem de Tchubais, e, evidentemente, subordinaram Potanin aos interesses do grupo (em troca pela compreensão dele, os chekistas apoiaram a candidatura do sócio de Potanin, Khloponin, nas eleições para o governo da região de Krasnoyarsk). A Gazprom, parcialmente estatal, foi libertada de interesseiros comerciais privados associados a Tchernomirdin-Viakhirev (Itera) e ligou-se a outros interesseiros comerciais (Eural TG).

Uma das subdivisões do clã chekista (Iu. Zaostrovtsev e seus aliados na promotoria geral) desempenhou um papel excessivamente óbvio e ativo na rivalidade para oferecer "proteção" ao negócio de importação de móveis, entrando em conflito com os interesses do Comitê Alfandegário da "família" (M. Vanin). O escândalo envolvendo as companhias Tri Kita e Grand tornou-se um exemplo da disputa aberta entre agências de segurança pública do governo pelo direito de oferecer proteção a negócios. Se em outras questões os chekistas supostamente buscavam defender os interesses do Estado e condenar quem desrespeitava a lei, nessa instância eles foram incapazes de se fazer passar por protetores do bem público, pois o Comitê Alfandegário estava tentando condenar os executivos criminosos, enquanto a FSB e a promotoria geral os defendiam e tentavam condenar os promotores que tentavam condenar os executivos.

Provavelmente, os chekistas não questionam o direito à propriedade por si só (eles próprios são proprietários desde seus dias em São Petersburgo). Mas eles parecem ter idéias bastante bizarras a respeito da economia do setor privado, além de acreditarem sinceramente que a regulamentação administrativa da economia é um bem geral, especialmente no que diz respeito a áreas "estratégicas" da economia. Finalmente, os chekistas não têm nenhuma experiência na administração de negócios em geral e, especialmente, em empresas de grande escala. Somados, todos esses fatos eram presságios de grandes turbulências econômicas — pois a corporação chekista conquistara uma influência sólida e duradoura sobre o presidente, ele próprio chekista, e não tem a menor intenção de abrir mão de seu poder.

Sergei Ivanov sempre foi visto como o principal candidato dos chekistas para o cargo de primeiro-ministro: ele é o ministro da defesa "à paisana", cujos aviões e helicópteros ficam caindo, cujos submarinos afundam, cujos mísseis não decolam, cujos soldados desertam em companhias e batalhões inteiros, e cujos recrutas morrem de frio a caminho de suas unidades. Rumores da nomeação de Ivanov para o cargo de primeiro-ministro — no lugar de Kasianov — surgiram já em outubro de 2000. Em resposta a tais rumores, os que se opunham à nomeação realizaram uma operação especial na imprensa. O jornal *Stringer* publicou um documento "confidencial" intitulado "A fundação técnico-tática para a transferência de poder do presidente da Federação Russa para seu sucessor acompanhada por uma intensificação do papel do governo na sociedade". O texto foi enviado aos jornais por uma fonte desconhecida. Ele descrevia os passos que seriam necessários para que Putin pudesse, primeiro, nomear um certo "Andropov-2" para o cargo de primeiro-ministro para depois, voluntariamente, indicá-lo como seu sucessor. Ivanov era facilmente reconhecível sob os pseudônimos "Andropov-2" e "sucessor".

Em novembro de 2000, o jornal *Zavtra*, de Alexander Prokhanov, acusou a mídia — que vinha espalhando rumores da promoção iminente de Ivanov — de conduzir uma campanha deliberada contra Ivanov com o objetivo de comprometer seu avanço: "Essas forças, que certa vez passaram um tempo considerável desacreditando os 'chekistas de Petersburgo', estão hoje dedicando boa parte da atenção ao tópico da 'premierização' iminente de Ivanov... Estão tentando retratar uma espécie de 'falsa largada virtual' para Ivanov, visando, com isso, diminuir o peso e a importância dessa figura."

Não se sabe se Putin acreditou ou não na existência do plano "Andropov-2" e nas ambições de Ivanov de tornar-se primeiro-ministro. Mas Sergei Ivanov realmente não se tornou primeiro-ministro naquele momento, e tampouco foi nomeado para o cargo quando Kasianov foi efetivamente substituído. Além de Ivanov, o candidato chekista mais discutido para o cargo de primeiro-ministro era Boris Grizlov, que se tornou recentemente porta-voz da Duma (seu cargo de ministro de assuntos internos foi para outro protegido de Ivanov, Rashid Nurgaliiev). No entanto, de modo bastante inesperado para todos, a posição de primeiro-ministro foi ocupada por Mikhail Fradkov — representante da Rússia na União Européia, "agente honorário da contrainteligência russa" e ex-ministro da polícia tributária. Apesar das ligações departamentais com a KGB-FSB, Fradkov não fora previamente membro do grupo central dos "chekistas de Petersburgo". Ele era suficientemente "um deles" para que os chekistas e para que Putin, pessoalmente, confiasse a ele o cargo de "primeiro-ministro técnico", que fora retirado das mãos da "família". Ao mesmo tempo, não era tanto assim "um deles" a ponto de ser precioso demais para ser descartado caso surgisse a necessidade.

Os centros sociológicos da Rússia têm conduzido diversos estudos para determinar o nível do envolvimento da FSB na vida civil do país. Segundo o Centro de Estudos da Sociedade Pós-Industrial de Moscou, 15% dos homens que trabalham na Rússia são empregados por diversas agências de proteção do Estado. Nos escalões superiores do governo, 43% do pessoal vem dos serviços de segurança, da polícia, da promotoria ou do exército. Outros pesquisadores acreditam que a parcela da FSB no governo da vida política e econômica do país seja ainda maior: de 70% a 80%.

A tomada do governo nos níveis federal e regional está acontecendo através de nomeações de novos oficiais de alto escalão no lugar dos antigos. Essa política foi iniciada pelo general da FSB Viktor Ivanov, que estava a cargo do pessoal no gabinete do presidente Putin. Foi ele quem promoveu oficiais da FSB — naturalmente, com o conhecimento do presidente — para todas as posições disponíveis. O direito pessoal de nomear e de demitir, que Voloshin conquistara para si, foi parar nas mãos de Viktor Ivanov.

8

OS AMIGOS DO PRESIDENTE, OU "AGENTES E OBJETOS"

DURANTE A CAMPANHA ELEITORAL DE 1999-2000, era difícil descrever e explicar exatamente o que havia de errado com Putin como candidato. Ele era desconhecido fora de São Petersburgo, se é que se pode dizer que era conhecido de todo — e é isso o que dificulta dizer qualquer coisa boa ou ruim sobre ele. Uma única coisa já estava clara em 1999: Putin vinha da KGB, onde passara toda a vida adulta. Pessoas especiais selecionavam indivíduos para trabalhar na organização, e os selecionados também eram muito especiais. Aqueles que viviam no enorme país que é a Rússia não costumavam entrar em contato com essas pessoas secretas e, se o faziam, freqüentemente não sabiam que os colegas, amigos e até mesmo parentes trabalhavam para a segurança do Estado. Já os indivíduos que trabalhavam para a segurança do Estado se conheciam e também sabiam muito uns sobre os outros. E, segundo a vontade da organização poderosa que os empregava, ajudavam-se entre si, promoviam-se uns aos outros, nomeavam-se mutuamente para posições cada vez mais elevadas e espalhavam-se por territórios ilimitados como um tumor maligno. A população não-iniciada jamais conseguiria compreender o que explicava o sucesso na carreira de uma pessoa ou de outra, que muitas vezes não tinham habilidades profissionais especiais ou destacavam-se justamente pela falta de profissionalismo. Enquanto isso, colegas obtusos permaneciam nos cargos de gerentes. E as pessoas foram forçadas a concluir que o sistema soviético (ou a Rússia, como um país) era falho. Porém, o "sistema" não era tão acéfalo quanto possa parecer. Era simplesmente um sistema completamente diferente do imaginado. O sistema da KGB-FSB buscava um objetivo simples: utilizar todos os meios necessários para nomear os próprios oficiais da reserva ativa ou agentes recrutados para todas as posições administrativas.

Nesse curto capítulo, falaremos apenas sobre alguns dos amigos e conhecidos de Putin e sobre um de seus inimigos, e tentaremos explicar o que há de errado em um presidente da KGB. O que há de errado nesse presidente é que ele arrasta atrás de si milhares de pequenos Putins, não mais distinguíveis do que ele, mas todos empregados ou agentes da segurança do Estado. Esses são seus amigos — ou, mais precisamente, não são nem um pouco seus amigos, mas sim seus colegas da KGB-FSB. Se a KGB-FSB ordenar, Putin os trairá, venderá e "acabará com eles", caso seja necessário — assim como está hoje "acabando" com os oficiais da reserva ativa que foram enviados para trabalhar sob o comando de Mikhail Khodorkovski e que foram sacrificados pelo projeto de bilhões de dólares da pilhagem da Yukos. Eles simplesmente se tornaram dispensáveis, vítimas da circunstância. Um empregado da segurança do Estado não possui amigos. As pessoas que encontra caem em duas categorias: agentes e objetos. Um agente é alguém que se recruta, que oferece informações, que age como fonte. E um objeto é alguém que é "trabalhado" ou "desenvolvido" — em outras palavras, começa-se a criar uma pasta sobre ele, formal ou informalmente. Às vezes, um agente torna-se um objeto ou um objeto torna-se um agente. Provavelmente, Putin classificou conscientemente cada pessoa que conheceu na vida como sendo ou agente ou objeto. Mas nada seria mais ingênuo do que imaginar que Putin tenha ou jamais tenha tido amigos, apesar de a palavra "amigo" ser uma das mais utilizadas em qualquer língua. Nós também não podemos evitar a utilização da palavra "amigo" neste capítulo em relação a muitas pessoas cujos caminhos cruzaram o do presidente Putin. Mas sempre que o leitor vir essa palavra (a linguagem humana é constituída de tal forma que não se pode evitá-la), ele deve compreender que esse "amigo" não é um amigo, mas sim um colega da KGB-FSB ou um agente, muitas vezes no sentido formal da palavra. Ou até mesmo um objeto. Portanto, eis os "amigos" do presidente...

SERGEI TCHEMEZOV

No final da década de 1980, um homem bastante carismático surgiu em Moscou. Seu nome era Sergei Tchemezov. Hoje, é um nome muito conhecido em toda a Rússia; entre outras coisas, é o nome de um amigo do presidente Putin.

O trabalho de Tchemezov é vender armamentos russos, o que faz com bastante sucesso como presidente da companhia Rosoboronexport. A Rússia é o segundo maior vendedor de armamentos do mundo, atrás apenas dos Estados Unidos. O volume do comércio de armamentos da Rússia excede o valor de 5 bilhões de dólares anuais.

Quando se instalou em Moscou, em 1989, Tchemezov era desconhecido. Ele cresceu em Irktusk. Depois de se formar no instituto politécnico local, trabalhou durante um período curto no Instituto de Pesquisa Científica de Metais Raros e Não-Ferrosos de Irktusk. Tchemezov casou, foi contratado pela KGB e serviu no segundo departamento de contra-inteligência da KGB para a região de Irktusk. Depois, foi enviado para a Alemanha Oriental para trabalhar para a inteligência estrangeira soviética — o Primeiro Diretório Principal da KGB.

O lado oficial (público) de seu emprego era trabalhar para a associação Luch, em Dresden, que estava envolvida no desenvolvimento de energia nuclear. A tarefa principal de Tchemezov, no entanto, era obter segredos técnicos e tecnológicos de países ocidentais para o diretório "T" do Primeiro Diretório Principal da KGB. Em uma entrevista de outubro de 2005, respondendo a uma pergunta sobre o trabalho em parceria com Putin, Tchemezov comentou: "Por que negar que isso aconteceu? É verdade, trabalhamos ao mesmo tempo na Alemanha Oriental. Entre 1983 e 1988, eu era o presidente da associação Luch em Dresden, e Vladimir Vladimirovitch foi para lá em 1985. Vivemos na mesma casa e passávamos tempo juntos tanto como colegas quanto como vizinhos." Contudo, nenhum dos dois conseguiu seguir carreira na inteligência estrangeira: ambos tiveram que voltar para a União Soviética.

O major-general Ievgeni Kubishkin era um empregado antigo do Quinto Diretório da KGB (futuro Diretório para a Defesa da Ordem Constitucional). Ele subira na hierarquia dos órgãos de segurança do Estado, chegando a segundo secretário do comitê do partido da KGB — posição de prestígio que assegurava mais promoções. Kubishkin fora escolhido para o comitê do partido da KGB quando trabalhava como comandante do oitavo Departamento do Quinto Diretório, que lidava com os chamados extremistas judeus: Anatoli Sharanski e outros *refuseniks** famosos. A nomeação de Kubishkin para o órgão mais elevado do partido da KGB, que empregava 32 mil membros do partido, foi facilitada pelo comandante do Quinto Diretório, o tenente Filipp Bobkov, que estava instalando diligentemente pessoas leais a ele em diversos cargos superiores dentro do sistema da KGB.

Depois de servir durante algum tempo como segundo secretário do comitê do partido da KGB, Kubishkin foi nomeado primeiro vice do Diretório de Inspeções da KGB. Pouco depois, foi promovido a major-general. Em termos de poder, o Diretório de Inspeções só ficava atrás do Diretório de Pessoal. Eram nos escritórios desses dois diretórios que se decidiam os destinos dos oficiais mais elevados da KGB. Bobkov conseguiu promover seu pessoal acima de tudo graças a Kubishkin. Assim, o comandante do segundo departamento do Quinto Diretório (que lidava com extremistas nacionalistas), Golushko, tornou-se comandante do secretariado da KGB e depois foi nomeado comandante do diretório da KGB na Ucrânia, finalmente se tornando comandante da própria KGB. O comandante do Sétimo Departamento do Quinto Diretório (prevenção de comércio ilegal de armas e das atividades de pessoas anônimas cultivando intenções terroristas ou outras socialmente nocivas), Golovin, tornou-se comandante do diretório da KGB no Uzbequistão. Vários comandantes de outros departamentos do Quinto Diretório tornaram-se comandantes dos diretórios regionais da KGB. Provavelmente, nenhuma outra subdivisão dentro da KGB produzia tantos oficiais de primeiro escalão quanto o Quinto Diretório de Bobkov, enquanto o próprio Bobkov se tornou vice-diretor, e depois primeiro vice-diretor, da KGB.

Kubishkin, no entanto, não subiu rapidamente na carreira. Em cerca de dois anos, retornou ao Quinto Diretório como vice-comandante do diretório, sem perspectiva de promoções futuras. Como vice-comandante do Diretório de Inspeções, o extremamente direto e rígido Kubishkin conseguiu conquistar inimigos poderosos no primeiro escalão da KGB que eram

---

* Cidadãos soviéticos, especialmente judeus, que tiveram a permissão para emigrar recusada. (*N. do T.*)

planejadores experientes que sabiam como tirar vantagem do gosto excessivo de Kubishkin por mulheres e pela bebida, e foram capazes de removê-lo rapidamente de uma posição de responsabilidade, efetivamente encerrando sua carreira. Depois de retornar ao Quinto Diretório, Kubishkin recebeu ordens de supervisionar uma série de departamentos, incluindo o décimo primeiro departamento, criado em 1977 para fornecer supervisão de contra-inteligência sobre os canais de intercâmbio internacional de esportes. A preocupação mais premente na época era fornecer segurança para os jogos olímpicos de 1980, que ocorreram em Moscou e em Tallin.

A equipe do décimo primeiro departamento era formada principalmente por funcionários de longa data do Quinto Diretório. O surgimento de Tchemezov — um novo empregado, e além do mais, um novo empregado vindo da cidade provinciana de Irkutsk — foi mal recebido no departamento, pois Tchemezov fora nomeado pelo general Kubishkin, de quem muitos não gostavam. Além disso, a chegada do novo empregado foi acompanhada por uma série de "irregularidades" que violavam os procedimentos usuais através dos quais os empregados dos órgãos periféricos da KGB eram normalmente transferidos para o aparato central. Por via de regra, um empregado transferido para o aparato central era nomeado para uma posição vários graus abaixo da ocupada no local de trabalho anterior (provinciano). Mas Tchemezov foi nomeado para a mesma posição que ocupava anteriormente — operativo sênior — evidentemente por ter vindo para Moscou de Dresden. Além disso, como oficial da reserva ativa, Tchemezov foi nomeado vice-gerente geral da Soyuzsportobespechenie e foi designado para uma agência que supervisionava as compras de roupas esportivas importadas e de equipamentos para todos os atletas soviéticos. Tchemezov também recebeu um apartamento em Moscou, o que era um bônus significativo no período soviético (muitos empregados da KGB de Moscou ficavam anos em listas de espera antes que pudessem se mudar para instalações melhores).

Na Soyuzsportobespechenie, Tchemezov aproximou-se do gerente geral Viktor Galaiev, antigo funcionário da Komsomol, comandante de um dos diretórios de esportes do Comitê Estatal de Esportes da URSS e secretário do comitê do partido da agência. O monopólio da Soyuzsportobespechenie sobre as compras de equipamento atlético permitia que Galaiev e Tchemezov fizessem acordos com firmas estrangeiras de tal modo que parte do dinheiro dos contratos acabava em seus próprios bolsos, e para os padrões da época as quantias não eram triviais — dezenas de milhares de dólares.

No começo da década de 1990, Galaiev e Tchemezov começaram a vender coxas de galinha em São Petersburgo, negócio popular na época. Eles investiram cerca de 100 mil dólares no empreendimento. O negócio funcionava extra-oficialmente, através de representantes, já que, como funcionários do governo, Galaiev e Tchemezov (que também era oficial da KGB) não tinham o direito de se envolver em atividades comerciais privadas. Mas negócios desonestos na Rússia respeitavam regras desonestas, e Galaiev e Tchemezov tiveram o retorno do empreendimento roubado. Assim, enfrentaram o problema de conseguir o dinheiro de volta dos sócios trapaceiros em São Petersburgo. Recorrer à justiça estava fora de cogitação, já que o negócio era ilegal. Só restava uma única opção: procurar a ajuda de criminosos.

Um dos colegas chekistas de Tchemezov era um jovem oficial que servira brevemente no terceiro departamento do Quinto Diretório, o tenente sênior Iuri Zaitsev. Durante muitos anos, Zaitsev trabalhara como especialista civil (sem posto militar) em uma das subdivisões do Diretório de Comunicações do Governo da KGB (UPS); ao mesmo tempo, estava matriculado no Instituto Nacional de Correspondência Legal (VYuZI). Depois de se formar, Zaitsev recebeu ordens de supervisionar a Soyuzsportobespechenie, onde conheceu e se aproximou de Tchemezov. Pouco depois, Zaitsev partiu para entrar em atividade como oficial da reserva ativa.

Por acaso, Zaitsev entrou em contato com o marechal soviético Konstantinov e com seu filho Arkadi, que trabalhara na Promotoria Geral da URSS como investigador de casos de importância especial e ocupava o posto de conselheiro de justiça sênior. Utilizando as conexões do pai na indústria de defesa, Arkadi estava tentando montar um negócio de vendas de tecnologia de aviação. Naquele período, a indústria de defesa russa estava em uma situação desesperadora. Sem contratos com o governo, empresas de defesa faziam o possível para sobreviver, vendendo produtos caros por quase nada. Arkadi não tinha problemas com ofertas de compra de tecnologia de aviação — de helicópteros MI-8 a gigantescos aviões de transporte militar Antey. Difícil era encontrar compradores. Seguindo o conselho do pai, Arkadi Konstantinov contratou Iuri Zaitsev como assistente, presumindo que suas conexões na FSB pudessem ser úteis. Ele não estava enganado.

Zaitsev foi logo informado por colegas da FSB que uma firma chinesa estava interessada em adquirir oito helicópteros MI-8. Em pouco tempo, Arkadi Konstantinov conseguiu obter o número certo de helicópteros e o lado russo os comprou rapidamente por um bom preço: 875 mil dólares por helicóptero. As fábricas que produziam os helicópteros ficaram felizes de receber o dinheiro, já que estavam enfrentando grandes dificuldades financeiras. Mais de 800 mil dólares foram depositados na conta de Arkadi Konstantinov em um dos bancos alemães como comissão para ele e para Zaitsev. Os colegas de Zaitsev na FSB receberam um aparelho de fax e uma copiadora — difíceis de obter na Rússia — em troca pelos serviços prestados.

Alguns meses depois, Konstantinov e Zaitsev compraram, cada um, um bom apartamento em Moscou e um carro da Volvo. Mas esse foi o fim da sorte deles. Não surgiram outras ofertas de compra de tecnologia de aviação. A companhia russa que comprara os helicópteros para a China não conseguiu concretizar a venda e não recebeu dinheiro algum do lado chinês. Os helicópteros foram armazenados em algum lugar e os juros sobre o empréstimo bancário feito pela empresa continuavam a aumentar. É verdade que isso não tinha nenhuma relação com Konstantinov nem com Zaitsev; apesar disso, os sócios separaram-se. Não bastasse, Zaitsev acreditava que Konstantinov não lhe pagara integralmente a parte que lhe cabia dos 800 mil dólares. Por esse motivo, Zaitsev organizou uma "brigada de combatentes", liderada pelo ex-boxeador Petchenotchkin, e utilizou-a para ameaçar Konstantinov e seu amigo que vivia na Alemanha e controlava a conta bancária alemã de Konstantinov — a conta que continha o dinheiro que Konstantinov recebera de comissão. Foi assim que Zaitsev entrou no ramo de cobrança de empréstimos na Rússia e na Europa.

Pouco depois, o presidente da companhia que comprara os helicópteros — que tinha uma grande dívida com um dos bancos — foi morto em circunstâncias misteriosas. A FSB, obviamente, estava bem informada sobre o novo negócio de Zaitsev. E quando foi a vez de Tchemezov receber 100 mil dólares por coxas de galinha que nunca haviam sido entregues, ele recorreu à assistência do antigo conhecido Zaitsev.

No entanto, foi descoberto que os 100 mil dólares de Tchemezov haviam sido roubados por uma organização que era protegida pelo grupo criminoso Kazan, todo-poderoso em São Petersburgo. Os "combatentes" de

Zaitsev não conseguiram reaver o dinheiro e, depois de um tiroteio com os bandidos da Kazan, escaparam por pouco com vida de São Petersburgo. Foi aí que Tchemezov recorreu a Alexander Petrovitch Ievdokimov, oficial do Quinto Diretório da KGB e ex-supervisor do Ministério de Assuntos Internos sobre o Diretório 3V da KGB. Ievdokimov era intimamente relacionado com os comandantes da máfia tchetchena, que era ativa em Moscou no começo da década de 1990, já que ele próprio era chefe de um dos grupos criminosos da Tchetchênia ou seu consultor. Contudo, para os tchetchenos, 100 mil dólares era uma quantia pequena, e Ievdokimov decidiu não se envolver em um conflito com São Petersburgo por causa do dinheiro. Tchemezov tinha uma última esperança: o antigo conhecido de Dresden.

ROMAN TSEPOV

Roman Tsepov (sobrenome real: Belinson) nasceu em 1962 na cidade de Kolpino, próximo a Leningrado. Depois de concluir o segundo grau, Roman foi empregado como metalúrgico na fábrica Izhorsky. Depois, foi convocado para o exército. A mãe de Roman era a cirurgiã-dentista chefe do sistema de Leningrado e das instalações correcionais da região de Leningrado. Foi isso o que permitiu que um jovem com o sobrenome judeu "Belinson" se matriculasse na Escola Superior de Política do Ministério de Assuntos Internos depois de deixar o exército. Foi ali que ele mudou o sobrenome para "Tsepov", ao afiliar-se ao CPSU. Roman Tsepov serviu nas tropas de segurança interna e pediu demissão (ou, segundo outras fontes, foi demitido) no começo da década de 1990, quando ocupava o posto de capitão nas tropas internas.

Em 1992, Tsepov abriu uma das primeiras agências privadas de segurança em São Petersburgo, a companhia Baltik Eskort (licença número 020004), tornando-se seu gerente geral. A idéia era criar uma agência privada de segurança fora de Viktor Zolotov, ex-oficial do Nono Diretório da KGB e, posteriormente, do Serviço de Proteção Federal (FSO). Como oficial da reserva ativa da FSB, Zolotov supervisionava formalmente a agência privada de segurança da FSB, enquanto, simultaneamente, servia como chefe da segurança do prefeito de São Petersburgo, Anatoli Sobtchak, como funcionário oficial da Baltik Eskort. O segundo supervisor da FSB na agência privada de segurança era Igor Koreshkov, colega de Putin no diretório da KGB de Leningrado.

Portanto, Sobtchak, que devido à sua posição tinha direito à proteção da segurança federal, era protegido pela FSO, enquanto a família de Sobtchak (sua esposa, Liudmila Narusova, e a filha, Kseniia) e o vice-prefeito da cidade, Vladimir Putin, que não tinham direito à proteção da segurança federal, eram protegidos pela agência privada de segurança de Tsepov, onde Zolotov era listado como funcionário — apesar de ser, simultaneamente, oficial da FSO e chefe da segurança de Sobtchak. Não foi fácil elucidar esses arranjos complicados, mas o resultado foi que todos eram protegidos pelas mesmas pessoas da equipe Zolotov-Tsepov.

Em uma entrevista de 1999 para o jornal *Versiya*, Tsepov lembrou-se daqueles anos: "Eu fornecia segurança à filha de Sobtchak e, às vezes, à sua esposa. Nada mais do que isso... No governo da cidade de São Petersburgo, a navegação de navios a vapor era supervisionada por Putin. E o governo contatou nossa agência. Fizemos um contrato e trabalhamos com Putin. O trabalho consistia em vigilância: ele entrava na casa, saía da casa, entrava no carro, saía do carro... Na época, a posição de Putin não lhe dava direito à proteção de segurança da FSO. Hoje, todos os vice-governadores de São Petersburgo possuem proteção de segurança e todos empregam agências privadas de segurança. Naturalmente, surge a questão: quem paga por isso tudo? Afinal de contas, o serviço custa dinheiro. Mas na época, em 1996, recebi apenas alguns copeques de Putin, porque ele me era útil — o fato de que a agência fornecia segurança para o vice-prefeito aumentava seu prestígio. Putin pagava apenas os salários de seus dois guarda-costas, que ficavam entre quatrocentos e quinhentos dólares por mês. Ele podia pagar esse valor. Era um cliente útil."[1]

No entanto, Tsepov não revelou tudo sobre a relação que mantinha com Putin. Era precisamente Tsepov quem recolhia dinheiro de executivos para o Comitê de Relações Internacionais de São Petersburgo. Foi para Tsepov que Putin enviou o antigo amigo Tchemezov, quando este o procurou pedindo ajuda — e, ao contrário de todos os outros, Tsepov conseguiu devolver a Tchemezov os 100 mil dólares que haviam sido roubados dele. Graças a Putin, Tsepov pôde participar de grandes transações comerciais, como a privatização da Companhia de Navios a Vapor do Báltico.

A Baltik Eskort tornou-se a principal agência privada de segurança a fornecer segurança para a câmara de deputados de São Petersburgo. Ela estava entre as primeiras agências de São Petersburgo a receber uma licença que concedia aos funcionários o direito de portar armas de fogo. O próprio Tsepov tornou-se oficial da equipe do sétimo departamento do Diretório Regional para o Combate ao Crime Organizado de São Petersburgo (Rubop) e passou a ter documentos do Diretório de Assuntos Internos de São Petersburgo e do diretório regional da FSB (quando necessário, Tsepov podia apresentar documentos de uma série de organizações de proteção do Estado). Muitos dos carros da Baltik Eskort eram equipados com sirenes e com estrobos, enquanto o próprio Tsepov tinha um "passe livre" — um documento especial que assegurava que seu carro não seria parado ou revistado.

Imediatamente, a Baltik Eskort obteve contratos para fornecer serviços de segurança para prédios de prestígio no centro da cidade, de navios de cruzeiro e de astros pop em visita. Colocando diversos funcionários do governo e da polícia de São Petersburgo em suas listas de pagamento, incluindo o próprio Zolotov, Tsepov e Zolotov criaram um sistema que permitia que executivos utilizassem a Baltik Eskort para resolver conflitos com sócios e com bandidos. A Baltik Eskort também podia proteger o tráfico de dinheiro não-declarado utilizado pelo governo da cidade e por executivos quando desejavam realizar negócios entre si, por bandidos e executivos quando desejavam fazer acordos com a prefeitura e por executivos quando desejavam fazer negócios com bandidos. Alexander Tkatchenko — também conhecido como "Tkatch" e considerado o líder do grupo de crime organizado Perm — trabalhou durante algum tempo na Baltik Eskort. Tsepov tinha negócios com Alexander Malishev (líder do grupo de crime organizado Malishev), que foi morto mais tarde, e com os irmãos Shevtchenko, dos quais um foi morto e o outro recebeu uma sentença suspensa de sete anos por extorsão. Deve-se destacar que a década de 1990 foi a mais sangrenta em termos de tiroteios e de assassinatos por encomenda em São Petersburgo e também na Rússia como um todo. Mas nenhuma pessoa que recebia proteção da agência de segurança de Tsepov foi morta. Na maioria das vezes, Tsepov estava no lado atacante, e não no defensivo.

A FUGA DE ANATOLI SOBTCHAK PARA A FRANÇA

Em 1995, como parte do plano geral de tomar o poder na Rússia, Korjakov e seus colaboradores decidiram derrubar Anatoli Sobtchak, apoiador de

Ieltsin, do cargo de prefeito de São Petersburgo. O segundo departamento do Diretório para o Combate ao Crime Econômico (UBEP) do Diretório de Assuntos Internos de São Petersburgo começou a "trabalhar" a família e o círculo mais próximo de Sobtchak em maio de 1995. Em dezembro, um grupo operacional-investigativo interagências foi formado para investigar provas de corrupção no gabinete de Sobtchak. O grupo foi criado oficialmente por uma ordem conjunta inédita emitida pelo ministro de assuntos internos, A. Kulikov, por M. Barsukov, diretor do Serviço de Segurança Russo (SBR, antiga KGB e futura FSB — na época, a KGB estava sendo constantemente rebatizada e reestruturada), e pelo promotor geral Iu. Skuratov. As motivações políticas por trás do ataque a Sobtchak eram óbvias. Todos sabiam que a ordem para retirar Sobtchak de seu cargo precisaria vir do todo-poderoso Korjakov. Mas todos também sabiam que em São Petersburgo — "a capital do crime da Rússia" — a corrupção prosperava e que oficiais do governo recebiam propinas de valores excessivamente altos. A luta não foi conduzida de modo cavalheiresco.

O grupo investigativo de São Petersburgo era liderado por Leonid Proshkin, vice-comandante do diretório de investigações da Promotoria Geral da Rússia e um dos investigadores oficiais mais famosos da Rússia, responsável por muitos casos importantes de corrupção no governo. No decorrer de um ano, o grupo investigativo reuniu várias dezenas de documentos que apoiavam o caso número 18/238287-95. Segundo os investigadores, a construtora Renaissance, de São Petersburgo, recebera a propriedade de diversos prédios residenciais na cidade sob a condição de renová-los, e pagara esse grande contrato através da venda de apartamentos renovados a preços reduzidos para empregados da prefeitura e seus parentes. A investigação descobriu documentos assinados por Sobtchak que asseguravam uma posição de tratamento extremamente favorável para a Renaissance, enquanto a diretora da companhia, Anna Ievglevskaia, confirmou que pagara 54 mil dólares para realocar os residentes do apartamento número 17 do prédio número 31, de propriedade da cidade, no aterro Moika. O apartamento compartilhava uma parede com o apartamento número 8, que era ocupado por Anatoli Sobtchak, a esposa e a filha. Depois que os moradores do apartamento número 17 foram realocados, o apartamento passou a ser de Sobtchak. Contudo, para encobrir o caso, o imóvel foi transferido oficialmente para Sergeiev, motorista particular de uma amiga próxima da esposa de Sobtchak, Liudmila Narusova. A sobrinha do prefeito, Marina Kutina (*née* Sobtchak), também obteve uma residência melhor, assim como o chefe da equipe de Sobtchak, V. Krutchinin.

Também surgiram provas de corrupção na Promotoria Geral de São Petersburgo. Nazir Khapsirokov, administrador de propriedades da promotoria de São Petersburgo, assinara um contrato com uma firma turca, Ata Insaat Saanyi Ticaret Ltd., para a reforma e a renovação do prédio de escritórios do promotor pelo valor de 5.855.435 de dólares. A firma turca recebeu 3 milhões de dólares a menos do que o valor combinado. O custo das obras foi superfaturado em 100%. De algum modo, a filha do promotor da cidade obteve um apartamento.

Sobtchak tentou se defender. Em 20 de maio de 1996, o braço de São Petersburgo do partido Nosso Lar é a Rússia enviou cartas ao presidente, ao promotor geral e ao primeiro-ministro, expressando "fortes objeções ao ataque e às calúnias [dirigidos a Sobtchak] por parte da Promotoria Geral". "Sob o pretexto de 'combater a corrupção'", dizia a carta, "a Promotoria Geral está utilizando o próprio trabalho com propósitos políticos e desacreditando o governo. O grupo investigativo de L. G. Proshkin está dando entrevistas e, indo contra todas as normas de procedimento, está publicando materiais não corroborados na imprensa comunista — *Sovietskaya Rossiya, Pravda, Narodnaya Pravda* — que estão sendo utilizados como propaganda na campanha eleitoral. Tendo em vista tais fatos, a organização Nosso Lar é a Rússia, de São Petersburgo, exige que medidas decisivas sejam tomadas para que a utilização de agências defensoras da lei com propósitos políticos chegue ao fim."

Tudo isso era absolutamente verdadeiro — mas as provas de corrupção reunidas pela investigação criminal também eram. Entre os que assinaram a carta estava o líder da diretoria do escritório de São Petersburgo do Nosso Lar é a Rússia, Vladimir Putin.

Do ponto de vista político, Sobtchak perdeu a batalha: em 2 de junho de 1996, seu vice, Vladimir Iakovlev, foi eleito o novo prefeito. O "caso do apartamento", no entanto, não morreu após a derrota de Sobtchak nas eleições. Em dezembro de 1996, um novo investigador da Promotoria Geral, Nikolai Mikheiev, tornou-se o chefe do grupo investigativo. No verão de

1997, a investigação levou às prisões do chefe do departamento econômico e de planejamento (Glavsnab) da prefeitura de São Petersburgo, V. Liubina, de L. Khartchenko, ex-assistente de Sobtchak em questões de moradia e o chefe da equipe do prefeito, V. Krutchinin. No outono, tendo por base os depoimentos dos indivíduos presos e outros materiais reunidos, o grupo investigativo já estava preparado para fazer acusações formais contra o próprio Sobtchak e contra membros de seu círculo mais próximo. Estavam em andamento planos para a prisão de um grupo grande de pessoas, incluindo o ex-prefeito da cidade.

Na época, Putin já estava em Moscou, em uma posição na qual os investigadores de São Petersburgo não o poderiam alcançar. Mas ele acobertou Sobtchak, sabendo que, com isso, estaria também se protegendo, já que a investigação do mesmo modo analisava suas próprias atividades financeiras. A nota da investigação "Sobre certos aspectos do trabalho do grupo operacional-investigativo do Ministério de Assuntos Internos de São Petersburgo" afirmava:

"Obtivemos provas de crimes — a utilização de uma posição oficial com propósitos particulares — cometidos por Putin, um dos oficiais de alto escalão da administração presidencial, membro da equipe de Tchubais. A posição oficial atualmente ocupada por Putin prejudica consideravelmente o trabalho do grupo operacional-investigativo e permite que A. Sobtchak se sinta relativamente seguro."

Putin, que na época era vice-chefe de equipe e diretor do Primeiro Diretório de Controle (GKU), fez o que pôde para frustrar o "caso do apartamento". A promotoria de São Petersburgo fez diversas acusações formais contra policiais de São Petersburgo que estiveram envolvidos na investigação do caso de Sobtchak. Alguns deles, incluindo os oficiais supervisores, foram presos. A mulher de Sobtchak, Liudmila Narusova, passou a fazer visitas regulares a Putin em Moscou. Eles sempre se reuniam a sós, de forma que os detalhes sobre o que conversavam não são conhecidos. Foi precisamente Narusova quem informou a Putin que, depois de um longo debate, a Promotoria Geral da Rússia decidira prender Sobtchak. E a prisão de Sobtchak colocaria todo seu círculo em perigo — incluindo, acima de todos, Putin.

Em 3 de outubro de 1997, o agora ex-prefeito Sobtchak foi convocado para ser interrogado pela promotoria. Esperava-se que fosse acusado formalmente e, depois, preso. Nem os democratas nem Putin poderiam permitir que isso acontecesse: os democratas, porque Sobtchak era seu símbolo, e Putin porque, depois da prisão de Sobtchak, a investigação chegaria a ele. Sob ordens de Putin, uma equipe de emergência do Diretório Regional para o Combate ao Crime Organizado (Rubop) removeu Sobtchak da promotoria e levou-o para um hospital, onde o diretor da Academia Médica Militar, Iuri Shevtchenko — pessoa próxima da família de Sobtchak e conhecido próximo de Putin — fez imediatamente um diagnóstico altamente dúbio de Sobtchak: ataque cardíaco.

Percebendo que Sobtchak estava sendo livrado da prisão, o investigador Mikheiev reuniu-se com os chefes do Ministério da Saúde da Rússia e providenciou um exame de saúde independente de Sobtchak, que seria realizado por médicos de Moscou. No entanto, o exame — o qual a promotoria geral não tinha o direito de ocultar dos oficiais do Kremlin, que não desejavam a prisão de Sobtchak — nunca aconteceu. Em 7 de novembro de 1997, três dias antes da data marcada para a chegada a São Petersburgo do grupo de cardiologistas de Moscou, os oficiais Shakhanov e Milin, da Rubop, liderados pelo primeiro vice-diretor do diretório de São Petersburgo da FSB, Alexander Grigoriev, removeram Sobtchak do hospital e levaram-no para a França em um avião particular. O avião fora alugado da empresa aérea finlandesa Jetflite pelo famoso violoncelista e maestro Mstislav Rostropovitch. A operação de remoção de Sobtchak foi organizada por Vladimir Putin. Uma ambulância entrou diretamente na pista de decolagem do aeroporto de Pulkovo: saíram dela Anatoli Sobtchak e Liudmila Narusova, que embarcaram no avião e decolaram.

Quando chegou à presidência, Putin não se esqueceu das pessoas que o haviam ajudado a executar essa operação. Iuri Shevtchenko tornou-se ministro da saúde da Rússia. Alexander Grigoriev tornou-se diretor da Agência Federal de Reservas do Estado. Rostropovitch virou amigo íntimo de Putin.

Como ministro da saúde, Shevtchenko ganhou o apelido de "Doutor Morte", pois durante seu mandato a mortalidade na Rússia cresceu acentuadamente, e durante a libertação dos reféns do "Nord-Ost" em Moscou, em 23 de outubro de 2002, 129 pessoas morreram devido a tratamento médico inadequado depois de sofrerem envenenamento por gás. Depois de cinco anos de fracassos, Shevtchenko foi demitido.

NAZIR KHAPSIROKOV E ASHOT IEGHIAZARIAN

Nazir Khapsirokov, administrador de propriedades da Promotoria Geral, nasceu em 1952 na aldeia de Khabez, em Karachay-Cherkessian. Seu pai, Khazir Khapsirokov, era professor no Instituto Pedagógico de Karachay. Depois de se formar na escola secundária, Nazir ingressou no instituto onde o pai lecionava. Nas férias, junto a outros estudantes, Nazir ganhava dinheiro trabalhando como instrutor na estação de esqui de Dombai, onde já demonstrava ter espírito empreendedor: ele dizia a todos os grupos nos quais trabalhava que era seu aniversário e depois recolhia dinheiro como presente, resultando em um bom complemento para o salário.

Após se formar no instituto, Nazir tornou-se secretário do comitê do Komsomol de seu distrito, e depois se tornou instrutor no comitê do partido de seu distrito. No entanto, continuava a beber muito, e o vício fugiu tanto ao controle que foi levantada a questão de expulsá-lo do comitê do partido. Ele foi salvo quando o pai, homem respeitado na república, interveio em seu favor. Mas sua carreira como funcionário do partido estava encerrada. Nazir deixou a cidade natal e tornou-se diretor de uma fábrica de serviços para o lar, organizando a produção irregular de bens tricotados no local de trabalho. Na União Soviética, tais pessoas eram chamadas de "organizadores de lojas" (*tsekhoviki*). Eles produziam bens à custa do governo em empresas estatais, mas os bens não eram citados em nenhum documento, como se simplesmente não existissem. Todo o dinheiro da venda desses produtos ia para os organizadores desses negócios privados complicados e arriscados, que eram proibidos pela lei soviética. Cedo ou tarde, os "donos das lojas" eram presos. E foi isso que aconteceu com Nazir. Foram feitas acusações formais contra ele, que foi colocado em uma prisão pré-julgamento.

Casos criminais envolvendo "organizadores de lojas" eram conduzidos pela KGB, pois empreendimentos econômicos de grande escala eram vistos como uma forma de sabotagem econômica e, portanto, como ameaças às fundações do Estado. O código criminal da RSFSR chegava a determinar a pena de morte para operações ilegais que movimentassem mais de um milhão de rublos. Na melhor das hipóteses, Khapsirokov enfrentaria um longo período na prisão. Mas ofereceram-lhe a liberdade e a anulação das acusações criminais contra ele em troca de colaboração com a KGB.

Quando, no final da década de 1990, Khapsirokov começou a construir *datchas* nos arredores de Moscou para oficiais federais e do governo da cidade de Moscou, foi novamente acusado, desta vez por gastar mais de meio milhão de dólares além dos recursos disponíveis. Em outras palavras, foi acusado de roubar mais de meio milhão de dólares. Nazir colocou toda a culpa em seu vice, que desapareceu. O próprio Khapsirokov trocou de emprego, tornando-se gerente executivo da Promotoria Geral da Rússia. Na época, o promotor geral era o ex-diretor do diretório de auditoria do presidente, Alexei Iliushenko. Quando Khapsirokov foi nomeado para o novo cargo, surgiram relatos na imprensa de que os recursos orçamentários destinados à Promotoria Geral para a manutenção de todas as promotorias no país eram mantidos em contas no Banco Nacional de Moscou e no Unikombank, que eram dirigidos por Ashot Ieghiazarian, amigo de Khapsirokov.

Ashot Ieghiazarian nasceu em Moscou em 2 de julho de 1965. No final da década de 1970, emigrou com a família para Los Angeles. Na década de 1970, a URSS abriu um consulado geral em São Francisco, que fornecia a fachada diplomática para atividades da inteligência estrangeira soviética e concedia vistos a americanos que desejassem visitar a União Soviética. Todas as cópias de formulários para a obtenção de vistos de entrada eram enviadas para o Diretório Consular do Ministério de Assuntos Externos da URSS e para a KGB — para a Unidade Central de Comunicações Operacionais, o que possibilitava várias subdivisões da segurança do Estado a participarem ativamente do processo de conceder (ou recusar) vistos de entrada a cidadãos estrangeiros. Os empregados dos departamentos consulares das embaixadas da URSS — e, mais tarde, da Rússia — costumavam ser oficiais de inteligência internacional, trabalhando sob disfarces diplomáticos. Conseqüentemente, a KGB e a FSB sempre eram informadas com bastante antecedência quando qualquer cidadão estrangeiro fazia planos para visitar o país.

Na biografia de Ieghiazarian, tudo parecia peculiar. Em 1991, aos 25 anos de idade, Ieghiazarian tornou-se diretor da Fundação para o Desenvolvimento Sócio-Econômico da Região de Moscou. Em 1993, criou e se tornou presidente do Banco Nacional de Moscou (cujo nome — "Nacional de Moscou" — não soa nada russo). Em 1995, o banco tornou-se um dos maiores da Rússia (e depois faliu). O banco detinha as contas do governo regional de Moscou, do Ministério da Defesa, da Rosvooruzhenie (a companhia estatal de exportação de armamentos), da Agência Cósmica Russa e da Promotoria Geral. Em 1996, Ieghiazarian deixou o banco e se tornou vice-presidente da mesa de diretores do Unikombank. O filho do novo promotor geral, Iuri Skuratov, tornou-se um dos gerentes do banco; o prestativo banqueiro Ieghiazarian reformou e renovou o apartamento de Skuratov, ganhando em troca a nomeação para o cargo de conselheiro do promotor geral da Rússia, o qual ocupou até 1998. A pista para o sucesso de Ieghiazarian era que ele tinha sido recrutado como agente do Serviço de Inteligência Internacional da Rússia (SVR).

Foram precisamente esses dois agentes-amigos — o agente da FSB Khapsirokov e o agente da SVR Ieghiazarian — que Putin utilizou no caso do promotor geral da Rússia Iuri Skuratov, que estava investigando crimes econômicos cometidos por membros do círculo de Ieltsin. Em 1998, o Unikombank — onde Ieghiazarian estava empregado — forneceu os recursos para o aluguel do apartamento onde certos indivíduos — subordinados ao diretor da FSB, Putin — fizeram uma gravação em vídeo de uma "pessoa parecida com o promotor geral" da Rússia, Iuri Skuratov, divertindo-se com duas garotas de programa. Eventualmente, o vídeo acabou forçando Skuratov a renunciar.

O Unikombank logo desmoronou. Quando o banco declarou falência, os títulos de empréstimo domésticos em dinheiro da região em poder do banco desapareceram, assim como 230 milhões de dólares que haviam sido alocados para a corporação MAPO MiG para a produção de caças para a Índia. O dinheiro nunca foi encontrado. Diversos processos seguiram o colapso do banco, mas nenhum afetou Ieghiazarian. E quando o volume de provas incriminatórias contra Khapsirokov e Ieghiazarian atingiu um estado crítico, começando a impor a ameaça de investigação e prisão, Khapsirokov protegeu-se na equipe do presidente, onde continua trabalhando até hoje, enquanto Ieghiazarian encontrou segurança no parlamento russo, tornando-se deputado da Duma pelo Partido Democrata Liberal da Rússia (LDPR), obtendo assim imunidade, sendo atualmente o vice-presidente do comitê orçamentário da Duma.

TCHEMEZOV DURANTE O GOVERNO DO PRESIDENTE

Em 1997, Ievgeni Ananiev — ex-oficial da KGB, presidente da diretoria do banco MAPO e editor-chefe do jornal *Megalopolis-Express*, que fora apoiado por Korjakov, comandante do Serviço de Segurança Presidencial, e pelo vice-primeiro-ministro Soskovets antes de renunciarem — tornou-se presidente da Rosvooruzhenie.

Pouco depois, por ordem do presidente Ieltsin, outras organizações foram criadas para facilitar a venda de armamentos russos no exterior: a Promexport e a Russian Technologies. O surgimento dos novos vendedores de armas deu início a uma competição entre eles e a um declínio rápido nas vendas, o que levou a uma revisão geral das atividades da Rosvooruzhenie realizada em 1998 pelo Diretório Principal de Controle da Administração Presidencial, dirigido por Nikolai Patrushev, nomeado por Putin. O que a revisão descobriu permaneceu um mistério, mas em junho de 2004 a mídia italiana informou que o ex-presidente da Rosvooruzhenie, Ananiev, estava sendo acusado pelas autoridades italianas de lavar 18 milhões de dólares que haviam sido recebidos do governo do Peru por ele e por um grupo de partidos russos para darem um desconto ao Peru no preço de caças MiG-29.

Depois de se tornar chefe do governo, Putin fundiu imediatamente os vendedores de armas russos em uma única organização, a Rosoboronexport, para facilitar a monitoração do fluxo monetário. Na presidência da nova organização, ele instalou o antigo colega da inteligência internacional Andrei Belianinov, e nomeou Tchemezov primeiro vice de Belianinov. A Comissão do Governo para a Cooperação Militar-Tecnológica com Países Estrangeiros era presidida pessoalmente por Putin.

Em 2004, Tchemezov substituiu Belianinov e se tornou presidente da Rosoboronexport. Em dezembro de 2006, o presidente Putin assinou um decreto "sobre certas questões relativas à cooperação militar-tecnológica entre a Federação Russa e países estrangeiros" que concedeu à Rosoboronexport o direito de monopólio sobre a venda de armamentos russos. Antes de o decreto ser assinado, 18 outras empresas de defesa tinham o direito de fornecer peças sobressalentes e serviços de manutenção para armas vendidas anteriormente a países estrangeiros. Além disso, uma série de grandes produtores de tecnologia militar — como os fabricantes dos caças MiG, o Escritório de Projeto de Instrumentos KBP e a Corporação Militar-Industrial NPO Mashinostroyenia — também tinham acesso independente ao mercado internacional. Depois do decreto presidencial, todas as vendas de armas russas passaram a se concentrar nas mãos de uma das pessoas mais próximas de Putin, Sergei Tchemezov.

Em termos de volume e de lucratividade, a venda de armamentos é a terceira maior atividade comercial da Rússia, atrás do petróleo e do gás. Andrei Belianinov, que presidira a Rosoboronexport antes de Tchemezov, reconheceu em uma entrevista que o dinheiro que permanecia no exterior nas mãos de agentes e de intermediários não estava sujeito a monitoração nem controle. Além disso, na primavera de 2007, o Comitê de Defesa da Duma preparou uma lei permitindo que a Rosoboronexport, que possui 44 escritórios em países estrangeiros, utilize as contas das embaixadas e de outras delegações russas em outros países, ou seja, que não retornem a receita gerada pela venda de armas para a Rússia, mas que a mantenham em contas diplomáticas de embaixadas, consulados e outras delegações representativas.

A nova lei também permitia à Rosoboronexport firmar acordos de troca em negociações de vendas de armas. A princípio, não havia nada de novo nisso. A União Soviética fazia uso extensivo de acordos similares em vendas de armas para nações em desenvolvimento que não tinham como fazer pagamentos em espécie dentro dos prazos. Algumas pagavam com bananas, outras com laranjas. Várias subdivisões do Ministério de Relações Econômicas Internacionais lidavam com esses contratos. A mesma agência também tratava das vendas dos produtos naturais que recebia, vendendo-os no território da URSS. A nova lei confiava todas essas funções à Rosoboronexport. A lei foi acompanhada por uma nota explicativa:

"A atração de pagamentos na forma de produtos naturais deve-se ao fato de que nações em desenvolvimento, especialmente as da região africana, nem sempre são capazes de cumprir pagamentos, assim como ao fato de que é economicamente conveniente que os importadores da produção militar russa paguem pelos produtos que recebem com bens produzidos por eles (produtos têxteis, óleo de palmeira etc.)."

Assim, seguiu a nota, 150 milhões de dólares em munição foram entregues à Indonésia entre 2003 e 2004; o pagamento foi feito em óleo de palmeira. Atualmente, estão sendo feitos planos de se venderem 400 milhões de dólares em armamentos para a Tailândia; o pagamento será feito na forma de diversos produtos alimentares, que não serão entregues em território russo (o que significa que a Rosoboronexport não precisará pagar impostos sobre a venda).

A abordagem de se venderem armamentos russos e de se pagar por eles abriu amplas possibilidades para a manipulação de preços, para o recebimento de comissões extra-oficiais e da apropriação de quantias substanciais de dinheiro, já que acordos de troca complicados tornam a monitoração e o controle das vendas e dos pagamentos praticamente impossíveis.

Em 2007, a Rosoboronexport e todas as suas empresas-filhas foram unificadas na recém-criada Corporação de Tecnologias Russas. Tchemezov tornou-se presidente da corporação. Além disso, a Rosoboronexport recebeu o pacote de cotas da Oboronprom, a fábrica de munições Motovilinskiye Zavody, baseada em Perm, dois terços das cotas da maior corporação de titânio da Rússia, VSMPO-Avisim, que produz 20% do titânio mundial, a companhia de aço Russpetsslal e a fábrica de automóveis AvtoVAZ. A nova corporação estava isenta do controle direto do governo. Seu presidente era escolhido pelo próprio presidente da Rússia. Em outras palavras, Putin criara uma superestrutura militar monopólica para a produção e a venda de armamentos, nos moldes da Gazprom, que comercializa gás natural.

Pouco surpreendentemente, as pessoas envolvidas na investigação de armamentos russos para parceiros estrangeiros, assim como os próprios parceiros, encontravam-se em uma área de alto risco. Em março de 2007, Ivan Safronov, correspondente do *Kommersant*, "caiu" de uma janela da escadaria do prédio onde morava. Safronov, ex-membro das forças armadas, estava envolvido na investigação de vendas de armas russas para a Síria e para o Irã. Em junho, o bilionário egípcio Ashraf Marwan, que fizera fortuna vendendo armas soviéticas e russas, caiu da varanda de seu apartamento em Londres.

Em 5 de julho de 2007, o cidadão russo Oleg Orlov foi estrangulado na prisão pré-julgamento número 13, em Kiev. A Ucrânia suspeitava do envolvimento de Orlov em dois crimes: a venda ilegal de uma estação de radar P-14F para a Eritréia, que estava em guerra contra a Etiópia, no outono de 1999 (documentos falsos afirmavam que a estação de radar estava sendo vendida para a Romênia) e a venda ilegal de mísseis de cruzeiro Kh-55SM, lançados do ar, para a China e para o Irã. Nos dois casos, os armamentos haviam sido entregues através da companhia Ukrainsky Spetsexport. Até 2004, Orlov vivera em Karlovy Vary (na República Tcheca). Ele pedira asilo político ao governo tcheco, mas o pedido fora negado. Quando tentava partir para os Emirados Árabes, Orlov foi preso no aeroporto de Praga e, em seguida, foi deportado para a Ucrânia, onde o Serviço de Segurança Ucraniano (SBU) fizera acusações criminais contra ele, em 2004. As mesmas acusações haviam sido feitas contra Vladimir Ievdokimov, gerente-geral da companhia Ukrainsky Aviazakaz e ex-empregado do SBU. Ievdokimov foi condenado pela Corte de Apelações de Kiev a seis anos de prisão. O SBU colocou mais um cidadão russo na lista de procurados: Igor Shilenko, cujo caso envolvia também o ex-presidente da Ukrainsky Spetsexport, Valeri Malev, e o cidadão australiano Haider Sarfraz — que morreram em acidentes automobilísticos em 2002 e em 2004.

LEONID TIAGATCHEV

Existe um ditado russo que diz: um amigo antigo é melhor do que dois novos. Mas, às vezes, o contrário é verdade. Leonid Tiagatchev, novo amigo de Putin, presidente do Comitê Olímpico Nacional da Rússia, é um exemplo vívido. Leonid Vasilievitch Tiagatchev nasceu em 10 de outubro de 1946, na cidade de Dedenevo, na região de Moscou. Durante muitos anos, teve a vida ligada à estação ferroviária de Turist, localizada nas proximidades de Moscou. A paisagem ao redor da estação é montanhosa, e as montanhas têm sido usadas há tempos por esquiadores que desejam praticar. Um desses esquiadores era o muito jovem Leonid Tiagatchev. Depois de se envolver com esportes, Tiagatchev formou-se na faculdade de educação física do Instituto Pedágogico Regional Estatal de Moscou Krupskaya, em 1973. O instituto não era prestigioso — preparava professores de ginástica para escolas secundárias da região de Moscou. A educação de Tiagatchev foi inconsistente.

Contudo, Tiagatchev possuía outras qualidades importantes. Era amigável, especialmente com quem ocupava posições elevadas na elite do partido soviético e com seus filhos. Havia muitas pessoas interessadas em esqui. Mas somente um grupo muito pequeno conseguia experimentar o esporte. O equipamento necessário era impossível de se encontrar, apesar de ser tão caro. Realizando habilmente trocas de equipamentos e fazendo os contatos certos, Tiagatchev conseguiu, gradualmente, chegar ao topo: tornou-se treinador da equipe representativa de esqui da URSS (cuja qualificação internacional era insignificante). Agora, as pessoas necessárias em quem Tiagatchev estava interessado recebiam tudo que precisavam dele, ou por um pagamento simbólico ou de graça. O treinador Tiagatchev podia se dar ao luxo de fazer isso.

Depois de trabalhar por um curto período como treinador da equipe de esqui da URSS, Tiagatchev conseguiu obter apoiadores influentes no Comitê Estatal de Esportes da URSS, no comitê municipal de Moscou do CPSU e no Comitê Central do CPSU. A casa de Tiagatchev próxima à estação ferroviária Turist tornou-se uma espécie de base de elite de esquiadores para seus patrocinadores. Ele também estabeleceu boas relações de trabalho com administradores esportivos em toda a URSS e nos locais onde as sessões de treinamento da equipe de esqui eram realizadas. Os administradores locais tinham interesse em receber a equipe soviética de esqui, já que todas as sessões de treinamento eram pagas por Moscou. Além disso, uma pequena quantidade de equipamentos difíceis de serem comprados era deixada para eles. Um telefonema de Tiagatchev para o diretor do conselho de turismo da área de Elbrus, o ex-piloto da força-aérea Ibragim Timoiev, era o suficiente para encontrar quartos em hotéis — que de outra forma seriam impossíveis de se encontrar — para a pessoa necessária ou para seus filhos. Através de Zalikhmanov, responsável pelos teleféricos do Monte Cheget, os "amigos" de Tiagatchev tinham acesso livre ao teleférico e não precisavam esperar nas filas. Resumindo, Tiagatchev utilizava habilmente seus "recursos administrativos".

Enquanto o jovem treinador Tiagatchev se estabelecia na nova posição (deve-se destacar que, quando Tiagatchev era treinador, os esquiadores soviéticos nunca obtiveram sucesso algum importante em competições internacionais), o tenente Vladimir Alekseievitch Lavrov — formado na Escola Superior da KGB — começou a trabalhar na primeira divisão do primeiro departamento do Quinto Diretório da KGB. Ele e o colega mais velho, o major Anatoli Sergeievtich Smaznov, vice-presidente da primeira divisão, receberam ordens de supervisionar o Comitê Estatal de Esportes da URSS. Foi Lavrov que, na metade da década de 1970, recrutou para a rede de agentes do Quinto Diretório um agente com o codinome "Elbrus", conhecido na vida comum como o treinador da equipe de esqui soviética, Leonid Tiagatchev.

O trabalho de Lavrov e de Smaznov no Comitê Estatal de Esportes da URSS abriu vastas oportunidades. Através do Diretório de Provisões Médico-Biológicas para as equipes que representavam o país, era possível obter medicamentos importados caros e difíceis de comprar. Através do Escritório Principal de Provisões Atléticas do Comitê de Esportes e através da Soyuzsportobespechenie, era possível obter equipamentos e suprimentos esportivos. Quando era necessário "obter" esses produtos, Smaznov e Lavrov recebiam ordens do patrão, o vice-diretor do primeiro departamento do Quinto Diretório, o tenente-coronel Viktor Timofeievitch Gostev.

Antes de ser contratado pela KGB, Gostev era presidente do departamento econômico-administrativo do Comitê Central da Komsomol. Nesse cargo, ele aprendera claramente que o essencial para a construção de uma carreira era a manutenção de boas relações com os superiores, cuja boa vontade poderia ser obtida em troca de vários tipos de ofertas. Os três — Gostev, Smaznov e Lavrov — faziam tudo o que podiam para fornecer os equipamentos esportivos necessários e suprimentos (como bicicletas) para os vice-diretores do Quinto Diretório, V. I. Nikashkin e I. P. Abramov, e para o diretor do Quinto Diretório, o tenente-general Bobkov. Mas Smaznov, Lavrov e Gostev não eram bem-vistos na KGB. Smaznov fora apelidado de "preto". O colega mais novo, Lavrov, foi apelidado de "pequeno verme". Finalmente, Gostev acabou sendo rebaixado e enviado em exílio honroso para a Associação Esportiva Dinamo, tornando-se vice-diretor de seu Conselho Central.

Em fevereiro de 1979, a equipe de esqui que representava a URSS, sob a supervisão do treinador sênior, Leonid Tiagatchev, voltava para casa de mais um campeonato mundial na Áustria. Quando as bagagens da equipe estavam passando pela alfândega no aeroporto Sheremetyevo-2, em Moscou, os oficiais alfandegários encontraram, no lugar de botas de esqui, 120 pares de calças jeans contrabandeadas — item de vestuário extremamente raro e caro na URSS. O contrabando de calças jeans produzidas no exterior, que eram quase ilegais na União Soviética, poderia gerar problemas graves para Tiagatchev. Para determinar as circunstâncias do caso, o Comitê Estatal de Esportes — com a aprovação do Quinto Diretório — enviou o representante Mikhail Volfovich Monastirski para a Áustria. Monastirski era diretor de diversos campos de alpinismo e também agente de segurança, com o codinome "Vladimirov". Durante a curta viagem, Monastirski-"Vladimirov" obteve provas documentais, incluindo faturas assinadas por Tiagatchev, que mostravam que ele removera 12 pares de botas de esqui das caixas e as substituíra por 120 pares de preciosas calças jeans.

Tiagatchev estava sob a ameaça de sanções criminais. A promotoria de transportes fizera acusações formais contra ele pelo tráfico em grande escala de contrabando. Até a KGB recusou-lhe ajuda. Lavrov, que recrutara Tiagatchev, temia que ele próprio viesse a ser punido pelas ações de seu agente. Ele evitou se reunir com Tiagatchev e não respondeu a seus pedidos de ajuda.

Na época, a KGB estava se preparando para fornecer a segurança para os jogos olímpicos de 1980. O décimo primeiro departamento do Quinto Diretório era considerado a agência-chave nesse importante projeto, em especial sua terceira subdivisão, que estava sendo expandida com urgência para incluir agentes de outros departamentos que haviam sido transferidos para lá pelo período de duração das olimpíadas. Entre os novos empregados da terceira divisão do décimo primeiro departamento estava um antigo formando da Escola Superior da KGB, o capitão Fiodor Alekseievich Volkov, que servira anteriormente no nono departamento do Quinto Diretório, monitorando dissidentes soviéticos. E Lavrov, que ficara com medo das possíveis repercussões do incidente com Tiagatchev, entregou a supervisão do diretório de jogos de inverno do Comitê Estatal de Esportes para o recém-chegado e incauto Volkov. A única opção de Volkov era lidar com o problema herdado de Lavrov, o problema do agente "Elbrus". Volkov providenciou uma transferência para Tiagatchev para uma posição de supervisor no Comitê Esportivo Russo, resgatando Tiagatchev da ameaça de ser considerado criminalmente responsável pelo que fizera. O caso estava encerrado.

Em 15 de abril de 1980, em ligação com as olimpíadas de Moscou, a KGB tomou a decisão de criar novas posições para oficiais da reserva ativa nas principais organizações esportivas da URSS: o Comitê Estatal de Esportes da URSS, o Comitê Estatal de Esportes da RSFSR (Rússia) e o Comitê Esportivo da VTsSPS (o Conselho Central da União Geral de Uniões de Comércio). A decisão foi ratificada pelo secretariado do Comitê Central do CPSU e assinada por Mikhail Suslov, o principal ideólogo da União Soviética, e por Mikhail Gorbatchev, futuro secretário geral do Comitê Central do CPSU e presidente da URSS. Foi assim que Emerik Merkurievich Shevelev, empregado de longa data dos órgãos de segurança do Estado e membro do Quinto Diretório, acabou sendo nomeado vice-diretor do departamento internacional do Comitê Estatal de Esportes da RSFSR.

Tiagatchev estabeleceu rapidamente um bom relacionamento informal com o novo vice-diretor do departamento, e Shevelev e os dois filhos logo começaram a aparecer vestindo roupas produzidas por empresas ocidentais — fabricantes de equipamentos de esqui — e desenvolveram uma paixão pelo esqui, tendo recebido todo o equipamento necessário como um presente gracioso de Tiagatchev.

Shevelev também fez sua parte por Tiagatchev. Ele relatou aos supervisores na segurança do Estado que Tiagatchev era, em todos os aspectos, um homem excepcionalmente confiável, um agente valioso e que, para assegurar uma maior supervisão de contra-inteligência dos canais de intercâmbio esportivo, era absolutamente imperativo enviá-lo em missões de trabalho no exterior como treinador de esqui. Como o comandante do décimo primeiro departamento do Quinto Diretório, coronel N. N. Romanov, e o vice-diretor do Quinto Diretório, major general V. A. Ponomarev, também eram amantes de equipamentos caros de esqui, e como também tinham filhos que gostavam dos caros produtos esportivos importados, a questão em torno do envio de Tiagatchev em missões de trabalho no exterior foi aprovada.

As recomendações de Shevelev foram apoiadas por mais uma pessoa — o patrão de Tiagatchev, diretor do Comitê Estatal de Esportes da RSFSR, Leonid Dratchevski.

Dratchevski, ex-treinador da equipe de remo da URSS, também era agente do décimo primeiro departamento do Quinto Diretório. Ele fora recrutado por Valentin Nefedov, empregado do sétimo departamento do Quinto Diretório que fora transferido temporariamente para o décimo primeiro departamento. E se a carreira de Nefedov nos "esportes" não deu certo — ele foi forçado a deixar o décimo primeiro departamento do Quinto Diretório depois das olimpíadas de Moscou — a de seu agente Dratchevski acabou sendo exemplar em todos os aspectos. Graças ao apoio da KGB, ele tornou-se diretor dos esportes russos e depois foi nomeado pelo presidente

Putin seu representante plenipotenciário no Distrito Federal da Sibéria. E para substituir o agente Dratchevski da KGB-FSB na diretoria dos esportes russos, o governo instalou o agente da KGB-FSB Tiagatchev.

No período soviético, o Segundo Diretório Principal da KGB era o principal órgão de contra-inteligência do país. O diretório contava com um décimo terceiro departamento. No final da década de 1970, Arkadi Guk — ex-residente em Londres da inteligência internacional soviética, cuja carreira fora seriamente prejudicada quando um de seus subordinados em Londres, Oleg Gordievski, desertou para o Reino Unido — foi nomeado líder do décimo terceiro departamento. O departamento supervisionava a seleção e o processamento de oficiais de segurança do Estado para viagens ao exterior em várias delegações soviéticas (incluindo delegações esportivas). O processamento de agentes para viagens ao exterior com delegações esportivas era executado pelo ex-goleiro do time de futebol Dinamo, de Moscou, Valeri Fiodorovitch Baliasnikov. Baliasnikov subira na hierarquia do departamento até ser diretor de sua divisão e, pouco antes do colapso da União Soviética, foi enviado para um país na América Latina como oficial de segurança da embaixada soviética.

Oficiais da segurança do Estado acompanhavam as delegações esportivas soviéticas apenas durante grandes eventos esportivos internacionais: campeonatos mundiais e as olimpíadas. Em competições de nível inferior e durante períodos de treinamento no exterior, as funções de controle e de monitoração eram desempenhadas por agentes infiltrados permanentemente nas próprias organizações esportivas. Oficiais da reserva ativa sem relação com esportes nunca trabalhavam para o exterior com delegações esportivas, pois isso comprometeria seus disfarces em seus locais de trabalho oficiais.

Depois da criação da organização comercial Sovintersport no final da década de 1980, Tchemezov foi enviado para lá como oficial da reserva ativa. Formalmente, no entanto, tornou-se vice-gerente geral da Sovintersport. A empresa lidava com todas as compras de equipamentos produzidos no exterior para equipes russas, o que levou Tiagatchev a procurar Tchemezov. Shevelev também foi prestativo nesse aspecto; assim como Tchemezov, também era oficial da reserva ativa e vice-diretor do departamento internacional do Comitê Estatal de Esportes da RSFSR. Tchemezov e Shevelev trabalhavam na mesma subdivisão — a terceira subdivisão do décimo primeiro departamento do Quinto Diretório.

Rapidamente, Tchemezov e Tiagatchev entraram em um acordo acerca da compra de equipamentos necessários para esquiadores. Eles recebiam propinas ou comissões em dinheiro ou em material (equipamentos de esqui produzidos por grandes firmas estrangeiras). Tchemezov sabia como agradar o amigo Putin. Para um esquiador como Putin, um bom equipamento de esqui é uma questão de orgulho. Tiagatchev não o decepcionou. Putin recebeu o melhor de tudo. Foi assim que Putin e Tiagatchev se conheceram e, com o passar dos anos, ficaram amigos.

SOCHI-2014

Os caminhos das carreiras de Putin, Tchemezov e Tiagatchev estão relacionados entre si. Em 1996, Putin e Tchemezov entraram no Departamento de Administração da Propriedade Presidencial, enquanto Tiagatchev se tornou o presidente do Comitê Esportivo Estatal da Rússia. Em 1998, Putin foi nomeado diretor da FSB e, em seguida, primeiro-ministro, enquanto Tiagatchev se tornou vice-presidente do Comitê Olímpico da Rússia. Em 2000, Putin foi eleito presidente. Em julho de 2001, Tiagatchev tornou-se presidente do Comitê Olímpico, substituindo o agente da KGB-FSB Vitali Smirnov, que ocupara a posição por vinte anos.

Em 2002, os jogos olímpicos de inverno aconteceram em Salt Lake City, Utah, e foram acompanhados por uma série de escândalos envolvendo a equipe russa. Tiagatchev, que não falava outras línguas além do russo e não tinha como se comunicar diretamente com membros do Comitê Olímpico Internacional (COI) nem com os comitês olímpicos de outros países, não fez praticamente nada. Depois do final dos jogos olímpicos, o vice-chefe da equipe de Putin, Alexei Volin, destacou que "o esporte russo demonstrou completa indiferença e ineficiência nos jogos em Salt Lake City. Não vimos sua influência dentro do COI, não vimos sua presença nas federações esportivas internacionais e não os vimos tomar uma posição articulada e bem argumentada em relação aos problemas e às questões que surgiram".

Muitos acreditavam que o presidente do Comitê Olímpico Nacional russo, Tiagatchev, iria renunciar. No entanto, a controvérsia permaneceu confinada às críticas da imprensa. Pouco depois, houve um conflito entre os dois presidentes do esporte russo — Viatcheslav Fetisov, presidente do Comitê Estatal de Esportes da Rússia, e o presidente do Comitê Olímpico Nacional russo, Tiagatchev. Explorando as críticas dirigidas a Tiagatchev depois das olimpíadas de Salt Lake City, Fetisov tentou removê-lo do cargo e substituí-lo por uma pessoa escolhida por ele, Irina Rodnina, famosa no mundo dos esportes como medalhista olímpica e campeã mundial. No entanto, Fetisov e Rodnina perderam essa competição em particular, pois Tiagatchev tinha o apoio de Tchemezov e de Putin, fruto de um comprometimento antigo.

Em janeiro de 1996, Putin entrou para o conselho da Klub-2004, uma associação de industriais e empresários de São Petersburgo fundada para promover a cidade como candidata a sede das olimpíadas de 2004. Na época, São Petersburgo nem chegou à etapa final do processo de seleção olímpico. No entanto, Putin não abandonou a idéia de realizar as olimpíadas na Rússia. Quando se mudou para Moscou, a idéia transformou-se em um projeto de realização das olimpíadas de inverno em Sochi, o destino de esqui favorito de Putin, onde ficara várias vezes com Tchemezov e Tiagatchev, em uma pequena aldeia chamada Krasnaya Polyana.

Para quem nunca foi à Rússia, devemos revelar um importante segredo de Estado. No inverno, grande parte do país fica coberta de neve. A vastidão da Sibéria e diversos picos montanhosos formam locações naturais para a realização das olimpíadas de inverno. Existem centenas de lugares assim. Existe, provavelmente, apenas um lugar obviamente inadequado para tal propósito: a cidade de Sochi, ao sul do Mar Negro russo. Sochi é tão quente quanto a Flórida. Mas é o destino mais caro e popular para todos os "novos russos" e para os russos em geral, porque Sochi na Rússia é como Nice na França. É claro que é mais lucrativo investir em Sochi, e as olimpíadas de inverno são meramente um pretexto para injetar bilhões de dólares de investimentos estrangeiros e de recursos do governo russo na estância de veraneio.

Com o mesmo zelo com que apoiara em 1996 a idéia de se realizarem as olimpíadas em São Petersburgo, onde era o segundo homem do governo, Putin passou a apoiar as olimpíadas de 2014 em Sochi, onde era o primeiro no comando. O projeto prometia grandes lucros, já que quando o Comitê

Olímpico Internacional decidiu votar a questão, Sochi já havia sido inteiramente "privatizada" por organizações controladas por Putin. Em outras palavras, todos os locais e locações mais importantes envolvidos no projeto Sochi-2014 haviam sido comprados antecipadamente, de acordo com um plano coordenado previamente, por organizações privadas e por pessoas controladas por Putin e pela FSB.

Portanto, quando Putin falou sobre a concretização do sonho de realizar os jogos olímpicos em um território sob seu controle, não era o esporte que estava em jogo, e sim negócios. Para realizar o projeto, Putin precisava de um homem de confiabilidade comprovada, e escolheu Tiagatchev. Fetisov, apesar da fama e das conexões no mundo dos esportes, perdeu a disputa com Tiagatchev porque a equipe de Tiagatchev era mais forte: contava com Tchemezov e com Putin.

A competição na arena internacional ocorreu em 2007. O Comitê Olímpico Internacional (COI) precisava decidir onde seriam realizadas as olimpíadas de inverno de 2014. Os candidatos eram a Áustria, a Coréia e a Rússia. O COI reuniu-se para realizar a votação em 9 de julho de 2007, na Cidade da Guatemala.

A decisão do COI de oferecer o direito de hospedar as olimpíadas de inverno fora precedida por uma disputa entre os países candidatos. A vitória em qualquer evento esportivo requer dinheiro. Como sempre, o vencedor é quem investiu mais dinheiro para assegurar a vitória. Os rivais da Rússia — Áustria e Coréia — gastaram, respectivamente, 12 e 21 milhões de dólares para promover suas cidades como sede para as olimpíadas de inverno. A Rússia não medira despesas e gastara 50 milhões de dólares para promover Sochi. Mas isso não foi tudo. Para tirar a vitória das mãos dos rivais, o próprio Putin foi à Guatemala. Na véspera da votação decisiva do COI, Putin reuniu-se pessoalmente com os membros mais influentes do COI e com seu presidente, Jacques Rogge. Putin também não negligenciou o presidente honorário do COI, Juan Antonio Samaranch, figura altamente respeitada no esporte internacional, membro da mais importante organização esportiva, o Comitê Olímpico Internacional, cujos membros foram todos eleitos para o que são, efetivamente, posições vitalícias sob a direção de Samaranch. Obviamente, não se sabe sobre o que Putin e Samaranch conversaram O que se sabe é que o COI votou pela realização da olimpíada de inverno na estância de veraneio russa de Sochi. Além disso, desde a votação, muitos subordinados de Putin afirmaram diversas vezes que o presidente Putin pretende inaugurar pessoalmente as olimpíadas de Sochi. Pode-se especular que Putin tenha mais um desejo secreto que tentará realizar quando deixar a presidência: tornar-se presidente do Comitê Olímpico Internacional.

Para satisfazer essa ambição, Putin provavelmente poderá contar com a ajuda de Samaranch, que lembra muito bem a quem deveu a própria eleição para a presidência do COI em Moscou, em 1980. Samaranch, que na época era o embaixador espanhol na União Soviética, foi apoiado como candidato à presidência do COI não apenas pela União Soviética, mas também por todos os países do bloco oriental. Sua eleição foi precedida por uma espécie de história de detetive. Como embaixador na URSS, Samaranch desenvolveu interesse pela história e cultura russas. Ele passou a apreciar particularmente antiguidades russas, as quais colecionava com o amor de um especialista genuíno e enviava para sua casa na Espanha. No entanto, a URSS proibia a retirada do país de objetos de valor histórico e cultural. A proibição poderia ser contornada facilmente através da utilização do correio diplomático, que não estava sujeito a inspeções alfandegárias. Como no período soviético todas as antiguidades eram monitoradas cuidadosamente pela KGB, o embaixador espanhol Samaranch, por ser um comprador constante de raridades cada vez mais valiosas, passou a ser observado. Depois de algum tempo, um agente do Segundo Diretório Principal da KGB, que monitorava a embaixada russa, reuniu-se com Samaranch e explicou-lhe gentilmente que suas ações estavam sujeitas a processos legais de acordo com o código criminal da RSFSR (cada república tinha o próprio código criminal, não havia um código criminal único para a URSS) e eram classificadas pela lei soviética como tráfico de bens contrabandeados. Ofereceram duas opções a Samaranch: ele poderia ser comprometido através de publicações de artigos na imprensa soviética e estrangeira detalhando suas atividades ilegais, o que, sem dúvida, encerraria sua carreira diplomática, ou poderia colaborar com a KGB como agente secreto. Samaranch escolheu a segunda opção.

Foi precisamente por essa razão que, antes da reunião do COI em Moscou na qual a questão da eleição de Samaranch para presidente do COI seria decidida, a liderança da KGB ordenou que o décimo primeiro departamento do Quinto Diretório preparasse um telegrama criptografado para seus "amigos" — os comandantes dos órgãos de segurança dos outros países do bloco oriental. O telegrama exigia que os agentes estrangeiros infiltrados nos diversos comitês olímpicos nacionais e federações esportivas olímpicas fossem instruídos a respeito da necessidade de demonstrar apoio mundial à candidatura de Juan Antonio Samaranch na sessão do COI que estava para acontecer em Moscou. O telegrama foi assinado pelo vice-diretor da KGB, V. M. Tchebrikov, ex-diretor de todo o Quinto Diretório. Ele não especificava que Samaranch era um agente (o que iria contra as convenções da segurança do Estado), mas indicava que a candidatura era apoiada pela URSS e pedia que fosse também apoiada pelos agentes "amigos" entre os presidentes dos comitês olímpicos nacionais e federações esportivas olímpicas.

O resultado foi a eleição de Samaranch para a presidência do COI, onde ele serviu durante muitos anos ao país ao qual era ligado pelo trabalho como agente e pela gratidão pela ajuda em elegê-lo para uma posição internacional elevada. O oficial da KGB que recrutara Samaranch também não foi esquecido. Através de um decreto secreto (sem anúncio na imprensa) do Presidium do Conselho Supremo da União Soviética, ele recebeu a Ordem da Flâmula Vermelha por Valor Militar.

Outros agentes da KGB-FSB também estiveram envolvidos em instruir membros do COI antes da votação na Cidade da Guatemala. Vitali Smirnov, vice-presidente do COI e ativista esportivo russo, fora recrutado pela KGB durante as preparações para as olimpíadas de Moscou em 1980. Seu supervisor imediato era o diretor do Quinto Diretório, o tenente general Bobkov. Como protegido de Bobkov, Smirnov até chamava o vice de Bobkov, o general Abramov, pelo primeiro nome — Ivan — apesar da diferença de idade entre eles e na frente de subordinados de Abramov.

Shamil Tarpistchev, que fora diretor do Comitê Estatal de Esportes da Rússia durante a presidência de Ieltsin, também ajudou o máximo possível. Ele também fora recrutado pela KGB durante os preparativos para as olimpíadas de 1980. O recrutamento fora feito pelo major Albina Gavrilovna Demidova, um ex-atleta de atletismo que servira durante vários anos como oficial do Sétimo Diretório da KGB — que monitorava as atividades de pessoas que despertavam o interesse da KGB — e fora posteriormente nomeado operativo sênior na terceira subdivisão do décimo primeiro departamento do Quinto Diretório. Finalmente, o diretor do diretório de esportes do Comitê Estatal de Esportes (e, posteriormente, presidente da federação de futebol da Rússia), Viatcheslav Ivanovitch Koloskov, também influenciou membros do COI. Ele fora recrutado no final da década de 1970 sob o codinome "Yantar" pelo vice-diretor da terceira divisão do décimo primeiro departamento do Quinto Diretório, o tenente-coronel Ernest Leonardovitch Davnis. Em resumo, Putin não carecia de assistentes. Mas o mais importante de todos acabou sendo Tiagatchev. Ele recebeu ordens de permanecer calado durante todas as reuniões na Cidade da Guatemala e executou a tarefa com perfeita habilidade.

IURI SHUTOV

Ao contrário da descrição do hábito do presidente Putin de não se esquecer dos amigos, devemos comentar sobre como ele lida com os inimigos. Quando Putin se decide a "pôr fim em alguém", ele não descansa até atingir o objetivo.

Quando Putin começou a trabalhar para Sobtchak, em 1990, Sobtchak tinha pessoas trabalhando para ele que, segundo Putin, "desde então, conquistaram notoriedade e prestaram maus serviços a Sobtchak".[2] Putin referia-se acima de tudo a Iuri Shutov, um executivo e político de caráter duvidoso que era o conselheiro extra-oficial do presidente da Lensovet, Sobtchak, durante a primavera e o outono de 1990 (oficialmente, Shutov serviu de conselheiro para Sobtchak por apenas alguns dias, de 5 a 12 de novembro de 1990).

No período soviético, o pequeno burocrata Shutov fora acusado de tentar incendiar a câmara de deputados de Leningrado (Smolny) visando destruir provas de seus delitos financeiros. Ele foi posto na prisão. Durante a perestróica de Gorbatchev, Shutov foi perdoado e, em seguida, exonerado. Obviamente, ele não pretendera incendiar o Smolny. Depois que Sobtchak o acolheu e o expulsou vergonhosamente mais tarde (aparentemente, sob aconselhamento de Putin), Shutov começou a reunir provas incriminatórias contra Sobtchak e seu círculo mais próximo. Era um período difícil, todos quebravam as leis e havia uma profusão de provas incriminatórias a serem reunidas. Mais tarde, parte do material reunido por Shutov entrou em seu panfleto em forma de livro, "O Coração de Sobtchak" (*Sobchachie serdtse*, um trocadilho com o título do famoso romance de Mikhail Bulgakov, *Sobachie serdtse*, "O Coração de um Cachorro") e em sua continuação, "Os Delitos de Sobtchak, ou Como Todos Foram Roubados" (*Sobchachya prokhindiada, ili kak vsekh obokrali*). A intenção era a de que os livros fossem as duas primeiras partes de uma trilogia intitulada "Roubo".

Para escrever os livros, Shutov foi ajudado por Mark Grigoriev, um jornalista profissional que publicara certa vez um artigo na revista *Ogonyok* sobre a tentativa de "incendiar" o Smolny, que contribuíra fortemente para o perdão e a exoneração de Shutov. O escritório de Shutov ficava no Hotel Leningrado. Shutov alugou um quarto para seu co-autor no mesmo hotel, e os dois escritores trabalharam em paz no livro — que, obviamente, não poderia trazer grandes alegrias a Sobtchak.

Em fevereiro de 1991, houve um incêndio no hotel que resultou na morte de Mark Grigoriev. Isso não intimidou Shutov, que prosseguiu obstinadamente com o trabalho que iniciara. De algum modo, ele obtivera uma gravação de uma conversa casual entre Sobtchak e um residente da inteligência francesa na Rússia. Sobtchak pediu que Putin interviesse e impedisse a publicação da conversa. E Putin, utilizando o Diretório Regional de Leningrado para o Combate ao Crime Organizado (Rubop), organizou uma batida no apartamento de Shutov e confiscou a fita com a gravação.

A batida e a busca foram conduzidas de modo ilegal e não-oficial. Na noite de 6 de outubro de 1991, Shutov entrou no próprio apartamento e encontrou ladrões no interior. Quando fugiam da cena do crime, os criminosos quebraram o crânio de Shutov com um martelo. Quando, vários meses depois, em março de 1992, Shutov recebeu a visita de oficiais do governo com um mandado de busca oficial e uma ordem de prisão (por organizar um atentado contra a vida do presidente do Azerbaijão, Abulfaz Eltchibei, o que era tão verossímil quanto a acusação anterior de tentar incendiar o Smolny), Shutov reconheceu um deles, Dmitri Milin, como um dos ladrões que lhe fraturara o crânio. Acabou sendo descoberto que o segundo "ladrão" era um colega de Milin, Dmitri Shakhanov. Os dois eram oficiais de alto escalão da Rubop de Leningrado. Depois de passar um ano e meio em uma prisão pré-julgamento, Shutov foi inicialmente libertado com a condição de não deixar o país e, em 1996, foi plenamente absolvido por uma decisão da corte do distrito de Vyborgsky, de São Petersburgo.

Nos dois primeiros panfletos anti-Sobtchak (publicados, respectivamente, em 1992 e em 1993), o vingativo Shutov não mencionou uma única vez o nome de Putin. Mas, em 1998, Shutov tornou-se deputado da assembléia legislativa de São Petersburgo e começou a acreditar que agora estava realmente protegido pela imunidade parlamentar, à qual tinha direito por conta de sua posição. Através do jornal *Novy Peterburg*, o qual patrocinava e onde escrevia uma coluna intitulada "Todos os Homens do Rei", Shutov lançou um rumor de que o novo diretor da FSB, Vladimir Putin, fora chamado de volta da Alemanha Oriental durante o período que passara lá como oficial da inteligência internacional por ofensas traidoras contra a Rússia: "Durante os quase cinco anos em que prestou serviço na Alemanha Oriental, o capitão Putin da KGB não conquistou resultados visíveis. Contudo, foi observado entrando em contato não-sancionado com um membro da rede de agentes inimiga. Depois disso, foi enviado imediatamente para a União Soviética, aonde chegou em um automóvel GAZ-24 Volga usado, comprado na Alemanha Ocidental, com três tapetes produzidos na Alemanha."[3]

No mesmo artigo, Shutov apresentou a própria interpretação do relacionamento entre Putin e Sobtchak, quando Putin era o supervisor da KGB na Universidade Estatal de Leningrado e Sobtchak era professor na faculdade de direito da universidade. Segundo Shutov, Sobtchak era um agente *freelancer* e informante de Putin. Putin "precisava coletar informações para a KGB, trabalhar com agentes empregados pela universidade e recrutar novos informantes... O professor Sobtchak acabou preso na rede de interesses da KGB e informava de bom grado ao assistente do pró-reitor, Putin, sobre toda a gama de assuntos que o interessavam. Posteriormente, em 1990, um pequeno fichário contendo os relatórios originais deste informante, escrito à mão, chamado na terminologia burocrática da KGB de 'pasta de trabalho do agente', tornou-se um argumento muito forte em apoio à nomeação de Putin como conselheiro do presidente da câmara de deputados da cidade de Leningrado, Sobtchak".[4]

Os leitores do *Novy Peterburg* nunca descobriram se o que Shutov escrevera era verdade. A resposta de Putin, que na época era diretor da FSB, veio menos de dois meses depois da publicação do controverso artigo de Shutov. Em fevereiro de 1999, por decisão da corte, Shutov perdeu a imunidade parlamentar e foi preso sob suspeita de organizar uma série de crimes graves, incluindo o assassinato de um oficial proeminente da cidade, Mikhail Manevitch, em São Petersburgo, em 1997, e o assassinato de uma ativista democrata proeminente, Galina Starovoitova, em 1998. Para atacar Shutov, Putin chegou a utilizar o famoso repórter oficial da televisão Mikhail Leontiev, que apareceu no Canal Um da televisão russa exigindo punição para o "bandido e malfeitor".

No entanto, em novembro de 1999, a corte do distrito de Kuybyshev de São Petersburgo alterou as restrições pré-julgamento para uma promessa de não deixar o país e determinou que Shutov fosse libertado da prisão. Shutov foi libertado diretamente do tribunal, mas, alguns minutos depois, homens mascarados e armados invadiram o local. Houve uma briga, durante a qual diversas pessoas ficaram feridas, incluindo um operador de câmera da televisão, cujo braço foi quebrado, e o próprio Shutov, que levou várias coronhadas e socos na cabeça e acabou desmaiando. Segundo Shutov, os homens mascarados levaram-no para o prédio da promotoria municipal e o espancaram. Por causa do espancamento, Shutov perdeu metade da audição e um olho. Médicos independentes não tiveram permissão para entrar na promotoria, enquanto os especialistas médicos do governo diagnosticaram que o acusado estava com a saúde perfeita. No entanto, vários dias depois, foi realizada uma audiência na corte a pedido dos advogados de Shutov, e os paramédicos ambulanciais que haviam sido convocados para a audiência entregaram um relatório médico exigindo a hospitalização imediata de Shutov. Mas, em vez de ser hospitalizado, Shutov foi enviado para a prisão pré-julgamento de São Petersburgo, sendo transferido depois de algum tempo para a prisão de Vyborg.

Inicialmente, não estava claro quem organizara a abdução de Shutov do tribunal. Posteriormente, a promotoria municipal de São Petersburgo assumiu responsabilidade pela ação. A unidade de forças especiais (OMON) que invadira o tribunal fora enviada de Moscou para realizar a operação.

Ativistas de direitos humanos e democratas adotaram uma posição fraca e hesitante em relação ao "caso Shutov", pois as visões antiliberais e antiocidentais de Shutov eram inegáveis e ele provavelmente tinha conexões com o mundo do crime. Apesar do perdão do tribunal e da determinação da

Suprema Corte Russa da ilegalidade de Shutov ser mantido preso,[5] apesar da reeleição de Shutov para o parlamento da cidade em 2002, o inimigo pessoal de Putin passou sete (!) anos sendo transferido entre diferentes prisões pré-julgamento sem ser condenado, sendo finalmente condenado à prisão perpétua em fevereiro de 2006 por organizar uma série de assassinatos por contrato de executivos (as acusações de ter assassinado Manevitch e Starovoitova foram retiradas).

Nunca foi descoberto quem matou Manevitch e Starovoitova. Starovoitova foi morta na entrada do prédio onde morava. O assassinato de Manevitch foi executado de modo altamente profissional. O assassino atirou do topo de um prédio alto com um rifle de mira telescópica em um carro que parara em um sinal de trânsito. As balas atravessaram o teto do veículo. A mulher de Manevitch estava com ele no carro no momento do assassinato, mas não foi ferida. Investigadores criminais desenvolveram diversas teorias possíveis em relação ao incidente. Eles também descobriram como Manevitch conhecera quem seria sua futura esposa. Um certo agente da FSB pedira a uma jovem mensageira que pegasse um trem para Moscou e entregasse uma bolsa lacrada a um homem que a encontraria na estação Leningradsky. No trem, um jovem chamado Mikhail sentou-se ao lado da jovem. Eles passaram toda a noite conversando e trocaram números de telefone. Em Moscou, quando desceu do trem, a jovem foi realmente recebida por um homem. Ele pegou a bolsa, afastou-se um pouco e, acreditando que não estava mais sendo visto, jogou a bolsa em uma lata de lixo sem nem abri-la.

O jovem no trem era Mikhail Manevitch. A jovem era sua futura esposa. O agente da FSB que pedira a ela para entregar a bolsa era Vladimir Putin. Só se pode imaginar quem foi "agente" de quem neste incidente e quem foi o "objeto".

P.S.: QUEM É O SR. ZUBKOV?

Em fevereiro de 2007, Anatoli Serdiukov tornou-se ministro da defesa da Rússia. Em 16 de fevereiro, em uma entrevista na Rádio Liberdade, Vladimir Pribilovski comentou a nomeação de Serdiukov:

"Obviamente, a inovação mais divertida e surpreendente é a nomeação de um grande ex-vendedor de móveis para o cargo de ministro da defesa.

Ele é, diga-se de passagem, um oligarca clássico, já que oligarquia significa, na verdade, governo político por uma minoria rica. E o sr. Serdiukov é um exemplo clássico desse tipo de oligarca: milionário, e agora, para completar, ministro da defesa. Só se pode imaginar o que motivou tal nomeação... Por exemplo, talvez o próprio Serdiukov não esteja sendo cortejado para o posto de sucessor. Mas ele é casado com a filha do diretor do Serviço Federal de Monitoração Financeira, Zubkov. Zubkov é bastante próximo de Putin. Talvez eles desejem fazer de Zubkov o sucessor?"[6]

Viktor Zubkov, o nono primeiro-ministro da Rússia, é amigo de Vladimir Putin, de Viktor Ivanov e de Boris Grizlov — e padrasto de Anatoli Serdiukov.

Zubkov nasceu em 15 de setembro de 1941, na aldeia de Arbat, no distrito de Kuvshinsky da região de Sverdlovsk. Ele tem nacionalidade russa. Em 1965, formou-se pela faculdade de economia do Instituto de Agricultura de Leningrado. Zubkov tem doutorado em economia. Em 2000, defendeu sua dissertação, intitulada "Melhorando a estrutura tributária do complexo mineral e de materiais brutos, tendo como exemplo a região de Leningrado".

De agosto de 1958 a agosto de 1960, Zubkov trabalhou como metalúrgico. Depois de se formar pelo instituto, serviu no exército entre 1966 e 1967. Zubkov ingressou no CPSU em agosto de 1967 e permaneceu como membro do partido até agosto de 1991. De 1967 a 1985, trabalhou em fazendas do Estado na região de Leningrado. De 1985 a 1991, Zubkov trabalhou em órgãos soviéticos e do partido na região de Leningrado, servindo como diretor do comitê executivo municipal de Priozersky (1985), como primeiro secretário do comitê municipal de Priozersky do partido da região de Leningrado, como diretor do departamento da indústria agrícola e alimentícia e do departamento agrário do comitê regional do partido (1986-89) e como primeiro vice-diretor do comitê executivo da região de Leningrado.

De janeiro de 1992 a novembro de 1993, Zubkov trabalhou sob a direção de Putin no Comitê de Relações Internacionais (IRC) da prefeitura de São Petersburgo como vice-diretor a cargo da agricultura. Em outras palavras, serviu como vice de Putin, já que Putin, na época, era presidente do IRC.

Em 3 de novembro de 1993, Zubkov foi nomeado diretor da Inspetoria Estatal de Impostos (GNI) de São Petersburgo e vice-diretor do Serviço Estatal de Impostos (GNS). De 14 de agosto a 6 de setembro de 1996, o GNS foi chamado de Serviço Federal de Impostos da Rússia. Em maio de 1995, Zubkov filiou-se à organização Nosso Lar é a Rússia (na época, Putin era o diretor do gabinete de São Petersburgo da organização).

Em 30 de novembro de 1998, Zubkov foi dispensado da posição de vice-diretor do GNS "devido a uma transferência para outro local de trabalho", segundo os documentos de sua renúncia. Em seguida, Zubkov foi nomeado diretor do Ministério de Impostos e Recibos de São Petersburgo. Em 23 de julho de 1999, foi nomeado vice-ministro de impostos e recibos para o Distrito do Noroeste. Alguns dias depois de ser nomeado vice-ministro, Zubkov foi também nomeado diretor do diretório conjunto do Ministério de Impostos e Recibos para São Petersburgo e para a região de Leningrado. Ele ocupou essas posições até novembro de 2001, supervisionando as atividades de 12 inspetorias regionais de impostos.

Em 12 de agosto de 1999, Zubkov foi registrado como candidato à posição de diretor administrativo da região de Leningrado. A campanha eleitoral de Zubkov foi administrada por Boris Grizlov, futuro ministro de assuntos internos. Zubkov ficou em quarto lugar entre os 16 candidatos nas eleições de 19 de setembro de 1999, com 8,64% dos votos (Valeri Serdiukov — sem parentesco com o futuro ministro de defesa com o mesmo sobrenome — foi eleito governador com 30,3% dos votos).

Em 2000, Zubkov filiou-se ao grupo de iniciativa de São Petersburgo (dirigido por Sergei Mironov e Vladimir Litvinenko) para eleger Putin presidente. Ele era um "agente de eleição do candidato Putin".

De fevereiro de 2001 a outubro de 2004, Zubkov foi parte de uma força-tarefa interagências para a preparação de propostas para a melhoria das regulamentações de migração da Federação Russa (a força-tarefa foi liderada por Viktor Ivanov).

Em 5 de novembro de 2001, Zubkov foi nomeado primeiro vice-ministro de finanças e diretor do Comitê de Monitoração Financeira. O comitê de Zubkov, que trabalhava no combate à lavagem de dinheiro, passou a ser conhecido informalmente como "inteligência financeira estrangeira".

Em 11 de junho de 2002, Zubkov filiou-se ao Conselho Coordenador Central dos apoiadores da Rússia Unida. De junho de 2002 a abril de 2004, foi membro da comissão do governo sobre políticas de migração. Em 16 de março de 2004, Zubkov foi nomeado diretor do Serviço Federal de Monitoração Financeira, dentro do Ministério de Finanças (sob o comando do ministro A. Kudrin). Desde julho de 2004, é vice-diretor de uma força-tarefa interagências para o desenvolvimento de estratégias nacionais para a prevenção de legalização de lucros criminais. Em junho de 2006, ingressou na comissão do governo para a prevenção do abuso de substâncias e da venda de drogas ilegais.

Zubkov recebeu honrarias soviéticas: o Emblema de Honra (1975) e a Ordem da Bandeira Vermelha do Trabalho (1981). Também recebeu honrarias russas: a ordem "Pelo Serviço à Pátria" de quarto grau (2000) e "Pelo Serviço à Pátria" de terceiro grau (2006).

Mas por que motivo foi especificamente Zubkov o nomeado para o cargo de primeiro-ministro? Evidentemente, aqueles que nomearam Zubkov primeiro-ministro têm fé em sua lealdade. Até 1989, Zubkov foi o primeiro secretário do comitê municipal de Priozersky. O distrito de Priozersky da região de Leningrado é equivalente a Rublevka, em Moscou: a locação preferida para as *datchas* de toda a elite russa. Foi no distrito de Priozersky que *datchas* foram compradas, com assistência de Zubkov, por Putin, Iakunin, Kovaltchuk e pelos irmãos Fursenko, que em 1996 uniram suas propriedades recém-compradas na cooperativa de *datchas* Ozero, que hoje, ao lado da FSB, governa a Rússia.

NOTAS

[1] Gospodin Okhrannik. Entrevista com R. Tsepov, *Versiya*, 2 de novembro de 1999.

[2] Ot pervogo litsa. Rasgovory s Vladimirom Putinym, M., *Vagrius*, 2000, p. 79.

[3] Neuzheli eto Pravda? *Novyi Peterburg*, 24 de dezembro de1998.

[4] Ibid.

[5] *ITAR-TASS*, 30 de setembro de 2002.

[6] Pribilovski disse à revista *Russky Zhurnal* mais ou menos a mesma coisa (16 de fevereiro de 2007): "A nomeação de Serdiukov para ministro da defesa é a parte mais estranha de toda a operação. É improvável que o presidente tenha desejado deliberadamente cuspir na cara de seus generais (isso aconteceu por conta própria, como efeito colateral). Existem duas explicações possíveis. Primeiro, que ele desejasse surpreender a todos e fazer com que pensassem que 'nosso presidente é tudo menos simples'. Segundo, talvez se espere que o sucessor e herdeiro do trono seja o genro do sr. Serdiukov, Viktor Zubkov, antigo amigo de Putin?"

9

A SUPRESSÃO DA MÍDIA

Reunir a mídia em uma frente unificada foi uma prioridade das políticas do presidente Putin durante toda a duração de seu primeiro mandato. Isso era mais importante do que "estabelecer a ordem constitucional na Tchetchênia", mais importante do que a reforma nas relações entre os governos regionais e o federal, mais importante do que todas as transformações jurídicas, mais importante do que as conversas sobre a reforma militar. Em nenhuma outra esfera a administração de Putin foi tão sistemática e metódica. E em quase nenhuma outra esfera (exceto, talvez, na luta contra os separatistas tchetchenos), Putin demonstrou um interesse pessoal tão ativo.

Os episódios mais importantes e notáveis da luta da administração de Putin contra os jornalistas e a liberdade de expressão foram: o caso Babitski (fevereiro-março de 2000), o caso Gusinski (maio-dezembro de 2000), o confisco do ORT de Berezovski (agosto de 2000-janeiro de 2001), a dissolução da "antiga" NTV (abril-maio de 2000), o "caso TV-6" (2002), a limpeza na "nova" NTV (fevereiro de 2003), a revisão das regulamentações da mídia (maio-junho de 2003), o fechamento da TVS (junho de 2003) e as ondas recorrentes de novas regulamentações "antiextremistas" (verão de 2006 e verão de 2007).

Até onde era possível, cada uma dessas operações foi retratada ou como um "conflito de direitos de propriedade" não-político ou como uma luta contra abusos econômicos. Foram feitas tentativas de camuflar o envolvimento pessoal de Putin, mas era praticamente impossível ocultar seu interesse nessas questões.

Houve também ações e episódios menos visíveis, nos quais Putin, aparentemente, não teve envolvimento direto, mas que eram altamente característicos do regime de "democracia controlada" que se formou sob seu governo: o caso Khinshtein (fevereiro de 2000), a incriminação falsa, organizada pela FSB, seguida da prisão do escritor Eduard Limonov sob acusação de compras de armas (abril de 2001), a tentativa de fechamento da *Novaya Gazeta* (maio de 2002), o fechamento da *Obschaya Gazeta* (junho de 2002), a batida policial nos escritórios da editoria da Ad Marginem Press (setembro de 2002), a batida policial nos escritórios da editoria do *Versiya* (novembro de 2002), o fechamento do "antigo" *Novye Izsvestiya* (fevereiro de 2003), o confisco das instalações da revista *Novoye Vremya* (setembro de 2003), a censura repressiva à imprensa antes das eleições de 2004 (setembro-dezembro de 2003), o aumento na censura na televisão antes da eleição de 2004 (setembro-dezembro de 2003) e as demissões na REN TV e no *Izvestiya* (outono de 2005-primavera de 2006).

Simultaneamente a esses acontecimentos, o controle do governo sobre a mídia regional também aumentou, assim como a perseguição a repórteres nas províncias. Entre as instâncias mais amplamente divulgadas dessa perseguição por autoridades regionais estão o caso de Iulia Shelamidova (Ulyanovsk, agosto de 2002) e o caso Galkin (Chelyabinsk, agosto de 2003), o caso de Bakharev e Sterliadev (Perm, setembro de 2003), o caso de Sergei Saveliev (Kursk, agosto de 2004), o caso de Iuri Bragov (setembro-dezembro de 2004) o caso de Dmitrievski (Nizhny Novgorod, outubro de 2005 a fevereiro de 2006), o caso do jornal *Gorodskie Vesti* (Volgograd, fevereiro de 2006), o caso de Anna Smirnova (Vologda, março-maio de 2006), o caso de Viktor Shmakov (Bashkiria, abril-maio de 2006), o caso de Igor Rudnikov e de Oleg Berezovski (Kaliningrado, 2007). Dezenas de episódios como esses são citados nos relatórios da Fundação de Defesa da Glasnost (FZG), de Alexei Simonov, e do Centro para o Jornalismo em Situações Extremas (TsEZh), de Oleg Panfilov.

O número de acusações criminais registradas contra repórteres e editores entre 2001 e 2003 foi muitas vezes maior do que na década de 1990.

"Na década de 1990, a iniciação de processos criminais contra um repórter era sempre uma grande controvérsia e uma ocorrência suficientemente rara", observa o diretor da TsEZh, Oleg Panfilov. "Em 2000, o Centro para Jornalismo em Situações Extremas contou 19 casos de repórteres sendo acusados de cometerem crimes; em 2001, contamos 31; em 2002, 49; e na primeira metade de 2003, já eram mais de vinte."[1]

Além de uma deterioração geral nas condições de trabalho dos jornalistas, esse período viu um aumento em ações puramente criminosas contra representantes da imprensa e da mídia, especialmente nas províncias: assassinatos de repórteres (até dois por mês no outono de 2003), ataques contra repórteres, ataques a escritórios editoriais, confiscos ilegais de instalações. No todo, centenas de episódios estão registrados nos relatórios da FZG.

O CASO ANDREI BABITSKI (JANEIRO-FEVEREIRO DE 2000)

O começo de problemas sérios entre o governo e a imprensa nos anos Putin se deu com o caso Babitski, quando Putin ainda era apenas presidente interino e candidato à presidência.

No começo de janeiro de 2000, Andrei Babitski, correspondente da Rádio Liberdade, conhecido por seus relatórios sobre a Tchetchênia — extremamente desagradáveis para o governo — desapareceu em Grozni. A administração da Rádio Liberdade supôs que, provavelmente, Babitski tivesse sido preso pelos serviços de segurança russos e internado no campo de filtragem de Chenokozovo.

O governo negou categoricamente a prisão de Babitski, até que, finalmente, começaram a aparecer nos jornais de Moscou relatos irrefutáveis de testemunhas que haviam visto oficiais federais deterem Babitski quando partia de Grozni. Nesse ponto, o promotor geral interino Vladimir Ustinov foi forçado a admitir que, em 27 de janeiro de 2000, Babitski fora realmente preso de acordo com o artigo 90 do código criminal russo sobre "as regras de conduta para jornalistas trabalhando em zonas de operações antiterroristas".

Tentando agradar a opinião pública ocidental, Sergei Iastrjembski, assistente do presidente interino, deixou escapar descuidadamente que o incidente Babitski estava "sob controle pessoal" do presidente Putin. Em pouco tempo, foi anunciado oficialmente que Babitski fora libertado no dia 2 de fevereiro sob a condição de não deixar o local.

Apesar disso, Babitski, "libertado", não entrou em contato com a família nem com os colegas. Mais tarde, descobriu-se que, em 3 de fevereiro, Babitski, supostamente com seu consentimento, havia sido entregue ao "comandante de campo Saiid Usakhodjaiev" em troca de um grupo de prisioneiros de guerra russos que haviam sido capturados por combatentes tchetchenos.

Prevendo que haveria perguntas sobre o "controle pessoal' do presidente interino sobre a questão, Iastrjembski anunciou que, a partir do momento em que a "troca" fora realizada, "o governo federal não tem [mais] responsabilidade sobre o que aconteceu com Babitski".

A filmagem da "troca", feita pela FSB, foi exibida na televisão. Babitski não se parecia nem um pouco com alguém que agia espontaneamente. Ao contrário, estava claro pelo que se podia ver e ouvir na filmagem que o vídeo fora filmado sob protestos de Babitski, e que sua transferência para pessoas mascaradas desconhecidas ocorreu sob a escolta de tropas federais portando armas automáticas. O documento divulgado pelo governo no qual Babitski dava seu consentimento para ser entregue aos combatentes tchetchenos era datado de 31 de janeiro, ou seja, *antes* da data em que fora anunciado que havia sido libertado após prometer não deixar o local.

Tanto o presidente dos separatistas, Aslan Maskhadov, quanto seu principal propagandista informaram à Rádio Liberdade que não sabiam nada a respeito de qualquer troca, que não existia nenhum comandante de campo com o sobrenome uzbeque "Usakhodjaiev" e que não sabiam nada sobre o destino de Babitski após a prisão. Todos os serviços de segurança russos e agências policiais negaram envolvimento na troca, incluindo o Ministério da Defesa, apesar de o ministro da defesa Igor Sergeiev ter comentado na ORT que "não lamentaria trocar dez Babitskis" por um de seus soldados.

Na mídia independente — por exemplo, no jornal *Segodnya* — começaram a surgir especulações de que não teria havido troca alguma: "alguém estava [simplesmente] apagando seus rastros, e não muito bem.[2]"

O caso Babitski foi analisado de forma exaustiva e sem a menor paciência em relação às mentiras do governo pela NTV, nos jornais *Obschaya Gazeta* (uma edição especial foi dedicada ao incidente), *Novaya Gazeta,*

Segodnya, Novye Izvestiya, Moskovskie Novosti e nas revistas *Itogi* e *Novoye Vremya*.

Comentaristas expressaram temores de que Babitski já tivesse sido morto pelos serviços de segurança. A probabilidade de que Babitski realmente não estivesse mais vivo — ou que logo deixaria de estar — estava longe de ser insignificante. Durante a primeira guerra da Tchetchênia, a repórter Nadejda Chaikova fora seqüestrada, torturada e morta a tiros. Chaikova era odiada pelas autoridades federais por fazer reportagens sobre crimes de guerra na Tchetchênia e por não ocultar a simpatia pela idéia da independência da Ichkeria. A negação de envolvimento na "troca" pelos órgãos federais dava motivos para que se suspeitasse do pior.

O repórter Maksim Sokolov, do *Izvestiya*, saiu em defesa de Putin contra acusações de que seria responsável pelo destino de Babitski:

"Existem certos fanáticos por 'locais quentes' que não conseguem mais viver sem tais locais e sem a adrenalina encontrada neles... Enquanto isso, o direito à adrenalina assegurado pelo governo ainda está por aparecer em qualquer constituição. Que isso seja feito por sua própria conta e risco, por favor."[3]

Em 7 de fevereiro de 2000, Andrei Babitski, que fora oficialmente entregue a "combatentes", foi "convocado para interrogatório" de modo igualmente oficial pela Promotoria Geral. Os empregados da promotoria anunciaram que se o repórter não comparecesse espontaneamente, ele seria colocado na lista de procurados e preso quando encontrado.[4]

Durante todo o mês de fevereiro, circularam informações das mais contraditórias sobre o paradeiro de Babitski. Ocasionalmente, oficiais do governo citavam aldeias tchetchenas onde Babitski estaria supostamente escondido, além de comandantes de campo que, supostamente, o teriam em seu poder, enquanto os separatistas negavam tais relatórios e continuavam a insistir que Babitski não havia sido entregue a eles.

Finalmente, em 25 de fevereiro de 2000, foi anunciado que o repórter fora preso no Dagestão portando um passaporte falso com o nome de outra pessoa.

Babitski foi levado ao hospital de Makhachkala no bagageiro de um carro por indivíduos desconhecidos, que o mantiveram em uma aldeia tchetchena depois da "troca". Em Makhachkala, Babitski não se entregou imediatamente à polícia. Antes, alugou um quarto de hotel e fez vários telefonemas, incluindo chamadas para a esposa em Praga e para a Rádio Liberdade em Moscou. Depois disso, foi preso imediatamente por portar um passaporte falso.

Na opinião dele, os combatentes mascarados a quem havia sido entregue pelos agentes federais eram realmente tchetchenos. No entanto, não eram separatistas e apoiadores de Maskhadov, e sim o contrário: combatentes com inclinações pró-federais que apoiavam algum comandante de campo colaboracionista. Eles tentaram se passar por apoiadores de Maskhadov e Babitski fingira acreditar neles de maneira geral. Posteriormente, justo como havia suposto, eles revelaram ser não separatistas, mas sim combatentes da formação armada do partido Adamallah, liderado por Adam Deniev. O irmão mais novo de Deniev, Gazi Deniev, era um tenente-coronel ativo na FSB, enquanto o partido Adamallah defendia a permanência da Tchetchênia como parte da Rússia.

Os combatentes de Deniev haviam tomado os dois passaportes de Babitski — o doméstico e o internacional — e lhe deram um passaporte com sua foto, mas com um nome azerbaidjano, Aliiev.

Na prisão temporária em Makhachkala, Babitski entrou em greve de fome.

Em 28 de fevereiro, o presidente interino observou pessoalmente que não via necessidade de se manter Babitski sob guarda em Makhachkala. Em 29 de fevereiro, Babitski foi colocado em um avião vazio do ministro de assuntos internos, Vladimir Rushailo, e voou para o aeroporto Chkalovsky, em Moscou, onde foi libertado, com uma ordem judicial para que não deixasse a cidade. Em outubro do mesmo ano, Babitski foi condenado a pagar uma multa por usar um passaporte falso, mas foi perdoado pelo juiz.

Mais ou menos ao mesmo tempo, em outubro de 2000, o tenente coronel da FSB Gazi Deniev foi morto a tiros em Moscou por um executivo de quem estava extorquindo um milhão de dólares, enquanto o líder do partido Adamallah, Adam Deniev, morreu em uma explosão executada por separatistas tchetchenos em abril de 2001. Ainda não se sabe se houve qualquer ligação entre o envolvimento dos irmãos Deniev no caso Babitski e suas mortes.

Antes de ser "trocado", Babitski foi mantido no campo de triagem de Chenokozovo, onde os presos eram mantidos de tal forma que, segundo ele, era uma réplica exata dos campos de morte de Hitler. Babitski assinara o consentimento para a realização da "troca" sem saber que a notícia de sua prisão já havia sido espalhada.

É quase certo que não teriam permitido que Babitski deixasse a Tchetchênia vivo, com suas impressões do campo de Chenokozovo, se naquele momento a reputação de Putin no Ocidente não dependesse diretamente de seu destino.

O CASO ALEXANDER KHINSHTEIN (JANEIRO-FEVEREIRO DE 2000)

Simultaneamente ao caso Babitski, que recebeu cobertura mundial da imprensa, o menos divulgado "caso Khinshtein" também chegou ao fim em Moscou. Alexander Khinshtein era um colunista muito lido do jornal *Moskovsky Komsomolets*, que publicava revelações comprometedoras a respeito de diversas figuras do Ministério de Assuntos Internos, incluindo o chefe do ministério, Vladimir Rushailo. A polícia vinha tentando colocar Khinshtein em um hospício, ou ao menos condená-lo por falsificar sua carteira de motorista — apesar de o estatuto de limitações para tal violação já ter prescrito havia tempos.

Durante o ano anterior, que precedeu o ano eleitoral, Khinshtein estivera ativamente envolvido nas trocas de acusações entre os diversos partidos rivais, dando apoio ao bloco Pátria-Toda a Rússia, liderado por Ievgeni Primakov e Iuri Lujkov. Ele escreveu diversos textos nada elogiosos sobre "a família" e o bloco Unidade, "da família", e também sobre o diretor da FSB (que depois se tornou primeiro-ministro), Vladimir Putin.

Apesar de Khinshtein ter encerrado os ataques a Putin, o ministro de assuntos internos, Vladimir Rushailo, passou a agir sem nenhuma restrição, presumindo que seria possível lidar rápida e facilmente com o irritante colunista. No final das contas, no entanto, o ministro precisou voltar atrás — aparentemente, segundo ordens superiores.

O caso Khinshtein foi um exemplo típico de um conflito entre um burocrata em busca de poder e um jornalista sensacionalista no novo regime. Durante o governo de Ieltsin, teria sido praticamente impossível perseguir abertamente um jornalista de Moscou tão conhecido quanto Khinshtein.

Mas as revelações de Khinshstein também tinham um lugar natural dentro do novo contexto político: eram apenas mais uma etapa da luta entre os vários grupos oligárquicos no Kremlin. Nessa disputa, um homem do Kremlin com sede de poder (o ministro de Assuntos Internos) acabou tendo inimigos muito influentes (na prefeitura de Moscou e na FSB), e um jornalista descobriu protetores poderosos na FSB. Na verdade, já durante os anos da perestróica, Alexander Khinshtein — que na época era um repórter muito jovem — chamara a atenção de modo favorável dos empregados do sexto departamento do Quinto Diretório da KGB, agentes que estavam envolvidos na preparação de avaliações analíticas do trabalho das subdivisões da KGB em todo o país. Durante os anos da perestróica, a KGB considerou útil o vazamento de certos materiais para a imprensa, escritos por empregados do sexto departamento do Quinto Diretório. Mais tarde, a KGB teve a idéia de alistar repórteres de verdade para publicar tais materiais sob suas assinaturas. Foi com esse objetivo que Oleg Mikarenko, agente do sexto departamento do Quinto Diretório, recrutou o jovem repórter Khinshtein. E foi através de Khinshtein que Mikarenko e seus colegas do diretório "K" (para a defesa da ordem constitucional) continuaram a inserir contrapropaganda na imprensa — através da publicação de materiais úteis à KGB. O trabalho de Khinshtein passou a ser utilizado de maneira particularmente ativa depois da criação do Centro de Relações Públicas da KGB, e depois que Mikarenko — o agente que recrutara Khinshtein — fora transferido para lá.

A BRIGA DE PUTIN COM O PROGRAMA DE TV BONECOS (FEVEREIRO DE 2000)

O "caso NTV" começou efetivamente em 8 de fevereiro de 2000, quando o jornal *Sankt-Peterburgskie Vedomosti* publicou uma declaração por escrito da Força-Tarefa da Universidade de São Petersburgo para a Nomeação do Presidente Interino Vladimir Putin como presidente da Rússia.

Os autores da declaração, liderados pela reitora da universidade, Liudmila Verbitskaia e pelo decano da faculdade de direito, Nikolai Kropatchev, expressaram queixas contra os dois últimos episódios do programa de TV *Bonecos* (*Kukly*), da NTV, que despertara neles "um sentimento de profunda indignação e repulsa e [que constitui] exemplos eloqüentes do abuso da liberdade de expressão com o qual os cidadãos russos deparam cada vez mais freqüentemente no período que antecede as eleições, não importa o quão deplorável seja".

Na opinião dos professores da *alma mater* de Putin, seu estudante fora "vítima de difamações odiosamente perversas e furiosas que não demonstram nenhuma estima por sua dignidade e honra". Como a difamação ocorreu enquanto Putin servia em um posto oficial (o de presidente interino), as ações dos criadores do programa estavam "sujeitas a processo criminal de acordo com o artigo 319 do código criminal russo". E, como destacaram os autores da declaração, processos criminais baseados no artigo 319 poderiam ser "iniciados independentemente dos desejos da pessoa injustiçada".

Dessa forma, os solícitos professores de direito da universidade protegeram antecipadamente o presidente interino da necessidade de qualquer envolvimento pessoal no processo criminal contra a NTV e o livraram de qualquer crítica que pudesse ser despertada pelo processo. Mas, como escreveu Viktor Shenderovitch, "existem certas dúvidas acerca da autoria [da declaração] (existem rumores de que um fax com o texto da carta teria vindo de Moscou)".[5]

Verbitskaia e os colegas ficaram particularmente ofendidos com o esperto conto de fadas de Viktor Shenderovitch "Pequenos Zaches" (baseado na história de E. T. A. Hoffmann), cujo personagem principal era "Putin-Zinnober" — um presidente interino cujo cabelo fora penteado com um "pente mágico da televisão". A indignação dos professores de Leningrado refletiu a reação de seu estudante no Kremlin ao conto de fadas. "Depois de 'Pequenos Zaches'", escreveu Anna Bossart no *Novaya Gazeta*, "era como se o protótipo do personagem tivesse declarado: 'Irei colocá-lo na prisão.' Não o autor, obviamente — afinal de contas, temos liberdade de expressão —, mas sim o dono da loja."[6] O "dono da loja" era o proprietário da Media Most, Vladimir Gusinski.

Relatórios parecidos chegaram a Viktor Shenderovitch: "*Lá em cima* (olhando para o alto), eles estão especialmente ofendidos com o fato de o herói do programa ter sido uma criatura de baixa estatura."[7]

Além de Bonecos, àquela altura Putin e seu círculo mais próximo já tinham uma série de queixas contra os serviços de mídia de Gusinski, principalmente contra a NTV:

1) A posição não-apologética na cobertura da "operação antiterrorismo" na Tchetchênia.

2) A falta de apoio a Putin e ao bloco de Medved nas eleições para a Duma e nas eleições presidenciais (e, ao contrário, a simpatia pelo bloco Pátria-Toda a Rússia, de Primakov-Lujkov, e ao Yabloko, de Iavlinski, nas eleições para a Duma, e depois o apoio a Iavlinski nas eleições presidenciais).

3) A tentativa de descobrir a verdade sobre os bombardeios nos prédios residenciais em Moscou e o armazenamento de explosivos em uma casa residencial em Ryazan, organizado pela FSB — os chamados "testes de aprendizado" — em setembro de 1999.

4) A "investigação" de casos de corrupção envolvendo o administrador de propriedades do Kremlin, Pavel Borodin, o promotor geral interino, Vladimir Ustinov, o chefe da equipe do presidente, Alexander Voloshin, o primeiro-ministro Mikhail Kasianov, o vice-diretor da FSB, Iuri Zaostrovtsev e outras pessoas próximas ao presidente.

O ataque dos professores de direito, no entanto, não teve conseqüências legais. Seu ex-aluno tomou um curso diferente.

O PRIMEIRO ATAQUE À MEDIA MOST (ABRIL-JUNHO DE 2000)

O ataque direto da promotoria e das organizações de manutenção das leis contra "o dono da loja" teve início imediatamente após a posse de Putin, em 7 de maio de 2000. Em 11 de maio, os escritórios da Media Most foram invadidos pela polícia e revistados.

Inicialmente, os agentes mascarados disseram ser meramente da "polícia tributária", enquanto a Promotoria geral afirmou que a busca fora realizada como parte de um caso criminal que se desenrolava havia dois anos, envolvendo um oficial não-identificado do Ministério de Finanças. Mas um dos oficiais responsáveis pela busca admitiu diante de uma câmera de TV que não era da polícia tributária, mas sim da FSB. Quando anoiteceu, a razão oficial da busca havia mudado: não se tratava mais de um caso criminal envolvendo um oficial do Ministério de Finanças, mas sim de "invasão ilegal das vidas privadas dos cidadãos através de técnicas especiais" (acusação formulada por Sergei Debitsky, investigador de casos de importância especial da Promotoria Geral). Evidentemente, a "invasão ilegal das vidas privadas" referia-se à investigação jornalística da história dos negócios do general Zaostrovtsev.

Durante a operação, dezenas de funcionários da Media Most foram detidos por várias horas sem serem acusados. Os que exigiram ser acusados formalmente ou serem libertados após as três horas permitidas pela lei foram ameaçados de serem algemados e forçados a se deitar no chão. Contudo, desta vez as ameaças permaneceram apenas ameaças.

O secretariado da União de Repórteres da Rússia afirmou que via a operação como um "ato inconstitucional e uma expressão de arbitrariedade com o objetivo de intimidar a mídia independente".

Quanto a Putin, que cumprira apenas quatro dias de mandato quando as repressões começaram — repressões contra uma *holding* da mídia que lhe era pessoalmente hostil —, ele negou categoricamente que a operação tivesse algum fundo político. Ele assegurou ao público que apoiava o princípio da liberdade de expressão e disse que não tinha intenção de interferir na questão, pois a lei era a mesma para todos, incluindo Gusinski.

Contudo, a seguinte piada surgiu rapidamente na internet: "Por que as pessoas que invadiram a Media Most usavam máscaras? Porque o presidente gosta de fazer tudo pessoalmente."

No programa dominical *Itogi*, de Ievgeni Kiselev, que foi ao ar após a batida policial de quinta-feira, todos os inimigos da Media Most receberam o que mereciam: Kekhlerov, Zaostrovtsev e a liderança da FSB em geral (pela armazenagem "educacional" de hexogênio em um prédio residencial em Ryazan), Alexander Voloshin (pelo envolvimento na fraude da companhia AVVA) e Mikhail Kasianov ("Sr. Dois por Cento") e o próprio Putin (pelo caso Babitski). O programa também incluiu um monólogo apropriadamente sombrio de Alexander Soljenitsin, que fora gravado pela NTV em 4 de maio, mas só estava sendo transmitido agora. E, concluindo as duas horas de bombardeios de artilharia — que atrasaram toda a programação da rede em cerca de quarenta minutos — foi exibido outro episódio de *Bonecos*, de Viktor Shenderovitch, esse agora baseado em *Twenty Years After*, de Alexandre Dumas.

Como era de se imaginar, não houve um acordo unânime no Kremlin a respeito dos métodos que deveriam ser utilizados na condução do "caso

NTV". Os "chekistas" desejavam recorrer a métodos coercivos e queriam estrangular Gusinski de uma vez por todas com as mãos da promotoria. A "família", mais flexível, estava disposta a abrir mão tanto de propostas tentadoras quanto de ameaças.

Como escreveu Viktor Shenderovitch, "em maio de 2000, a Media Most foi contatada por um oficial de alto escalão do Kremlin. Durante uma reunião pessoal, ele apresentou uma lista de condições e disse que se elas fossem cumpridas o ataque contra a NTV seria cancelado. Havia várias condições — de alterações nas políticas de notícias em relação à Tchetchênia ao final dos ataques contra a chamada 'família' — mas o primeiro item na lista era a remoção do fantoche do presidente do programa *Bonecos*".[8]

No episódio seguinte de *Bonecos*, com Kiselev de acordo, Shenderovitch cumpriu a exigência dos perseguidores da NTV de modo subversivo: no lugar do presidente, a história de *Os Dez Mandamentos* apresentava uma nuvem em uma montanha e um arbusto flamejante, interpretados por Moisés-Voloshin como sendo "simplesmente *Gospod' Bog* [Senhor Deus]. Abreviado para *GB* [a gíria russa para KGB]".

Duas semanas depois, em 13 de junho de 2000, Gusinski foi preso.

Em 16 de junho, foi feita uma acusação formal contra ele. Gusinski não era mais acusado de "invasão ilegal das vidas privadas dos cidadãos através de técnicas especiais", mas sim de "apropriação fraudulenta em grande escala por um grupo de indivíduos através de fraudes, de quebra de compromisso e de abuso de posição oficial" (código criminal russo, artigo 159, par. 3). A terceira mudança em um mês das acusações feitas contra Gusinski indicava que os órgãos de segurança não estavam suficientemente preparados: a ordem para atacar viera de modo repentino demais.

No entanto, a medida restritiva imposta a Gusinsky foi alterada e ele foi libertado com a condição de que não deixasse o país.

Como relata V. Kara-Murza:

"Conseguimos libertá-lo depois de três dias. Telefonei para Gorbatchev, que telefonou para Juan Carlos, e Juan Carlos disse a Putin que se ele, Putin, não liberasse Gusinski, iria se arrepender mais tarde. E Putin foi forçado a enviar o ministro Lesin para a prisão. Mas ele deu as instruções: 'Negociem com ele, assegurem-se de que ele dê todas as suas ações. Teremos que libertá-lo de um modo ou de outro'."[9]

A VINGANÇA DE SAVONAROLA (JULHO DE 2000)

A escala das pressões feitas contra a NTV fez com que os repórteres do canal sentissem como se não tivessem mais nada a perder. Todas as flechadas críticas da "equipe de Kiselev" estavam agora voltadas diretamente para Putin.

Em 15 de julho de 2000, o programa *Bonecos* apresentou outra peça de fantoches de V. Shenderovitch. O episódio foi sobre Girolamo Savonarola, que foi feito de forma a ficar parecido com o presidente Putin. A sátira engraçada e provocativa de Shenderovitch terminou com uma alusão transparente. Os cidadãos de Florença, feitos para se parecerem com russos, estão decepcionados ao ver que a luta de seu padre contra o luxo e a decadência dos ricos não teve nenhum efeito sobre suas próprias vidas: só que seus olhos ardem por causa da fumaça das fogueiras onde os barões estão sendo queimados — o que não pode ser chamado de uma mudança para melhor.

"Faça alguma coisa, pelo menos!", gritam os florentinos para Savonarola. Então, um deles vira uma ampulheta e diz: "Tempo esgotado." Savonarola, como se sabe, foi queimado na fogueira em 1498 sob aplausos daqueles que, pouco antes, o apoiavam.

Em 16 de julho, como de costume, o episódio foi reprisado.

Em 19 de julho de 2000, os investigadores da procuradoria geral Leonid Tchelenko e Zigmund Lojis, acompanhados por um carro com agentes de segurança da FSB, visitou a casa do proprietário da NTV, Vladimir Gusinski, na cidade de Chigasovo, nos arredores de Moscou. Ali, realizaram uma busca, que foi chamada oficialmente de "inventário da propriedade", e seqüestraram os bens listados no inventário — em ligação com o caso criminal de "apropriação fraudulenta em grande escala através de fraudes e de quebra de compromisso". A acusação referia-se à compra da companhia de vídeo Russkoye pela Media Most. A maior parte da propriedade de Gusinski inventariada consistia de pinturas e de outras obras de arte, assim como móveis e pratarias, já que Gusinski, naturalmente, não mantinha suas ações e dinheiro em um cofre em casa.

O seqüestro da prataria de Gusinski pareceu uma resposta direta de "Savonarola" ao desafio feito em *Bonecos* — e, possivelmente, foi feito com essa intenção.

O SEXTO PROTOCOLO (JULHO DE 2000)

A operação contra Gusinski também tinha uma função prática. Temendo outra passagem por uma prisão temporária, Gusinski assinou no dia seguinte um acordo para entregar à companhia Gazprom Media Holding todas as filiais pertencentes à Media Most como pagamento de dívidas que somavam 300 milhões de dólares. Ao contrário das inventadas "invasões na vida privada" e "apropriação fraudulenta através de fraude e de quebra de compromisso", as dívidas da Media Most com a Gazprom eram reais. O ministro da Imprensa, Mikhail Lesin, participou das negociações. Por insistência de Gusinski, ele assinou o "apêndice 6" do acordo, que estipulava que, em reconhecimento ao acordo de pagamento das dívidas de Media Most, o caso criminal contra Gusinski seria arquivado.

Em 26 de julho, a propriedade de Gusinski foi liberada do seqüestro e as acusações criminais contra ele, arquivadas devido à falta de provas que confirmassem que qualquer crime tivesse sido cometido.

Os repórteres da NTV esperavam ser demitidos a qualquer momento e sentiam que não tinham nada a perder. É quase incompreensível que o *Izvestiya* tenha ousado publicar uma curta entrevista com Shenderovitch na qual o satirista, comparando o presidente Ieltsin a Putin, disse: "O antigo chefe era grande, beberrão e feliz; o novo é pequeno, sóbrio e perverso. Seria melhor se ele bebesse."[10]

De modo similarmente destemido, a NTV comentou a tragédia do submarino *Kursk*, que fora abandonado à própria sorte tanto pela marinha quanto pessoalmente pelo presidente, que nem mesmo encurtara as férias no Mar Negro.

Mas o Kremlin foi de certa forma prematuro ao celebrar a vitória sobre a Media Most: depois de deixar o país, Gusinski rejeitou imediatamente o acordo com a Gazprom Media, já que fora assinado sob coerção da segurança pública russa e, portanto, não tinha mais peso jurídico do que promessas feitas a extorsionários sob a ameaça de ser marcado com um ferro em brasa. Como prova disso, Gusinski apresentou o mesmo "apêndice 6" — ou o "sexto protocolo", como ficou conhecido —, que fora assinado pelo ministro da Imprensa. Gusinski não se recusava a pagar suas dívidas. Mas recusava-se a fazê-lo com suas propriedades de mídia.

Protegendo Putin de acusações de extorsão, Lesin afirmou que "não havia informado" ao presidente sobre o acordo que assinara com Gusinski, apesar de ter informado ao primeiro-ministro Kasianov. Em 26 de setembro de 2000, o presidente anunciou através de seu secretário de imprensa, de maneira politicamente correta, que não estava interferindo e nem tinha intenção de interferir na controvérsia da Media Most, e que os lados opostos precisavam resolver todos os conflitos através da justiça.

O CONFISCO DA ORT DE BORIS BEREZOVSKI (AGOSTO-DEZEMBRO DE 2000)

A NTV encontrou um aliado inesperado no tratamento dado ao desastre do submarino *Kursk*: a ORT de Berezovski (Canal Um), que anteriormente atacara todos os inimigos de Putin. A crítica do âncora Sergei Dorenko ao governo era diferente em estilo da de Shenderovitch, mas o conteúdo era o mesmo. Ao contrário da NTV, a ORT era assistida por todo o país. Se Shenderovitch era amado pela *intelligentsia* de Moscou, Dorenko era popular com o povo. Pela primeira vez, o índice de popularidade de Putin foi abalado.

Segundo Berezovski, ele começara a ter "sérias dúvidas" em relação a Putin "em dezembro de 1999, depois das eleições para a Duma, quando Putin não parou na Tchetchênia, depois de alcançar o rio Terek... Mas ainda não eram diferenças graves... Porém, as discordâncias sobre os sete distritos eleitorais federais, sobre o Conselho da Federação e sobre o direito de se removerem governadores eleitos — essas sim eram diferenças insuperáveis... O ponto crítico, obviamente, foi a tragédia do submarino *Kursk*. O Canal Um, do qual ainda era proprietário, cobriu o caso de maneira muito crítica. Ele mostrou o desespero das viúvas e a covardia e a hipocrisia dos oficiais do governo".[11]

Em agosto de 2000, o antigo protegido de Berezovski, Alexander Voloshin, chefe da equipe de Putin, disse a Berezovski que se ele não abrisse mão de suas ações da ORT, ele "seguiria os passos de Gusinski".[12]

Se Berezovski não tentou salvar a ORT de Putin, ao menos tentou arrastar o processo. Para isso, foi feita a tentativa de transferir as ações da ORT não para o governo ou para seus representantes, mas sim para uma companhia privada recém-criada chamada Teletrust, formada por membros da *intelligentsia* criativa, incluindo vários repórteres da NTV. A idéia da Teletrust era provavelmente impraticável — por muitas razões, incluindo o fato de que sem apoio nem financiamento a *intelligentsia* criativa não seria capaz de manter o canal de televisão.

No entanto, Berezovski conseguiu de certo modo atrasar a transferência da ORT para o círculo chekista do presidente. Além disso, ao abrir sua "segunda frente", ele chamou a atenção do Kremlin para a aniquilação da NTV, que, conseqüentemente, também foi retardada.

Mas, em dezembro de 2000, o Kremlin tomou um "refém" de Berezovski: Nikolai Glushkov, magnata da mídia, colaborador e amigo íntimo de Berezovski, foi preso. Anteriormente, Glushkov fora proibido de deixar o país devido às operações financeiras dele e de Berezovski envolvendo a companhia de capital misto Aeroflot. Assim, em janeiro de 2001, Berezovski foi finalmente forçado a vender suas ações da ORT para a pessoa que Voloshin mandara: ao homem leal do governo, Roman Abramovitch.

O ATAQUE À NTV CONTINUA (DEZEMBRO DE 2000 E JANEIRO DE 2001)

Apesar de Gusinski ter repudiado o acordo de transferência de suas ações para a Gazprom e de o caso criminal contra ele ter efetivamente desmoronado, a dívida da Media Most com a Gazprom permanecia enorme. Além disso, qualquer empreendimento comercial na Rússia poderia ser facilmente acusado de violações fiscais. Portanto, o Kremlin ainda tinha como lutar pela propriedade da NTV dentro da estrutura de um suposto "conflito de direitos de propriedade". A tarefa de subjugar a NTV, a qual a FSB e a Promotoria Geral não tinham conseguido realizar, foi designada para o gerente geral da Gazprom Media, Alfred Kokh.

Mas como este caminho era longo, as autoridades, com o intuito de acelerar o processo, recorriam constantemente à quebra de procedimentos legais e ameaçavam Gusinski com a reabertura do caso de apropriação fraudulenta contra ele. Elas também envolveram a agência de impostos na batalha.

Em 9 de novembro de 2000, a agência de impostos iniciou um processo legal para a liquidação da NTV. T. Lujina, chefe do escritório de inspeções do Ministério de Impostos do Distrito Administrativo de Moscou e conselheira sênior do serviço de impostos, deu entrada em um processo no tribunal arbitral de Moscou para "liquidar a Companhia de Televisão NTV, assim como diversas companhias de propriedade da Media Most". O processo baseava-se no artigo 99, parágrafo 4 do código civil russo, que diz: "Se ao final do segundo e de cada um dos anos fiscais subseqüentes o custo dos recursos líquidos de uma empresa for menor do que seu capital autorizado, a companhia será obrigada a declarar e a registrar a redução em seu capital autorizado, em conformidade com os procedimentos estabelecidos. Se o custo da companhia em questão cair abaixo do volume mínimo do capital autorizado, fixado pela lei, a companhia pode ser liquidada."

Até aquele momento, o governo nunca utilizara o artigo 99 do código civil para liquidar nenhuma companhia. Além disso, o artigo havia sido listado para ser possivelmente excluído do código. Normalmente, quando tinha uma discrepância entre o capital autorizado de uma companhia e seus recursos líquidos, a inspetoria tributária costumava ignorar o fato ou simplesmente instruía a companhia a eliminar a diferença formal.

Apesar de a conselheira sênior do serviço de impostos T. Lujina ter dito em uma entrevista coletiva que o processo não tinha fundo político, poucos acreditaram nela.

Em 12 de dezembro de 2000, Gusinski, novamente acusado de apropriação fraudulenta, foi preso na Espanha devido à exigência de que fosse extraditado, feita pela Promotoria Geral da Rússia (ele foi libertado pouco depois e o pedido de extradição foi negado oficialmente porque a Promotoria Geral da Rússia não ofereceu provas convincentes de que Gusinski estivesse sendo processado como criminoso, e não por motivos políticos).

Na tentativa de voltar o público contra a NTV, a Promotoria Geral começou a revelar fatos à imprensa sobre os custos dos apartamentos que os repórteres da NTV tinham recebido da Media Most (que, incidentalmente, estavam muito abaixo do valor do apartamento do próprio promotor geral Ustinov, que lhe fora dado em caráter perpétuo pelo Departamento de Administração da Propriedade Presidencial: mais de 400 mil dólares).

Como o "experimento com o refém" gerara resultados (Berezovzki vendeu a ORT em troca da promessa de libertação de Glushkov — promessa que, incidentalmente, não foi cumprida), o governo também "tomou um refém" de Gusinski: em 16 de janeiro de 2001, Anton Titov, ex-diretor do departamento de administração financeira da Media Most, foi preso sob acusações de apropriações fraudulentas em grande escala, roubo e lavagem de dinheiro em parceria com Gusinski. Ele começou a ser interrogado todas as noites.

No final de janeiro de 2001, a "equipe de Kiselev" tentou colocar o conflito com Putin sob controle. Depois de um pedido transmitido por Svetlana Sorokina, em 29 de janeiro Putin recebeu em seu gabinete no Kremlin um grande grupo de repórteres da NTV, cujo líder era Kiselev. O encontro não gerou resultados: os repórteres não manifestaram nenhum sinal de arrependimento e o presidente assegurou-lhes de que não tinha nenhuma ligação com a pressão exercida sobre a Media Most pela Gazprom, pela Promotoria Geral e pela FSB. Em resposta ao pedido de libertação de Titov, Putin respondeu que, como democrata, não pretendia recorrer à "lei por telefone".

(Titov acabou permanecendo preso até dezembro de 2002, quando foi finalmente julgado, condenado a três anos de prisão e depois perdoado; durante o julgamento, a maior parte das acusações contra ele foi retirada.)

O FIM DA "ANTIGA" NTV

Na primavera de 2001, vários repórteres fugiram da naufragante NTV. Como lembrou Viktor Shenderovitch, "repórteres que concordaram em deixar a NTV tiveram as dívidas canceladas e os salários aumentados".[13]

Em 3 de abril, a Gazprom Media fez uma reunião com acionistas da NTV na qual foi tomada a decisão de se remover Kiselev das posições de gerente geral e de editor-chefe e de se nomear uma nova administração para a companhia de televisão sob a liderança de Alfred Kokh (gerente geral da Gazprom Media) e do executivo americano Boris Jordan (gerente geral da NTV). A reunião dos acionistas não fora realizada de forma inteiramente legal, assim como as resoluções não eram plenamente corretas do ponto de vista legal: a NTV era, simultaneamente, uma emissora e uma companhia de capital misto; a demissão de Kiselev ia contra a lei de mídia russa, apesar de estar de acordo com as regulamentações que governavam as companhias de capital misto.

Kiselev culpou o presidente pessoalmente pelo que acontecera: "O estilo particular de Putin é iniciar uma guerra e depois tirar o corpo fora" (NTV, 4 de abril de 2001).

Os repórteres da equipe da NTV ficaram divididos: alguns jornalistas proeminentes (especialmente Leonid Parfenov e Tatiana Mitkova) concordaram em aceitar a nova administração, enquanto outros (Ie. Kiselev, S. Sorokina, V. Shenderovitch, V. Kara-Murza, Dmitri Dibrov) recusaram-se a reconhecer a legalidade da mudança.

Em 7 de abril de 2007, Anatoli Tchubais, respondendo a perguntas de repórteres sobre sua atitude em relação às situações envolvendo a NTV e sua possível ocupação pela Gazprom, afirmou que a Gazprom "estava assegurando seus direitos de propriedade — direitos sagrados e intocáveis". Ainda por cima, Tchubais enfatizou que a Gazprom estava agindo de acordo com a lei e que o fazia "com muito cuidado", apesar de "por ter uma decisão judicial em mãos, ela poderia agir de modo muito mais enérgico". Segundo ele, "Alfred Kokh está agindo com cautela, tentando não ferir a dignidade do pessoal e da equipe única da NTV". Na noite de 13 para 14 de abril de 2001, a ocupação da NTV estava completa: funcionários de segurança da agência de segurança de investimentos, trazidos por Kokh e Jordan, assumiram a companhia de TV ao lado de sua "equipe única".

Um efeito colateral da vitória do Kremlin sobre a Media Most foi a interrupção da publicação do jornal *Segodnya*. Além disso, a administração da revista *Itogi* mudou para outra, fiel ao Kremlin (no final do ano, a equipe da antiga *Itogi*, liderada por Sergei Parkhomenko, criou a revista *Yezhenedelny Zhurnal*).

Entre junho e julho de 2001, a Gazprom Media também comprou ações para controlar a estação de rádio Ekho Moskvy como parte da quitação da dívida da rádio. Mas a Gazprom não substituiu a administração da rádio, dirigida por Alexei Venediktov, e Venediktov parece ter sido capaz de preservar uma política editorial independente na emissora.

Em 2002, a administração da NTV foi parcialmente substituída: Kokh foi demitido e Jordan tornou-se gerente geral da Gazprom Media, permanecendo como gerente geral da NTV.

Foi assim que Kokh explicou à repórter Ievgenia Albats por que fora precisamente Jordan o escolhido para o cargo: "Jordan é a escolha ideal. Ele é o bisneto de um oficial do Exército Branco que fugiu dos bolcheviques logo depois da revolução. Ele é um russo ortodoxo, com um passaporte americano no bolso, e acima de tudo não é judeu, e sim anti-semita — somente essa pessoa poderia ser aceita pelos chekistas para ser o chefe da NTV."[14]

"Gauleiter Kokh" (como era chamado em reuniões pró-NTV) não estava sendo preciso: o oficial do Exército Branco não fora o bisavô de Boris Jordan, mas seu avô.[15] O coronel Boris Jordan (o avô) e seu filho Alexei Jordan, pai de Boris Jordan, foram oficiais na Wehrmacht de Hitler que lutaram contra a resistência iugoslava sob o comando da SS Gruppenführer Neuhausen.[16] O filho, obviamente, não é responsável pelos atos do pai e do avô, mas também não pode ser muito diferente deles.

O CASO DA TV-6

O grupo central da "equipe de Kiselev", exilado da NTV, encontrou um refúgio em junho de 2001 no anteriormente apolítico canal TV-6, propriedade da Corporação Independente de Telecomunicações de Moscou (MNVK), que ainda estava sob o controle de Boris Berezovski.

Enquanto isso, Putin já havia iniciado uma operação para tirar a TV-6 de Berezovski. Para expulsar Berezovski do ramo da mídia, ele continuou usando seu "refém" — Nikolai Glushkov, que fora preso em ligação com o caso da Aeroflot. (A pena de Glushkov na prisão temporária foi prolongada diversas vezes, apesar de ter desenvolvido uma doença do sangue na prisão e ter sido diagnosticado com incapacitação grave; ele foi parcialmente perdoado e libertado somente em março de 2004.)

Nos dias 2 e 13 de março de 2001, o então secretário do Conselho de Segurança (e, posteriormente, ministro da Defesa e vice-primeiro-ministro), Sergei Ivanov, reuniu-se duas vezes com Badri Patarkatsishvili, representante de Berezovski, no prédio do governo no número 34 da rua Kosygina. O objeto da negociação era a libertação de Glushkov.

Segundo Bradri Patarkatsishvili, Ivanov especificou — "segundo instruções de Putin" — que, para obter a libertação de Glushkov, Berezovski deveria renunciar a toda atividade política e vender todos seus títulos e ações de empresas de mídia ("tudo, incluindo os jornais. O *Kommersant* também... O acordo era que, antes de 25 de março, nos diriam com quem negociar").

Ivanov delegou mais negociações sobre o destino da TV-6, do *Nezavisimaya Gazeta* e do *Kommersant* para o presidente da Lukoil, Vagit Alekperov:

("Deveríamos negociar com Alekperov as vendas de todas as nossas empresas de mídia. Mas Alekperov, aparentemente, queria por um lado realmente agradar ao Kremlin e, pelo outro, não gastar dinheiro algum. As negociações não deram em nada. Fui pressionado para ter mais tempo, porque precisava vender parte das minhas ações da TV-6 para um investidor estrangeiro, com quem eu já tinha um acordo... Comecei a procurar intensamente por Ivanov e disse a ele que o tempo era curto, que uma reunião de acionistas já havia sido marcada. Ele me disse: não podemos decidir essas questões; precisamos de tempo; por favor, adie a reunião dos acionistas... Não acho que Ivanov estava brincando. Ele simplesmente desejava cumprir as ordens de Putin — reunir-se comigo e chegar a um acordo. Mas, ao mesmo tempo, ele queria o máximo de distância da situação e não ter relação alguma com ela. Provavelmente, foi por isso que não conseguiu levar o negócio até o fim. Faltava-lhe força de vontade. Ivanov deu um passo: reuniu-se comigo. Depois, deu um segundo passo: designou o caso para Alekperov. E então se afastou."[17]

Em abril de 2001, a Lukoil iniciou um processo legal através da fundação-filha Lukoil-Garant (uma acionista minoritária da TV-6) para liquidar a TV-6, alegando que a TV-6 teria violado os direitos de acionistas minoritários.

Em junho de 2001, a corte não cumpriu as solicitações da Lukoil, mas no outono de 2001 uma decisão da corte foi finalmente tomada aprovando a liquidação da TV-6. No começo de janeiro de 2002, o apelo da TV-6 contestando a decisão da corte foi rejeitado pelo tribunal arbitral, apesar de a lei na qual se baseava a decisão de liquidar a TV-6 ter acabado de prescrever — em 1º de janeiro de 2001.

Em 15 de janeiro de 2002, o presidente Putin anunciou que o governo não interferiria na situação envolvendo a TV-6: o canal estava envolvido em "um conflito entre entidades econômicas absolutamente independentes, com as quais o governo não tem relação alguma".

Alguns dias depois, na noite de 21 de janeiro, as transmissões da TV-6 foram suspensas por ordem do ministro Lesin, de acordo com a decisão do tribunal. Em 29 de janeiro de 2002, o presidente ordenou que o governo desenvolvesse um plano para a criação de um canal nacional de esportes na televisão russa.

A liquidação da TV-6 foi recebida com aprovação pela imprensa nacionalista-patriótica. Dmitri Dudko, um padre popular entre os nacionalistas, elogiou a ação do governo:

"Tenho agora grandes esperanças em Vladimir Putin... em muitos aspectos, ele me lembra Joseph Stálin... Putin, assim espero, seguirá o mesmo caminho. Ele é difícil de compreender. Muitas coisas ruins ainda são feitas no país. Mas Stálin também não se tornou decidido de imediato. Estamos testemunhando uma luta pela televisão, uma luta contra os oligarcas, uma luta pela saúde da nação, por nossas crianças."[18]

Mas no Kremlin ainda não se havia chegado a uma decisão final sobre o destino futuro do "sexto botão". Os membros da "família" dentro da administração do Kremlin ainda estavam esperando domar a antiga equipe da NTV. Foi anunciado que o "sexto botão" seria leiloado e vendido para quem fizesse o lance mais alto. A equipe banida de Kiselev foi duas vezes capaz de participar do leilão como parte da sociedade sem fins lucrativos Mediasocium, liderada por Ievgeni Primakov e Arkadi Volski. Em 27 de março de 2002, apesar da ordem do presidente de criar um canal nacional de esportes, a Mediasocium venceu o leilão.

O governo sempre tinha a opção de colocar em prática a decisão do tribunal, caso fosse necessário. No final das contas, foi exatamente isso o que aconteceu, um ano depois.

O CASO DO *NOVAYA GAZETA*

Em abril de 2002, o Mezhprombank recebeu 15 milhões de rublos (cerca de 500 mil dólares) por "lucros perdidos" no processo contra o jornal *Novaya Gazeta*. A decisão do tribunal tornou incerta a sobrevivência do jornal.

O processo foi precedido por um artigo publicado em novembro de 2001 no *Novaya Gazeta* que alegava que a administração do Mezhprombank e seu presidente, Sergei Pugatchev (próximo de Putin e dos chekistas de seu círculo), estavam envolvidos em lavagem de dinheiro para a máfia russa no Banco de Nova York.

Na verdade, um processo contra o *Novaya Gazeta* em defesa da honra e da dignidade não teria sido infundado: o jornal não apresentara nenhuma prova do crime de Pugatchev. Mas Pugatchev não estava defendendo a honra e a dignidade pessoais; em vez disso, o Mezhprombank abriu um processo pela proteção de sua reputação e pelas perdas materiais sofridas em conseqüência do artigo. Segundo o Mezhprombank, um de seus clientes — a companhia de capital misto Veststroyservis — temera que as possíveis repercussões do artigo pudessem desestabilizar o banco e, no mesmo dia, alterou os termos de sua conta no banco, o que, supostamente, fez com que o banco tivesse prejuízo — um prejuízo real de 15 milhões de rublos mais o prejuízo de lucros futuros que também somavam 15 milhões de rublos (ou seja, cerca de um milhão de dólares no total).

O valor alto sem precedentes da multa revelou um desejo por parte dos que organizaram o processo de não apenas punir os repórteres, mas também de extinguir totalmente a existência do jornal.

Alexei Simonov, presidente da Fundação de Defesa da Glasnost, argumentou que "o *Novaya Gazeta* foi atacado segundo ordens superiores... Quando um tribunal começa a determinar indenizações em valores incrivelmente altos — um milhão de dólares, depois meio milhão... então o processo não é um fim, mas sim um meio para um fim". Simonov também citou as possíveis agências que poderiam ter "feito a encomenda": o Ministério da Defesa (antagonizado pelos artigos de Anna Politkovskaia e de Viatcheslav Izmailov), a FSB (por causa dos artigos de Georgi Rojnov), o Conselho de Segurança e a Corte Municipal de Moscou.[19]

A única coisa que acabou salvando o *Novaya Gazeta* foi que as provas apresentadas pelo Melzhprombank de seus "prejuízos" tinham uma falha que passara "despercebida" pelo tribunal, mas foi demonstrada brilhantemente pela editora da *Novaya Gazeta* Iulia Latinina: as companhias de capital misto Veststroyservis, Business Master 2000 e UTEK, "cujos acordos e cartas geraram prejuízos para o Mezhprombank, são controladas ou pelo próprio Mezhprombank ou pelos gerentes e fundadores do banco". Entre os gerentes e fundadores do banco citados por Latinina estavam o próprio S. Pugatchev, sua esposa Galina Pugatcheva e outros gerentes do Mezhprombank.[20]

"Esse elemento nos negócios russos, esse tipo de falência forjada, é familiar ao público", comentou o *Novye Izvestiya*. "Podemos dizer agora que o grupo governante de oligarcas inventou uma nova técnica para a liquidação 'legítima' de uma empresa de mídia inconveniente: através de prejuízos falsos."[21]

No final de maio de 2002, a própria Latinina e o quadro editorial do *Novaya Gazeta* deram entrada em um pedido na promotoria de Moscou e nas agências de segurança pública para que procurassem por "ocorrências de fraudes (de acordo com o artigo 159 do código penal) contra o *Novaya Gazeta* cometidas pela administração do Mezhprombank e por várias empresas afiliadas ao banco".[22]

Nesse caso, o "conflito de direitos de propriedade" foi resolvido a favor dos repórteres: o Mezhprombank ficou com medo de um grande escândalo e, em junho de 2002, abriu mão do dinheiro que ganhara no tribunal.

O FECHAMENTO DO *OBSCHAYA GAZETA*

O *Novaya Gazeta* evitou a falência e sobreviveu. Mas, aproximadamente ao mesmo tempo, o destino de outro jornal independente — *Obschaya Gazeta*, o último porta-voz da "geração de 1960" — foi decidido definitivamente.

O fundador e editor-chefe do jornal, Iegor Iakovlev, sem conseguir encontrar financiamento para manter a publicação, vendeu o jornal para o executivo de São Petersburgo Viatcheslav Leibman (mais conhecido como ex-namorado de Ksenia Sobtchak, figura popular nas colunas de fofocas e filha do primeiro prefeito de São Petersburgo). Leibman fechou imediatamente o *Obschaya Gazeta*, e começou a publicar em seu lugar o jornal *Konservator* — de inclinação política completamente diferente (pró-Putin).

Até o fim, Iakovlev parece ter estado convencido de que o *Obschaya Gazeta* sobreviveria depois de ser vendido — mesmo que assumisse uma forma diferente — e que sua equipe não seria demitida, pelo menos não toda de uma vez.

Nunca foi revelado por que o executivo, antes de começar a publicar o próprio jornal, gastou uma grande quantia para silenciar outro jornal.

Uma hipótese plausível é que Leibman não teria gasto o próprio dinheiro na compra do jornal, mas sim o de outros, e com um único objetivo

— evitar que outra pessoa comprasse o jornal, como, por exemplo, Berezovski, inimigo de Putin. Quanto ao *Konservator* de Leibman, o jornal não durou muito tempo: em seis meses, o editor ficou sem dinheiro para a publicação.

A REVOGAÇÃO DO DECRETO SOBRE A RÁDIO LIBERDADE

Em 4 de outubro de 2003, o presidente Putin revogou o decreto de Boris Ieltsin de 27 de agosto de 1991, "permitindo à administração da estação independente de rádio Liberdade/Liberdade Europa a abertura de um escritório permanente em Moscou e a colocação de repórteres em todo o território da RSFSR".

A revogação do decreto de Ieltsin não tinha nenhum significado prático, já que a estação de rádio operava e continua a operar na Rússia não baseada em um decreto, mas sim na lei de mídia russa.

Na opinião de Andrei Shari, um dos chefes do escritório de Moscou da estação, que compara o decreto de Ieltsin de 1991 a uma medalha "pela defesa da Casa Branca", "existem dois lados aqui — um lado formal e legal e outro, digamos, simbólico. No que diz respeito a esses lados, tal acontecimento não é uma tragédia para nós. A posição da estação permanece igual. No verão [de 2003] nossa licença deve ser renovada, e então saberemos se a decisão de Putin foi uma formalidade vazia ou algo mais".[23]

Em 2003, a licença da Rádio Liberdade foi realmente renovada — o Ministério da Imprensa não ousou se envolver com o congresso dos Estados Unidos sem ordens superiores diretas. Ou então, recebeu ordens diretas para evitar o envolvimento.

O ATAQUE AO *VERSIYA*

Depois da morte de Artiom Borovik, em março de 2000, os jornais do grupo editorial Sovershenno Sekretno — o mensal *Sovershenno Sekretno* e o semanal *Versiya* — interromperam quase que imediatamente os ataques pessoais a Putin e temperaram substancialmente suas posições críticas a favor de seu círculo.

Além disso, depois que Putin foi eleito presidente, Ievgeni Primakov — o ideal político e patrocinador parcial da editora de Borovik — deixou de ser politicamente ativo e começou a enfatizar de várias maneiras sua lealdade ao novo regime (apesar de ter se recusado a se filiar ao partido pró-Putin Rússia Unida). Outro mentor político do Sovershenno Sekretno, o major Iuri Lujkov, de Moscou, rebaixou-se ainda mais e se filiou ao Rússia Unida, levando consigo o próprio partido, Pátria.

Apesar disso, sob o comando do editor-chefe Rustam Arifdjanov, o *Versiya* e o *Sovershenno Sekretño* continuaram a manter uma posição bastante independente. Os jornais poderiam ser acusados de realizar certa dose de "jornalismo marrom", de assumir lados em disputas entre os oligarcas (publicando histórias comprometedoras sobre membros da "família", aparentemente sob ordens da prefeitura de Moscou), de publicar certos artigos em troca de pagamentos (presumivelmente), mas não poderiam ser acusados de servilismo.

Em setembro de 2000, o jornal chegou a sofrer uma batida policial e uma busca, tendo os arquivos confiscados pela FSB, quando se preparava para publicar materiais exclusivos sobre o naufrágio do submarino *Kursk*.

No final de outubro de 2002, depois dos erros trágicos na operação de resgate dos reféns no teatro Dubrovka, em Moscou, nenhum oficial das agências de manutenção das leis foi punido por permitir que terroristas penetrassem em Moscou. As críticas do governo concentraram-se principalmente em repórteres de televisão, cujos erros na cobertura do evento poderiam ter supostamente ajudado os terroristas.

O *Versiya* foi o primeiro jornal a ser atingido por problemas gerados pela crise dos reféns, depois que seus repórteres realizaram uma investigação independente da tragédia.

Em 1° de novembro de 2002, agentes da FSB foram ao escritório do *Versiya* e confiscaram o computador e o servidor do jornal, paralisando seus trabalhos por vários dias. Em maio de 2002, o *Versiya* publicara um artigo intitulado "Camuflagem", descrevendo projetos de construção ilegais em terrenos secretos do governo. Um processo criminal fora aberto contra o jornal em 18 de outubro de 2002, e esse foi o motivo dado para o confisco de sua propriedade.

No entanto, o motivo real, como Arifdjanov deduziu imediatamente, não era o artigo, que já fora esquecido havia tempos, mas sim o desejo da

FSB de evitar que o *Versiya* publicasse uma reportagem detalhada sobre a eliminação dos terroristas junto com os reféns no teatro Dubrovka. Em 26 de outubro de 2002, o vice-editor-chefe do *Versiya*, Andrei Soldatov, testemunhara a operação de "resgate" dos reféns, e suas reportagens sobre as vítimas eram muito diferentes dos relatos oficiais: muitos reféns já estavam mortos quando foram carregados para fora do teatro, mas mesmo assim foram levados imediatamente ao hospital, aparentemente para criar a impressão de que não haviam morrido durante a "operação de resgate", e sim no hospital ou a caminho dele.

Havia cópias dos arquivos de Soldatov em um computador que não fora confiscado pela FSB, e o artigo acabou sendo publicado. Evidentemente, quem ordenara a batida no *Versiya* tinha bons motivos para temer a verdade, mas suas apreensões acabaram sendo exageradas: o material publicado não revelou nenhum fato que pudesse colocar oficiais do governo ou de agências de manutenção das leis em perigo mortal.

Depois disso, o caso criminal contra o artigo "Camuflagem" foi fechado, e os computadores do *Versiya* e os arquivos sobre a crise dos reféns, devolvidos ao escritório do jornal. Formalmente, o incidente não teve conseqüências posteriores: o artigo "Camuflagem" foi esquecido pela promotoria e as revelações de Soldatov sobre as mentiras do governo quanto à crise dos reféns foram ignoradas.

No entanto, o conflito do *Versiya* com a FSB apenas tornou o relacionamento entre Arifdjanov e os proprietários do jornal ainda mais difícil. Em 14 de julho de 2003, Arifdjanov foi demitido pela presidente do grupo editorial Sovershenno Sekretno, Veronika Borovik-Khiltchevskaia (viúva de Artiom Borovik). A causa direta da demissão foi a perda de um processo contra o jornal aberto no tribunal de arbitragem pelo Grupo Alfa.[24]

A REFORMA DAS REGULAMENTAÇÕES DA MÍDIA

Imediatamente após a crise dos reféns, a administração presidencial deu entrada na aprovação de uma legislação na Duma destinada a fazer emendas às regulamentações da mídia. As novas regulamentações incluíam diversas restrições às atividades dos jornalistas durante um estado de emergência, tornando efetivamente ilegais até mesmo críticas a "operações antiterroristas".

No entanto, em 25 de novembro de 2002, em uma reunião com os presidentes dos canais de mídia pró-governo, Putin anunciou que vetara a legislação — que já havia sido aprovada nas duas casas do parlamento — depois que ela recebera críticas e pedidos de um veto presidencial por parte da imprensa. Mas os jornalistas comemoraram cedo demais: em 27 de novembro, o presidente enviou uma carta aos líderes das duas casas do parlamento recomendando que a nova lei de mídia continuasse a ser desenvolvida, propondo a introdução de "regulamentações adicionais sobre atividades da mídia durante estados de emergência, sob lei marcial e na cobertura de situações de emergência de caráter natural ou tecnológico".

O veto de Putin não representava uma recusa ao "desenvolvimento e aprovação como lei de uma série de restrições às atividades dos repórteres, como fora retratado por repórteres de equipe entusiásticos e por otimistas bem pagos, mas [foi] meramente a expressão formal do desprazer do presidente com a imperfeição das medidas propostas".[25]

Em 15 de dezembro de 2002, o diretor da FSB, Patrushev, abriu uma reunião com os presidentes de diversos canais de mídia russos (ITAR-TASS, Interfax, RIA Novosti, ORT e o Canal Rossiya) observando que estava satisfeito com a cooperação entre sua agência e a mídia russa: "Estamos fazendo a mesma coisa — trabalhando pela sociedade, pelo Estado." Se a FSB e a mídia na Rússia estão "fazendo a mesma coisa", então a "coisa" pode ser considerada praticamente encerrada.

A PRIMEIRA LIMPEZA NA "NOVA" NTV

A catástrofe do Nord-Ost teve outra conseqüência direta: ela finalmente resultou em uma mudança na administração da NTV.

Boris Jordan, filho e neto de oficiais de Hitler, *gauleiter* nomeado para os territórios de TV ocupados que haviam sido confiscados do judeu Gusinski, acabou revelando ser um superintendente relativamente liberal. Depois de um susto inicial e de uma mudança de direção momentânea rumo à servidão ao estilo de Nikolai Svanidze (a transformação de *Bonecos* foi particularmente impressionante), o "novo" estilo particular da NTV passou a ser o estilo do programa *Namedni*, cultivado por Leonid Parfenov e sua escola: estética, intelectualismo, ironia e aparente neutralidade política, mas não sem um escárnio disfarçado.

Boris Jordan tratou o canal que lhe havia sido confiado como um negócio que, cedo ou tarde, precisaria dar lucro. Um canal de televisão oprimido por censura mesquinha é um mau negócio (as emissoras estatais Canal Um e Canal Dois são exemplos claros disso). Jordan liberou os repórteres de vigilância mesquinha, o que os permitiu preservar ao menos a independência estilística, o que, durante algum tempo, não atraiu censura direta do Kremlin.

Depois do Nord-Ost, a situação mudou radicalmente. Na cobertura da catástrofe, os repórteres da NTV demonstraram plenamente seu profissionalismo natural, sem ficarem especialmente preocupados com o risco de desagradar quem estava acima deles. A maneira pela qual os empregados de Jordan cobriram a crise enraiveceu pessoalmente o presidente.

A demissão iminente de Jordan foi "comentada como sendo uma decisão pessoal do presidente, que ficara furioso por a NTV ter transmitido a invasão do teatro".[26]

Apesar de nenhum repórter importante ter sido demitido, o próprio Jordan foi demitido na segunda metade de janeiro de 2003 — primeiro de uma posição de gerente geral (da Gazprom Media), e depois de outra (da NTV).

Em 22 de janeiro de 2003, o médico Nikolai Senkevitch foi nomeado gerente geral interino da NTV, e o produtor de televisão Alexei Zemskov tornou-se seu vice. Em 6 de fevereiro, dois dias depois de uma reunião com o presidente da Gazprom, Alexei Miller, Leonid Parfenov declarou em uma entrevista para a rádio Ekho Moskvy que o programa *Namedni* deixaria de ser produzido e que ele tiraria férias de três meses a partir de 10 de fevereiro de 2003. Além de Parfenov, Tatiana Mitkova e Savik Shuster manifestaram publicamente desagrado e indignação com o fato de que o novo presidente da NTV não tinha nenhuma ligação com o jornalismo. No entanto, as partes descontentes foram forçadas a aceitar a situação. Em 18 de maio de 2003, o programa *Namedni* voltou a ser transmitido.

Sob a direção de Senkevitch, a programação política da NTV começou a cair para segundo plano, cedendo a atenção pública para programas de entrevista voltados para o entretenimento.

Por exemplo, o programa semanal *Faktor Strakha* ("Fator Medo") tornou-se um exemplo típico da "nova nova" NTV. Disfarçado de luta contra fobias e estômago fraco, *Faktor Strakha* promove efetivamente o sadismo e a necrofilia (participantes do show matam, torturam e comem pequenos animais vivos), assim como a coprofagia (eles também comem as próprias fezes).

A DEMISSÃO DA EQUIPE EDITORIAL DO *NOVYE IZVESTIYA*

O *Novye Izvestiya* foi um dos dois jornais (ao lado do *Novaya Gazeta*) que, desde o início, trataram o presidente Putin sem nenhuma deferência. O patrocinador financeiro do *Novye Izvestiya* era Boris Berezovski, mas o proprietário formal de mais da metade das ações do jornal era o empresário Oleg Mitvol (da indústria de enlatados e produtor de ervilhas); 74% das ações do Grupo Editorial Novye Izvestiya estavam em nome de Mitvol (Berezovski transferira-as para ele quando deixou a Rússia), e 24% eram de propriedade da equipe do jornal.

Quando Berezovski transferiu as ações para Mitvol, ele não teve tempo de se proteger contra trapaças. De todo modo, inicialmente, Mitvol não tentou trapacear Berezovski.

O proprietário formal do *Novye Izvestiya* não interferia com a política editorial do jornal nem contribuía com seu financiamento — o jornal continuava a ser financiado por Berezovski, exilado em Londres. Mas, aparentemente, todos os pagamentos passavam pelas entidades comerciais de Mitvol — provavelmente com algum lucro para ele (como pagamento pelo risco).

No entanto, em 20 de fevereiro de 2003, Mitvol queixou-se com a administração do jornal de que suas contribuições financeiras estavam sendo utilizadas impropriamente, demitiu o gerente geral do Grupo Editorial Novye Izvestiya, Igor Golembiovski, e interrompeu a publicação do jornal.

"O que Oleg Mitvol diz sobre esquemas financeiros é engraçado", disse Valeri Iakov, vice-gerente geral do *Novye Izvestiya*, em uma entrevista para o *Kommersant*. "Era precisamente Mitvol o responsável por nossas finanças. Acreditamos que os acontecimentos no jornal estão ligados ao fato de que ele publicou recentemente artigos que criticavam Putin. Por exemplo, a última edição continha um artigo extenso intitulado '... Maior putinização de todo o país'."[27]

Em uma entrevista com a publicação *online* gazeta.ru, Berezovski expressou uma visão parecida: "Ontem, por exemplo, publicaram um artigo sobre o ressurgimento de um culto de personalidade em torno de Putin, e o Kremlin, evidentemente, não gostou. Acho que Mitvol recebeu algum recado do Kremlin, porque ele é um covarde."[28]

O autor do artigo do *Novye Izvestiya* sobre o culto à personalidade é Vladimir Pribilovski.

Mitvol não se limitou a demitir Golembiovski e enviou à promotoria uma declaração afirmando que Golembiovski e seu vice, Sergei Agafonov, supostamente, passaram anos desviando recursos do *Novye Izvestiya* de modo criminoso.

Dois meses depois, um grupo de ex-empregados do *Novye Izvestiya*, liderado por Golembiovsky e Agafonov, fundou o jornal *Russky Kurier*, enquanto a equipe remanescente, liderada por Valeri Iakov, voltou a publicar o *Novye Izvestiya*.

Em conexão com esses eventos, uma das autoridades pró-Putin (um defensor hereditário do governo — filho de um apologista de alto escalão do "comunismo desenvolvido" de Brejnev) fez uma observação sarcástica no jornal *Moscow Times*, de língua inglesa, sobre o quanto o regime autocrático de Putin era realmente assustador — assim que um jornal de oposição fechava as portas, surgiam patrocinadores para substituí-lo por dois novos.[29]

Na verdade, o "novo" *Novye Izvestiya* de Valeri Iakov tem uma política editorial neutra, e não de oposição. Quanto ao *Russky Kurier*, ele durou menos de dois anos (até fevereiro de 2005) como jornal de oposição (apesar de notavelmente mais cuidadoso do que o "antigo" *Novye Izvestiya)*.

Não houve repressão visível contra a administração do *Russky Kurier* por sua posição política e ligações anteriores com Berezovski. No entanto, o caso criminal contra Golembiovski e Agafonov desenrolou-se gradativamente. Durante os interrogatórios, Golembiovski e Agafonov afirmaram que se consideravam completamente inocentes e explicaram que todas as transações supostamente criminosas envolvendo propriedades do jornal haviam sido motivadas por necessidades financeiras.

O caso de Golembiovski e Agafonov foi um exemplo clássico de "justiça seletiva": *todas* as entidades comerciais, incluindo as envolvidas no ramo editorial, utilizam brechas e contradições na lei com o objetivo de minimizar despesas, mas as únicas punidas por isso são as que, de alguma forma, despertaram a ira do governo, de um dos clãs do governo ou de algum oficial específico do governo (o caso de Mikhail Khodorkovski é outro exemplo).

Em 18 de junho de 2004, o Comitê de Investigação do Ministério de Assuntos Internos concluiu a investigação do caso criminal contra o editor-chefe do *Russky Kurier* e ex-editor-chefe do *Novye Izvestiya*, I. Golembiovski e seu vice, S. Agafonov. O Comitê de Investigação chegou à conclusão de que Golembiovski e Agafonov, ao administrarem o *Novye Izvestiya*, empobreceram deliberadamente o jornal e desviaram seus recursos. Foi anunciado que, depois que os acusados tivessem tido a oportunidade de estudar os 22 volumes do caso criminal, o material seria encaminhado para o tribunal,[30] o que aconteceu em 16 de agosto de 2004 — a promotoria encaminhou o caso para o tribunal, que o retornou para mais investigações. Posteriormente, o caso foi esquecido.

AGONIA E MORTE DA TVS

O fechamento do canal de televisão TVS, em junho de 2003, completou a liquidação de todas as emissoras de televisão independentes. O processo começou com a perseguição do proprietário da NTV, Vladimir Gusinski, na primavera e no verão de 2000, e com o confisco do Canal Um (ORT) de Boris Berezovski, no final de 2000, prosseguindo com a dissolução da "antiga" NTV entre abril e maio de 2001 e o fechamento da TV-6 em janeiro de 2002.

Quando, em março de 2002, baseado no resultado de um leilão, o "sexto botão" (da antiga TV-6) foi transferido para a sociedade sem fins lucrativos Mediasocium, criada pela equipe da antiga TV-6, a decisão (inesperada, à primeira vista) tinha um objetivo principal: amenizar o desprazer da opinião pública ocidental em relação aos acontecimentos anteriores e desviar as críticas dirigidas ao presidente Putin. Para isso, o presidente chegou a abandonar temporariamente a idéia de criar um "canal nacional de esportes".

O resultado do leilão tinha o objetivo de mostrar ao Ocidente que não havia uma política governamental de supervisionar a liberdade de expressão — que todas as transformações na mídia russa eram fruto de nada além de "conflitos sobre direitos de propriedade". O papel do governo era o de árbitro desinteressado. Assim, por exemplo, ele conduzira o leilão do "sexto botão" de maneira bastante correta e objetiva, e os repórteres que tinham acabado de ser os perdedores em um caso eram agora os vencedores em outro. Os repórteres, por outro lado — de acordo com os desígnios do Kremlin —, compreenderam o contrário: o governo tem suas políticas e seria melhor que elas fossem levadas em consideração.

O novo canal de televisão recebeu patrocínio e investimentos da companhia de capital misto Shestoy Kanal, um consórcio de magnatas do mundo dos negócios a quem o Kremlin concedera efetivamente a custódia da TVS.

Além de ser financiada por homens de negócio dependentes do governo, a TVS viu-se submetida a mais uma restrição: ela fora colocada em um "limbo legal" por uma decisão da corte. Logo em 17 de maio de 2002, o tribunal municipal de Khimkinsky determinou que as ações da Companhia Independente de Transmissões de Moscou (MNVK) para suspender as transmissões da TV-6 eram "ilegais, infringindo o direito constitucional dos telespectadores de obter informações livremente" e ordenou que a MNVK pusesse a TV-6 de volta no ar.

Mas, na verdade, não havia ninguém para "pôr o canal de volta no ar", já que a MNVK — depois de cumprir decisões anteriores do tribunal (fechar a TV-6) — efetivamente deixara de existir. Ao mesmo tempo, o Ministério de Assuntos da Imprensa, Televisão, Transmissões Radiofônicas e Mídia de Massa (MPTR) obtivera a opção de colocar em prática a decisão do tribunal de Khimkinsky quando quisesse, privando a TVS do "sexto botão" (o que acabou acontecendo).

Durante toda a existência da TVS, dois grupos concorrentes de coproprietários do consórcio televisivo (liderados por Anatoli Tchubais e Oleg Deripaska, respectivamente) tentaram, em primeiro lugar, estabelecer o controle total do próprio grupo sobre o canal e, em segundo, forçar os repórteres a formular diretrizes de autocensura que fossem aceitas pela administração presidencial. O sucesso obtido no segundo objetivo não foi grande (ou melhor, foi pobre — do ponto de vista do Kremlin), enquanto o sucesso em atingir o primeiro objetivo foi inexistente. Nem o grupo de Tchubais nem o de Deripaska conseguiram obter nenhum benefício comercial ou semicomercial da existência do canal. Enquanto isso, o Kremlin expressava constantemente o desprazer com a oposição persistente da "equipe de Kiselev", culpando pelo fracasso do experimento os co-proprietários do canal, que não conseguiram resolver o problema que lhes fora atribuído.

A TVS — que durou exatamente um ano, de junho de 2002 a junho de 2003 — era significativamente diferente da "antiga" NTV e da TV-6. Ela tinha uma programação que teria sido inconcebível na "antiga" NTV e na TV-6, como o programa islamofóbico *Trabalho de Homens* (a luta heróica de agentes da FSB contra criminosos tchetchenos, incluindo um repórter traidor que era facilmente reconhecível como representante do correspondente da Rádio Liberdade na Tchetchênia, Andrei Babitski) ou o "exame" que encobria verdades sobre o caso do coronel Iuri Budanov, que matara por estrangulamento uma jovem tchetchena de 18 anos durante um "interrogatório". A TV-6 já havia tentado atrair um novo tipo de espectador (e novos patrocinadores) através de *reality shows* fundamentalmente apolíticos (como o primitivo e eticamente suspeito *Atrás do Vidro*). A tentativa continuou na TVS: o *reality show Atrás do Vidro: Agora Você Está no Exército* era de nível tão baixo quanto o predecessor, mas, além disso, apresentava-se como defensor de valores militares-patrióticos.

O próprio Ievgeni Kiselev passou a ser tão cuidadoso em seu programa *Itogi* que, às vezes, chegava a parecer que o calmamente irônico Leonid Parfenov na "nova" NTV permitia-se tomar liberdades maiores. No entanto, o brilhante programa *Queijo Grátis*, de Viktor Shenderovitch e o *Só Por Maldade!*, de Andrei Tcherkizov, estavam plenamente de acordo com as tradições da "antiga" NTV. Os programas de Alexander Tatarski e Vladimir Nekliudov, *Concerto no Kremlin* e *Apaguem as Luzes!*, que a NTV comprara do estúdio de produção Pilot TV, também se destacavam pela perspicácia política e pelo talento.

O triste fim da TVS também foi predeterminado pelo fato de que a segunda metade de 2003 e a primeira metade de 2004 foram períodos em que ocorreram duas campanhas eleitorais nacionais — para o parlamento e para a presidência. Era completamente inconcebível que a existência de *Queijo Grátis!*, *Só Por Maldade!*, *Concerto no Kremlin* e *Apaguem as Luzes!* fosse permitida até as eleições.

Já na primavera de 2003, o Kremlin chegara à conclusão de que era necessário pôr fim ao experimento, e no final de abril os co-proprietários do consórcio encerraram efetivamente o financiamento da TVS.

Naturalmente, o "sexto botão" não foi devolvido à paralisada MNVK, de Berezovski — apesar de ser precisamente o que deveria ser feito, do ponto de vista formal, segundo a decisão de 17 de maio de 2002 do Tribunal Municipal de Khimkinsky. A freqüência foi assumida pelo novo Canal do Esporte: o sonho do presidente Putin de um "canal nacional de esportes" finalmente se transformara em realidade.

Apesar do amor inquestionável dos russos por eventos esportivos televisionados, o Canal do Esporte acabou sendo economicamente ineficiente e ainda não gerara lucros no verão de 2004. As contribuições para sua manutenção somam milhões de dólares (formalmente, os fundos são desembolsados para a companhia estatal VGTRK, que controla o Canal Rossiya, mas na prática são utilizados para a manutenção do Canal do Esporte. Segundo o diretor do Centro Nacional de Pesquisa para Televisão e Rádio, Alexei Samokhvalov, "os parceiros internacionais da VGTRK nem suspeitam de que seus programas estão sendo utilizados ilegalmente por outro canal"). A transmissão do campeonato europeu de futebol custou dez milhões de dólares ao governo, o campeonato americano de hóquei custou 4 milhões e as olimpíadas de inverno custaram aproximadamente 7,5 milhões de dólares.[31]

O ideólogo da era Brejnev, Mikhail Suslov, gostava de dizer: "Nós não fazemos economia em ideologia." Os ideólogos da era Putin nunca economizaram em eleições armadas.

O fechamento da TVS não significou que o experimento do Kremlin fracassara. O objetivo principal — enganar a opinião pública ocidental e, pelo menos durante algum tempo, desviar as críticas dirigidas ao presidente por perseguição à mídia — fora conquistado. Mas Putin preferiu encerrar a duplicidade a colocar em risco os triunfos eleitorais planejados para dezembro de 2003 e março de 2004.

A EXPULSÃO DO ESCAVADOR DO KREMLIN

No outono de 2003, a repórter Ielena Tregubova publicou *The Tales of a Kremlin Digger*, um livro controverso sobre as tradições e a moral do

Kremlin durante o governo de Boris Ieltsin. Um dos membros da corte do "Czar Boris" no livro era o diretor da FSB, Vladimir Putin. Segundo o relato da repórter, Putin ou desejava ter um caso amoroso com ela ou recrutá-la como agente — ela não conseguia saber qual das duas coisas.

Em 15 de novembro de 2002, a NTV anunciou que o programa de Leonid Parfenov, *Namedni*, teria um segmento sobre o livro.

No entanto, em 16 de novembro de 2003, por ordem do gerente geral da NTV, Nikolai Senkevitch, a transmissão do segmento não foi autorizada.

O segmento de três minutos e meio incluía uma entrevista com Tregubova, e outras com os oficiais do Kremlin Mikhail Margelov e Alexei Volin, que também apareciam no livro. Além disso, uma das cenas do livro foi encenada no estúdio de Parfenov: um jantar no restaurante japonês Izumi, para onde o diretor da FSB, Putin, convidara Tregubova em dezembro de 1998.

Segundo Parfenov, Senkevitch telefonou para ele e o proibiu de transmitir o segmento.

O próprio Sankevitch disse em uma entrevista para a rádio Ekho Moskvy que o segmento não fora ao ar por respeito aos telespectadores:

"A NTV não é um depósito de lixo que tem espaço para insultos e vulgaridade. Acredito que nosso canal e o programa altamente respeitado de Leonid Gennadievitch são refinados demais e sempre posicionados de maneira precária demais para que se permitam se rebaixar a tal vulgaridade. A NTV não pode ser acusada de ser insuficientemente crítica, e o programa *Namedni*, em especial, não pode ser acusado disso. A remoção do segmento não reduz de forma alguma o impulso crítico da edição de hoje do programa *Namedni*. Liberdade de expressão é uma coisa e insultos e vulgaridade são outra. Existe uma grande diferença. Eu não permitirei que tais coisas sejam transmitidas a partir de agora."[32]

Em 2 de fevereiro de 2004, uma bomba explodiu no corredor próximo à porta do apartamento alugado por Tregubova na alameda Nikitsky. Os terroristas desconhecidos tinham grampeado seu telefone e detonaram a bomba justamente quando Tregubova — que se preparava para pegar um táxi que havia chamado — disse no telefone que estava prestes a deixar o apartamento. A repórter só foi salva porque parou na frente de um espelho por alguns segundos.

ALEXANDER PODRABINEK É INTERROGADO

No começo de 2004, a FSB tentou abrir um processo criminal contra Alexander Podrabinek — lendário dissidente, diretor da Agência de Notícias Prima e ex-editor-chefe do *Express Khronika*, jornal dedicado à defesa dos direitos humanos. Em 28 de janeiro de 2004, Podrabinek foi chamado para depor, como testemunha, para o Diretório de Investigações da FSB na prisão de Lefortovo, onde lhe pediram que respondesse a uma série de perguntas sobre a publicação e o envio para a Rússia do livro *A explosão da Rússia*, de Alexander Litvinenko e Yuri Felshtinsky. A publicação do livro provocara a abertura de um processo criminal — sob a acusação de "divulgar segredos de Estado" (e não, por exemplo, difamação).

Segundo a lei, das pessoas que escreveram e publicaram o livro, somente o ex-oficial da FSB Alexander Litvinenko poderia ser acusado de "divulgar segredos de Estado", já que a informação (ou suspeita) do envolvimento da FSB nas explosões dos prédios residenciais de 1999 fora obtida em serviço. Nem o co-autor do livro, Felshtinsky, nem o editor (acredita-se que Berezovski tenha sido o financiador ou efetivamente o editor do livro), nem o distribuidor russo — Podrabinek — estavam sujeitos a acusações criminais pela divulgação de segredos de Estado.

Apesar de nenhum tribunal russo ter determinado que o livro de Litvinenko e Felshtinsky fosse difamatório ou extremista, a FSB está obstruindo a distribuição dele na Rússia. Em 31 de dezembro de 2003, um carregamento de cópias de *A explosão da Rússia* deveria ser entregue de Riga para Moscou. O carregamento cruzou a fronteira entre a Látvia e a Rússia, mas no 111° quilômetro da estrada Volokolamskoye, o caminhão que transportava os livros foi parado pela polícia rodoviária, que confiscou o carregamento.

Como o cliente (ou representante do cliente) que encomendara o carregamento com o intuito de vender o livro era a Agência de Notícias Prima, de Podrabinek, foi precisamente ele quem foi chamado para ser interrogado pela FSB.

Apesar das ameaças dos interrogadores de mudar sua posição de testemunha para réu — tática comum da polícia russa — Rabinek, mantendo-se fiel a antigos princípios dissidentes, recusou-se a responder a qualquer pergunta.

O incidente não teve conseqüências visíveis.

Algumas cópias do livro conseguiram chegar à Rússia, mas as livrarias, temendo problemas com a FSB, não estão dispostas a vendê-las. No entanto, o livro é facilmente acessível na internet, por exemplo, nos *websites* lib.ru ("Biblioteka Moshkova") e compromat.ru.

A IDÉIA DE REGULAMENTAR A INTERNET

A idéia do governo de regular a World Wide Web sempre esteve próxima dos corações dos burocratas de Putin. Pronunciamentos a favor da idéia tornaram-se especialmente comuns em 2004. Em março de 2004, houve vazamento de informações para a mídia sobre a proposição de uma legislação para regular a internet e fontes de mídia na internet. Supostamente, uma lei propunha a necessidade de uma permissão especial para a obtenção de acesso à web. Outra lei exigiria que todas as fontes de mídia na internet se registrassem com o governo (atualmente, o registro de fontes de mídia na internet é voluntário).

Em 13 de abril de 2004, Leonid Reiman, antigo colaborador do presidente, ex e atual ministro das comunicações (e, na época, vice-ministro de Transportes e Comunicações), expressou novamente preocupações com os direitos dos consumidores de informação: "É necessário regular as relações entre provedores e consumidores, e não permitir que a informação passada para a internet esteja sujeita a distorções."[33]

Pouco antes disso, Liudmila Narusova — deputada do Conselho Federal de Tuva e viúva de Anatoli Sobtchak — também expressou diversas vezes preocupação com "pessoas simples" que "sofrem" porque "ninguém é responsável por informações não-confiáveis publicadas na internet".[34]

Entre as "pessoas simples" que "sofrem" com a internet, um lugar de destaque é ocupado pela filha de Narusova, Ksenia Sobtchak, cujas aventuras românticas são acompanhadas diligentemente pela imprensa marrom. Tampouco é a mãe — ela própria uma antiga "dama de turbante" (expressão usada por Alexander Nevzorov) — ignorada pela mídia, inclusive pela mídia na internet.

Em 13 de abril de 2004, os participantes de uma mesa-redonda realizada em Moscou para discutir "a base normativa-legal para o desenvolvimento da internet na Rússia: condição atual e prospectos futuros" expressaram uma posição negativa em relação a tais idéias e propostas.

Em 16 e 17 de junho de 2004, foi realizada em Paris uma reunião especial da OSCE dedicada a questões ligadas à internet. A posição oficial do governo russo foi representada na reunião pelo general da FSB Viktor Ostroukhov, que propôs o aumento da cooperação internacional no controle do conteúdo da web e a responsabilização de provedores de serviços de internet por websites que promovam xenofobia, terrorismo, extremismo, seitas religiosas não-tradicionais e movimentos antiglobalização.

O representante russo chegou a manifestar uma posição negativa em relação ao mecanismo de busca Yandex, que permite a "qualquer pessoa que quiser a possibilidade de conhecer facilmente os ensinamentos da seita Aum Shinrikyo, das testemunhas de Jeová... acessar os sites da organização Hare Krishna... a aprender sobre vários cultos satânicos".[35]

Desde 2004, leis para regulamentações de novas mídias têm surgido periodicamente na Duma. As propostas incluíram a revisão da definição da palavra "mídia" para que passasse a incluir toda a comunicação e material que passem pela internet, assim como permitir que somente pessoas físicas ou jurídicas registradas com o governo como proprietários individuais de negócios privados possam operar fontes de mídia na internet.[36]

Entre 2006 e 2007, a pressão do governo sobre o setor político da internet aumentou, apesar de ainda não ter resultado em uma lei de abrangência geral. Websites inconvenientes são bloqueados ou forçados a encontrar hospedagem fora do país quando órgãos policiais russos ameaçam provedores de serviços da internet (os websites do partido de Limonov e as fontes na internet da coalizão Outra Rússia, no final de 2006 e no início de 2007, e a biblioteca virtual Antikompromat em março de 2007), fecham websites acusados de fazerem pronunciamentos "extremistas" ou "difamatórios" (a decisão do tribunal de "confiscar" o site de Mikahil Afanasyev, *Novy Fokus*, da Kakassia, no final de 2006), ou, finalmente, empregam métodos de *hackers* para atingir seus objetivos, como os chamados "ataques-ddos" (a campanha terrorista "*hacker*" contra recursos de internet opositores no final de maio de 2007 pareceu com uma experiência para uma crise futura, um ensaio final).

CONTRA O PANO DE FUNDO DA CRISE DE BESLAN

No início de setembro de 2004, a Rússia foi abalada por outra crise gerada pela guerra da Tchetchênia e pelas ações de terroristas do Cáucaso norte: na cidade de Beslan, na Ossétia, terroristas ocuparam uma escola e tomaram 1.200 reféns. Durante a operação de libertação dos reféns, muitas crianças foram mortas.

Durante a crise e imediatamente depois, parecia que o governo estava menos preocupado em salvar as crianças do que com o vazamento de informações precisas (sobre o número de reféns, as exigências dos terroristas, as ações de oficiais do governo e da polícia).

Para impedir que certos repórteres chegassem a Beslan, ações evidentemente criminosas foram tomadas contra eles: Anna Politkovskaia (do *Novaya Gazeta*) foi envenenada em um avião e acabou sendo internada em um hospital em estado grave; Andrei Babitski (da Rádio Liberdade) foi inicialmente impedido de subir a bordo de um avião, sob supostas suspeitas de que uma bomba fora colocada em sua bagagem, e depois foi acusado de perturbar a ordem.

Em 6 de setembro de 2004, em Mineralnye Vody, o diretor do escritório russo do canal de notícias Al Arabiya — Amr Abdul Hamid, cidadão russo — foi retirado de um avião e detido (uma bala de AK-47 foi "encontrada" em sua bagagem). Na própria cidade de Beslan, dois repórteres de televisão da Geórgia, Nana Lejava e Levan Tetvadze, foram detidas por dois dias (sob o pretexto de que não tinham vistos de entrada — apesar de serem residentes legais do distrito de Kazbeg, na Geórgia, que fica na fronteira russa e cujos residentes, segundo um acordo entre a Rússia e a Geórgia, têm o direito de atravessar a fronteira sem vistos e de permanecer na Ossétia do Norte por até dez dias).

Na Ossétia do Norte, Anna Gorbatova e Oksana Semionova (do *Novye Izvestiya*), Madina Shavlokhova (do *Moskovskiye Novosti*) e Ielena Milashina (do *Novaya Gazeta*) também foram detidos, se bem que brevemente.[37]

Em Moscou, durante um período de vários dias entre o final de agosto e o começo de setembro de 2004, Vladimir Pribilovski — presidente do Centro de Pesquisa e Informação Panorama — percebeu que estava sendo seguido abertamente no metrô e na rua (essa "vigilância externa" fora precedida por ameaças de assassinato feitas por um desconhecido em um vôo de Rostov para Moscou e pela detenção subseqüente de Pribilovski por seis horas no aeroporto de Vnukovo. Pribilovsky não foi acusado de coisa alguma, mas foi ameaçado de ser preso por "resistir à polícia").

Depois da crise de Beslan, Putin afirmou que "foi declarada guerra à Rússia". O que isso significava foi rapidamente elucidado para o público pelo comentarista político do Canal Um Mikhail Leontiev:

"Em tempos de guerra, não se luta contra o próprio governo. Isso é chamado de 'quinta coluna'... Em tempos de guerra, as leis da guerra entram em vigor e certos procedimentos públicos são suspensos... A única maneira de se restabelecer a ordem rapidamente (e, em tempos de guerra, isso precisa ser feito rapidamente) é, sem dúvida, expandir o componente autoritário"[38] do governo.

MUDANÇAS NA LEGISLAÇÃO ANTIEXTREMISTA

Em 26 de julho de 2007, o presidente Vladimir Putin assinou uma lei que introduzia "emendas aos artigos 1 e 15 da lei federal 'sobre a oposição à atividade extremista'", aumentando a imputabilidade por atividades extremistas. A nova lei definia todos os atos danosos ao público sujeitos à imputabilidade criminal como formas de "atividades extremistas".

Comentando a mudança na legislação antiextremista em uma entrevista para a revista *Vlast*, Alexander Kotenkov, representante do presidente no Conselho da Federação, observou:

"A mídia não pode fazer acusações contra oficiais do governo. Por definição, um governador não pode se envolver em atividades extremistas. Ele desfruta da presunção de inocência, assim como qualquer outro cidadão Acusar um oficial do governo de atividade extremista não é simplesmente um insulto pessoal, mas também mina a fé do povo no governo. E *isso* é extremismo "[39]

LEGISLAÇÃO SOBRE "DADOS PESSOAIS"

Em 27 de julho de 2006, o presidente Putin promulgou a lei número 152-FZ, "sobre dados pessoais". A lei proíbe que órgãos do governo divulguem "dados pessoais" sobre pessoas físicas sem o consentimento por escrito das mesmas.

No entanto, a lei é formulada de tal modo que pode ser interpretada facilmente de modo mais amplo: por exemplo, ela pode ser lida como a negação ao direito de se divulgarem dados pessoais para a mídia, sociólogos, analistas políticos, historiadores etc. Além disso, segundo o texto da lei, "dados pessoais" podem incluir qualquer informação sobre uma pessoa — como seu nome, data de nascimento, endereço, visões políticas e daí por diante.

A princípio, repórteres que citarem ativistas políticos, empresários ou outros jornalistas precisam, a partir de agora, obter o consentimento por escrito dessas pessoas para poder mencionar seus nomes.

Obviamente, tal exigência não pode ser cumprida em princípio, mas como todas as leis impossíveis de se fazerem cumprir, pode ser utilizada de modo seletivo. Portanto, ela pode ser utilizada para proibir a disseminação de informações não lisonjeiras sobre políticos sem um consentimento por escrito (por exemplo, como um deputado votou na questão da substituição de pagamentos em dinheiro por benefícios ou na questão da cessão de ilhas na região de Khabarovsk para a China).

Até o verão de 2007, a lei ainda não estava sendo posta em prática — nem por repórteres, nem por órgãos do governo.

A CRIAÇÃO DA "ROSSVYAZOKHRANKULTURA" (MARÇO DE 2007)

O leitor está enganado se acredita que abreviações de pronúncia difícil são incompreensíveis apenas para estrangeiros, e que os russos as vêem como algo natural. Não há nada de natural ao ouvido russo nas incontáveis abreviações de nomes interminavelmente longos do governo russo. A tradição de criar acrônimos surgiu inicialmente nos anos que seguiram a revolução russa, quando pessoas largamente analfabetas — revolucionários bolcheviques — subiram ao poder. Devido a sua ignorância generalizada, eles começaram a inventar nomes longos e complicados e, devido ao analfabetismo, eram incapazes de memorizá-los, e muito menos de escrevê-los. Foi aí que começaram a criar abreviações e siglas que não podiam ser pronunciadas em nenhuma língua, inclusive em russo, e que não podem ser memorizadas por nenhum cérebro, nem mesmo por um que seja altamente desenvolvido.

Em 12 de março de 2007, o presidente Putin assinou uma ordem para fundir duas agências federais — Rosokhrankultura e Rossvyaznadzor — em um único departamento, o Serviço Federal de Supervisão das Comunicações de Massa e de Proteção da Herança Cultural (Rossvyazokhrankultura). Dessa forma, uma nova agência regulamentadora foi criada: as funções de licenciamento e de supervisão de mídia foram retiradas de dois ministérios (do Ministério da Cultura e do Ministério de Comunicações) e combinadas em um único serviço novo, sob controle direto do primeiro-ministro.

Em 27 de março, Boris Boiarskov — antigo empregado da KGB, oficial da reserva ativa da FSB e ex-diretor da Rosokhrankultura — tornou-se diretor da Rossvyazokhrankultura.

Seu primeiro ato importante como diretor da agência, em julho de 2007, foi enviar uma inquirição à Promotoria Geral sobre a publicação de uma transcrição do interrogatório de Ajmed Zakaiev no website do *Kommersant*. Investigadores da promotoria haviam interrogado Zakaiev em ligação com a investigação russa do assassinato do ex-oficial da FSB Alexander Litvinenko.

Boiarskov suspeitava que o *Kommersant* tivesse divulgado informações secretas pertinentes à investigação. Além da consulta à Promotoria Geral, a Rossvyazokhrankultura exigiu que o editor-chefe do website, Pavel Tchernikov, não permitisse "a publicação de materiais que possam levar a violações da lei".

Ao mesmo tempo, a agência negou que a inquirição representasse um aviso oficial para o *Kommersant*. A agência declarou que a carta fora enviada meramente como medida preventiva, e que até então a Rossvyazokhrankultura não tivera nenhuma reclamação quanto à Editora Kommersant e suas publicações.[40]

NOVAS MUDANÇAS NA LEGISLAÇÃO ANTIEXTREMISTA

Em 10 de maio de 2007, Putin assinou uma lei (número 71-FZ, "Emendas ao artigo 13 da lei federal 'sobre a oposição a atividades extremistas'") que aumentava as penas para crimes de natureza extremista, efetivamente equiparando-os a traição.

Em 27 de junho de 2007, o presidente assinou uma emenda de lei aprovada pela Duma em 4 de julho de 2007, pertinente "à melhoria de procedimentos do governo para a oposição ao extremismo" (lei federal número 148-FZ "emendas aos artigos 1 e 15 da lei federal 'sobre a oposição à atividade extremista'").

As mudanças mais importantes foram:

Artigos do código criminal relativos a crimes contra indivíduos, assim como crimes contra a segurança e a ordem públicas (assassinato, inflicção voluntária de danos, conduta desordeira etc.) foram acrescentados de uma circunstância agravante: "por motivos de ódio ou inimizade política, ideológica, racial, nacional ou religiosa em relação a qualquer grupo social".

Como os opositores a tais emendas observaram apropriadamente, havia nos tribunais, mesmo antes da introdução das mudanças, uma tendência a interpretar a crítica da mídia a "grupos sociais" como "oficiais do Kremlin", "o governo da Mordovia" e até "maus policiais" como incitação a embates públicos. A nova formulação da lei — "por motivos de ódio ou inimizade em relação a qualquer grupo social" — faz com que seja possível definir a crítica a qualquer oficial ou órgão do governo como um crime extremista, caso seja necessário.

Um artigo acrescentado ao código de violações administrativas estabeleceu responsabilidade criminal pela "distribuição em massa" de materiais extremistas; a partir de agora, tais materiais também devem ser colocados em uma listagem especial de supervisão.

De acordo com mudanças introduzidas nas regulamentações da mídia, sempre que as mídias de massa mencionarem organizações consideradas extremistas pelos tribunais, elas estarão obrigadas por lei a informar do ocorrido.

Outra ofensa de natureza "extremista" foi definida: "fazer, conscientemente, acusações falsas e públicas" contra um oficial do governo "de cometer atos, durante seu mandato, que estejam listados no presente artigo e que constituam crimes extremistas".

Segundo o comentarista político Andrei Piontkovski (que teve dois livros de sua autoria investigados em maio de 2007 para que se determinasse se seriam de natureza extremista), "essa lei — e as últimas emendas são apenas uma continuação da mesma lógica — foi aprovada, obviamente, não para lutar contra pessoas como Basaiev, porque o código criminal contém instrumentos suficientes para combater terroristas e assassinos. Na verdade, a lei é simplesmente uma replicação direta do artigo 58 do código criminal de Stálin — sobre agitação contra-revolucionária; e do artigo 190 do código criminal de Brejnev — distribuir conscientemente informações falsas sobre a ordem social russa. Isso é um instrumento para combater dissidências políticas, qualquer oposição política".[41]

A RÚSSIA COMO UM PAÍS SEM LIBERDADE, O PRESIDENTE COMO "INIMIGO DA IMPRENSA"

Desde a primavera de 2001, a Rússia tem constado regularmente nos relatórios de diversas organizações de direitos humanos como um país com sérios problemas na área da liberdade de imprensa.

Em 3 de maio de 2001, dia mundial da liberdade de imprensa, o comitê internacional de proteção a jornalistas (CPJ) nomeou os dez piores inimigos da imprensa para o ano de 2001. O presidente da Rússia, Putin, ficou em quinto lugar — atrás do aiatolá iraniano Ali Khamenei, do presidente da Libéria, Charles Taylor, do presidente da China, Jiang Zemin, e do presidente do Zimbábue, Robert Mugabe. Segundo o CPJ, "Vladimir Putin presidiu um ataque alarmante à liberdade de imprensa na Rússia. O Kremlin impôs censura na Tchetchênia, orquestrou assédios legais contra fontes de mídia privadas e concedeu amplos poderes de vigilância aos serviços de segurança... a corporação Gazprom, controlada pelo Kremlin, assumiu o controle da NTV, a única rede de televisão independente do país. Em uma questão de dias, o golpe da Gazprom fechou um proeminente jornal diário de Moscou e expulsou os jornalistas a cargo do noticiário semanal mais prestigiado do país. Apesar da insistência da Gazprom de que as mudanças teriam sido apenas negócios, o maior beneficiado foi o próprio Putin, cujos principais críticos agora estão silenciados".

Também em maio de 2001, a organização internacional Repórteres Sem Fronteiras (RSF), que também elabora uma lista anual de "inimigos da liberdade de imprensa", nomeou os trinta maiores inimigos da liberdade de imprensa para o ano de 2000, colocando Putin no 22º lugar (os quatro primeiros lugares foram ocupados por Fidel Castro, Saddam Hussein, Kim Chen Ir e Alexander Lukashenko).

Em 3 de maio de 2003, a Repórteres Sem Fronteiras publicou seu índex de liberdade de imprensa para o ano de 2002. O índex contava com

156 países e com uma lista dos 42 maiores inimigos da liberdade de imprensa, que novamente incluía o presidente Putin.

No final de fevereiro de 2004, a Repórteres Sem Fronteiras incluiu novamente Putin na lista de "inimigos da liberdade de imprensa" (ao lado dos presidentes da Bielorrússia, do Cazaquistão, do Turquemenistão e do Uzbequistão).

No final de abril de 2004, a organização internacional de direitos humanos Freedom House publicou um índex da liberdade de imprensa em vários países. Entre os 193 países na lista, a Rússia ficou na 148ª posição.

Em 27 de outubro de 2004, a Repórteres Sem Fronteiras publicou um índex internacional de liberdade de imprensa, no qual a Rússia ficou na 140ª posição, entre 167 países listados (em 2002, ficara na 121ª posição e em 2003 na 148ª). Para efeitos de comparação: os três primeiros lugares foram ocupados pela Dinamarca, pela Finlândia e pela Islândia; os Estados Unidos ficaram na 22ª posição e as duas últimas posições (166ª e 167ª) foram ocupadas por Cuba e pela Coréia do Norte.

Em dezembro de 2004, a Freedom House publicou sua pesquisa anual de "liberdade no mundo" (listando 192 países), que categoriza os países como sendo "livres", "parcialmente livres" e "não livres". Na pesquisa de 2004, pela primeira vez desde 1991, a Rússia foi classificada como "não livre".

Em 20 de dezembro de 2005, quando a pesquisa seguinte da Freedom House foi divulgada, a Rússia permanecia entre os 45 países "não livres" (do total de 192 países), mas caíra várias posições na lista, que termina com o Turquemenistão e o Uzbequistão.

Em 3 de maio de 2006, a Repórteres Sem Fronteiras publicou a lista de 37 "inimigos da liberdade de imprensa" para 2005, que incluiu novamente o presidente da Rússia. Um relatório publicado no website da RSF afirma: "Putin está utilizando as técnicas que aprendeu como oficial da KGB para controlar todas as fontes de mídia da Rússia. O governo controla a imprensa, o rádio e a televisão através do poderoso conglomerado de energia Gazprom, e Putin aparece na televisão com uma freqüência cada vez maior, geralmente repreendendo seus ministros."

Ao lado de Vladimir Putin, entre os outros inimigos da imprensa indicados na pesquisa da RSF estão o presidente da Bielorrússia, Alexander

Lukashenko, o presidente do Turquemenistão, Turkmenbashi Saparmurat Niiazov, o presidente do Uzbequistão, Islam Karimov, o presidente do Cazaquistão, Nursultan Nazarbaiev, além de Fidel Castro, Kim Chen Ir e o rei Gyanendra, do Nepal.

Em um índex da Freedom House datado de 3 de maio de 2006, a Rússia está listada como um dos 67 países "não livres". Em termos de liberdade de imprensa, a Rússia está em 158º lugar entre 194 países, no mesmo nível que Bahrain e a Venezuela.

Segundo o índex de liberdade de imprensa publicado pela Freedom House no início de maio de 2007, em 2006 a Rússia caiu mais seis posições na lista: ela divide o 164º lugar com o Azerbaijão, atrás de Brunei, do Cazaquistão, do Tajiquistão e da Suazilândia. (O 1º lugar na lista é ocupado pela Finlândia e pela Islândia, e o último lugar — número 195 — é ocupado pela Coréia do Norte, igual ao ano anterior. Os últimos dez lugares também incluem três países da CIS, o Turquemenistão, o Uzbequistão e a Bielorrússia.) O relatório também destaca que a Rússia continua oprimindo a imprensa independente e tem planos de regular o uso da internet.

Em junho de 2007, o presidente Putin recebeu o prêmio internacional Ostra Fechada. O prêmio foi concedido a ele em Hamburgo, em uma conferência internacional anual de representantes da mídia especializados em questões relacionadas à imprensa. Putin foi mencionado por "destruir a imprensa livre".

A associação alemã de repórteres Netzwerk Recherche concedeu a Putin um prêmio por sua "atitude ruim em relação a repórteres", por "obstruir o desenvolvimento da imprensa livre" e pela ausência de resultados na investigação do assassinato de Anna Politkovskaia.

Putin foi o primeiro chefe de Estado a receber o prêmio Ostra Fechada.

NOTAS

[1] *Panfilov,* O., "Svyashchennye korovy" rossiiskoi verticali, *Nezavisimaya gazeta*, 22 de setembro de 2003.

[2] *Segodnya*, 5 de fevereiro de 2000.

[3] *Izvestiya*, 5 de fevereiro de 2000.

[4] *Nezavisimaya gazeta*, 8 de fevereiro de 2000.

[5] *Shenderovitch, V.*, "Zdes bylo NTV" i drugie istorii. M., Zakharov, 2004, p. 14.

[6] *Bossart, A.*, Zashchita Buratino, *Novaya gazeta*, nº 26 (669), 12-15 de abril de 2001.

[7] *Shenderovitch, V.*, "Zdes bylo NTV" i drugie istorii, p. 16.

[8] Ibid, p. 26.

[9] *Stringer*, nº 7, maio de 2003.

[10] *Izvestiya*, 2 de agosto de 2000.

[11] *Riklin A.*, Beseda s Borisom Berezovskim, *Yezhenedelny zhurnal*, nº 48 (99), 8-14 de dezembro de 2003.

[12] Ibid.

[13] *Shenderovitch, V.*, "Zdes bylo NTV" i drugie istorii, p. 51.

[14] *Albats, I.*, Komu prodali NTV. Chekisty podminaut pod sebya SMI, *Novaya gazeta*, nº 72 (810), 30 de setembro-2 de outubro de 2002.

[15] Materialy po istorii russkogo osvoboditel'nogo dvizheniya, vol. 2. M., *Isdatelstvo imeni Ignatiya Stavropolskogo*, 1998, pp. 456-457.

[16] *Tsurganov, Y.* Neudavshiysya revansh. Belaya emigratsiya vo Vtoroi mirovoi voine. M., *Intrada*, 2001, pp. 116-118.

[17] *RIA Novosti*, 15 de janeiro de 2002.

[18] *Kommersant*, 4 de julho de 2001.

[19] *Zavtra*, nº 8 (431), fevereiro de 2002.

[20] *Simonov, A.*, Brakonerskiy udar kartech'u, *Nezavisimaya gazeta*, 26 de junho de 2002.

[21] *Komarov I.*, Uscherb radi "svobody slova", *Novye izvestiya*, nº 95 (1101), 7 de junho de 2002.

[22] *Latinina, I.*, Mozhno li sdelat iz stiralnoi mashiny avtomat kalashnikova, *Novaya gazeta*, 27-30 de maio de 2002.

[23] *Tarasov, A.*, Gospoda Geksogen, Ivanov, Sorokin, na vyhod! Pochemu "Idushchie vmeste" "naehali" na Sorokina, *Novaya gazeta*, nº 47, 2002.

[24] *Shargunov, S.* U nas otobrali medal [Entrevista com Andrei Sharyi], *Novaya gazeta*, nº 74 (812), 7-9 de outubro de 2002.

[25] *Strana.ru*, 15 de julho de 2003.

[26] *Agafonov, S.*, Kremlyevsky napyerstok, *Novye izvestiya*, 27 de outubro de 2002.

[27] *Latinina, I.*, Ya sam budu vashim tsenzorom. Televidenie — edinstvennaya otrasl economiki, kotoruiu kontroliruet lichno president Rossii, *Novaya gazeta*, nº 4 (837), 20-22 de janeiro de 2003.

[28] *Kommersant*, 21 de fevereiro de 2003. (O autor do artigo no *Novye izvestiya* é Vladimir Pribilovski.)

[29] *gazeta.ru*, 20 de fevereiro de 2003.

[30] *The Moscow Times*, 8 de abril de 2003.

[31] *Vremya novostey*, 21 de junho de 2004.

[32] *Pasko*, G., Yury Shmidt: Stukachei nado berech. I dannye o nih hranit v taine, *Novaya gazeta*, 29 de setembro — 1º de outubro de 2003.

[33] Sred bela dnya. Zloklucheniya redaktsii. Ograblenie kak biznes-proekt. Anatomiya banditskogo kapitalizma, *Novoye vremya*, nº 24, 13 de junho de 2004.

[34] *Koroliev, I.*, Zakon zhizni. Popytki otregulirovat Internet ne prekrashchautsya, *Vremya novostei*, 14 de abril de 2004.

[35] Ibid.

[36] Rossiya v "setyah obshchego polzovaniya". O tolerantnosti i probleme borby s propagandoi terrorizma i ksenofobii v Internet na vstreche v OBSE dokladyval general FSB, *Novaya gazeta*, 28-30 de junho 2004.

[37] *Plakhova, V.*, Gosteleradio zakazalo Hruna i Stepana, *Novaya gazeta*, nº 51 (981), 19-21 de julho de 2004.

[38] *Vedomosti*, 7 de setembro de 2004.

[39]*Sannikova, E.*, Khronika suda. Prava cheloveka v Rossii www.hro.org/ngo/about/2006/2/2.

[40] Rossiya: vlast protiv pressy, *Ezhenedelny bulleten tsentra exstremalnoi zhurnalistiki*, vol. 30 (185), 25-31 de julho de 2006.

[41] www.lenta.ru/articles/2007/7.

10

A ERA DOS ASSASSINOS

AS ORIGENS: O ENVENENAMENTO DE LÊNIN E O ASSASSINATO DE TRÓTSKI

SPIRIDON PUTIN — AVÔ PATERNO de Putin (segundo sua biografia oficial) ou materno (segundo a biografia não-oficial) — passou a vida toda trabalhando como cozinheiro, primeiro para Lênin e depois para Stálin. Isso é um fato confirmado. Temos o testemunho do outro cozinheiro de Lênin, Gavriil Volkov. Depois da morte de Lênin, Volkov foi preso e, como o homem da máscara de ferro, passou o resto da vida na prisão. "Eu não apenas nunca fui interrogado como ninguém jamais teve permissão para falar comigo sobre meu caso", disse Volkov a Ielizaveta Lermolo, a quem conhecera por acaso durante uma caminhada na prisão. Eis o que Lermolo recordava sobre o encontro:

> "Um dia, um homem foi acrescentado ao meu turno de exercícios. Era um prisioneiro antigo, Gavriil Volkov, um comunista. Até então, ele só tinha tido permissão para caminhar sozinho... Havia rumores de que estaria sendo mantido no 'mais restrito isolamento', sob responsabilidade direta do Kremlin. Mas ninguém sabia realmente em qual caso estava envolvido nem por que fora preso... Tivemos uma longa conversa. Ele me disse que era um antigo bolchevique e que parti-

> cipara da revolta bolchevique em Moscou, em 1917. Até 1923, foi empregado no Kremlin como gerente de um refeitório mantido para os funcionários dos altos escalões do partido. Mais tarde, tornou-se cozinheiro do sanatório do Kremlin, em Górki... Volkov fora preso... em 1932. Ele acabara de completar o 'terceiro aniversário' em isolamento... Ele não sabia os termos da sentença — e quanto ao motivo de sua prisão? Ele só podia imaginar. Nunca foi julgado e ninguém jamais o interrogara. 'Eu não apenas nunca fui interrogado como nenhum oficial jamais teve permissão para falar ou discutir meu caso comigo... por um período de onze anos, tenho carregado trancado em meu coração um grande segredo. Não o revelei para nenhuma alma viva...
>
> Quando Lênin adoeceu, em 1923, Volkov disse, foi decidido que ele seria internado no sanatório do Kremlin em Górki. Volkov foi enviado para lá para servir de cozinheiro pessoal de Lênin... Em 21 de janeiro de 1924... às onze da manhã, como de costume, Volkov levou o segundo café-da-manhã de Lênin. Não havia ninguém no quarto. Assim que Volkov apareceu, Lênin tentou se levantar e estendeu as duas mãos, dizendo palavras incompreensíveis. Volkov correu para ele e Lênin colocou um bilhete em sua mão... O bilhete, rabiscado em um traço nervoso, dizia: 'Gavrilushka, fui envenenado... Vá pegar Nadia [Krupskaia] imediatamente... Conte para Trótski... Conte para todos que puder'".[1]

Existe também o testemunho de Trótski. Em 1939, depois que os líderes do Partido Comunista e o governo haviam sido condenados em julgamentos abertos em Moscou, depois que os principais comandantes do Exército Vermelho haviam sido executados, depois que os colaboradores e amigos de Trótski haviam sido aniquilados ao lado de membros da família dele, e finalmente, depois que Stálin fizera um pacto com Hitler, Trótski publicou um artigo sensacional no qual revelou que Lênin poderia ter sido envenenado por Stálin. É possível que tenha sido a primeira tentativa cuidadosa de Trótski de dizer a verdade. Se o que ele tinha a dizer — que beirava a divulgação de um segredo do governo — tivesse sido recebido com interesse pelo Ocidente, Trótski poderia ter se tornado mais falante. Mas a opinião pública e política do mundo livre permaneceram silenciosas. Ninguém estava interessado nas revelações de Trótski. A esquerda, que simpatizava com a União Soviética, não desejava comprometer Stálin e a ordem socialista. A direita anti-soviética suspeitava que Trótski estivesse mentindo, assim como suspeitava de qualquer outro comunista. E absolutamente ninguém compreendeu a totalidade e a escala do regime criminoso de Stálin.

O artigo, entregue por Trótski para a revista *Life* pela primeira vez em 13 de outubro de 1939, nunca foi publicado na revista. Em 10 de agosto de 1940, depois de perder dez meses, Trótski finalmente publicou o artigo de maneira condensada na revista *Liberty*. Dez dias depois, foi morto pelo agente Ramon Mercader, da NKVD.

Acostumamo-nos com o fato de que os serviços de segurança são constantemente rebatizados na Rússia. A NKVD era o protótipo da KGB, a mesma organização que hoje é conhecida como FSB. Devemos destacar que, em agosto de 1940, o assassinato de Trótski não despertou nenhuma discussão entre o México e a União Soviética — em contraste com a discussão entre a Inglaterra e a Rússia que seguiu o assassinato de Alexander Litvinenko em novembro de 2006. Moscou não alegou que o agente da NKVD que matara Trótski seria na verdade um oficial da inteligência estrangeira mexicana ou membro de um grupo de ex-agentes que se separara da FSB; a Promotoria Geral da União Soviética não alegou que ela própria indiciaria o assassino de Trótski se ficasse provado em um tribunal soviético que ele era realmente culpado do assassinato. E, certamente, ninguém teve a idéia de indicar Ramon Mercader — que nunca admitiu ter matado Trótski por ordem da inteligência estrangeira soviética — para o Conselho Supremo da URSS (equivalente ao parlamento russo de hoje). Tudo foi feito com tranqüilidade e extra-oficialmente, sem envolvimento da imprensa. Mas todos compreendiam perfeitamente que somente Stálin poderia ter dado a ordem de matar Trótski e que somente a NKVD soviética poderia ter realizado uma operação especial para assassiná-lo.

Em 6 de junho de 1941, o comissário do povo de Assuntos Internos, Lavrenty Beria, entregou um relatório a Stálin (número 1984/6) solicitando que o assassino de Trótski fosse condecorado com as mais altas honrarias de Estado:

"Em 1940, um grupo de empregados da NKVD completou com sucesso uma missão especial. A NKVD da Rússia solicita que os seis camaradas que cumpriram a missão sejam condecorados com a Ordem da URSS. Solicito uma resolução sua."

Stálin carimbou a aprovação: "A favor (sem anúncio público)."

Por ordem secreta do Presidium do Conselho Supremo da URSS, a mãe de Ramon Mercader — a agente Caridad Mercader, da inteligência estrangeira soviética — foi condecorada com a Ordem de Lênin, assim como os organizadores da operação, os agentes da NKVD L. P. Vasilevski, P. A. Sudoplatov, I. R. Postelniak, I. R. Grigulevitch, N. I. Eitingon.

Mercader — o assassino verdadeiro de Trótski — passou vinte anos em uma prisão mexicana e foi libertado em 6 de maio de 1960. Depois de ser libertado, foi entregue primeiro a Cuba e depois à URSS. Em 31 de maio de 1960, por um decreto secreto do Presidium do Conselho Supremo da URSS, Mercader recebeu o título de Herói da União Soviética e foi condecorado com a Ordem de Lênin e com a medalha Estrela de Ouro (número 11.089). Ele recebeu um apartamento em Moscou, uma *datcha* em Kratovo (um subúrbio de prestígio em Moscou) e uma pensão equivalente à de um general da KGB — quatrocentos rublos por mês (uma pensão muito alta na URSS da época). Durante algum tempo, Mercader e a esposa, Raquelia Mendoza — que, aparentemente, também trabalhava para a inteligência estrangeira soviética — viveram em Moscou. Mercader trabalhou no Instituto de Marxismo-Leninismo, enquanto a esposa apresentava notícias na edição em espanhol da rádio de Moscou. Na metade da década de 1970, a convite de Castro, Mercader mudou-se para Cuba, onde serviu como conselheiro no Ministério de Assuntos Internacionais. Ele morreu em 1978, de câncer pulmonar. Os restos mortais de Mercader foram transferidos para Moscou e enterrados no cemitério de Kuntsevo com o nome de Ramon Ivanovitch Lopez.

Naum (Leonid) Eitingon (ou Eitington — existem muitas variações na grafia do nome) era um agente de alto escalão da inteligência estrangeira soviética responsável por um grupo que executava operações ilegais. Ele trabalhou na China, em Paris e na Espanha durante a guerra civil espanhola. Eitingon era amante de Caridad Mercader e tutor do filho dela, Ramon. Presumia-se que, depois de matar Trótski, Ramon conseguiria deixar a mansão onde Trótski morava e que Caridad e Eitingon estariam esperando por ele, prontos para tirá-lo do México. No entanto, Ramon foi capturado.

Caridad e Eitingon fugiram para Cuba, depois para os Estados Unidos e finalmente para a China. Retornaram a Moscou em maio de 1941. Stálin recebeu Eitingon pessoalmente, agradeceu-lhe por organizar a operação e prometeu-lhe que enquanto ele, Stálin, vivesse, ninguém tocaria um dedo na cabeça de Eitingon. Dez anos depois, Eitingon, que àquela altura tornara-se um general importante no MGB (Ministério da Segurança do Estado, antiga NKVD e futura KGB), foi demitido e colocado em prisão domiciliar. Mas não foi colocado na prisão nem executado. Depois da morte de Stálin, Eitingon foi libertado da prisão domiciliar e, em maio de 1953, foi autorizado a retomar o cargo de vice-diretor do Nono Departamento do MVD da URSS. No final de 1957, foi preso novamente — por crimes cometidos durante o regime de Stálin — e condenado a doze anos de prisão. Em 1964, foi perdoado, mas não teve permissão para retomar o antigo cargo. Eitingon foi trabalhar como editor sênior na editora *Inostrannaya Literatura* e morreu em 1981.

Quando Stálin morreu, Pavel Sudoplatov tinha alcançado a patente de tenente-general do MGB e era diretor do primeiro escritório do MGB da URSS. Depois da morte de Stálin, foi nomeado vice-diretor do segundo diretório principal do Ministério de Assuntos Internos — contra-inteligência. Em maio de 1953, por ordem de Beria, foi nomeado diretor do recém-formado Nono Departamento do MVD (o departamento de inteligência estrangeira e sabotagens, que estava envolvido com terrorismo individual e sabotagens). Em 31 de julho de 1953, pouco depois da prisão de Beria, o departamento foi eliminado e o próprio Sudoplatov foi preso em 21 de agosto.

Sudoplatov alegou insanidade e permaneceu até 1958 em um hospital psiquiátrico. Em 1958, foi condenado a quinze anos de prisão por conduzir experiências em pessoas, por seqüestros e diversos assassinatos. Ele foi libertado em 1968 e morreu em 1996. Suas memórias foram publicadas postumamente e se tornaram leitura obrigatória para muitos oficiais da FSB.

Iosef Grigulevitch era um judeu caraite lituano. No começo da década de 1930, quando era estudante ginasial, Iosef envolveu-se no submundo da Komsomol, cumpriu uma sentença curta em uma prisão polonesa e depois partiu como voluntário para a Espanha, onde foi recrutado pela contra-inteligência soviética. Da Espanha, Grigulevitch seguiu para a América Latina, onde continuou a trabalhar como agente soviético. Depois da morte de Stálin, foi chamado de volta a Moscou, onde obteve um doutorado em história e se tornou membro da Academia Russa de Ciências, especialista na América Latina e autor de muitos livros.

Esse foi o grupo de pessoas que recebeu a missão de assassinar Trótski no final da década de 1930. Mas qual foi a gota d'água que fez com que Stálin tomasse a decisão de cometer o assassinato? Por que o agente Mercader, que fora próximo de Trótski desde março de 1940, recebeu a missão de matá-lo imediatamente após o surgimento do artigo de Trótski, em 10 de agosto de 1940?

> "Falarei sobre um assunto particularmente crucial", escreveu Trótski. "Será que [Stálin] o estudante [de Lênin] tomou alguma medida para acelerar a morte do professor? Eu, mais do que ninguém, compreendo a monstruosidade de tal alegação. Mas o que se pode fazer se isso é sugerido pela situação, pelos fatos e especialmente pela personalidade de Stálin? Lênin avisou-nos com urgência em 1921: 'Esse cozinheiro só preparará pratos apimentados.' Acabou que os pratos não eram apenas apimentados, mas também envenenados, e não apenas de modo figurativo, mas sim literalmente.
>
> Há dois anos, escrevi pela primeira vez fatos que certa vez (1923-1924) só eram conhecidos por não mais do que sete ou oito pessoas, e apenas parcialmente. Dentre essas pessoas, as únicas que permanecem vivas, além de mim, são Stálin e [o Comissário do Povo para Assuntos Internacionais Viatcheslav] Molotov...
>
> Durante a segunda doença de Lênin, provavelmente em fevereiro de 1923, em uma reunião do Politburo, depois que o secretário partiu, Stálin informou aos membros do Politburo (Grigori Zinoviev, Lev Kamenev e eu) que Lênin o chamara inesperadamente e pedira que lhe entregassem veneno... Lembro-me de como o rosto de Stálin parecia incomum, misterioso e estranho. O pedido sobre o qual nos contava era trágico; mas seu rosto estava congelado em um meio-sorriso, como uma máscara. Eu observara tal incongruência entre suas palavras e sua expressão facial em ocasiões anteriores. Dessa vez, era completamente insuportável. O horror foi ainda amplificado pelo fato de Stálin não

expressar nenhuma opinião sobre o pedido de Lênin, aparentemente esperando para ver o que os outros diriam...

'Obviamente, satisfazer esse pedido está fora de questão!', exclamei. '... Lênin pode melhorar.'

'Eu disse tudo isso a ele', objetou Stálin, não sem desapontamento, 'mas ele não dá atenção. O velho está sofrendo. Diz que quer ter veneno ao seu lado... que recorrerá a ele se ficar convencido de que a situação não tem solução... O velho está sofrendo', Stálin ficava repetindo, olhando distraidamente além de nós e ainda sem assumir uma posição...

Agora, faço a mim mesmo outra pergunta, mais abrangente: será que Lênin realmente pediu veneno a Stálin? E se Stálin tivesse inventado a história para preparar o próprio álibi? Ele não tinha o menor motivo para temer que suspeitaríamos dele: nenhum de nós teria perguntado ao doente Lênin se ele realmente pedira veneno a Stálin... [Stálin] estava cercado de colaboradores cujos destinos estavam completamente ligados ao dele. O farmacêutico Genrikh Iagoda estava acessível. Não sei dizer se Stálin entregou veneno a Lênin como uma indicação de que os médicos haviam perdido todas as esperanças de uma recuperação, ou se recorreu a medidas mais diretas... Mas sei... que quando perguntei a médicos em Moscou sobre a causa imediata da morte de Lênin, que lhes fora inesperada, eles não tinham resposta. A autópsia, naturalmente, foi realizada com todas as formalidades: como secretário geral, Stálin assegurara-se disso antes de qualquer outra coisa. Mas os médicos não procuraram por veneno, mesmo com os mais perspicazes deles admitindo a possibilidade de suicídio. Provavelmente, não suspeitavam de nenhuma outra coisa. De todo modo, não poderiam ter tido nenhuma inclinação para investigar a questão mais profundamente. Eles compreendiam que a política estava acima da medicina."[2]

Existe também o testemunho de Boris Nicolaevski, historiador conhecido e respeitado, que criou um arquivo vasto sobre a revolução russa, que hoje fica guardado no Instituto Hoover, na Universidade de Stanford.

"Trótski... falou sobre um episódio extremamente importante que, possivelmente, forçará os historiadores a reconhecerem Stálin como o assassino de Lênin... no sentido literal da palavra, um envenenador... É altamente questionável que Lênin tenha feito tal pedido a Stálin: àquela altura, Lênin via Stálin sem nenhuma confiança, e não está claro como poderia ter recorrido a ele, de todas as pessoas, com um pedido tão íntimo. Tal fato adquire um significado especial sob a luz de outra história. O autor deste artigo conhecia uma emigrante dos anos de guerra... Na prisão pré-julgamento de Chelyabinsk, ela conheceu um antigo condenado que trabalhara como cozinheiro em Górki entre 1922 e 1924, onde o enfermo Lênin vivia na época. O velho confessou à minha conhecida que adicionara drogas à comida de Lênin para que seu estado piorasse. Ele fez isso seguindo instruções de pessoas que considerava serem representantes de Stálin... Se considerarmos tal história como verdadeira, então o anúncio de Stálin no Politburo — o anúncio relatado por Trótski — tem um sentido definido: Stálin estava criando um álibi para si mesmo para o caso de as pessoas descobrirem a respeito do trabalho do cozinheiro-envenenador."[3]

Existe também a história contada certa vez pelo próprio Stálin, quando estava bêbado, conhecida por nós através de fontes indiretas. Lidiia Shatunovskaia foi condenada a vinte anos de prisão "pela intenção de emigrar para Israel" e passou sete anos em confinamento solitário na prisão de Vladimir. Ela foi libertada pouco depois da morte de Stálin (5 de março de 1953), e logo depois de encontrar um antigo conhecido, Ivan Gronski (1894-1985). Gronski era crítico, repórter, editor e funcionário do partido. Em 1932-1933, Gronski era diretor do comitê de direção da União de Escritores Soviéticos. Entre 1928 e 1934, serviu como editor-gerente do jornal *Izvestiya*, e entre 1932 e 1937 foi editor-chefe da revista *Novy Mir*. Além disso, Gronski era uma espécie de comissário da literatura durante o regime de Stálin. "Através dele, Stálin obtinha informações sobre tudo o que ocorria na literatura, e através dele, Stálin mantinha-se em contato com círculos de escritores... Gronski era uma das poucas pessoas que tinham o direito de entrar no escritório de Stálin sem serem anunciadas."[4]

Em 1937, Gronski foi preso e condenado, passando dezesseis anos em prisões e campos de trabalho. Em 1953, foi libertado, e encontrou a antiga colega de prisão, Lidiia Shatunovskaia. Ela recordou:

"Depois de retomarmos contato, Ivan Gronski e eu costumávamos caminhar juntos e contávamos muitas coisas um para o outro... Durante uma de nossas caminhadas, Gronski, um homem muito inteligente e cuidadoso, compartilhou comigo, uma mulher não afiliada ao partido, suas suspeitas acerca da morte de Lênin e sobre o papel misterioso desempenhado por Stálin na aceleração de sua morte... Ele me disse confidencialmente que estava convencido de que Stálin acelerara ativa e deliberadamente a morte de Lênin, já que, não importava o quanto Lênin estivesse doente, enquanto estivesse vivo o caminho para a ditadura absoluta estaria fechado para Stálin."[5]

O que teria dito Gronski? No começo da década de 1930, durante um encontro com escritores no qual Stálin, assim como todos os presentes, bebera muito, Stálin, "para o horror de Gronski, começou a falar aos presentes sobre Lênin e as circunstâncias de sua morte. Stálin balbuciou algo que dava a entender que ele seria a única pessoa que sabia como e por que Lênin morrera... Gronski levou Stálin, que estava bêbado, para um escritório próximo e deitou-o em um sofá, onde Stálin adormeceu imediatamente... Depois de acordar, ele [Stálin] esforçou-se durante muito tempo para lembrar o que acontecera na noite anterior. Quando se lembrou, saltou com horror e raiva e lançou-se sobre Gronski. Sacudindo-o pelos ombros, gritou delirantemente: 'Ivan! Diga-me a verdade. O que eu disse ontem sobre a morte de Lênin? Diga-me a verdade, Ivan!' Gronski tentou acalmá-lo, dizendo: 'Iossif Vissarionovitch! Você não disse nada ontem. Apenas vi que você não se sentia bem, trouxe-o para este escritório e o coloquei para dormir. De qualquer modo, todos os escritores estavam tão bêbados que ninguém conseguia ouvir nem entender nada.'

"Gradualmente, Stálin começou a se acalmar, mas então outro pensamento lhe ocorreu. 'Ivan!', gritou. 'Mas você não estava bêbado. O que você ouviu?'... Gronski, obviamente, tentou convencer Stálin de que nada fora dito sobre a morte de Lênin, que não escutara nada e que retirara Stálin simplesmente porque todos os presentes haviam bebido demais... A partir desse dia, a relação entre Stálin e Gronski mudou completamente e, em 1937, Gronski foi preso.[6]"

A pessoa encarregada da operação para envenenar Lênin era provavelmente Iagoda, futuro diretor da NKVD e um dos ex-secretários de Stálin que fugira para o Ocidente em função do seguinte episódio, que aconteceu entre os dias 20 e 21 de janeiro de 1924. Stálin chamou ao seu escritório Iagoda e os dois médicos que estavam tratando de Lênin, e ordenou a um dos médicos, Fiodor Getie, e a Iagoda que fossem imediatamente a Górki para ver Lênin. Pouco depois da visita de Getie e de Iagoda — em 21 de janeiro de 1924 — Lênin sofreu outro ataque cardíaco e morreu. Quando sua esposa, Nadejda Krupskaia, entrou no quarto onde ele estava, ela viu diversos vidros vazios em uma mesa ao lado da cama. Às sete e quinze da noite, o telefone tocou no escritório de Stálin: Iagoda informou-o por telefone que Lênin havia morrido.[7]

Em 22 de janeiro, às onze da manhã — em outras palavras, dezesseis horas após a morte de Lênin — uma autópsia foi realizada. Nove médicos estavam presentes na autópsia, que terminou às quatro da tarde. O relatório médico informava que Lênin morrera de "esclerose disseminada". Uma semana depois, o dr. Vaisbrod, que estivera presente na autópsia, escreveu no *Pravda* que os médicos ainda não tinham conseguido reunir todos os detalhes da doença de Lênin em um único quadro clínico. Evidentemente, Vaisbrod estava insinuando que não estava satisfeito com o relatório divulgado após a autópsia. E, realmente, o relatório não incluía uma análise toxicológica e não descrevia o conteúdo do estômago de Lênin — indicava somente que o estômago estava vazio e que suas paredes tinham se contraído, embora se soubesse que Lênin havia feito duas refeições no dia em que morreu. O relatório mencionava irregularidades no baço e no fígado, mas não entrava em detalhes. De modo geral, os médicos evitaram discutir os órgãos em que traços de envenenamento poderiam ter sido detectados. Eles também não realizaram um exame de sangue.

UMA EPIDEMIA DE ASSASSINATOS

Em janeiro de 1924, Stálin tentou se livrar também de Trótski. A descrição de Trótski do atentado contra ele é excessivamente modesta, consistindo de uma única frase:

"Na segunda metade de janeiro de 1924, parti para Sukhumi, no Cáucaso, para tentar me recuperar de uma infecção misteriosa da qual não conseguia me livrar, cujo caráter os médicos até hoje não conseguiram determinar. A notícia da morte de Lênin chegou a mim quando estava viajando."[8]

Isso é tudo o que Trótski nos diz sobre o golpe de governo organizado e executado por Stálin em janeiro de 1924 — a eliminação de Lênin e a tentativa de eliminar Trótski.

Logo antes de deixar Moscou, em 18 de janeiro, Trótski foi visitado duas vezes pelo dr. Getie. Em 21 de janeiro, três dias após Trótski deixar a capital, Lênin morreu. Trótski recuperou-se da doença, mas não conseguiu retomar todo o peso político que tinha anteriormente. Mas como a causa misteriosa da doença que os médicos não conseguiam explicar era tão óbvia para o próprio Trótski, a partir desse momento ele parou de comprar os remédios receitados pela farmácia do Kremlin.[9] Tais precauções salvaram-no até certo ponto: três anos depois, Trótski foi enviado para um exílio interno, e um ano depois, foi enviado para fora do país, sendo posteriormente assassinado. No final das contas, ele não conseguiu evitar o destino de Lênin.

Em 25 de março de 1924, o vice de Trótski, Ephraim Sklianski, terceiro comandante militar mais importante do país (depois de Lênin e Trótski), foi inesperadamente removido do cargo e nomeado diretor do Truste de Tecidos de Moscou (Mossukno). Trótski ainda era comissário do povo para guerras e presidente do Conselho Revolucionário Militar da República. De todo modo, isso era um mau sinal para Trótski. Ele trabalhara com Sklianski durante toda a guerra civil russa (1918-1922), conhecia-o bem e valorizava-o. Era óbvio que a remoção de Sklianski do cargo era um prelúdio para a remoção do próprio Trótski. E realmente, em abril de 1925, Trótski foi demitido do cargo de comandante do setor militar do governo, por ordem do Comitê Central. Ele foi substituído por Mikhail Frunze, cuja estrela parecia estar apenas começando a subir.

Como compensação, Sklianski teve permissão para tirar férias nos Estados Unidos. Sklianski nunca voltou para a Rússia: em 27 de agosto de 1925, afogou-se em um lago. Ao mesmo tempo, começaram a circular em Moscou rumores de que Sklianski fora assassinado por agentes do GPU, por ordem de Stálin.

Frunze também durou pouco tempo. Em novembro de 1925, morreu durante uma cirurgia. Sua posição foi ocupada por Klement Voroshilov, nomeado por Stálin. Imediatamente após a morte de Frunze, surgiram rumores de que Frunze fora morto na mesa de operações por ordem de Stálin. O famoso anarquista americano Alexander Berkman, que era bem informado e conhecia bem muitos líderes soviéticos, escreveu sobre isso para o sovietólogo americano Isaac Don Levine em 4 de agosto de 1927.[10] Trinta anos depois, Boris Nicolaevski escreveu a mesma coisa para o presidente do partido comunista francês, Boris Suvarin:

"Conheci um homem — professor na Academia Militar de Frunze — que me disse que Tukhachevski (eram amigos na Escola de Artilharia de Mikhailovskoye) havia dito a ele em 1925 que a 'operação' de Frunze era um assassinato."[11]

Mas existe um contemporâneo ainda mais bem informado que nos deixou sua visão do episódio: Trótski. Existem rascunhos de uma biografia não concluída de Stálin em seus arquivos que contém a seguinte nota sobre Frunze:

> "Ele não estava destinado a permanecer por muito tempo como comandante das forças armadas: em novembro de 1925, morreu durante uma cirurgia. Mas durante aqueles poucos meses, Frunze mostrou muita independência ao proteger o exército do GPU... Baseado em fatos do caso, o seguinte curso de eventos pode ser deduzido. Frunze tinha uma úlcera estomacal, mas acreditava — seguindo a opinião de médicos próximos a ele — que seu coração não conseguiria suportar o clorofórmio e estava decidido a não ser operado. Stálin ordenou ao médico do Comitê Central — em outras palavras, seu próprio agente, em quem confiava — a reunir uma equipe de consulta selecionada. A equipe recomendou uma intervenção cirúrgica. O Politburo ratificou a recomendação. Frunze teve que aceitar, em outras palavras, enfrentar a morte por causa de um anestésico... No final de 1925, o poder de Stálin já era tão grande que seus planos administrativos podiam incluir facilmente uma equipe de consultoria médica, além de clorofórmio e do bisturi do cirurgião."

As primeiras operações para envenenar desertores soviéticos no exterior foram executadas em 1925. Em 6 de agosto de 1925, os irmãos Golke — membros do setor militarizado do Partido Comunista alemão

— envenenaram V. L. Nesterovich-Iaroslavski em um café em Mainz, sob ordens de Moscou. Nesterovich-Iaroslavski era um agente soviético de inteligência estrangeira. Durante a guerra civil russa, ele servira como comandante de uma brigada de cavalaria, fora condecorado com a Ordem da Bandeira Vermelha e recebera um arma honorária por bravura. Posteriormente, organizou uma operação para eliminar o rei e o primeiro-ministro da Bulgária em Sofia. Uma bomba foi explodida em uma catedral onde o rei e o primeiro-ministro estavam participando de uma missa. A explosão foi muito poderosa e matou várias pessoas, mas o rei e o primeiro-ministro não ficaram feridos. O fracasso da operação teve um impacto muito forte em Nesterovich-Iaroslavski; ele caiu em depressão, partiu para a Alemanha, recusou-se a voltar a Moscou e anunciou que estava cortando os laços com a inteligência soviética. Nesse ponto, foi decidido que deveria ser eliminado.

Também em 1925, Ignatii Dzevaltovski, soviético residente ilegal nos Bálticos, cortou relações com a inteligência soviética por motivos parecidos. Em dezembro de 1925, também foi envenenado.

Imediatamente após a morte de Lênin, entre 1924 e 1926, teve início uma disputa pelo poder entre Stálin e Dzerjinski — secretário geral do Partido Comunista e diretor do Diretório Político Conjunto do Estado (OGPU), que era outro nome para a futura KGB. Sabemos dessa disputa através de fotografias. Em janeiro de 1924, teve início uma importante tradição soviética: a partir daquele momento, a comissão que organizasse o funeral de um líder falecido sempre deveria ser liderada pelo principal candidato à posição do falecido. A comissão que organizou o funeral de Lênin foi liderada por Dzerjinski, que, ao lado de Stálin, participara da conspiração para eliminar Lênin. Dzerjinski era o superior imediato de Iagoda, que visitara Lênin em 21 de janeiro, dia de sua morte. E Dzerjinski foi o primeiro de uma fila de oficiais a carregar o caixão de Lênin.[12]

Stálin não toleraria tal rivalidade. Em 20 de julho de 1926, Dzerjinski morreu repentinamente — segundo a história oficial, devido a um ataque cardíaco.

Rumores de que Dzerjinski não morreu de causas naturais têm circulado há muito tempo. Eis o que Nicolaevski escreveu em 1° de setembro de 1954 em uma carta para o russo N. V. Valentinov-Volski, conhecido democrata social, escritor, ativista social emigrado e autor de diversos livros sobre Lênin:

> "Durante muito tempo, a técnica favorita de Stálin foi utilizar médicos para envenenar pessoas... Inicialmente, eu mesmo me recusei a acreditar que Dzerjinski tivesse sido envenenado... mas, posteriormente, ouvi a mesma história... de um homem que era o líder de um dos grupos que trabalhava para Georgi Makenkov, secretário do Comitê Central do partido. Agora, lendo as anotações de Reiss" — Reiss era um agente da inteligência soviética que fugira para o Ocidente e fora morto por ordem de Stálin na Suíça em setembro de 1937 — "deparei com [palavras de Nikolai Iejov, diretor da NKVD, que diziam que] Dzerjinski não era confiável. Nessas circunstâncias, não sou mais tão categórico na rejeição de qualquer possibilidade de envenenamento". "Sei que Dzerjinski se opunha a colocar o GPU sob o controle de Stálin... Além disso, sei também que o aparato de Stálin começou a executar operações grandes no outono de 1926", ou seja, após a morte de Dzerjinski; "que Stálin obteve o controle sobre o aparato em outros países entre 1927 e 1928. E que Stálin, sem dúvida, aproveitou-se da morte de Dzerjinski, porque ela lhe foi útil".[13]

A evidência epistolar de Nicolaevski deveria ser complementada por provas documentais. Em 2 de junho de 1937, Stálin fez um longo discurso sobre a descoberta de uma conspiração político-militar em uma sessão estendida do Conselho Militar do Comissariado de Defesa do Povo. Sobre Dzerjinski, Stálin disse o seguinte:

> "É dito com freqüência que, em 1922... Dzerjinski votou em Trótski, e não apenas votou nele como também apoiou Trótski abertamente, sob Lênin e contra Lênin. Vocês sabiam disso? Ele era um homem que não conseguia permanecer passivo em coisa alguma. Ele era um trotskista muito ativo e desejava utilizar todo o GPU na defesa de Trótski. Ele não conseguiu fazer isso."[14]

"Não conseguiu fazer isso", na língua de Stálin, significava que Dzerjinski fora eliminado.

Nadejda Alliluieva, esposa de Stálin e secretária de Lênin, morreu tragicamente pelas mãos do próprio Stálin ou por suicídio. Em 10 de abril de 1956, o jornal parisiense para emigrantes *Russkaya Mysl* publicou um artigo curto sobre o assunto sob a manchete nada diplomática "Stálin — Assassino de Alliluieva". Como relatou o jornal:

"Em Moscou, Stálin está sendo acusado abertamente de ter assassinado a segunda esposa, Nadejda Alliluieva. Esta informação apareceu pela primeira vez em jornais londrinos em 3 de abril. Eles citavam o jornal de Moscou *Sovietsky Kommunist*, que relatou que Stálin 'atirara pessoalmente na segunda esposa'."

Viatcheslav Menjinski, que substituiu Dzerjinski na diretoria do OGPU, morreu em 1934. No julgamento público de Genrikh Iagoda em Moscou, em 1938, Iagoda — que, àquela altura, atingira o posto de comissário de assuntos internos (ou seja, chefe da polícia secreta) — admitiu ter organizado o assassinato de Menjinski com a assistência de médicos. No rascunho não concluído de uma biografia de Stálin, Trótski escreveu:

"O médico I. N. Kazakov deu seu testemunho: 'Como resultado da minha conversa com Iagoda, L. G. Levin e eu desenvolvemos um método para curar Menjinski que, na verdade, destruiu suas últimas forças e acelerou sua morte. Dessa forma, Levin e eu praticamente matamos Menjinski. Dei a Levin uma mistura de lisatos que, em combinação com alcalóides, produziu o efeito desejado, ou seja, a morte de Menjinski'."

O colega de Kazakov, Levin — médico que atendia os oficiais de primeiro escalão do governo da União Soviética — também testemunhou que acelerara a morte de Menjinski por ordem de Iagoda.

Obviamente, os presos foram torturados e seus testemunhos podem ter sido obtidos à força pelos executores. Mas sabemos através de diversas fontes que a NKVD realmente tinha um laboratório de venenos, conhecido como laboratório número 12, e que ele fora criado por Iagoda — que tinha treinamento médico — em 1921. O primeiro chefe desse "escritório especial" foi o professor de medicina Ignati Kazakov.

Konstantin Petrov, um comunista proeminente, recordou-se em 1987 do laboratório toxicológico de Iagoda. Certa vez, Petrov foi convidado ao escritório de Iagoda e viu "um grande armário ao longo da parede do escritório. A porta estava entreaberta. O armário estava repleto de frascos, vidros com alguma espécie de medicamento. Era remédio demais para uso pessoal. A localização e uso dos remédios não poderiam deixar de despertar certos pensamentos".[15]

Kazakov, que foi preso e executado em 1938, foi substituído pelo professor Grigori Mairanovksi, que trabalhava no "décimo segundo departamento" da NKVD desde 1937. Ele estudou a "influência de gases letais e de venenos em tumores malignos". Havia um prédio na alameda Varsonofyevsky que era adjacente à prisão da NKVD na rua Bolshaya Lubyanka. Dentro dele, havia uma cela especial onde venenos eram testados em pessoas que haviam sido condenadas à morte. O principal objetivo dos testes era desenvolver venenos que não deixassem rastros no corpo da vítima. Foi assim que o veneno conhecido como K-2 foi criado. Uma injeção dele causava a morte em quinze minutos. Em 1943, o diretor da NKVD Vsevolod Merkulov ordenou que Mairanovski recebesse um doutorado em medicina e o título de professor "por todo seu trabalho, sem defender uma dissertação". No pedido, Merkulov indicou que, "no trabalho na NKVD, o camarada Mairanovski completou dez projetos confidenciais de importância operacional".

Menjinski morreu (ou foi morto) em 10 de maio de 1934. O filho do famoso escritor soviético Górki — Maxim Peshkov — morreu no dia seguinte. "Iagoda não gostava do estilo de vida do filho de Górki", escreveu Trótski. "Ele sentia que o filho era uma influência prejudicial ao pai e cercava-o com 'pessoas indesejáveis'. Isso fez com que eliminasse o filho, e Iagoda convidou o médico Levin para ajudá-lo a liquidar o filho de Górki... Iagoda tinha um armário especial com venenos. Quando precisava, pegava frascos preciosos do gabinete e os dava para seus agentes, junto com instruções correspondentes. O diretor do GPU — que, diga-se de passagem, era ex-farmacêutico — sempre demonstrou um interesse excepcional por venenos. Ele tinha vários toxicólogos sob seu comando, para quem criara um laboratório especial, para o qual recursos eram fornecidos ilimitadamente e sem monitoração."

Com a assistência de médicos que trabalhavam no Kremlin, Genrikh Iagoda — vice-diretor e, posteriormente, diretor da NKVD — envenenou duas outras figuras conhecidas na URSS: Valerian Kuibishev, membro do Comitê Central do partido e diretor da Gosplan da URSS, que morreu em 25 de janeiro de 1935, e o famoso escritor soviético Maxim Górki, que morreu em 18 de junho de 1936.

A história oficial diz que Kuibishev morreu de ataque cardíaco. No entanto, seu filho Vladimir alegou que o pai era absolutamente saudável: "Uma consulta médica foi realizada por médicos selecionados especificamente e uma autópsia foi realizada. Eles concluíram que a causa da morte fora um ataque cardíaco. Tal conclusão dá margem a dúvidas, e até mesmo perplexidade, já que meu pai tinha um coração saudável. Dois dias antes de morrer, em 23 de janeiro, meu pai, rindo, disse à irmã, Ielena, quando a levava até a porta: 'A parte mais saudável do meu corpo é meu coração!'" Vladimir Kuibishev acreditava que o médico que atendia o pai, dr. Levin, matara-o através da administração de "doses cuidadosamente calculadas de 'remédios'-venenos especialmente selecionados".[16]

A teoria de que Kuibishev teria sido assassinado ganha mais credibilidade porque três anos depois, em 1938, o irmão de Valerian Kuibishev, Nikolai, foi executado. Nikolai Kuibishev era um líder militar, comandante de uma unidade do exército e herói da guerra civil russa, condecorado com quatro Ordens da Bandeira Vermelha e ferido três vezes em batalha. Quando foi preso, era comandante do Distrito Militar Transcáucaso. Ele foi convocado de Tbilisi para Moscou e foi preso à noite no trem de volta. Em 1° de agosto de 1938, enquanto era interrogado na prisão de Butyrka, Nikolai Kuibishev foi morto a tiros pessoalmente por Lavrenti Beria, o novo diretor da NKVD.

Em 16 de fevereiro de 1938, o filho de Trótski, Lev Sedov, morreu repentinamente em Paris. A causa da morte nunca foi determinada. Muito tempo depois, descobriu-se que Sedov fora envenenado por um agente soviético. Também em 1938, Stálin acusou publicamente Iagoda e os médicos do Kremlin de assassinarem Menjinski, Peshkov, Kuibishev e Górki. Trótski escreveu: "Ao lado de Iagoda, no banco dos réus, estavam quatro médicos do Kremlin acusados de matar Maxim Górki e dois ministros soviéticos: 'sou culpado', testemunhou o venerável dr. Levin, que já foi meu próprio médico, 'de aplicar tratamentos médicos que eram contra-indicados para a doença'. Dessa forma, 'causei as mortes prematuras de Maxim Górki e de Kuibishev'. Kazakov foi particularmente útil nesse aspecto, pois, segundo dr. Levin, ele operara os pacientes utilizando medicamentos preparados por ele próprio em seu laboratório, sem nenhuma monitoração, de forma que só ele conhecia o segredo das injeções... O testemunho do dr. Levin, um velho de 68 anos, foi chocante. Segundo Levin, ele próprio ajudara deliberadamente a acelerar as mortes de Menjinski, Kuibishev e Maxim Górki. Ele agira de acordo com as instruções de Iagoda porque temia que 'sua família fosse destruída'. Górki representava um grande perigo. Ele correspondia-se com escritores europeus, era visitado por estrangeiros, pessoas que haviam sido injustiçadas recorriam a ele, e também moldava a opinião pública. Não era possível forçá-lo a ficar em silêncio. Era ainda menos plausível prendê-lo, exilá-lo ou executá-lo. A idéia de acelerar a liquidação do enfermo Górki 'sem derramamento de sangue', através de Iagoda, deve ter parecido a única solução para o chefe do Kremlin. É assim que funciona a mente de Stálin: tais soluções ocorrem a ele instintivamente... Depois da morte do escritor, surgiram imediatamente suspeitas de que Stálin ajudara um pouco o poder destrutivo da natureza. Outro propósito do julgamento de Iagoda era inocentar Stálin dessa suspeita."[17]

A viúva de Lênin, Nadejda Krupskaia, morreu em 27 de fevereiro de 1939. Em 1957, em uma sessão do Politburo, Nikita Krustchev — citando materiais dos arquivos do Lubyanka — anunciou que Krupskaia fora envenenada por Stálin, que lhe enviara seu bolo favorito na data de seu septuagésimo aniversário (Krupskaia nasceu em 26 de fevereiro de 1869).

A Segunda Guerra Mundial distraiu por muito tempo os serviços de segurança soviéticos das operações de envenenamento contra inimigos políticos individuais, principalmente porque durante a guerra os inimigos costumavam ser transportados de territórios ocupados pelo exército soviético diretamente para a URSS. Depois da guerra, seqüestros passaram a ser uma técnica comum, e não apenas nos territórios ocupados. Assim, em 19 de agosto de 1947, Mikhail Korostovtsev, ex-diretor do escritório egípcio da Agência de Telégrafos da União Soviética (TASS) foi seqüestrado no Egito. Em 25 de setembro, Iuri Tregubov, ativista da organização anti-soviética Aliança Nacional de Solidaristas Russos (NTS), foi seqüestrado em Berlim ocidental. Também em 1947, a NKGB seqüestrou o general americano Stanley Dubik em Viena. Durante a guerra, Dubik estivera à frente da inteligência estrangeira americana na Polônia, primeiro sob ocupação alemã e depois pelo exército soviético. Em 1948, o general Sartorius — chefe da contra-inteligência alemã em Paris — foi seqüestrado em Berlim ocidental.

Na década de 1950, os seqüestros foram repentinamente interrompidos e os envenenamentos recomeçaram. Em 15 de fevereiro de 1951, o conhecido jornalista anticomunista Nikolai Fevr foi envenenado na Argentina. Em 1953, foram feitos planos para envenenar o líder iugoslavo Josip Broz Tito, que entrara em conflito ideológico com Stálin. O assassinato foi cancelado no último momento devido à doença de Stálin.

É muito provável que a doença final de Stálin, que o afligiu no começo de março de 1953, também tenha sido resultado de envenenamento, e que Stálin tenha morrido precisamente devido a envenenamento em 5 de março de 1953. A conspiração contra ele tinha quatro organizadores: o diretor da NKVD, Lavrenti Beria, e três líderes do partido — Georgi Malenkov, Nikolai Bulganin e Nikita Krustchev. Beria era o líder. Ele também aspirava substituir Stálin como líder do partido e do governo. No entanto, Beria — que era diretor da NKVD desde dezembro de 1938 e também um assassino e estuprador que mantinha garotas seqüestradas em sua prisão particular — era odiado demais por toda a elite do partido. Em junho de 1953, Beria foi preso pelos próprios co-conspiradores e, depois de uma curta estada na prisão, foi morto a tiros dentro da prisão pelo marechal do exército soviético Batitski em torno do dia 22 de dezembro de 1953.

Portanto, todos os primeiros líderes da segurança estatal soviética morreram em circunstâncias estranhas: Dzerjinski, repentinamente em 1926; Menjinski, que o substituiu, foi tratado medicamente até a morte ou envenenado pelos médicos e morreu em 1934; Iagoda, que o substituiu, foi morto a tiros em 1938; Nikolai Iejov, que substituiu Iagoda, foi dispensado em dezembro de 1938 e morto a tiros em 1939; Beria, que o substituiu, foi morto a tiros em 1953. E Vsevolod Merkulov, que substituiu Beria, também foi morto a tiros em 1953. Viktor Abakumov, que substituiu Merkulov, foi morto a tiros em 1954. O único ministro de segurança do Estado que sobreviveu nesses anos foi Semion Ignatiev. Ele chefiou o Ministério de Segurança do Estado (MGB) entre 1951 e 1952. Depois, foi dispensado, ocupou vários postos no partido e aposentou-se em 1960.

Em 13 de dezembro de 1951, o professor Mairanovski foi preso, acusado de espionar para o Japão, de realizar seqüestros, de posse ilegal de venenos e de abusar de sua posição oficial. Na prisão, Mairanovski lutou desesperadamente para ser reabilitado, escreveu várias cartas para o ministro de segurança do Estado, Ignatiev, e, mais tarde, para Beria. No entanto, o Conselho Especial do MGB condenou Mairanovski a dez anos de prisão.

Depois de ser libertado, no começo de 1961, ele foi proibido de morar em Moscou, em Leningrado ou nas capitais das repúblicas da União Soviética. Mairanovski passou os últimos anos de vida trabalhando em um instituto de pesquisas científicas em Makhachkala. Ele morreu em 1971.

Nesta altura, o promotor geral da URSS, Andrei Vishinski — que coordenara os julgamentos da era Stálin, assinara pessoalmente sentenças de morte e fora responsável pelas limpezas de Stálin nos aparatos do Estado, do partido e militar na década de 1930 — era o representante da União Soviética nas Nações Unidas, em Nova York. No final de outubro de 1954, foi chamado a Moscou para entregar um relatório. Percebendo o que o aguardava em Moscou — prisão inevitável e execução pelos crimes cometidos durante os anos do governo de Stálin — Vishinski adiou o retorno e recusou-se a sair de onde estava. Conseqüentemente, em 19 de novembro de 1954, um agente especial da MGB com um passaporte diplomático chegou a Nova York vindo de Moscou e envenenou Vishinski. Em 22 de novembro, às nove e quinze da manhã, a delegação soviética anunciou oficialmente que Vishinski morrera repentinamente de um ataque cardíaco durante o café-da-manhã na missão soviética nas Nações Unidas no número 680 da Park Avenue. Nenhuma pessoa de fora — diplomatas, repórteres ou policiais — teve permissão para entrar no prédio. O atestado de óbito de Vishinski foi assinado pelo "dr. Alexei Kassov", médico oficial da embaixada soviética em Washington D.C. e da delegação soviética nas Nações Unidas em Nova York.

Imediatamente, teve início um conflito entre a polícia americana — que não queria reconhecer a validade do atestado de óbito do "dr. Kassov", já que o médico não tinha licença para praticar medicina no estado de Nova York — e a delegação soviética. Apesar disso, na manhã de 23 de novembro, o corpo de Vishinski foi colocado em um vôo especial e transportado para Moscou. O corpo foi acompanhado pelo agente com o passaporte diplomático que viera de Moscou quatro dias antes, e pelo médico da embaixada, "dr. Kassov", que não retornou aos Estados Unidos.

O INSTINTO BÁSICO DA KGB

Com a morte de Stálin, as técnicas de assassinato passaram por uma melhoria. Entre 1954 e 1955, A. Trushnovitch, representante da NTS, foi morto em Berlim, e os membros da NTS V. Tremmel e S. Popov foram seqüestrados em Linz e em Thuringia. O capitão da KGB Nikolai Khokhlov viajou para a Alemanha para assassinar os líderes da NTS Georgi Okolovitch e Vladimir Poremski. Ele foi ajudado pelo agente alemão Wildprett, da KGB.

Khokhlov merece uma menção especial. Ele nasceu em 1922 em Nizhny Novgorod e trabalhou na inteligência estrangeira soviética. Em 1943, em Minsk, ocupada pelos alemães, participou de uma operação para eliminar Wilhelm Kube, o *gauleiter* alemão da Bielorrússia. Depois, foi estacionado como residente ilegal na Romênia e na Áustria. Em março de 1952, Khokhlov estava se preparando para sua próxima missão: a eliminação de Alexander Kerenski, ex-líder do Governo Provisório da Rússia, que estava vivendo no exterior. Contudo, depois da prisão de Beria, Khokhlov foi chamado de volta a Moscou, onde lhe disseram que a operação de assassinar Kerenski estava sendo cancelada. No lugar dela, recebeu ordens para organizar os assassinatos de Okolovitch e Poremski em Frankfurt. No entanto, Khokhlov não executou a missão. Em vez disso, foi ao apartamento de Okolovitch e disse-lhe que havia sido enviado para organizar os assassinatos dos líderes da NTS em Frankfurt. Os dois tiveram uma longa conversa. Finalmente, decidiram que Khokhlov se tornaria um desertor e que Okolovitch o colocaria em contato com a CIA. O colaborador alemão de Khokhlov, Wildprett — cuja identidade Khokhlov revelou para os americanos — entregou-se imediatamente para o governo alemão. A operação para eliminar Okolovitch e Poremski acabou sendo um fracasso. E Khokhlov foi condenado à morte em Moscou, por traição.

Em 15 de setembro de 1957, pouco depois de publicar suas memórias, enquanto participava de uma conferência política anual organizada pelo semanário para emigrantes *Posev*, da NTS, Nikolai Khokhlov desmaiou no Palmengarten, em Frankfurt. Ievgeni Drevinski, um dos ativistas belgas da NTS presentes na conferência, lembrou posteriormente que Khokhlov tomara um gole de uma xícara de café que lhe fora trazida após ter pedido que um assistente a trouxesse, mas depois ouviu que um discurso interessante estava para começar e correu para escutá-lo sem terminar a bebida. É possível que Khokhlov só tenha sobrevivido por não ter ingerido uma dose suficiente de veneno.

O médico do hospital universitário para onde Khokhlov foi levado suspeitou de envenenamento. Khokhlov estava vomitando, sentia tonturas, apresentava temperatura alta e começou a sentir dores. Havia sintomas óbvios de um mal estomacal. Khokhlov foi internado na ala gastroenterológica, onde foi feito o diagnóstico de intoxicação alimentar.

Cinco dias depois, listras vermelhas e marrons, manchas escuras e marcas roxas e negras apareceram no corpo e no rosto de Khokhlov. Um líquido viscoso começou a sair de seus olhos, sangue começou a sair de seus poros, a pele ficou seca, tesa e inflamada. Grandes tufos de cabelo caíam com um simples toque. A pele ficava rígida e com rachaduras quando era esticada. Em locais onde a pele era especialmente fina, como atrás das orelhas e sob os olhos, o sangue não tinha tempo para secar, de forma que Khokhlov utilizava constantemente lenços de papel para removê-lo. Não era possível fazer curativos porque os curativos arrancavam as partes em cicatrização e reabriam os ferimentos. O sangue de Khokhlov estava sofrendo um processo rápido de decomposição que os médicos não conseguiam entender. Em 22 de setembro, testes revelaram que as células brancas do sangue estavam sendo destruídas de modo rápido e irreversível, tendo caído para uma contagem de setecentas, quando o nível normal seria 7 mil. As glândulas salivares de Khokhlov atrofiaram. Então, foi retirada uma amostra da medula espinhal e descobriu-se que grande parte das células formadoras de sangue estava morta. Teve início o processo de necrose das membranas mucosas da boca, da garganta e do esôfago. Khokhlov começou a ter dificuldade para comer, beber e até para falar.

Khokhlov foi transferido do hospital alemão para um hospital militar americano em Frankfurt. Seis médicos americanos começaram a tratar do paciente envenenado. Eles davam continuamente injeções de cortisona, vitaminas, esteróides e outros medicamentos experimentais, mantendo-o vivo através de alimentação intravenosa e de transfusões de sangue praticamente contínuas. Um anestesista estava sempre disponível para aliviar o sofrimento de Khokhlov. Soluções eram preparadas para sua boca, que não tinha nenhuma saliva. Vários especialistas foram consultados. Novos medicamentos foram enviados rapidamente para Frankfurt.

Depois de três semanas, o estado de Khokhlov começou a melhorar. Pouco depois, ele deixou o hospital, mas durante muitos meses permaneceu completamente careca e coberto de cicatrizes. Àquela altura, o diagnóstico já havia sido feito: envenenamento por tálio. Algum tempo depois, em Nova York, um famoso toxicólogo americano estudou o histórico da doença de Khokhlov e chegou à conclusão de que ele fora envenenado por tálio radioativo. Essa foi a primeira vez que se falou na utilização de um veneno radioativo pela inteligência soviética.

A deserção de Khokhlov em 1954 e a tentativa frustrada de envenená-lo não foram os únicos fracassos da KGB no exterior. Mais precisamente, o trabalho dos grupos estrangeiros da KGB era sempre uma combinação de sucessos e fracassos. Em 9 de outubro de 1957, em Munique, o agente da KGB Bogdan Stashinski atirou uma cápsula de ácido cianídrico, utilizando um tubo projetado especialmente para isso, no rosto de um dos líderes da comunidade de emigrantes ucranianos, Lev Rebet, dentro do prédio onde morava. Rebet morreu na hora. A autópsia revelou que ele morrera de ataque cardíaco. Dois anos depois, em 15 de outubro de 1959, em Munique, Stashevski repetiu a operação, atirando uma cápsula de cianureto no rosto do líder nacionalista ucraniano Stepan Bandera. Bandera também morreu na hora. As duas operações poderiam ser consideradas bem-sucedidas. Mas, dois anos depois, Stashevski apaixonou-se por uma alemã ocidental, desertou, entregou-se à contra-inteligência da Alemanha Ocidental e confessou tudo.

Na década de 1960, a KGB começou a envenenar escritores. Em 3 de novembro de 1961, o jornalista emigrante e escritor Mikhail Baikov foi envenenado em Buenos Aires. Pouco depois, houve tentativas de envenenamento de escritores dissidentes também na Rússia: Alexander Soljenitsin e Vladimir Voinovitch. As duas tentativas fracassaram: os escritores sobreviveram. No espírito da tradição medieval de não se enforcar novamente uma pessoa que se soltou da corda no pescoço, a KGB decidiu deixar os dois escritores vivos. Soljenitsin foi enviado para fora do país, enquanto solicitaram a Voinovitch que emigrasse.

Em 1978, o dissidente búlgaro Georgi Markov, de 49 anos, foi morto em Londres. Markov foi envenenado com ricina, que havia sido manufaturada no laboratório número 12, na URSS. Junto com o veneno, os agentes soviéticos tinham recebido dos colegas búlgaros um guarda-chuva projetado especialmente para atirar cápsulas de veneno. Em 7 de setembro de 1978,

Markov estava voltando para o trabalho depois de almoçar. Próximo a um ponto de ônibus ao lado da ponte Waterloo, sentiu uma dor aguda na perna direita. Virando-se, viu um homem de cerca de 40 anos de idade curvado sobre um guarda-chuva que caíra no chão. Depois de pegar o guarda-chuva, o homem partiu em um táxi que o esperava. Markov começou a sentir falta de ar e tonturas e descobriu um ferimento que sangrava na perna. Depois de chegar ao estúdio da BBC búlgara onde trabalhava, Markov contou às colegas sobre a história com o guarda-chuva. Em pouco tempo, começou a passar muito mal e foi levado para casa. Quatro dias depois, Markov morreu. O diagnóstico feito na época foi de doença cardíaca.

Duas semanas antes do assassinato de Markov, agentes de segurança da Bulgária tentaram eliminar outro dissidente búlgaro, Vladimir Kostov, que recebera asilo político em Paris. Quando descia a escada rolante do metrô, Kostov sentiu uma dor leve e aguda em uma nádega. À noite, repentinamente, sua temperatura aumentou. No dia seguinte, começou a ter febre constante. Kostov consultou um médico, que não conseguiu fazer um diagnóstico (era agosto, todos os médicos sérios de Paris estavam de férias, e o médico que examinou Kostov era um estagiário). Kostov só foi examinado novamente quando a notícia da morte repentina de Markov chegou a Paris. Dessa vez, os médicos descobriram e extraíram do tecido macio de Kostov uma cápsula microscópica parecida com a que fora encontrada na perna de Markov. O exterior da cápsula era 90% de platina e 10% de irídio, e ela continha ricina.

Em 1980, Boris Korjak, cidadão russo e agente duplo da CIA, sentiu uma picada parecida com a de um mosquito quando estava em uma loja na Virgínia, em um subúrbio de Washington, D. C. Ele ficou com febre. Vários dias depois, teve hemorragia interna e arritmia. Um médico extraiu uma cápsula da "picada de mosquito". Assim como em Paris e em Londres, a cápsula tinha dois pequenos furos que haviam sido lacrados com cera. Dentro do corpo, a cera derretia e o veneno penetrava no organismo. Nem Kostov nem Korjak compreendiam como as cápsulas tinham conseguido entrar em seus corpos. Anos se passaram. A União Soviética entrou em colapso. Os participantes dessas antigas operações começaram a falar. E hoje sabemos todos os detalhes sobre o assassinato de Markov e os atentados contra Kostov e Korjak.

O INSTINTO BÁSICO DA FSB

A década de 1990 trouxe novas tendências para o modo de trabalho dos órgãos de segurança do Estado da Rússia. A FSB utiliza veneno — uma antiga arma para assassinatos — não para combater inimigos ideológicos, como no período soviético, mas sim contra críticos da KGB-FSB. Essa categoria de vítimas inclui Iuri Shtchekotchikhin, deputado da Duma do Estado e vice-editor-chefe do *Novaya Gazeta*, assim como a repórter Anna Politkovskaia, do mesmo jornal, e o ex-tenente-coronel da FSB Alexander Litvinenko. A próxima classe de vítimas é formada por inimigos do Estado russo que reclamam do poder do governo em territórios que o governo russo considera seus feudos. Esse grupo inclui o atual presidente da Ucrânia, Viktor Yushtchenko, o comandante de campo tchetcheno Khattab e o ex-presidente e os presidentes interinos da república insurgente da Tchetchênia, Djokhar Dudaiev, Zelikhman Yandarbiiev e Aslan Maskhadov (todos assassinados). Finalmente, a FSB também conta entre seus inimigos mortais todos aqueles que ascenderam muito rapidamente na hierarquia do poder e, passando para outra órbita, fizeram reclamações em relação à distribuição do poder governamental na Rússia. Entre essas pessoas estão os homens de negócios e políticos Ivan Kivilidi e Boris Berezovski, assim como aqueles que sabiam demais e poderiam comprometer o Kremlin e a liderança superior — Roman Tsepov, o ex-chefe da segurança de Putin em São Petersburgo, Anatoli Sobtchak, ex-prefeito de São Petersburgo, e Vladimir Barsukov-Kumarin, ex-chefão do crime de São Petersburgo, preso em setembro de 2007.

A única coisa que as pessoas que foram mortas, envenenadas, presas ou expulsas da Rússia tinham em comum era o fato de representarem uma ameaça ao governo. Portanto, é razoável considerar que tenha sido precisamente o governo quem tomou a decisão de eliminar essas pessoas através da utilização de venenos poderosos — além de outros meios — produzidos nos laboratórios da FSB, armazenados nos cofres da FSB e aplicados por agentes da FSB treinados profissionalmente para se especializar em envenenamentos.

Se, adicionalmente, considerarmos que os órgãos de manutenção das leis — especialmente a Promotoria Geral, as agências investigativas, a própria FSB e os tribunais — protegem os assassinos profissionais e os envenenadores superprofissionais através de vários meios como se fossem o maior tesouro do país, fica claro por que nenhum desses assassinatos ou envenenamentos foi e nem será resolvido. A imunidade dos agentes-assassinos (e superagentes-envenenadores) é assegurada pelas mesmas pessoas que dão as ordens para a eliminação das vítimas.

O ENVENENAMENTO DE IVAN KIVILIDI

Em 1° de agosto de 1995, Ivan Kivilidi — presidente da Mesa-Redonda de Negócios da Rússia, líder do Conselho de Empresários do governo russo, presidente do Rosbiznesbank e líder do Partido do Trabalho Livre (PST) — morreu no Hospital Clínico Central de Moscou, vítima de um veneno muito raro que fora colocado no fone de seu telefone celular. Esse assassinato merece uma análise mais profunda, pois foi um dos primeiros de uma série de envenenamentos organizados pelos serviços de segurança da Rússia nos últimos anos.

Como a lista de posições ocupadas por Kivilidi deixa claro, ele não era apenas um empresário. Ele era um dos homens de negócios que tentaram, simultaneamente, tornar-se políticos capazes de influenciar o governo russo. Assim, Kivilidi assumiu um papel ativo na campanha eleitoral para a Duma, em 1995. Suas visões deveriam ser caracterizadas como liberais. Eis alguns de seus pronunciamentos:

"A maioria dos empresários possui uma compreensão perfeitamente clara dos valores liberais defendidos pelo PST e que os membros do partido estão persistentemente tentando introduzir na constituição... Os membros do PST também desejam participar do processo constitucional e ter influência na criação de um código de leis federais... Formamos um bloco com o Movimento para a Reforma Democrática da Rússa (Gravriil Popov, Anatoli Sobtchak) porque nossos programas são completamente idênticos, exceto pelos conceitos da doutrina militar do país."

Os partidos democráticos decidiram se unir em um bloco para a eleição parlamentar, chamado de Movimento para a Reforma Democrática da Rússia. Em uma coletiva de imprensa em São Petersburgo em 27 de outubro de 1994, Sobtchak anunciou a lista dos candidatos do bloco. O terceiro nome na lista, depois de Sobtchak e do professor Sviatoslav Fiodorov, era o do presidente do PST, Ivan Kivilidi.

Em 29 de outubro, Kivilidi, como representante do empresariado russo, pôde falar ao governo em uma posição de poder. Em uma reunião da Mesa-Redonda de Negócios da Rússia (RBRT), Kivilidi declarou que os empresários "têm a possibilidade e, mais importante, a necessidade de bater com os punhos na mesa e exigir algo do governo". "Todos os *apparatchiks*", observou, "estão fazendo tentativas nefastas de montar nas costas dos empresários" e de implementar reformas de cima para baixo, como sempre fizeram. Mas os tempos mudaram. Agora, "eles realmente terão que levar os empresários em consideração".

Em setembro de 1994, capitaneada por Kivilidi, a RBRT obteve a soltura do empresário Lev Vainberg, que fora preso sob a acusação de aceitar suborno. Kivilidi caracterizou essa prisão como "o ressentimento de determinados círculos há muito irritados com a imunidade dos empresários", e definiu a libertação de Vainberg como uma vitória "dos empresários, que conseguiram se unir diante da aproximação do perigo". Como informou o *Kommersant-Daily* vários dias depois, em 13 de setembro, o encontro organizado em apoio ao empresário e líder comunitário Lev Vainberg "converteu-se numa discussão sobre proteger os empresários da tirania do governo".

Em 10 de setembro, por sugestão de Kivilidi, a RBRT decidiu realizar um congresso nacional de representantes de empreendimentos comerciais em novembro e "obter um mandato para representar os interesses de todos os empresários russos".

Em 1995, Kivilidi obteve outro título, além dos que já tinha: tornou-se deputado da Duma do Estado. Para aqueles que lhe desejavam mal, parecia que ele havia se tornado intocável e inabordável. Mas foi precisamente porque o mundo dos negócios russo voltara-se para a política que o ano de 1995 viu uma onda de assassinatos de empresários. Em 10 de abril de 1995, Vadim Yafiasov, de 33 anos, vice-presidente do banco Yugorsky, foi morto em Moscou, tornando-se o 43° banqueiro a ser morto nos últimos anos. Na noite de 20 de julho, o 44° banqueiro — Oleg Kantor, presidente do banco Yugorsky e membro do conselho supremo do Partido Industrial Unido da Rússia (ROPP) — foi assassinado brutalmente com seu guarda-costas. O assassinato foi cometido na *datcha* dos Kantor, no território do sanatório do governo de Snegiri, no distrito de Instrinsky, na região de Moscou. O corpo de Kantor fora esfaqueado e alvejado por tiros e seus olhos haviam sido arrancados. Quando, vários dias depois do assassinato, os líderes da RBRT se reuniram para uma coletiva de imprensa, o presidente do ROPP, Vladimir Stcherbakov, observou com tristeza que a Mesa-Redonda começava a se parecer com uma funerária: "Nós nos reunimos regularmente para observarmos que outro empresário foi assassinado e para pedir que o governo ponha um fim a essa ausência de leis... Está ficando impossível viver em um país onde a classe empresarial está sendo exterminada sistematicamente."

E realmente, dos trinta membros participantes da Mesa-Redonda, oito já haviam sido assassinados.

Kivilidi descreveu o que estava acontecendo como o "genocídio dos cérebros da nação... Nenhum assassinato de um diretor de fábrica ou de banco foi solucionado. Hoje, ser empresário é a profissão mais perigosa, e fica a impressão de que toda essa ausência de leis, essa inatividade completa, é útil para o governo. Costumava existir um Conselho Empresarial no governo. Ele foi eliminado. Agências privadas de segurança em bancos têm suas armas retiradas de suas mãos. Em pouco tempo, os alvos não serão apenas os empresários, mas sim qualquer pessoa que tenha qualquer tipo de propriedade. Oleg Kantor não será a última vítima", previu sombriamente Kivilidi.

E Kivilidi não estava enganado. A próxima vítima foi ele próprio: o 45° banqueiro assassinado, o 9° membro da RBRT assassinado, o 52° grande empresário russo assassinado em 1995. Em 1° de agosto, Kivilidi foi levado em coma ao Hospital Clínico Central de Moscou. Em 4 de agosto, sem sair do coma, ele morreu. Em 2 de agosto, a secretária de Kivilidi, Zara Ismalova — que passara os dias anteriores inteiros atendendo a telefonemas no telefone celular de Kivilidi — teve um derrame e foi levada ao Primeiro Hospital Municipal. Em 3 de agosto, Ismalova morreu.

Os corpos de Kivilidi e de Ismalova foram examinados por dez dias nos necrotérios do Hospital Clínico Central e do Hospital Militar Burdenko. Os atestados de óbito citavam falência cardíaca aguda como causa das mortes. No entanto, na época, pelo menos uma pessoa suspeitou de envenenamento. O patologista anatômico Iosif Laskavi recusou-se a realizar uma autópsia no corpo de Ismalova, e escreveu no histórico da doença da secretária: "Existem indícios de envenenamento por um veneno desconhecido."[18]

Em 18 de agosto de 1995, foi noticiado na imprensa que Kivilidi e a secretária haviam sido envenenados por um veneno radioativo. O jornal *Tver-*

skaya Zhizn noticiou que o veneno era um metal pesado do grupo do cobalto, enquanto a ITAR-TASS dizia que um "empregado militar fora preso" e que "contêineres com materiais radioativos" que provavelmente haviam sido utilizados no envenenamento de Kivilidi e de Islamova "haviam sido confiscados... Os órgãos de manutenção das leis estão investigando o incidente".

Essa foi a primeira e última vez que a mídia russa mencionou venenos radioativos em relação ao assassinato de Kivilidi. Também não houve mais comentários da polícia sobre a prisão do oficial portando os venenos radioativos. Era como se nenhum oficial, nenhuma prisão e nenhum veneno radioativo jamais tivessem existido.

Mas especialistas conseguiram determinar a fórmula do veneno. Ele fora produzido no centro estatal de defesa química em Shikhany, na região de Saratov. A mídia obtivera a informação do governador da região de Saratov, Dmitri Aiatskov. Aiatskov estava indignado por os químicos militares ficarem meses sem receber seus salários, o que os forçava a arrumar empregos paralelos.

Em 1997, o Ministério de Assuntos Internos da Rússia também relatou que análises haviam revelado que a substância utilizada para envenenar Kivilidi e sua secretária era um agente nervoso fosfórico de uso militar, produzido no laboratório químico secreto de Shikhany. O agente químico que era a base do veneno fora descoberto na Suécia em 1957. Ele penetra no corpo através dos poros da pele ou pelas vias respiratórias. A pessoa morre várias horas depois. Sem uma análise extremamente sofisticada, é impossível determinar a causa da morte.

Stanislav Nesterov, diretor administrativo de Shikhany, ficou intrigado com o anúncio do Ministério de Assuntos Internos: "Essa é uma substância venenosa supermoderna, cuja fórmula é estritamente confidencial. Nem eu nem a FSB local sabemos de nenhum caso de tais venenos terem sido vendidos ilegalmente. Se fosse esse o caso, haveria um enorme escândalo internacional. Vocês podem imaginar: em Shikhany, no instituto estatal de síntese orgânica, quem quiser pode comprar veneno, e até venenos utilizados por espiões profissionais!"[19]

Obviamente, imaginar que "qualquer um que quisesse" pudesse "comprar" tal veneno era realmente impossível. Quem, então, teve acesso a tais venenos e ao mesmo tempo tinha interesse em matar Kivilidi? Quem, em 1995, era o segundo homem no país, depois do presidente? Quem estava utilizando todos os meios possíveis para obter dinheiro e controlar os bancos antes da eleição presidencial de 1996? O homem em questão era o chefe do Serviço de Segurança Presidencial, o general Korjakov.

A imprensa russa merece crédito por ter citado os nomes das pessoas interessadas na morte de Kivilidi. Em 19 de abril de 1997, o melhor e mais importante jornal da Rússia, *Kommersant-Daily*, noticiou:

"Durante os últimos anos de vida, Ivan Kivilidi esteve envolvido não apenas em empreendimentos, mas também no serviço público. Como líder da Mesa-Redonda de Negócios da Rússia, ele podia criticar duramente o ataque do Serviço de Segurança Presidencial ao banco Most ou de depositar leilões destinados a transferir pacotes de ações de propriedade do Estado para as principais organizações financeiras. 'Ivan Kivilidi apoiava leilões competitivos e era contra decisões tomadas nos bastidores e acordos entre oficiais do governo e grandes figuras do mundo dos negócios. Temos informações concretas de que uma dessas pessoas ameaçou-o fisicamente se Kivilidi não fechasse a boca', admitiu um dos investigadores ao correspondente do *Kommersant-Daily*."[20]

Em 22 de julho de 1999, o jornal *Moskovskaya Pravda* citou outra pessoa que tinha interesse na morte de Kivilidi: Soskovets. O jornal também noticiou que as câmeras de vigilância do Rosbiznesbank, que monitoravam os arredores do banco, haviam sido desligadas por alguém no dia em que Kivilidi fora envenenado.[21]

Contudo, por algum motivo, ninguém estava interessado nas pistas dadas pelos dois jornais mais importantes de Moscou. Em 1999, os órgãos de manutenção das leis da Rússia anunciaram oficialmente que "o caso chegara a um beco sem saída". A declaração foi feita por Svetlana Petrenko, secretária de imprensa do promotor municipal de Moscou, que investigava o crime. "No presente momento, a investigação está interrompida", ela disse. "Até agora, os investigadores não conseguiram obter nenhuma prova que possa indicar quem poderia ter interesse em cometer o crime."[22] A recompensa de um milhão de dólares oferecida pelos colegas de Kivilidi em 1995 por informações que levassem à prisão dos criminosos não foi reivindicada.

Em 17 de janeiro de 2001, o Ministério da Justiça da Rússia anunciou triunfantemente que também havia realizado uma análise forense das causas da morte de Kivilidi. É verdade que Alexander Kaledin, chefe do Centro Federal de Investigações Forenses do Ministério da Justiça, recusou-se a especificar a causa concreta da morte do banqueiro, afirmando que as autoridades investigativas é que decidiriam se tal informação deveria ser divulgada. Mas Kaledin informou que a substância com a qual Kivilidi fora envenenado possuía uma "fórmula rara e um nome altamente confidencial".

Em 9 de outubro de 2006, o promotor Iuri Semin, de Moscou, afirmou em uma entrevista que investigadores haviam definido plenamente o mecanismo do assassinato de Kivilidi. "Ele foi envenenado com uma substância que simplesmente não possui análogos. E sabemos como ela é feita."

Contudo, o homem que foi preso sob suspeita de organizar o assassinato não tinha ligação alguma com venenos. Em 30 de junho de 2006, a polícia prendeu o ex-vice de Kivilidi, o empresário e banqueiro Vladimir Kutsishvili. Kutsishvili negou ter cometido qualquer crime.

Kutsishvili — sócio de Kivilidi e membro da diretoria do Rosbiznebank — foi preso em 31 de outubro de 1995, mas negou culpa no crime e, na falta de provas incriminatórias contra ele, foi libertado trinta dias depois, de acordo com a lei. Em dezembro de 1999, investigadores criminais de Moscou prenderam um homem (cujo nome não foi divulgado) que testemunhara ter vendido pessoalmente veneno a Kutsishvili. Por motivos inexplicáveis, Kutsishvili não foi preso e deixou o país. Em dezembro de 1999, a promotoria municipal de Moscou colocou-o na lista de procurados. Alexei Kondratov, investigador responsável por casos de grande importância, anunciou que Kutsishvili estava sujeito a um processo criminal pelo assassinato de Kivilidi e sua secretária, Ismalova, apesar de nenhuma tentativa de obter um mandado de prisão internacional para Kutsishvili ter sido feita pelo lado russo.

Em 2006, Kutsishvili retornou, acreditando que o caso de dez anos antes tivesse sido arquivado. Mas às oito e meia da manhã, na frente do prédio número sete da rua Yefremov, onde estava hospedado com um amigo, Kutsishvili foi preso. A Promotoria Geral da Rússia não conseguiu explicar como Kutsishvili obtivera o veneno e como o colocara no fone do telefone celular de Kivilidi.

Segundo especialistas, Kivilidi só poderia ter sido envenenado por um profissional, e seu vice certamente não poderia ser classificado como tal. Eis o que Iefim Brodski, chefe de um laboratório do instituto para a morfologia e ecologia evolucionárias de animais, disse a um repórter do *Moskovskiye Novosti*:

"Utilizando equipamentos especiais, fomos capazes de determinar de modo relativamente rápido a fórmula da substância tóxica. É um agente de nervos como o sarin."

"Sabe-se onde essas substâncias tóxicas são produzidas?"

"Conheço vários laboratórios que as produzem."

"Você poderia dizer os nomes?"

"Não."

"Quem, em sua opinião, poderia ter colocado a substância tóxica dentro do receptor?"

"Somente alguém que saiba manuseá-lo."

"Suponhamos que o assassino que comprou a substância tóxica tenha recebido instruções detalhadas."

"É impossível ensinar a um leigo como conduzir uma operação tão difícil sem colocá-lo em risco de envenenar a si próprio."

Isso levou o repórter a chegar a uma conclusão óbvia: "Se o veneno só poderia ter sido colocado no lugar por um especialista que trabalhasse em um laboratório com substâncias tóxicas, então qual motivo teria levado um cientista a correr tal risco?... A sofisticação da operação indica que ela só poderia ter sido executada por pessoas bem preparadas, para quem a segurança não seria um obstáculo e que estivessem em posição de recrutar um empregado de um laboratório secreto para a operação. Somente os serviços de segurança têm essas capacidades. Essa conclusão também é apoiada indiretamente pelo fato de que já se passaram quase dez anos e os investigadores ainda não conseguiram solucionar o crime. Mas o veneno utilizado para matar Kivilidi era único. Os laboratórios que o produzem e as pessoas que têm acesso a ele podem ser localizados sem muita dificuldade."

POLÔNIO E TÁLIO (COMO SUBPRODUTO DE POLÔNIO)

O polônio foi descoberto por Marie Curie. A cidadã russa Marie Sklodowska (Curie) nasceu em 1867 na Polônia, que na época era parte do império russo, e tornou-se a única mulher que recebeu duas vezes o prêmio Nobel, por pesquisas sobre radioatividade. Ela recebeu o primeiro prêmio com o marido, Pierre Curie, que morreu em um acidente de carruagem. Marie viveu mais 28 anos após a morte do marido e morreu de exposição à radiação. Uma das duas filhas de Marie e de Pierre Curie, Irène, seguiu os passos da mãe e, junto com o marido, Frédéric Joliot, também recebeu o prêmio Nobel por pesquisas sobre radioatividade. Irène e Frédéric morreram devido aos efeitos de exposição prolongada à radiação. Irène tinha 59 anos, e Frédéric, 58.

Marie e Pierre Curie descobriram o rádio e o polônio. O polônio foi batizado em homenagem ao país natal de Marie Curie — com o nome em latim para a Polônia.

O tálio é um metal prateado-esbranquiçado com traços cinzentos, macio e maleável, descoberto em 1861 na Inglaterra por sir William Crookes. Esse elemento químico extremamente tóxico é citado como uma "arma de assassinato" tanto em romances de detetives quanto na história contemporânea. O tálio não tem sabor nem odor, o que o torna útil para criminosos — é um veneno que não pode ser reconhecido. O envenenamento por tálio é ainda mais perigoso porque os sintomas de envenenamento que surgem na vítima são parecidos com inflamações que os médicos aprenderam a tratar. Os efeitos do veneno são diagnosticados como gripe ou pneumonia. Os antibióticos que costumam ser receitados em tais casos não têm efeito terapêutico e a doença continua a se desenvolver. O tálio é um veneno de ação lenta. Ele mata por dentro, lenta e irreversivelmente. Tudo depende inteiramente da dosagem. O único antídoto conhecido para o tálio é o chamado "azul-da-prússia".

Para compreender como venenos são utilizados pela FSB como armas para cometer assassinatos, é importante destacar que venenos radioativos como o polônio-210 — utilizado para envenenar Alexander Litvinenko em Londres, em novembro de 2006 — produzem tálio como subproduto enquanto deterioram. Hoje, os especialistas costumam detectar tálio quando deparam com envenenamentos. E não se costuma perguntar se a vítima foi realmente envenenada por tálio ou se um veneno mais sofisticado foi utilizado, como o polônio-210. Na Rússia, tal questão só poderia ser respondida pela FSB, que controla os laboratórios secretos que produzem esses venenos e que não tem interesse algum em divulgar informações sobre eles.

Fora da Rússia, suspeitas em torno da utilização de venenos radioativos não foram levantadas antes de novembro de 2006, tampouco havia equipamentos móveis que pudessem detectar a presença de tais venenos no corpo da vítima no local.

A MORTE DE ANATOLI SOBTCHAK

Em 17 de fevereiro de 2000, Anatoli Sobtchak, atuando como representante autorizado do candidato à presidência Vladimir Putin, chegou à região de Kaliningrado para uma reunião com o governador da região, Leonid Gorbenko. Àquela altura, todas as acusações criminais contra Sobtchak se achavam arquivadas, todos os promotores e investigadores que tinham aberto processos contra ele haviam sido demitidos e a doença cardíaca de Sobtchak, que fora exacerbada pelos problemas passados que ele tivera, tornara-se amplamente conhecida fazia tempos. Uma recepção fora organizada para Sobtchak em Kaliningrado, durante a qual ele consumiu apenas uma pequena quantidade de álcool. Depois da recepção, ele retornou para seu quarto de hotel e morreu. Isso aconteceu na noite de 19 de fevereiro de 2000, em Svetlogorsk.

A causa da morte foi determinada como falência cardíaca. No entanto, já havia rumores — que vinham de fontes desconhecidas — de que duas outras pessoas teriam estado presentes no quarto de hotel de Sobtchak quando ele morreu, e que Sobtchak teria morrido porque o remédio que estava tomando seria incompatível com o álcool que ingerira. Nas entrelinhas, o leitor perspicaz deveria ter reconhecido uma mensagem em código: Sobtchak vinha tomando Viagra e morrera na companhia de duas prostitutas.

Com um cinismo típico do jornalismo russo, um jornal descreveu da seguinte forma a tragédia que caiu sobre Sobtchak:

> "Sobtchak chegou a Kaliningrado não como um criminoso perseguido e malvisto e como um dos chefões da máfia russa, mas sim como o mentor, professor e representante autorizado do presidente interino do país. Sobtchak chegou a Kaliningrado como um vencedor em um 'cavalo branco', como um homem cuja carreira política estava novamente em ascendência. A esta altura, todas as acusações criminais con-

tra Sobtchak haviam sido arquivadas, não sem a ajuda de Putin, e seus 'perseguidores' haviam sido demitidos de seus cargos — todos eles, por um único homem, do promotor geral da Rússia ao investigador criminal mais comum. Graças a seu aluno favorito e presidente, Sobtchak vencera todos os processos que abrira contra a mídia, que muitas vezes 'ousara' publicar informações pouco lisonjeiras sobre ele. Durante toda a duração de sua visita à região de Kaliningrado, Sobtchak transmitia bem-estar, e um sorriso nunca deixava seu rosto. Em tais circunstâncias, pode-se ter um ataque cardíaco de tanta felicidade."

Em outras palavras, nem os apoiadores nem os oponentes de Sobtchak acreditavam que ele morrera de causas naturais. A conclusão médica da imprensa foi unânime — Sobtchak fora assassinado:

"Hoje, os serviços de segurança usam principalmente produtos cujos efeitos podem ser disfarçados para lembrar causas de morte não-violentas: ataques cardíacos, derrames etc. Muitos desses venenos só matam a vítima muitos dias depois, quando a substância química responsável pela morte já deixou o corpo. É extremamente difícil ou impossível descobrir tais venenos através de análises químicas. Os mais populares desses venenos 'mascarados' nos serviços de segurança russos são os 'fluoroacetatos', derivados do ácido fluoroacético — substâncias duras solúveis em água ou líquidos voláteis sem sabor, cor ou odor. Sessenta ou oitenta miligramas constituem uma dose fatal. Uma pessoa que tenha sido envenenada por fluoroacetatos não pode ser tratada e morre vários dias depois de falência cardíaca."

"A única pessoa com um interesse vital na morte de Sobtchak é Vladimir Putin", escreveu outro jornal. "Há muita coisa em jogo, e muitos dos planos de Putin poderiam ser perturbados pela simples existência física de Sobtchak. Não é segredo para ninguém que foi precisamente Putin quem fez o possível para viabilizar o retorno de Sobtchak à Rússia depois de ter fugido para o exterior em pânico quando suas atividades criminosas como prefeito de São Petersburgo começaram a ser investigadas... É importante compreender que, durante todo esse tempo, até a morte de Sobtchak, a ameaça das investigações das atividades criminais de Sobtchak estaria novamente pendurada como a espada de Dâmocles sobre a cabeça de Putin... o que, inevitavelmente, levaria a acusações contra o próprio Putin. Portanto, a morte de Sobtchak muda radicalmente a situação. Mas o mais importante é que, tendo conseguido o arquivamento de todas as acusações contra Sobtchak e tendo tornado possível seu retorno à Rússia e à política de alto nível, Putin colocara a si próprio em uma sinuca. Por um lado, ele não poderia recusar ao professor favorito a realização de suas ambições políticas. Por outro lado, em termos da campanha de Putin, receber o apoio explícito de Sobtchak é equivalente a, digamos, nomear Berezovski primeiro-ministro... Sobtchak era um homem saudável. Sua morte é um ato de assassinato político com o objetivo de evitar que a imagem de Sobtchak influencie negativamente a campanha eleitoral do aluno Vladimir Putin. Não há dúvidas de que o assassino de Sobtchak é seu aluno e envenenador, Vladimir Putin."

O próprio Putin fez muito para sedimentar na opinião pública russa a crença de que Sobtchak fora realmente envenenado. Assim, no começo de 2000, pouco antes da morte de Sobtchak, Putin disse em uma entrevista que a perseguição a Sobtchak fora iniciada por Alexander Korjakov e Oleg Soskovets, e que um "jogo muito sujo fora jogado" contra o ex-prefeito. No dia em que chegou a São Petersburgo para o funeral de Sobtchak, Putin observou em uma entrevista para a rádio Baltika que "a partida de Sobtchak não é simplesmente uma morte, e sim um assassinato e o resultado de um ataque contra ele [*travlya*]." Em russo, a palavra *travlya* tem dois significados: perseguição ou envenenamento. Só se pode imaginar qual dos dois Putin teria em mente.

A autópsia de Sobtchak em Kaliningrado foi acompanhada por medidas de segurança inéditas, por ordem direta de Putin. Uma unidade policial especial bloqueou todos os acessos ao departamento de análise forense do hospital traumatológico onde, sob condições de extrema confidencialidade, a autópsia foi realizada. Policiais, policiais de trânsito e pessoal da agência de segurança Kaliningradavia também foram estacionados no aeroporto de Khrabrovo, de onde um vôo "funeral" especial partiu no mesmo dia para São Petersburgo. O corpo de Sobtchak foi transportado para São Petersburgo e enterrado apressadamente em 24 de fevereiro de 2000, sem que um segundo exame do corpo fosse feito pelos principais especialistas do país, o que seria esperado em um caso de tanta importância política. Contra esse pano de fundo, um anúncio feito pelo chefe da assessoria de imprensa do Serviço de Proteção Federal (FSO), Sergei Deviati, de que uma tentativa de assassinato contra o presidente Putin fora evitada durante o funeral de Sobtchak em São Petersburgo passou desapercebida.

O ENVENENAMENTO DE IURI SHTCHEKOTCHIKHIN

Em 3 de julho de 2003, Iuri Shtchekotchikhin morreu após vários dias de tormento. Shtchekotchikhin era deputado da Duma do Estado pelo partido Yabloko, vice-presidente do Comitê de Segurança da Duma, membro da comissão anticorrupção da Duma, repórter e vice-editor-chefe do *Novaya Gazeta*. Em julho de 2001, em Zagreb, Yuri Felshtinsky dera a Shtchekotchikhin o manuscrito do livro *A explosão da Rússia* para ser publicado no *Novaya Gazeta*. Em agosto de 2001, vários capítulos do livro foram publicados em uma edição especial do jornal. Foi Shtchekotchikhin quem iniciou uma tentativa de organizar uma investigação da Duma sobre os crimes da FSB descritos no livro.

Shtchekotchikhin adoeceu em 16 de junho de 2003. Nesse dia, ele estava em Ryazan para a abertura de uma comissão anticorrupção e participou de uma coletiva de imprensa. Em 18 de junho, seu estado piorou. Em 19 e 20 de junho, sua pele começou a descascar, como após uma queimadura grave. Em 21 de julho, Shtchekotchikhin foi levado ao Hospital Clínico Central de Moscou em estado grave. Segundo a análise forense, a causa imediata da morte de Shtchekotchikhin foi toxicose geral grave — síndrome de Lyell (necrose epidérmica tóxica) — uma reação alérgica aguda que costuma ocorrer em resposta a medicamentos. A síndrome de Lyell é relativamente rara: um caso em um milhão. Sinais de uma reação tóxico-alérgica eram evidentes em Shtchekotchikhin. Ele deu entrada no hospital em Moscou com temperatura alta, perda de membranas mucosas e de epiderme, insuficiência renal e insuficiência respiratória crescente, que fez com que fosse colocado em respiração artificial. Não foi excluída a possibilidade de que uma "reação alérgica rara" pudesse ter sido provocada por um "agente desconhecido", ou seja, por um veneno de natureza desconhecida. Nunca foi determinado como o veneno (o "agente desconhecido") poderia ter penetrado no corpo da vítima, já que nenhuma análise foi feita e os documentos forenses não foram divulgados. Pelo contrário, o resultado da autópsia de Shtchekotchikhin e o histórico da doença foram classificados como "segredo médico" e foram mantidos em segredo até mesmo de sua família. Os parentes de Shtchekotchikhin nunca receberam um relatório da autópsia. Quando tentaram abrir um processo criminal em relação ao provável assassinato de Shtchekotchikhin, o pedido foi negado, apesar de que Alexander Gurov, presidente do Comitê de Segurança da Duma, já em 3 de julho de 2003 fizera um requerimento à Promotoria Geral para a abertura de um processo criminal em relação à morte de Shtchekotchikhin.

Shtchekotchikhin morreu pouco antes de uma viagem planejada aos Estados Unidos, onde pretendia contar ao público, aos congressistas e aos senadores americanos sobre os principais casos de corrupção que estava investigando. Um dos casos mais importantes era o da companhia Tri Kita, que estava sob proteção de oficiais de alto escalão da Promotoria Geral e da FSB. De que modo, então, era Shtchekotchikhin perigoso para a FSB? Eis um trecho de uma entrevista que ele deu antes de morrer:

"Sou obrigado a trabalhar em duas frentes — como deputado na Duma do Estado e vice-presidente do Comitê de Segurança, cujo objetivo é combater o terrorismo e o crime através das fronteiras, e na comissão anticorrupção da Duma e no *Novaya Gazeta*, que também ocupa um lugar importante na luta contra a corrupção. No entanto, não gosto da palavra 'luta'. É mais uma análise da situação, do que está acontecendo hoje. Há muitos anos nós... resumimos a máfia com a seguinte frase: 'O leão saltou.' Este ano, em janeiro, demos uma nova caracterização à máfia: 'O leão saltou e já está usando dragonas.' Em comparação ao que está acontecendo hoje nos serviços de segurança, na promotoria, todos os bandidos são simplesmente escoteiros. Hoje, são precisamente as pessoas necessárias para combater o crime e a corrupção que levantaram a bandeira da corrupção e do crime. Isso não exclui a FSB; agora, o que nunca aconteceu antes acontece constantemente — a proteção que oferecem, as quantias enormes de dinheiro que recebem, e o controle dos portos e dos bancos que eles têm. E nem estou falando da polícia... Todo o sistema e suas fundações devem mudar. Nem estou falando sobre o fato de que existem policiais demais. Por exemplo, existem cerca de 110 mil policiais apenas em Moscou. Em Londres, são cerca de 40 mil, mas você se sente mais seguro em Londres."

Shtchekotchikhin lutava acima de tudo contra a corrupção no nível do governo nacional, e era mais odiado por oficiais do governo nacional. Entre as pessoas que tinham motivos para ver Shtchekotchikhin como inimigo pessoal estavam o vice-promotor-geral Iuri Biriukov e o então vice-diretor da FSB, Iuri Zaostrovtsev. O próprio promotor geral (Vladimir Ustinov) e o diretor da FSB (Nikolai Patrushev) não deveriam estar satisfeitos com o jornalismo investigativo de Shtchekotchikhin. Sergei Sokolov, vice-editor-chefe do *Novaya Gazeta*, descreveu as atividades de Shtchekotchikhin durante as últimas semanas e meses de vida do seguinte modo: "Recentemente, Iuri Shtchekotchikhin vinha trabalhando intensivamente no caso Tri Kita. Além disso, estava preparando ativamente materiais relacionados ao problema da Tchetchênia, com a busca pela paz, e com todo esse tema, de modo geral. Ele viajou para a Tchetchênia como parte da comissão da Duma. Isso foi imediatamente antes da viagem para Ryazan. E, naturalmente, estava trabalhando em novos materiais para outra sessão da comissão anticorrupção da Duma, que estavam ligados à Tri Kita e a fatos relacionados a ela que diziam respeito à Promotoria Geral."[23]

Mas como eram precisamente a Promotoria Geral e a FSB que decidiam se processos criminais seriam abertos em relação à morte de Shtchekotchikhin, a investigação nem chegou a ser iniciada — pois não era do interesse da Promotoria Geral nem da FSB, que provavelmente foram os responsáveis por organizar o envenenamento de Shtchekotchikhin.

AS TENTATIVAS DE ENVENENAR ANNA POLITKOVSKAIA E NANA LEJAVA

Anna Politkovskaia quase morreu várias vezes. A primeira tentativa de envenenamento conhecida foi no começo de setembro de 2004, a bordo de um vôo para a Ossétia do Norte. Politkovskaia pretendia cobrir a crise dos reféns em Beslan, que começou em 1° de setembro de 2004. Acreditava-se que Politkovskaia, que era muito respeitada pelos tchetchenos, pudesse participar das negociações com os terroristas e conseguir a libertação dos reféns. Politkovskaia também pretendia entrar em contato com Aslan Maskhadov, presidente da autoproclamada República da Tchetchênia, para pedir-lhe que arriscasse a própria vida e fosse a Beslan para negociar com os terroristas, o que poderia tê-los induzido a encerrar a tomada da escola.

Por esse motivo, era vitalmente importante para os serviços de segurança da Rússia evitar que Politkovskaia chegasse à Ossétia do Norte, já que se isso acontecesse o crédito de encerrar a crise e de resgatar as crianças não iria para os serviços de segurança russos, e sim para Politkovskaia e Maskhadov — uma repórter e um presidente não reconhecido por Moscou. A bordo do avião, Politkovskaia, que prudentemente se recusara a ingerir qualquer alimento, pediu um copo de chá à aeromoça. Em seguida, desmaiou, entrou em coma e voltou a si em um hospital. Politkovskaia sobreviveu, mas era tarde demais para a negociação com os terroristas em Beslan, já que passara aqueles dias trágicos na unidade de tratamento intensivo do hospital.

Ao contrário de Anna Politkovskaia, Nana Lejava, repórter do canal de TV independente da Geórgia Rustavi-2, conseguiu chegar a Beslan e enviar vários relatórios excitantes sobre a tomada da escola pelos terroristas. Em 3 de setembro, foi presa com seu câmera, Levan Tetvadze, depois de noticiar que não haviam sido os terroristas que abriram fogo primeiro, como alegavam as autoridades russas, mas sim os serviços de segurança russos, que tinham explodido uma parede para invadir o prédio da escola. Durante os cinco dias que ficou no centro de detenção da FSB, Lejava foi interrogada diversas vezes. Em um dado momento, ofereceram-lhe café. Ela bebeu o café e desmaiou. Posteriormente, uma toxina potencialmente letal foi encontrada em seu corpo. A droga venenosa pertencia à classe de substâncias psicotrópicas fortes que causam mudanças difusas no cérebro e levam a danos cerebrais permanentes.

O ENVENENAMENTO DE ROMAN TSEPOV E A PRISÃO DE VLADIMIR BARSUKOV-KUMARIN

Nem tudo na carreira de negócios de Tsepov transcorreu tranqüilamente. Em 1994, seus rivais e oponentes conseguiram abrir um processo criminal contra ele por posse e porte ilegal de armas de fogo. É difícil acreditar que o diretor de uma agência de segurança não tivesse o direito de portar armas de fogo. Apesar disso, Tsepov foi preso. Mas é bem verdade que ele conseguiu tirar proveito da prisão: "Quando estava preso no centro de detenção pré-julgamento, o chefão do crime de São Petersburgo Malishev estava na cela ao lado. Ele me disse: 'Quando você sair, proteja minha família.' E eu os protegi, porque me pagavam por isso. E muitos chefões do crime — não citarei nomes — também são protegidos pelo meu pessoal hoje em dia." Dessa forma, foi criada uma relação de negócios entre a agência de segurança privada de Tsepov e as maiores organizações criminosas de São Petersburgo.

Em março de 1998, acusações criminais foram feitas novamente contra Tsepov. Durante a investigação, foi revelado que Tsepov era simultaneamente agente ou empregado de diversas agências de segurança pública: a FSB, o Ministério de Assuntos Internos e o Serviço de Inteligência Estrangeira (SVR), e que possuía cinco documentos diferentes para ocultar sua identidade.

Em 1999, sem aguardar o resultado da investigação, Tsepov usou seu passaporte e sua carteira de motorista estrangeiros (ambos emitidos sob outro nome) e partiu para a República Tcheca. Contudo, logo retornou e continuou a coordenar suas operações, controlando (liderando apenas muito raramente) uma série de empreendimentos legais e de "negócios" extralegais, recolhendo dinheiro de proteção e distribuindo e redistribuindo esses recursos.

A esfera de atividade de Tsepov se expandiu gradualmente, chegando a incluir os ramos de segurança e farmacêutico, portos, turismo, envio de cargas, seguros e até a mídia de massa. Depois que Putin se mudou para Moscou e se tornou presidente, Tsepov manteve contatos próximos com muitos dos *siloviki* — do ministro de assuntos internos, Nurgaliiev, ao chefe da segurança presidencial, Viktor Zolotov. Além disso, Tsepov fez *lobby* para a nomeação de diversos oficiais do Ministério de Assuntos Internos e da FSB, mantinha uma relação próxima com Igor Setchin, vice-diretor da administração presidencial, e até mesmo com o próprio Vladimir Putin.

Em 24 de setembro de 2004, Tsepov morreu. Ao contrário de Shtchekotchikhin, recebeu um diagnóstico imediato: envenenamento por um veneno radioativo. Os médicos indicaram danos à medula espinhal acompanhados por sintomas agudos de envenenamento por radiação.

Tsepov ficou doente em 11 de setembro. De manhã, tomou o desjejum em sua *datcha*. Depois, foi para o escritório da FSB no número 4 da esplanada Liteiny, onde bebeu chá. Em seguida, foi para o Diretório de Assuntos Internos de São Petersburgo, onde se reuniu com um chefe de departamento e tomou sorvete. Às quatro da tarde, começou a passar mal, mas os médicos não conseguiram fazer um diagnóstico preciso. Os sintomas eram parecidos com os de uma intoxicação alimentar grave. Tsepov foi levado a uma clínica particular de São Petersburgo em estado crítico. Dois dias antes de morrer, foi transferido para o Centro de Tecnologias Médicas de Ponta (antigo Hospital Sverdlov). Foram feitos planos para levar Tsepov de avião para a Alemanha para ser submetido a um tratamento médico de emergência. Mas a doença evoluiu muito rapidamente e Tsepov morreu antes que pudesse ser levado para a Alemanha.

As análises forenses preliminares revelaram que o sangue de Tsepov continha uma grande quantidade de um medicamento utilizado no tratamento de leucemia. Mas o falecido não tinha câncer. Segundo os médicos, uma dose letal do medicamento — na forma de solução ou de pílulas esmagadas — poderia ter sido colocada na comida de Tsepov. Especialistas tinham opiniões diferentes: isótopos radioativos, um veneno desconhecido ou sais de metais pesados.

Durante muitos anos, Tsepov fora tratado por seu médico pessoal, Piotr Perumov, chefe de um departamento no hospital número 32. Deixemos que Perumov fale, já que esta foi a primeira vez que um médico descreveu o envenenamento do próprio paciente:

> "Tudo começou em um sábado de setembro. A esposa dele me telefonou: 'Piotr Ashotovitch, Roman está se sentindo mal. Ele sofreu algum tipo de envenenamento.' Quais são os sintomas? 'Vômitos e diarréia.' Apesar de estar a trezentos quilômetros da cidade, telefonei para o meu hospital e enviei uma equipe para a casa dele. Sei pelo meu trabalho no Afeganistão que essa combinação de sintomas é muito perigosa: se os sintomas não forem interrompidos, o organismo torna-se desidratado e dessalinizado e a pessoa perde as forças rapidamente... O problema é mantê-lo hidratado — dar-lhe fluidos e desintoxicá-lo. A única coisa que me deixou imediatamente em dúvida foi a ausência

de febre. Normalmente, uma infecção tóxica é acompanhada por um aumento acentuado na temperatura corporal.

Durante toda a noite, de sábado para domingo, ele foi tratado por uma equipe médica de emergência. Ele começou a se sentir um pouco melhor, mas os sintomas não cessaram. Cheguei no sábado e o persuadi a internar-se em um hospital. Seu estado era ruim. Ele não estava mais vomitando e a diarréia tinha diminuído. Mas o mais importante era que não havia sinais de infecção. Era um envenenamento sem envenenamento.

Chamei um grande especialista nesta área do hospital Botkin. Fizemos análises bacteriológicas enquanto o mantínhamos sob tratamento. Desde o princípio, o que não nos agradou foi a ausência de leucocitose. Normalmente, o organismo combate a doença, e o número de leucócitos aumenta acentuadamente. Nesse caso, o organismo não estava reagindo. A defesa não estava funcionando.

Devo dizer que Roman passara quase que toda a semana anterior em Moscou e só chegara a São Petersburgo na sexta-feira. Perguntamos a ele o que comera naquele dia. 'Nada', respondeu, só tinha bebido. Tudo indicava que fora envenenado ainda em Moscou.

Você precisava conhecer Roman — ele era muito cuidadoso com o que comia. Recentemente, havia se tornado vegetariano. Não sei por que motivo — saúde ou outra razão — mas não comia em qualquer lugar.

Passei toda a primeira noite em seu quarto no hospital. Demos a ele todos os medicamentos necessários por via intravenosa, protegemos todos os órgãos e trabalhamos muito. Ele começou a se sentir melhor. Mas ainda não tínhamos um quadro clínico do envenenamento, o que me preocupava muito. Além do mais, a contagem de leucócitos começou a diminuir gradativamente. Inicialmente, estava em torno de 7 mil. Depois, caiu para 4 mil. Eu já começava a suspeitar de que algo estava acontecendo. E Roman ficou cada vez mais quieto e não respondia mais às perguntas sobre o que comera e onde.

Por via das dúvidas, decidi examiná-lo mais profundamente. Entrei em contato com todos os laboratórios de São Petersburgo, procurando por aqueles que poderiam identificar sais de metais pesados. Encontrei apenas um. Com dificuldade, eu os persuadi a fazer uma análise urgente. Três dias depois, recebemos a resposta: tudo estava normal, mas havia mercúrio na urina. Isto estava dentro dos limites normais, mas ainda assim, ninguém esperava encontrar uma quantidade tão alta.

Enquanto isso, com todo o tratamento que estava recebendo, ele começou gradualmente a se sentir melhor. Enviei-o para uma massagem leve e ele começou a voltar à vida pouco a pouco. Na sexta-feira seguinte, Roman decidiu deixar o hospital. Além disso, ele próprio foi dirigindo e disse que tudo estava voltando ao normal. Mas sua contagem de leucócitos continuava a cair, e no dia em que deixou o hospital já estava em 2.500. Eu disse a ele: é muito perigoso andar por aí assim, seu organismo não pode resistir a nada, está aberto a qualquer infecção. Se isso é o mínimo que será atingido, muito bem. Mas e se não for? Mas Roman insistiu em deixar o hospital, dizendo que tomaria cuidado.

Um dia antes de Roman deixar o hospital, marcamos uma consulta com os principais médicos de São Petersburgo... discutimos todas as análises e acalmei-me um pouco — ninguém fez prognósticos especialmente ruins. Achamos que poderia ser... envenenamento radioativo — o quadro clínico era o mesmo do mal causado por radiação. Mas utilizamos um dosímetro e verificamos que tudo estava dentro dos limites normais.

Apesar disso, no sábado, enviei uma enfermeira à casa de Roman para preparar medicação intravenosa e coletar sangue. Ela telefonou-me no domingo e disse: 'Piotr Ashotovitch, não gosto do estado dele.'

Larguei o que estava fazendo e fui vê-lo. Ele tinha desenvolvido uma estomatite. Era como se alguém tivesse arrancado a pele de sua língua e dos lábios. Os sintomas eram os mesmos de alguém que foi submetido a quimioterapia. Sabíamos que era algum tipo de reação alérgica aos medicamentos. Mas não existe um remédio que produza tal reação. Tudo parecia como se ele tivesse sido submetido a quimioterapia para leucemia, porque o objetivo da quimioterapia é matar o tumor, matar as células que se reproduzem rapidamente. Inicialmente, a pessoa não percebe nada. Depois, a contagem de leucócitos começa a cair e surge uma estomatite. Depois disso, as células da medula começam a sentir o dano e a contagem de plaquetas começa a cair. Então, tem início o terceiro estágio, chamado pela medicina de citopenia. Isso se dá quando você não pode nem se aproximar do paciente — ele pega qualquer infecção a uma distância de cinco a sete metros. No caso de Roman, tudo lembrava os sintomas que as pessoas têm quando são tratadas com quimioterapia para leucemia. Àquela altura, o segundo estágio tinha acabado de começar — uma reação pronunciada que levava à depleção da medula espinal. A contagem de leucócitos caíra para mil.

Providenciamos outra consulta e dissemos que ele precisava ser colocado em um hospital geral onde poderia receber transfusões de sangue e ser monitorado por médicos especialistas em doenças infecciosas. O professor Golofinski ofereceu-se para levá-lo ao hospital da Academia Médica. Eles tinham tudo o que era necessário lá, todo o tipo de especialistas. Mas Roman recusou-se categoricamente...

Finalmente, a família dele decidiu colocá-lo no hospital número 31. Telefonei imediatamente para uma conhecida no hospital, uma pessoa muito competente — a professora Belogorva. Pedi-lhe que retornasse de sua *datcha*, pois era um final de semana. Ela telefonou-me três horas depois. 'Você sabe', disse, 'está tudo muito ruim aqui. Ele está literalmente desintegrando diante de nossos olhos. Isso parece muito... existe um tipo de veneno hemotóxico que é utilizado no tratamento de leucemia.'

No dia seguinte, enviei os resultados dos exames para o hospital. Mas era tarde demais — Roman morreu pouco depois.

O exame foi muito antiprofissional. Casos infinitamente menos graves foram examinados com muito mais profundidade. Nem me pediram que informasse o histórico da doença. E então houve um telefonema estranho. 'Olá, Piotr Ashotovitch', disseram. 'Somos especialistas forenses de tal lugar. Gostaríamos muito de ouvir sua opinião sobre o ocorrido.' Eu disse que iria encontrá-los. 'Não', disseram, 'façamos uma conferência telefônica'. Tudo bem. Descrevi para eles todo o quadro clínico. Contei-lhes sobre minhas teorias a respeito de um veneno hemotóxico. Eles escutaram tudo cuidadosamente e depois disseram para mim: 'Piotr Ashotovitch, já determinamos a causa

> da morte. Roman Igorevitch tinha câncer na próstata e medicou-se até morrer.' Eu disse a eles: 'Vocês deveriam se envergonhar. O que fizeram? Falaram com a enfermeira? Eu não apenas fiz todo tipo de exame de ultra-som — examinamo-lo de cima a baixo vinte vezes, e acreditem em mim, nós teríamos encontrado esse câncer, teríamos o encontrado uma centena de vezes. E que tipo de câncer resulta na depleção completa da medula espinal?! É isso o que estão me dizendo?' Resumindo, eu disse a eles: 'Eu não gosto de falar com vocês. Eu não respeito vocês.' E desliguei. O telefonema convenceu-me de que havia algo por trás daquela história toda."

A missa no funeral de Tsepov contou com a presença de Viktor Zolotov, chefe da segurança do presidente, Konstantin Romodanovski, chefe do Diretório de Segurança Departamental da FSB, Andrei Novikov, que na época era chefe do Diretório Principal de Assuntos Internos para o Distrito Federal do Noroeste e hoje é vice-ministro, Mikhail Vanitchkin, diretor do Diretório de Assuntos Internos de São Petersburgo, Alexander Sabadash, um "oligarca das bebidas e da vodca" e membro do Conselho da Federação do Distrito de Nenetsk, Alexander Nevzorov, deputado da Duma do Estado, Dmitri Iakubosvki, advogado e general da FSB, e do sócio e colaborador de longa data de Tsepov em muitas operações clandestinas, Barsukov-Kumarin.

Somente amigos próximos e familiares foram ao cemitério — incluindo Barsukov-Kumarin. Uma tropa de policiais honrou a memória de Tsepov dando tiros para o alto (segundo regras militares, tais honrarias só podem ser concedidas a oficiais com postos iguais ou superiores ao de general). Tsepov foi enterrado no famoso cemitério Serafimovskoye, em São Petersburgo.

Foi aberto um processo criminal ligado à morte de Tsepov, tendo por base o artigo 105 do código criminal russo (assassinato). O resultado da investigação não foi divulgado. No entanto, pelo menos um jornal — *Moskovskiye Novosti* — acusou Putin de ter assassinado Tsepov, mas sem citar o nome do presidente russo. O autor do artigo escreveu:

> "O nome de Tsepov é bastante conhecido em São Petersburgo. Mas poucas pessoas têm consciência de sua posição real. Há sete anos, obtive um documento que, aparentemente, fora elaborado por um dos

serviços de segurança da Rússia. O documento afirmava que Tsepov recolhia dinheiro de proteção de vários cassinos de São Petersburgo para um dos oficiais de primeiro escalão da FSB. Tentei obter uma confirmação dessa informação sobre Tsepov de Iuri Vaniushin, investigador de casos de especial importância da Promotoria Geral. A equipe supervisionada por Vaniushin estava investigando um caso criminal ligado à entrega de produtos importados a São Petersburgo que evitavam a alfândega passando por um porto militar. Vaniushin (que hoje está morto) confirmou a informação: segundo os fatos obtidos por sua equipe de investigadores, Tsepov realmente recolhia dinheiro de empreendimentos comerciais e o entregava para um 'oficial de primeiro escalão em Moscou'. Portanto, os rumores em torno do papel especial de Tsepov que circularam tanto em Moscou quanto em São Petersburgo não são infundados. Por exemplo, rumores sobre a escala dos projetos comerciais nos quais participava correspondiam às possibilidades em expansão do mesmo oficial de Moscou a quem ele, um dia, entregara dinheiro não declarado."

O "oficial de Moscou" era, obviamente, Putin.

A prisão de Vladimir Barsukov-Kumarin — chefe do grupo criminoso Tambov e ex-vice-presidente da Companhia de Combustíveis de São Petersburgo —, que ocorreu em agosto de 2007 em São Petersburgo, pode ser vista como um pós-escrito ao envenenamento de Tsepov. Depois que Putin se mudou para Moscou, Barsukov-Kumarin permaneceu em São Petersburgo e foi literalmente esquecido pelos repórteres e pelas agências de manutenção das leis. Em 22 de agosto de 2007, inesperadamente para todos — principalmente para ele próprio —, Barsukov-Kumarin foi preso em uma operação inédita envolvendo uma unidade de forças especiais (OMON) de trinta homens que fora enviada de Moscou.

Em 24 de agosto de 2007, a pedido da Promotoria Geral, o tribunal do distrito de São Petersburgo emitira um mandado de prisão para Barsukov-Kumarin por "crimes cometidos, incluindo assassinato e a tentativa de organizar um assassinato por encomenda com o objetivo de adquirir posteriormente a posse do terminal de petróleo de São Petersburgo... cumplicidade em ataques e tomadas de grandes propriedades imobiliárias, diversos assassinatos por encomenda e outros crimes". Por exemplo, Barsukov-Kumarin era suspeito de ter organizado um atentado contra o co-proprietário do terminal de petróleo de São Petersburgo, Sergei Vasiliev, no outono de 2006.

Barsukov-Kumarin poderia ter sido preso havia muito tempo. As provas contra ele eram substanciais. Mas ele só foi preso em 2007, e não por decisão da promotoria de São Petersburgo, mas sim por ordem de Moscou. Barsukov-Kumarin poderia ter sido assassinado, como muitos chefões da máfia russa foram assassinados nos últimos anos. Tal assassinato não surpreenderia ninguém — houve muitos atentados contra Barsukov-Kumarin cometidos por seus colegas criminosos. Mas ele foi mantido vivo, como refém, como portador de informações comprometedoras contra aqueles que mandavam em São Petersburgo na década de 1990. Na prisão, Barsukov-Kumarin é um trunfo nas mãos da corporação da FSB, que está se preparando para a eleição presidencial de 2008 e se salvaguardando contra passos não-previstos do atual presidente da corporação e do país, Vladimir Putin. Barsukov-Kumarin poderia ter tido o mesmo destino que Tsepov. Mas foi preservado, para ser um ás na cartada que será jogada contra o "oficial de Moscou".

A TENTATIVA DE ENVENENAR VIKTOR IUSHTCHENKO

Setembro de 2004 foi um mês atribulado — o mês em que o candidato à presidência da Ucrânia Viktor Iushtchenko foi envenenado.

Em 5 de setembro de 2004, no auge de sua campanha eleitoral, o candidato à presidência da Ucrânia Iushtchenko estava jantando e conduzindo negociações na *datcha* do ex-vice-diretor do Serviço de Segurança Ucraniano (SBU), Vladimir Satsiuk. Taras Zalessky, outro vice-diretor do SBU, também estava presente no jantar e trouxe pratos com pilafe para a mesa de Iushtchenko. O prato de Iushtchenko estava envenenado. Depois do jantar, o futuro presidente passou mal. Em 10 de setembro, foi hospitalizado na clínica Rudolfinerhaus, na Áustria, onde foi diagnosticado com pancreatite aguda com complicações resultantes de um envenenamento tóxico. A data do envenenamento: cerca de cinco dias antes da hospitalização.

Foram identificadas substâncias químicas no corpo de Iushtchenko que não costumam ser encontradas em produtos alimentícios. Especificamente, um grupo de médicos americanos encontrou níveis tóxicos de dioxina em seu sangue. Sabia-se que um dos laboratórios secretos russos já havia trabalhado com sucesso com dioxina vários anos antes.

Em 21 de setembro, a Promotoria Geral da Ucrânia abriu um processo criminal relacionado ao envenenamento de Iushtchenko. Vladimir Satsiuk, Taras Zalesski e Alexei Poletukha foram considerados suspeitos. O último era um antigo conhecido de Satsiuk que trabalhara com ele em várias organizações comerciais antes de Satsiuk ser nomeado vice-diretor do SBU. Em 2001, Poletukha foi colocado na lista de procurados por estar ligado a crimes financeiros que cometera como vice-diretor do banco Ukrania, e deixou o país. Segundo o chefe do escritório ucraniano da Interpol, ele permanece até hoje na lista de procurados e está possivelmente escondido na Rússia. Ele foi citado como suspeito no envenenamento de Iushtchenko porque se acreditava que tivesse trazido a dioxina para envenenar Iushtchenko da Rússia para a Ucrânia.

O próprio presidente Iushtchenko afirmou várias vezes que sabe quem o envenenou, que a dioxina utilizada para envenená-lo fora produzida na Rússia, que sabe quem transportou o veneno para a Ucrânia e como isso foi feito, e que as pessoas responsáveis pelo envenenamento estão atualmente escondidas em território russo. "Vocês ficariam chocados com os papéis desempenhados por vários políticos no meu envenenamento, inclusive políticos ucranianos", disse certa vez Iushtchenko. Mas ele não foi mais além. Oficialmente, tal informação nunca foi confirmada, assim como a lista de suspeitos nunca foi divulgada oficialmente.

Depois de setembro de 2004, Iushtchenko foi examinado diversas vezes. Uma análise conduzida no final de maio de 2006 revelou novamente a presença de dioxina em seu corpo. A análise foi feita por uma comissão de especialistas ucranianos, assim como por representantes dos Estados Unidos, da Alemanha e do Japão. Eles confirmaram os resultados anteriores obtidos por laboratórios holandeses, alemães, ingleses e belgas, confirmando a presença de níveis tóxicos de dioxina no corpo de Iushtchenko.

Três anos depois do incidente, a investigação não fez nenhum progresso do ponto de vista formal. Iushtchenko, nesse meio-tempo, fez alguns pronunciamentos sinceros. Por exemplo, nos dias 10 e 11 de setembro de 2007, no aniversário do envenenamento, Iushtchenko declarou que o governo russo estava se recusando a entregar os principais suspeitos e a fornecer as provas necessárias para a solução do caso, resultando no retardamento da investigação do envenenamento. Ele observou que a substância utilizada para envenená-lo só era produzida nos Estados Unidos, na Inglaterra e na Rússia. Os Estados Unidos e a Inglaterra já haviam fornecido amostras havia muito tempo. A Rússia, por outro lado, recusava-se a entregar suas amostras. Iushtchenko sugeriu novamente que as pessoas suspeitas de organizar seu envenenamento estavam se escondendo em território russo.

Em 21 de setembro, a Promotoria Geral da Ucrânia anunciou que as agências de segurança pública da Rússia haviam concordado em investigar a dioxina russa. Alexander Chali, vice-diretor do secretariado do presidente ucraniano, observou que a Promotoria Geral da Rússia respondera aos pedidos de condução de uma análise da dioxina produzida na Rússia somente após a sexta solicitação. As primeiras cinco solicitações não tiveram resposta. Era evidente que a Rússia passara a temer os pronunciamentos francos e imparciais de Iushtchenko, que acusava as agências de segurança pública da Rússia de cumplicidade no crime.

OS ENVENENAMENTOS DOS LÍDERES SEPARATISTAS TCHETCHENOS

Em 19 de março de 2002, o comandante de campo Amir Khattab — terrorista internacional nascido na Arábia Saudita e um dos líderes da insurgência tchetchena — foi envenenado. O envenenamento aconteceu através de uma carta, no distrito tchetcheno de Nozhay-Yurt. A FSB conseguiu interceptar uma carta da Arábia Saudita endereçada a Khattab e tratá-la com uma substância venenosa que fazia com que o coração parasse de funcionar. Em 11 de abril, a FSB anunciou que a operação fora executada com sucesso. Segundo o Centro de Relações Públicas da FSB, Khattab foi liquidado em uma "operação especial meticulosamente planejada cujos detalhes permanecerão confidenciais por pelo menos dez anos".

Segundo um relato, um agente do escritório da FSB no Dagestão — oficial M. — utilizara um certo Ibragim Magomedov para realizar a operação. Magomedov era um jovem de nacionalidade avar, nascido na aldeia de Gimry, no distrito de Untsukulsky, no Dagestão. Ibragim era um agente de confiança de Khattab, para quem trabalhava como mensageiro. Ele deixava o país constantemente através do Azerbaijão e da Turquia para receber dinheiro e depois levava o dinheiro de volta à Tchetchênia, recebendo assistência do oficial M. A confiança de Ibragim Magomedov em M. era tão grande que o último conseguiu tratar um envelope endereçado a Khattab com uma solução especial. Dois ou três dias depois de ler a carta, Khattab morreu. Pouco depois, foi relatado que combatentes tchetchenos haviam executado o residente do Dagestão Ibragim Alauri (Magomedov), que entregara, sem saber, uma carta envenenada a Khattab.

Em 1º de junho de 2004, o representante na Georgia de Aslan Maskhadov, Khizri Aldamov, foi levado a um hospital em Tbilisi junto com o filho e o sobrinho, onde foram diagnosticados com envenenamento. O Ministério de Assuntos Internos da Geórgia determinou que o carro de Aldamov fora tratado com uma substância tóxica que continha fósforo. Aldamov alegava que fora vítima de uma tentativa de assassinato ordenada pela FSB.

No outono de 2004, o combatente tchetcheno Letche Islamov, condenado a nove anos de prisão, foi envenenado com uma substância desconhecida na cadeia. Depois de ser condenado, mas antes de ser enviado para a prisão, Islamov foi visitado na cadeia por três agentes da FSB. Eles propuseram que Islamov colaborasse com eles e deram-lhe chá e sanduíches. Islamov recusou-se a colaborar com a FSB. Pouco depois da conversa, a saúde de Islamov deteriorou rápida e acentuadamente. Seu corpo ficou vermelho, sua pele começou a descamar e a descascar, sua temperatura corporal subiu e seu cabelo começou a cair. Islamov morreu pouco depois.

A TENTATIVA DE ENVENENAMENTO DE PAVEL BASANETS

No começo de agosto de 2007, Pavel Basanets, primeiro secretário do comitê do distrito do oeste da CPRF, pai de quatro filhos, com 50 anos de idade, foi envenenado com um veneno desconhecido em Moscou. Ele servira por dez anos na inteligência estrangeira e morava em Dresden quando Putin esteve estacionado lá. Basanets é fluente em chinês, inglês, indonésio e malaio. Durante quinze anos, praticou várias formas de combate corpo a corpo e era faixa marrom em caratê. Em 1991, não deixou o Partido Comunista, permanecendo envolvido em trabalhos do partido e no serviço público. Especialmente, era co-presidente do Comitê para a Defesa dos Direitos dos Cidadãos e membro do Conselho de Veteranos do Trabalho, da Guerra e da Defesa das Leis. Em termos de visão política, pode ser considerado um stalinista.

Em 7 de dezembro de 2006, em uma reunião da FSB no prédio Lubyanka para a comemoração do 86º aniversário da fundação da inteligência estrangeira soviética, Basanets discursou criticando Putin, chamando-o de traidor da Rússia, do próprio povo e da honra dos oficiais.

A resposta foi imediata. Basanets começou a receber ameaças dirigidas a ele e aos filhos. Os comunistas tentaram expulsá-lo do quadro do partido. Mas a expulsão não foi concretizada, apesar de ter sido proposta seis vezes. Certos comunistas influentes defenderam Basanets, incluindo alguns membros da Duma do Estado.

Os antigos colegas de Basanets avisaram-no de que pessoas muito sérias estavam com raiva dele, que não seria perdoado pelo discurso no Lubyanka e que provavelmente haveria uma tentativa de eliminá-lo. Em julho, Basanets foi contatado pelos antigos colegas da inteligência estrangeira de uma das antigas repúblicas da União Soviética que o avisaram de que uma tentativa de assassinato estava sendo preparada contra ele. Eles sugeriram que Basanets deixasse a Rússia e se mudasse para uma das antigas repúblicas da União Soviética. Mas Basanets se recusou, compreendendo que não seria capaz de escapar da FSB em um novo local.

No início de agosto, Basanets adoeceu de repente. Surgiram erupções em sua pele e ele ficou extremamente fraco. Os sintomas não desapareceram, o que não era normal para intoxicações alimentares comuns. Seu estado continuou a piorar. Especialistas médicos sérios envolveram-se no tratamento. No final de agosto, além dos sintomas gerais associados a envenenamento, Basanets foi diagnosticado com angina instável e hipertensão estável (anteriormente, sua pressão arterial era completamente normal; Basanets sempre se destacara pela boa saúde e constituição forte). O diagnóstico principal de seu médico foi envenenamento por um veneno desconhecido.

Basanets não foi ao hospital, compreendendo que seria mais fácil matá-lo ali. No final de agosto, comentou seu estado do seguinte modo: "Recusei-me a ir ao hospital e estou agora em casa com medicação intravenosa. Acho que estou mais seguro aqui. O mais interessante é que os médicos que me examinaram não encontraram um alérgeno em meu corpo. Meu ecocardiograma mostra um golpe grave ao coração. Mas, para ser sincero, sinto-me agora um pouco melhor do que há três semanas. Só que as feridas no meu corpo não saram."

O ASSASSINATO DE ANNA POLITKOVSKAIA

Em 7 de outubro de 2006, aniversário de Vladimir Putin, Anna Politkovskaia foi assassinada em Moscou. Rejeitando a possibilidade de qualquer envolvimento do governo russo no assassinato, o presidente Putin disse: "Esse assassinato fez mais mal à Rússia do que os artigos de Politkovskaia."

Em janeiro de 2007, durante um encontro russo-germânico em Berlim, do qual participou o ex-chanceler alemão Gerhard Schröder, Igor Shuvalov, conselheiro do presidente Putin, disse o seguinte aos repórteres sobre o assassinato de Politkovskaia:

"Vemos o assassinato de Politkovskaia como uma provocação. O presidente deu ordens para que o crime seja solucionado. É bobagem ligar o assassinato à liderança do país. Polônio, Litvinenko, Politkovskaia — todos estão relacionados. Existem grupos poderosos que se uniram para atacar constantemente o programa do presidente e o presidente pessoalmente. Não temos nada a ganhar com esses assassinatos. Do ponto de vista político, eles só causam danos, enquanto em termos humanos, obviamente, lamentamos pelas vítimas."

Em 28 de agosto de 2007, a Promotoria Geral da Rússia anunciou a prisão de vários indivíduos que, segundo a promotoria, tinham organizado e executado o assassinato de Anna Politkovskaia. Entre as pessoas presas estava o tenente-coronel Pavel Riaguzov, empregado do escritório de Moscou da FSB. Segundo o promotor geral Iuri Chaika, o mesmo grupo de assassinos de aluguel poderia estar envolvido no assassinato de Paul Klebnikov, jornalista americano e editor-chefe da edição russa da revista *Forbes*, em julho de 2004.

Como a promotoria russa foi simplesmente indecisa na identificação dos responsáveis pelos assassinatos contratados de Anna Politkovskaia e de Paul Klebnikov, determinaremos por conta própria quem poderia ter ordenado os assassinatos. Primeiro, Paul Klebnikov. Existem muitas teorias sobre sua morte. Apenas uma está correta. Paul Klebnikov pode ter sido assassinado pelo herói de seu livro *Conversas com um Bárbaro*, publicado em julho de 2003: Khozh-Ahmed Tembakirovitch Nukhaev, também conhecido como "Khoja".

Em um banco de dados do crime organizado compilado há algum tempo pelas agências de segurança pública da Rússia, esse homem tem a seguinte descrição breve: "Data de nascimento: 1954. Local de nascimento: a RSS de Kyrgyz. Residente da Tchetchênia. Tem condenações anteriores; é capaz de cometer assassinatos. Vive em Moscou sem permissão de residente em apartamentos que pertencem a criminosos."

Klebnikov sabia que Nukhaev era perigoso. Em setembro de 2001, em Nova York, Yuri Felshtinsky dera a ele uma cópia impressa do banco de dados do crime organizado.

Nukhaev foi preso várias vezes, mas sempre foi libertado. Por algum motivo, toda vez que acusações criminais eram feitas contra ele, a corte suprema russa sempre fechava o caso. Nukhaev lutou na Tchetchênia — acreditava-se que estava do lado dos separatistas. Ele foi ferido, recebeu tratamento médico na Áustria e retornou a Moscou, onde morou em um dos melhores hotéis da cidade e deu entrevistas nos estúdios da TV Ostankino. Apesar de estar na lista federal de procurados durante todo esse período, por algum motivo ninguém o perseguiu nem o prendeu. Suas instruções eram executadas pelo agente da FSB Max Lazovski e por seu supervisor, Piotr Suslov, empregado da equipe da SVR. Portanto, quem poderia ser esse homem? A resposta é óbvia. Ele só poderia ser um oficial de alta patente do aparato central da FSB. E essa é a única explicação para ter permanecido impossível de prender e intocável.

Entre os jornalistas russos, Iulia Latinina foi quem chegou mais longe e mais se aproximou da verdade na explicação das causas do assassinato de Klebnikov. Em um programa na rádio Ekho Moskvy, ela disse: "Klebnikov foi enviado a Nukhaev por Korjakov, ex-chefe do Serviço de Segurança Presidencial. Eles tinham uma relação bastante complicada... A relação foi mais bem descrita pelo próprio Korjakov em suas memórias. Sendo um homem de mente bastante simples, ele escreveu com ressentimento transparente" que "dois terços" do livro de Klebnikov sobre Berezovski, *O chefão do Kremlin*, era baseado em relatos do próprio Korjakov. "Foi Korjakov quem enviou Klebnikov a Nukhaev." Quem "publicou o livro [de Klebnikov]" foi a editora de Korjakov e sua antiga subordinada, Valeri Streletski, chefe do departamento "P" do Serviço de Segurança Presidencial. "É óbvio que Korjakov compreendia melhor do que Klebnikov a psicologia tchetchena e tudo o que ela poderia envolver. Mas o interessante é que nem Korjakov nem Streletski disseram a Klebnikov coisa alguma sobre um possível risco que estaria correndo."

Korjakov e Streletski não falaram nada a Klebnikov sobre um possível risco porque todo o projeto fora coordenado nos níveis superiores da FSB. Exceto por um aspecto: o componente financeiro. Nukhaev concordou em ajudar Klebnikov a escrever um livro que desacreditaria o povo tchetcheno em troca pelo dinheiro que Klebnikov prometeu pagar a Nukhaev pelos *royalties*. Provavelmente, nunca saberemos precisamente quanto dinheiro Klebnikov prometeu a Nukhaev. Mas suspeita-se de que o valor tenha sido redondo e não menos do que um milhão de dólares. Nukhaev deu a Klebnikov um ano para efetuar o pagamento. E quando não o recebeu no prazo estipulado, matou Klebnikov — exatamente um ano após a publicação do livro — em 9 de julho de 2004.

Ao afirmar que os assassinatos de Klebnikov e de Politkovskaia foram organizados pelas mesmas pessoas, a Promotoria Geral nos ajudou muito. É altamente provável que o assassinato de Politkovskaia também tenha sido organizado por Nukhaev. Mas é possível que o assassinato não tenha sido contratado por ele. Politkovskaia nunca esteve envolvida em investigações sobre as atividades dele, e Nukhaev não tinha motivos pessoais para matá-la. O assassinato de Politkovskaia pode ter sido encomendado a Nukhaev por vários possíveis contratantes. Possível contratante número um: a liderança central da FSB — como presente de aniversário para Putin. Possível contratante número dois: Ramzan Kadirov, também como presente de aniversário para Putin, na esperança de receber um presente em troca — a presidência da Tchetchênia (as esperanças foram concretizadas). Possível contratante número três: o atual representante da Tchetchênia no Conselho da Federação, Umar Djabrailov — empresário tchetcheno conhecido e proprietário do hotel Radisson Slavyanskaya — como um favor a Kadirov, e novamente como presente de aniversário para o presidente.

Deve-se acrescentar que Djabrailov é suspeito de ter organizado pelo menos mais dois crimes: o assassinato do executivo americano e ex-co-proprietário do hotel Radisson Slavyanskaya, Paul Tatum, em 3 de novembro de 1996, e a tentativa de assassinato do vice-prefeito de Moscou, Iosif Ordjonikidze, em 20 de junho de 2002.

Fora esses três possíveis contratantes, ninguém mais poderia ter encomendado a morte de Politkovskaia.

A TENTATIVA DE ENVENENAR IGOR GAIDAR

Na sexta-feira, 24 de novembro de 2006, Igor Gaidar, ex-primeiro-ministro do primeiro governo democrático da Rússia e atualmente diretor do Instituto de Economia em Transição, discursou em uma conferência na Universidade Nacional da Irlanda. A conferência era sobre "Irlanda e Rússia: História, o Regime da Lei e o Sistema Internacional em Transformação". Gaidar começou a se sentir mal de manhã, depois do desjejum. Segundo a filha de Gaidar, Maria, o café-da-manhã fora simples — uma salada de frutas e uma xícara de chá. Ekaterina Genieva, organizadora da conferência, lembrou que Gaidar tomara o café-da-manhã na cafeteria da faculdade Maynooth, onde a delegação de Moscou estava hospedada. Das dez pessoas que tomaram o café-da-manhã com Gaidar, ele foi o único a passar mal.

Durante a apresentação na conferência, Gaidar passou mal, deixou o auditório e desmaiou. Ele ficou caído no chão, inconsciente, com sangue saindo do nariz e da boca, permanecendo nesse estado por mais de meia hora. Então, foi levado para a unidade de tratamento intensivo do Hospital Memorial James Connolly, em Blanchardstown. O ex-primeiro-ministro ficou cerca de três horas no centro de tratamento intensivo sem recuperar a consciência. Quando voltou a si, não conseguia se mover. Sua vida ficou por um fio durante mais um dia.

Gaidar foi submetido a uma desintoxicação preliminar completa — o complexo tratamento padrão para pacientes que apresentam sinais de intoxicação alimentar. Os sintomas do envenenamento eram tão ambíguos que os médicos hesitaram em fazer um diagnóstico. Gaidar deixou o hospital no domingo, 26 de novembro. Seu estado não impunha mais risco de morte, na opinião dos médicos, e ele sentia-se um pouco melhor. Depois de deixar o hospital, Gaidar telefonou para a embaixada da Rússia e pediu permissão para passar a noite lá. "Seria mais seguro", disse. O pedido foi aceito Na segunda-feira, Gaidar ainda estava pálido, reclamando de náuseas, fraqueza e da pressão. Mesmo assim, partiu imediatamente para Moscou, onde foi hospitalizado sem demora. A caminho de Moscou, Gaidar tentou compreender o que acontecera e lembrou: "Aquele chá não tinha um gosto muito bom..."

Os médicos que examinaram Gaidar chegaram à conclusão unânime de que ele fora envenenado na Irlanda. E, apesar de a natureza do veneno não ter sido determinada, estava claro que fora vítima de um envenenamento deliberado, e não de intoxicação alimentar. Em outras palavras, houvera um atentado contra a vida dele. Evidentemente, foi por esse motivo que a localização de Gaidar no hospital em Moscou foi mantida em segredo, inicialmente. Seus familiares não excluíram a possibilidade de que a tentativa de envenená-lo pudesse se repetir.

Não sabemos quem forneceu segurança a Gaidar nesse período. O que sabemos é quem era seu chefe de segurança quando Gaidar era o primeiro-ministro da Rússia: Andrei Lugovoi, o mesmo homem que...

O ENVENENAMENTO DE ALEXANDER LITVINENKO

Igor Gaidar foi envenenado em 24 de novembro. Litvinenko morreu na noite do dia 23. Esse é um ângulo de um polígono.

Andrei Lugovoi era responsável pela segurança de Gaidar, pela segurança de Boris Berezovski e participou do envenenamento de Litvinenko. Esse é o segundo ângulo do polígono.

Existe alguma conexão entre o assassinato de Anna Politkovskaia em outubro e o assassinato de Alexander Litvinenko em novembro. Esse é o terceiro ângulo do polígono.

Alexander Litvinenko e Roman Tsepov foram envenenados pelas mesmas pessoas. Quem descobrir os assassinos de Tsepov também terá encontrado os assassinos de Litvinenko. E, inversamente, quem determinar quem matou Litvinenko também poderá solucionar o assassinato de Tsepov. Esse é o quarto ângulo do polígono, e provavelmente também o mais importante.

E existem muitos outros ângulos que não são imediatamente aparentes nem tão óbvios: o envenenamento de Iuri Shtchekotchikhin, a tentativa de envenenar Viktor Iushtchenko, a morte repentina de Anatoli Sobtchak...

Existem também alguns ângulos muito pequenos e quase indefinidos. Mas seria errado deixá-los de fora deste capítulo simplesmente porque não contêm provas diretas de assassinatos. Por exemplo, a morte por leucemia em 20 de julho de 2005, aos 57 anos, de Nikolai Aksenenko, ex-ministro das ferrovias (desde 1997), ex-vice-primeiro-ministro (desde maio de 1999), e posteriormente primeiro vice-primeiro-ministro. Em maio de 1999, depois da renúncia de Ievgeni Primakov, era Aksenenko quem deveria ter se tornado primeiro-ministro e, posteriormente, sucessor de Ieltsin como presidente da Rússia. Sua candidatura era apoiada por Boris Berezovski, entre outros. Era ele, e não Putin, quem Berezovski estava preparando para ser presidente do país. Na verdade, a candidatura de Aksenenko para o cargo de primeiro-ministro já havia sido assinada por Ieltsin e submetida à Duma para votação. Mas, no último instante, as mãos todo-poderosas da FSB substituíram Aksenenko pelo ex-diretor da FSK-FSB, Sergei Stepashin, e depois, gradualmente, excluiu Aksenenko completamente do governo. Em 10 de janeiro de 2000, Aksenenko foi dispensado das responsabilidades de vice-primeiro-ministro. Em 2001, foi aberto um processo criminal contra ele. Em 2002, foi demitido do cargo de ministro das ferrovias. Em 2003, Aksenenko desenvolveu leucemia, viajou para a Alemanha para ser tratado e morreu lá.

Em outubro de 2006, o polígono de assassinatos só era conhecido pelas pessoas que os haviam planejado.

"Dê-me os parabéns. Acabo de me tornar cidadão inglês. Agora eles não ousarão tocar em mim. Ninguém tentaria matar um cidadão inglês."

Foi com essas palavras que Alexander Litvinenko cumprimentou Yuri Felshtinsky em Londres em 13 de outubro de 2006 em uma missa memorial para Anna Politkovskaia, que acabara de ser morta. Dezenove dias depois, em 1º de novembro de 2006, Litvinenko foi envenenado.

Nesse dia, ele encontrou diversas pessoas que tinham ido de outros países para Londres: os agentes da FSB Andrei Lugovoi, Dmitri Kovtun e Viatcheslav Sokolenko, além de, aparentemente, outro agente da FSB — desconhecido e não-identificado — (ou talvez Litvinenko não tenha encontrado o quarto agente no mesmo dia, apesar de o agente, aparentemente, também ter estado em Londres e ter participado do encontro sem ser percebido por Litvinenko). Finalmente, Litvinenko também encontrou Mario Scaramella, um cidadão italiano. Com os antigos colegas da FSB, o ex-tenente-coronel da FSB Alexander Litvinenko bebeu chá verde. Litvinenko encontrou-se com Scaramella em Picadilly às três da tarde, comeu *sushi* e bebeu água mineral em um restaurante japonês. Scaramella não comeu, só bebeu.

À noite, Litvinenko passou mal. Ele sentiu enjôos e começou a vomitar. Litvinenko percebeu que havia sido envenenado. Ele dissolveu um pouco de permanganato de potássio em água — um tratamento russo comum, que aprendera no exército — e começou a beber a solução e a vomitar intermitentemente. Começou a ter espasmos estomacais e dificuldade para respirar, sua temperatura corporal caiu e o pulso ficou irregular. Foi assim que Litvinenko passou o primeiro dia após ser envenenado.

Em 2 de novembro, Litvinenko recebeu um telefonema de Lugovoi, que ainda estava em Londres. Eles haviam combinado que se encontrariam novamente naquele dia. Mas Litvinenko disse a Lugovoi que estava doente e que não poderia encontrá-lo. Uma ambulância foi chamada. O médico disse que era uma infecção sazonal. Disseram a Litvinenko que bebesse água. Ele continuou a vomitar, mas em vez de vômito, o que saía de sua boca era um líquido espumoso, em intervalos de aproximadamente vinte minutos. Ele tinha cãibras estomacais e começou a ter uma diarréia grave com sangue.

Lugovoi e companhia ainda estavam em Londres. Eles retornaram para a Rússia em 3 de novembro, quando ficou claro que a missão estava cumprida. Enquanto isso, o ex-tenente-coronel da FSB Alexander Litvinenko — que passara toda a vida trabalhando como militar russo e para a KGB, que entrara em conflito com a KGB-FSB em 1998, que passara nove meses na prisão em 1999, que fugira da Rússia em outubro de 2000, que escrevera (como co-autor) o livro *A explosão da Rússia* em 2001, e que desde então publicara dezenas de artigos contra a FSB e Putin — não imaginava que no dia 2 de novembro de 2006 seus três ex-colegas da FSB haviam colocado um veneno de ação lenta em seu chá verde. Mas se tal idéia tivesse lhe ocorrido em 2 de novembro, a Scotland Yard não teria precisado pedir a extradição de Lugovoi da Rússia.

Em 3 de novembro, outro médico foi chamado. Ele disse que Litvinenko estava com uma infecção, mas não excluiu a possibilidade de envenenamento (ninguém suspeitava de um envenenamento deliberado). Uma ambulância foi chamada e Litvinenko foi levado ao hospital. Ele foi colocado no soro e seu sangue foi coletado. O resultado do exame de sangue não foi ruim. Mas os médicos disseram que ele deveria permanecer no hospital. Prometeram a

Alexander que ele poderia deixar o hospital em dois ou três dias. Sua esposa, Marina, disse que eles o manteriam no hospital por enquanto, pois haviam encontrado algum tipo de bactéria. Durante todo esse tempo, Litvinenko manteve sua condição em segredo. Nem os amigos nem a polícia foram informados sobre o que ocorrera. Ele não queria que as pessoas descobrissem que ele sofrera uma intoxicação alimentar por causa do *sushi*. Quem sabe — mais tarde, ele poderia ser envenenado de verdade, mas todos pensariam que seria apenas outra intoxicação alimentar, como em 1º de novembro de 2006.

Mas agora Alexander não conseguia comer nem beber. Ele perdera dezesseis quilos e meio. Porém acreditava que tinha sobrevivido. No final da primeira semana da doença, ele já tinha percebido que fora envenenado, mas pensou que havia se salvado lavando o estômago com permanganato de potássio, como aprendera no exército.

"Você sabe", disse Litvinenko a Yuri Felshtinsky, "se me dessem a escolha: passar por tudo isso novamente ou passar um ano em uma prisão russa, eu escolheria um ano na prisão, honestamente. Você não pode imaginar o quanto me sinto mal."

Mas Alexander não tinha mais a opção de passar um ano na prisão. Só lhe restavam mais quinze dias de sofrimento.

Fileiras de abscessos surgiram na garganta de Litvinenko. Os médicos acharam que era uma reação aos antibióticos — a flora fora morta e uma irritação surgira. Depois de mais dois dias, o paciente não conseguia mais abrir a boca. Todas as membranas mucosas estavam inflamadas e a língua não cabia mais dentro da boca. O cabelo começou a cair. Nesse ponto, os médicos achavam que a medula espinal havia sido danificada. Litvinenko foi transferido para a ala de câncer. A teoria inicial de envenenamento por tálio foi levantada. A polícia envolveu-se na investigação. Receitaram a Litvinenko um antídoto para tálio ("azul-da-prússia"). Mas o antídoto já não tinha mais utilidade, pois só teria funcionado nas primeiras 48 horas após o envenenamento, mas já havia passado uma semana. Além disso, o antídoto era eficaz contra tálio. Mas Alexander tinha sido envenenado com polônio-210, o que só foi descoberto em 23 de novembro, duas horas antes de sua morte, quando a urina de Litvinenko foi enviada para o Estabelecimento de Armas Atômicas em Aldermaston — o único laboratório na Inglaterra capaz de detectar envenenamento radioativo por um veneno emissor de radiação alfa. E se Litvinenko tivesse morrido "como todo mundo", duas semanas depois de ter sido envenenado, em vez de resistir até 23 de novembro por motivos que não estavam claros para ninguém, nunca saberíamos que ele fora envenenado com polônio, que um grupo de agentes da FSB participara do envenenamento, que o veneno viera de Moscou e que os participantes da operação tinham voltado para Moscou. Ainda estaríamos achando que a morte de Litvinenko teria resultado em mais perguntas do que respostas e que haveria uma chance de que tivesse morrido por causa de uma intoxicação alimentar ou por alergia a *sushi*.

Através de um bilhete do ônibus número 134 encontrado no bolso de Litvinenko, os investigadores ingleses determinaram que Litvinenko ainda não tinha sido envenenado com polônio-210 quando fora encontrar Lugovoi e seus colegas, e que o local exato do envenenamento de Litvinenko foi o Hotel Millenium. O bilhete de ônibus havia sido comprado próximo da casa de Litvinenko, no norte de Londres. Dali, Litvinenko fora encontrar os homens da FSB no Hotel Millenium. O hotel foi o primeiro lugar visitado por Litvinenko após saltar do ônibus. Traços de polônio-210 foram encontrados no pires e na xícara de onde Litvinenko bebera chá verde com os agentes soviéticos. A partir disso, deduziu-se que não fora Litvinenko quem levara o polônio para o encontro com Lugovoi e companhia, e sim que o grupo de agentes da FSB de Moscou havia trazido o polônio para o encontro com Litvinenko.

Sem dúvida, descobriremos todos os detalhes de todos os ângulos desse misterioso polígono de assassinatos. Descobriremos como o envenenamento de Litvinenko foi preparado e quem assinou a ordem de matá-lo. Mas isso acontecerá mais tarde, e não hoje. Viemos a conhecer os detalhes da organização da operação para matar Trótski cinqüenta anos após sua morte. Do ponto de vista da história, não é uma espera tão grande assim.

NOTAS

[1] *Lermolo, Elizabeth,* Face of a Victim. *Harper & Brothers Publishers,* Nova York, 1955, pp. 132-137.

[2] *Trótski, L. D.,* Portrety revolutsionerov. Sverh-Bordgia v Kremle. Moscou, 1991.

[3] *Nikolaevsky,* Tainye stranitsy istorii, pp. 228-229.

[4] *Shatunovskaya, L.,* Zhizn' v Kremle. *Chalidze Publishing,* Nova York, 1982, pp. 227, 229, 230.

[5] Ibid, pp. 232-233.

[6] Ibid, pp. 234-235.

[7] *Delbars, Yves,* The Real Stálin. *George Allen & Unwin Ltd,* Londres, 1951, pp. 129-130.

[8] *Trótski, L. D.,* Portrety revolutsionerov. Sverh-Bordgia v Kremle, p. 77.

[9] Ver: *Valentinov N. V.,* Nasledniki Lênina, *Terra,* M., 1991, apêndice 8, p. 214.

[10] *Carta de A. Berkman para Don Levine, 4 de agosto de 1927* // Arquivo do Instituto Internacional de História Social (Amsterdã), coleção A. Berkman, pasta III (10).

[11] Ibid., B. K. coleção Suvarin, 11 de abril de 1957, folha 1.

[12] The Unknown Lênin. From the Secret Archive. Ed. por R. Pipes, Yale University Press, 1996, p. 77.

[13] *Valentinov N. V.,* Nasledniki Lenina, pp. 214, 216-217.

[14] Ver: *Rech' I. V. Stálina v Narkomate oborony.* Publicado por Y. Murin, *Istochnik,* 1994, nº 3, pp. 72-88.

[15] *Volkov F. D.,* Vzlyet i padenie Stálina. M., 1992, p. 66.

[16] Vospominaniya Vladimira Kuibysheva, *Moskovskie novosti,* 2 de março de 1995.

[17] *Trótski, L. D.,* Portrety revolutsionerov, pp. 75-76.

[18] *Svetlova, Y.,* Kogda vrachi bessil'ny, *Sovershenno sekretno,* 30 de outubro de 2001.

[19] *Berres, L.,* Saratovskie himiki zarabotali na smerti izvestnogo bankira, *Kommersant-Daily,* 19 de abril de 1997.

[20] Ibid.

[21] *Kotlyar, E.,* Echshe o gromkih ubiystvah, *Moskovskaya pravda,* 22 de julho de 1999.

[22] V dele Kivilidi — nikakih podvizhek, *Argumenty i fakty,* 9 de junho de 1999.

[23] *Sokolov, S.,* Vrachebnaya taina. Obstoyatel'stva, kotorye ne mogut ne vyzvat' voprosov, *Novaya gazeta,* 1-4 de julho de 2004.

CONCLUSÃO

EM 7 DE MAIO DE 2000, a Rússia tornou-se uma república das bananas: uma república corporativa. Uma corporação assumiu o governo do país e colocou seu próprio presidente no comando. Mas, ao contrário do protótipo clássico — a república das bananas —, essa corporação não se especializava em frutas. Ela era chamada de Serviço de Segurança Federal da Rússia (FSB). O presidente Putin, que até agosto de 1999 fora presidente da FSB e que em 26 de março de 2000 foi eleito presidente do país, começou a governar a Rússia em nome da corporação.

Hoje, a proporção entre as parcelas das duas corporações no governo — a da FSB e a dos oligarcas — não é a mesma de 2000. Aqueles que tinham somente poder político em 2000 (o clã dos homens da segurança nacional, que chegara ao poder tendo Putin à sua frente), em 2008 haviam também conquistado poder econômico — o controle de toda a economia russa. Esse poder econômico é refletido em números concretos. Os indivíduos que estão sentados na diretoria da "Corporação Russa" possuem efetivamente as ações das maiores corporações do país e recebem dividendos reais delas, em valores que chegam a milhões de dólares. Diversos oligarcas russos que em 2000 acreditaram que possuíam não somente bilhões de dólares, mas também poder político, aprenderam com os exemplos de Gusinski e Berezovski que não têm poder político algum. E do exemplo de Khodorkovski, entenderam que o dinheiro em seus bolsos só era real enquanto o Kremlin permitia que continuassem a ser oligarcas. Na verdade, o exemplo de Khodorkovski acabou sendo suficientemente eloqüente para eliminar qualquer traço de oposição ao governo entre os oligarcas.

A situação na Rússia também é controlada com tanta firmeza pelos serviços de segurança russos que o presidente Putin se permitiu não arriscar com seu sucessor. Em vez de indicar o general da FSB Sergei Ivanov, como todos esperavam, Putin nomeou inesperadamente Dmitri Medvedev, seu antigo parceiro no ramo corporativo, com quem sem dúvida entrara em sintonia depois de dezoito anos trabalhando juntos. Com Ivanov, Putin estaria correndo um risco: o general da FSB poderia se tornar um ditador, recusando-se a deixar o cargo após os quatro ou oito anos a que teria direito e retirando dos habitantes do Kremlin — especialmente do próprio Putin — toda a riqueza acumulada por eles entre 2000 e 2008. Com Medvedev, o único risco que Putin corre é o de Medvedev, por não ser oficial da FSB, ser menos dedicado na promoção dos interesses dos serviços de segurança da Rússia. Mas só o tempo dirá se Medvedev terá a vontade e a oportunidade de liberalizar o Estado e de mudar a estrutura corporativa que se desenvolveu.

Mais uma vez, tornando-se primeiro-ministro, Putin certamente garantiu uma transição de poder suave entre presidentes. A Rússia conseguiu evitar um vácuo no poder, o que sempre é perigoso para quem governa o país. O general Patrushev foi removido da direção da FSB, deixando atrás de si um rastro de guerras e assassinatos que remete até agosto de 1999 — incluindo o assassinato de Litvinenko, que não poderia ter sido organizado sem o envolvimento direto de Patrushev.

Ao mesmo tempo, o término do mandato de Putin como presidente representa a primeira aposentadoria legal de um chefe de Estado russo desde 1917. Todos os líderes russos antes de Putin foram forçados a renunciar ou morreram em serviço: nenhum deles aposentou-se do cargo no final de um mandato previsto constitucionalmente. Nicolau II e Alexander Kerenski foram derrubados. Lênin foi afastado do poder e provavelmente envenenado. Stálin morreu, muito possivelmente vítima de uma conspiração. Nikita Krushtchev foi forçado a renunciar. Leonid Brejnev, Iuri Andropov e Konstantin Tchernenko governaram até morrer. Mikhail Gorbatchev renunciou depois da primeira tentativa frustrada da KGB de assumir o controle do governo na Rússia. Yeltsin renunciou antes do final do mandato para facilitar a transferência de poder para Putin (depois da partida de Yeltsin, Putin tornou-se presidente interino, e derrotar Putin, o presidente interino, durante as eleições era consideravelmente mais difícil do que derrotar o primeiro-ministro Putin).

Em 2008, Putin tinha uma escolha. Como controlava os dois terços necessários dos votos no parlamento russo, ele poderia ter alterado a constituição russa e permanecido como presidente da Rússia durante um terceiro mandato, o que seria uma atitude arriscada e controversa que poderia ter feito com que absolutamente todos, incluindo os autores deste livro, passassem a ver Putin como um usurpador que violara a constituição do país. Vamos dar crédito a Putin: ele ou não desejava se tornar um ditador ou não era capaz de fazê-lo porque os outros membros da diretoria de sua corporação não teriam permitido tal desrespeito à lei. Ele próprio escolheu o cargo de primeiro-ministro — tradicionalmente dependente do presidente — como subordinado ao novo presidente da Rússia, Dmitri Medvedev. Hoje, ninguém se arriscaria a prever o que acontecerá a seguir — nem mesmo Putin ou Medvedev. Assim como nossos leitores, tudo o que podemos fazer é aguardar e observar com muita atenção o desenvolvimento dos acontecimentos na eternamente imprevisível Rússia.

ÍNDICE

Este livro foi composto na tipologia Revival 565 BT,
em corpo 10,5/14,5, impresso em papel off-white 80g/m²,
no Sistema Cameron da Divisão Gráfica
da Distribuidora Record.